AF561416

L'AUTO-DÉTERMINATION PAR LA LOI

Ouverture philosophique

Collection dirigée par Jean-Marc Lachaud et Bruno Péquignot

Une collection d'ouvrages qui se propose d'accueillir des travaux originaux sans exclusive d'écoles ou de thématiques.

Il s'agit de favoriser la confrontation de recherches et des réflexions, qu'elles soient le fait de philosophes « professionnels » ou non. On n'y confondra donc pas la philosophie avec une discipline académique ; elle est réputée être le fait de tous ceux qu'habite la passion de penser, qu'ils soient professeurs de philosophie, spécialistes des sciences humaines, sociales ou naturelles, ou… polisseurs de verres de lunettes astronomiques.

Dernières parutions

Gilles R. CADRIN, *L'être humain face à lui-même. L'animal autoréférent*. Nouvelle édition, 2020.

Alexandra IBANES, *La philo à l'école primaire, Témoignage d'une enseignante*, 2020

Seyedvahid YAGHOUBI, *L'esthétique de la courbe dans la poésie surréaliste*, 2020.

David PERETZ, *L'effroi du mal. La philosophie religieuse d'Emmanuel Levinas*, 2020.

Nikos FOUFAS, *De l'aliénation chez Rousseau. Genèse et dualité d'un concept*, 2020.

Yvon QUINIOU et Nikos FOUFAS, *Le matérialisme en question. Dialogue critique*, 2020.

Issoufou Soulé MOUCHILI NJIMOM et Lucien Alain MANGA NOMO (dir.), *La nature humaine. Des débats métaphysiques aux technosciences du vivant et des postulats de la modernité politique et étatique*, 2020.

Fatié OUATTARA, *Éduquer, c'est humaniser. Dignité, intégrité, laïcité et violence*, 2020.

Xavier LAMBERT, *Les enjeux cognitifs de l'artefact esthétique*, Tome 2, 2019.

Xavier LAMBERT, *Émotion, cognition et création artistique*, Tome 1, 2019.

Yoshihiro Homma

L'Auto-détermination par la loi

Le sujet, la voix, le temps selon l'éthique kantienne

5-7, rue de l'École-Polytechnique ; 75005 Paris

http://www.editions-harmattan.fr/

ISBN : 978-2-343-20198-6
EAN : 9782343201986

Remerciements

Ce livre est issu d'une thèse de doctorat, soutenue en 2012 à l'université de Strasbourg. Je souhaite adresser avant tout ma profonde gratitude à mon directeur de thèse, Jacob Rogozinski, qui m'a fait généreusement bénéficier de son inlassable patience et de ses précieux conseils, et sans qui ce travail n'aurait pu être possible. Je remercie également chaleureusement les autres membres du jury, Jean-Christophe Goddard, Yasuhiko Murakami et Mai Lequan.

Abréviations

Nous utilisons en note les abréviations suivantes :
- *Critique de la raison pure* (1781 et 1787) : CRP
- *Fondements de la métaphysique des mœurs* (1785) : FM
- *Critique de la raison pratique* (1788) : CRpr
- *Critique de la faculté de juger* (1790) : CFJ
- *Religion dans les limites de la simple raison* (1793) : RL
- *Doctrine de la vertu* (1797) : DV
- *Opus postumum* : OP

Nous donnons le titre de l'ouvrage, conformément à la table des abréviations, puis la pagination de la traduction française : *Œuvres philosophiques* en 3 volumes, Gallimard, 1980-1986. Dans le cas de l'*Opus postumum*, nous donnons la pagination de la traduction par F. Marty : l'*Opus postumum*, PUF, 1986. Nous donnons ensuite la référence à l'édition de l'Académie de Berlin, désignée par les lettres de AK, suivies de l'indication du tome et de la page. Nous avons renoncé à signaler la pagination des deux éditions originales de la *Critique de la raison pure*. Nous signalons la première édition par la lettre A, la seconde par la lettre B, mais seulement lorsqu'elles diffèrent.

Introduction

Kant et le problème du sujet

Étudier la notion kantienne du sujet paraît inutile. Que la philosophie de Kant soit la philosophie du Sujet, c'est donc un lieu commun, nous assure-t-on, même un fait banal dans l'histoire de la philosophie. Sur le plan théorique, la révolution copernicienne que la *Critique de la raison pure* effectue a consolidé la métaphysique moderne du Sujet amorcée par Descartes. Sur le plan éthique, l'éthique de la loi est fondée sur l'autonomie du sujet qui se donne la loi. L'interprétation de la pensée kantienne comme métaphysique du Sujet est solidement établie par Heidegger : « L'*Ego* devient pour la première fois avec Kant – et de manière explicite, même si le phénomène était déjà préfiguré chez Descartes, et surtout Leibniz – le *subjectum* véritable, la substance proprement dite »[1]. Néanmoins, on pourrait faire objection à cette interprétation. Dans les « Paralogismes de la raison pure », Kant paraît détruire complètement l'argument métaphysique qui s'efforce de prouver l'existence du sujet à partir du « je pense ». La cible de la critique est le *cogito* cartésien que Heidegger repère dans la philosophie de Kant. Kant critique la métaphysique du Sujet, tandis que Heidegger condamne la pensée kantienne comme métaphysique du Sujet. On peut alors dire, d'une part, que la critique kantienne n'a pas vraiment détruit le concept de sujet, puisque sa critique se laisse interpréter comme la métaphysique du Sujet. D'autre part, il est évident que la pensée kantienne du sujet ne peut être une simple reprise du *cogito* cartésien, puisqu'elle passe par l'examen critique du *cogito*. Si la Critique demeurait une métaphysique du Sujet, la critique kantienne de la psychologie rationnelle serait insuffisante. Ou bien, si la Critique contient une pensée spécifique de la subjectivité qui ne peut être réduite à la philosophie moderne du Sujet, l'interprétation heideggérienne devrait être remise en question. Il est temps de chercher en quel sens Heidegger condamne la Critique comme la métaphysique du Sujet, et examiner la validité de son interprétation.

Selon Heidegger, la critique kantienne de la métaphysique a pour visée essentielle la refondation de l'ontologie à partir de la « finitude de l'homme ». La compréhension de l'être en tant que connaissance d'objet a son fondement dans « une ordination intrinsèque et originaire de la pensée à l'intuition »[2]. Heidegger montre que chez Kant la compréhension de l'être a son fondement dans le « je pense », en interprétant la spontanéité du « je pense » à partir de

---

[1] M. Heidegger, *Les Problèmes fondamentaux de la phénoménologie* (1927), trad. J.-F. Courtine, Gallimard, 1985, p. 159. *Gesamtausgabe*, Bd. 24, Vittorio Klostermann, 1975, p. 178 (*Gesamtausgabe* sera signalé par le sigle GA).

[2] M. Heidegger, *Kant et le problème de la métaphysique* (1929), trad. A. de Waelhens et W. Biemel, 1953, Gallimard, § 12 (désigné désormais par le sigle KP).

l'activité de l'*imagination transcendantale.* Selon lui, « l'aperception transcendantale possède une relation essentielle à l'imagination pure », et « l'imagination pure doit donc se rapporter essentiellement au temps » (KP, § 29). La compréhension de l'être est effectuée à partir de la finitude du sujet connaissant qui se présente comme l'enracinement du sujet dans le temps. L'argument principal de la lecture heideggérienne de la première *Critique* est caractérisé par la « tentative de comprendre l'ipséité du soi comme étant temporelle en elle-même » (KP, § 33). Selon Heidegger, l'ipséité n'est temporelle que dans la mesure où le temps la constitue[1]. Pour lui, il s'agit d'analyser le temps comme fondement saisi dans le sujet, sur lequel se repose la structure de la compréhension de l'être comme mode propre d'être du sujet.

Quelle est la temporalité du sujet, quelle est la subjectivité du temps ? Selon Heidegger, le caractère temporel du « je pense » chez Kant est la permanence : « Ce n'est que comme soi fini, c'est-à-dire aussi longtemps qu'il est temporel, que le moi demeure "permanent et immuable" au sens transcendantal »[2]. Le moi permanent est le corrélat de la représentation de tout objet : « en tant que "je pense", c'est-à-dire en tant que "je représente", il se propose ce qui est comme une persistance, ce qui est comme une subsistance ». C'est en tant que moi fixe et permanent que le sujet accomplit l'*objectivation*, de façon qu'il laisse surgir l'objet comme étant opposé à soi. C'est sur l'axe de ce mode d'être du sujet, tel qu'il est temporellement saisi comme la permanence, que l'objet est posé comme « l'appartenance à moi de ce qui chaque fois me fait face »[3]. Ce comportement du sujet est considéré par Heidegger comme l'auto-affection. Rappelons que la pure forme de l'intuition est la « façon dont l'esprit est affecté par sa propre activité »[4]. Si le temps comme intuition pure est l'auto-affection constituante de la subjectivité, c'est que le moi permanent se laisse affecter, dans le sens interne, par l'objet de l'intuition. Heidegger affirme : « Le temps détermine d'entrée de jeu le "comment" d'un faire face, il appartient donc à la structure de l'objectivité en général »[5].

---

[1] « En fin de compte, ne sera-ce pas seulement à partir de la subjectivité bien comprise du temps, qu'on pourra expliciter la temporalité du sujet ? ». KP, p. 243. GA 3, p. 188.

[2] KP, p. 248. GA 3, p. 193-194.

[3] M. Heidegger, *Interprétation phénoménologique de la Critique de la raison pure de Kant* (1927-1928), trad. E. Martineau, Gallimard, 1982, p. 327. GA 25, p. 373 (désignée par le sigle PK).

[4] CRP, *Œuvres philosophiques I*, Gallimard, 2004, trad. A. J.-L. Delamarre, F. Marty et J. Barni, p. 807.

[5] PK, p. 342. GA 25, p. 393.

La critique heideggérienne est adressée à la notion du sujet comme subsistance. Chez Kant, la détermination temporelle du sujet est la permanence. La permanence permet au sujet de maintenir la subsistance du soi en tant que « je représente ». Le sujet est toujours présupposé comme le corrélat permanent de la représentation. Heidegger critique la notion du sujet-temps chez Kant, en disant que « le temps, pour lui, c'est la pure post-position d'une séquence de maintenant, tel qu'elle se donne dans l'intuition pure : maintenant, et maintenant, et maintenant... – une suite constante de maintenant »[1]. Toutes les représentations dans le temps sont orientées sur un maintenant, sur l'acte du sujet de laisser surgir l'objet comme opposé à soi. Le sujet de la représentation ramasse sur le présent le divers sensible qui est saisi comme un « maintenant-ne-plus ». C'est à partir de l'instant (le présent conçu dans le mode d'être du sujet comme la permanence immuable) que le sujet embrasse chaque fois la séquence de maintenant sur son soi permanent. Selon Heidegger, Kant a manqué la dimension temporelle du futur, à savoir la mort comme la possibilité d'être propre du *Dasein*. En se projetant vers un avenir extrême, le sujet trouve un accès authentique à son propre être. « L'ipséité du Soi [...] n'est pas comprise par Kant à partir de la pleine extension temporelle du *Dasein* même [...]. Or, c'est précisément si l'existence du sujet est essentiellement déterminée par le *en-avant*, le *devancement, et par suite s'oriente, en tant que pouvoir-être ou en tant que Je-peux, sur l'avenir*, c'est alors que ce caractère du Soi doit lui aussi justement être réapproprié dans l'identification authentique comme possession de soi. Sinon, non seulement on en reste à un Je intemporel, ponctuel, mais celui-ci est lui-même pour ainsi dire sous-la-main *à côté* du temps »[2]. Heidegger estime que, faute de penser le moi du « je pense » à partir du futur, l'ontologie kantienne retombe dans l'ornière de la tradition métaphysique qui considère le sujet comme la chose pensante, comme étant subsistant. Kant méconnaît la finitude du sujet, il « recule » devant sa propre découverte de l'unité originaire du temps et du moi (KP, § 31). Kant s'est contenté de juxtaposer le temps comme pure auto-affection et le moi de l'aperception transcendantale, alors que le Soi comme pouvoir déterminant de la liaison synthétique « doit nécessairement puiser en lui-même le temps pur ». « Le sujet est, écrit Heidegger, dans son ipséité originaire la temporalité elle-même, et c'est seulement comme temporalité ekstatique qu'il libère – et cela

[1] PK, p. 302. GA 25, p. 342.

[2] PK, p. 345. GA 25, p. 396.

nécessairement pour soi comme Soi – le temps au sens de la pure suite des maintenant »[1].

On peut mettre en question cette interprétation heideggérienne, en invoquant deux arguments. (a) D'abord, on peut se demander si la Critique peut être résumée seulement dans sa visée ontologique. Certainement pas. L'élucidation de la finitude de la connaissance humaine est effectuée en vue de la re-fondation de la « connaissance pratique », non pas seulement en vue de la re-fondation de l'ontologie. Heidegger ne tire son interprétation de la Critique que d'une dimension seulement, à savoir la critique du rationalisme dogmatique, et il ne veut pas tenir compte de l'autre dimension, à savoir la critique de l'empirisme ou du scepticisme. Kant essaie de sauver trois Idées métaphysiques, à savoir l'Idée d'âme, celle de liberté et celle de Dieu, contre le scepticisme qui s'efforce de nier la possibilité même de ces Idées. (b) Dans la « Dialectique transcendantale », Kant soumet lui-même à un examen critique le sujet de la représentation, son pouvoir de se représenter lui-même devant soi comme substance. Le statut du sujet à partir duquel l'« Analytique » a re-fondé la compréhension de l'être est complètement détruit par la critique des paralogismes. Kant a certainement fondé la compréhension de l'être sur le « je pense ». Mais ce « je » n'est pas la « chose pensante » qui « peut à tout moment se trouver devant lui-même ». Dans la critique de la psychologie rationnelle, Kant prétend établir que le sujet ne peut connaître son existence comme substance, et qu'il ne peut se poser devant lui-même comme « Soi stable et permanent ». Si Kant fonde sa philosophie critique sur la subjectivité comme Heidegger le soutient, comment peut-on alors juger que la philosophie critique met en question son fondement même ?

Kant a limité la prétention de la raison spéculative en mettant en relief la finitude de la connaissance humaine. Mais on ne peut ignorer que cette position de la limite au sujet connaissant est effectuée en vue de la re-fondation de la métaphysique sur le plan éthique. Dans la « Dialectique transcendantale », Kant n'exclut pas la possibilité de la liberté du sujet à partir de laquelle il fondera l'éthique de la loi. Mais ce sujet ne peut s'identifier au sujet théorique, dans la mesure où, au début de la « Dialectique », Kant opère la critique du « je pense ». Il faut se demander pourquoi Kant a destitué le Sujet dans la « Dialectique » au moment même où il s'agit de refonder l'éthique à partir du sujet libre qui se donne la loi. L'élucidation de la mutation de la signification du sujet entre le plan théorique et le plan éthique a été

[1] PK, p. 343. GA 25, p. 394.

esquivée par Heidegger. C'est pourtant ce qui nous permet de saisir la visée proprement kantienne de la critique de la métaphysique.

On nous objecterait que l'ignorance de la visée éthique est stratégique. L'interprétation de Heidegger a pour visée fondamentale de penser l'être du sujet dans sa finitude, même sur le plan éthique. En effet, l'argument heideggérien sur la finitude du sujet doit être considéré comme la critique d'une interprétation du sujet kantien, selon laquelle le sujet libre dépasse la finitude sur le plan éthique. Pour éclairer l'enjeu de l'interprétation de Heidegger, il convient de rappeler la discussion de Heidegger avec Cassirer. Contre Heidegger qui réduit le pouvoir du sujet à l'imagination transcendantale pour nier la différence entre le phénoménal et le nouménal, Cassirer affirme que « dans l'éthique est atteint un point qui n'est plus relatif à la finitude de l'être connaissant, mais où un absolu est posé », que « le moral en tant que tel conduit au-delà du monde des phénomènes »[1]. À cette objection, Heidegger répond en disant que « dans l'impératif catégorique, il y aurait quelque chose qui dépasse l'être fini. Mais justement, le concept d'impératif comme tel manifeste la relation intrinsèque à un être fini. Même le passage à un niveau plus haut demeure à l'intérieur de la finitude ». Donc, la « transcendance » vers l'au-delà du phénoménal reste encore « à l'intérieur de la finitude » : « On ne peut élucider le problème de la finitude de l'être moral, si on ne pose pas la question : que signifie ici "loi" et comment la légalité elle-même est-elle un élément constitutif du *Dasein* et de la personnalité ? »[2].

Heidegger nous invite à penser la finitude éthique comme le problème de la constitution de soi, en analysant un mode spécifique de se sentir. L'enjeu de l'interprétation heideggérienne de l'éthique kantienne consiste à montrer 1) que la liberté concerne le mode d'être du sujet, et 2) que ce sujet se manifeste à lui-même affectivement dans la soumission à la loi.

1) Dans *L'Essence de la liberté humaine*, Heidegger affirme que la soumission à la loi effectue l'auto-constitution dans l'essence de soi[3]. Le sujet se détermine en se donnant la loi, selon Heidegger, pour « être en accord avec soi, avec son essence pure ». Se déterminer à partir de ce que le sujet est de son essence, c'est ce dont le « tu sois » de la loi « parle » : « Agis de telle sorte que tu traites l'humanité aussi bien dans ta personne que dans la personne de

---

[1] E. Cassirer, M. Heidegger, *Débat sur le Kantisme* (1929), trad. P. Aubenque, J.-M. Fataud, P. Quillet, Beauchesne, 1972, p. 31. GA 3, p. 276.

[2] *Ibid.*, p. 34, GA 3, p. 279-280.

[3] M. Heidegger, *L'Essence de la liberté humaine* (1930), trad. J.-F. Courtine, Gallimard, 1977, p. 168-169. GA 31, p. 173-174.

tout autre toujours en même temps comme une fin, et jamais simplement comme un moyen ». L'humanité dans la personne est l'« essence de l'homme comme personnalité », et la personne comme fin en soi se sert comme principe déterminant de la volonté. La personne morale se constitue dans l'acte de se déterminer en se posant lui-même comme fin en soi, comme essence de soi.

2) C'est pour approfondir cette constitution de soi que Heidegger interprète le respect pour la loi. Il affirme que le respect pour la loi est inséparable du respect pour soi : le respect pour la loi rend sensible la dignité du « je » qui *me* donne la loi. En respectant la loi, j'éprouve du respect envers ma personnalité en moi. Car la loi me prescrit d'être en accord avec la personne morale en moi. Heidegger écrit : « en me soumettant à la loi, je me soumets à moi-même en tant que raison pure, mais dans cette soumission à moi-même, je m'élève jusqu'à moi-même en tant qu'être libre »[1]. En respectant la loi, je me sens moi-même comme « je » libre qui me donne la loi, et c'est ce « je » que la loi me prescrit de devenir. Le respect pour la loi constitue une *auto-affection*, en ceci qu'il me fait sentir comme « je » qui me donne la loi. Selon Heidegger, « le respect devant la loi est respect du Moi agissant devant soi-même ».

Le respect pour la loi est le sentiment que j'éprouve envers moi-même. Mais il faut rappeler que le respect est aussi le sentiment que j'éprouve envers une autre personne que moi. Il s'adresse à « l'homme que je vois devant moi »[2]. Cela nous interdit d'identifier le respect à l'auto-affection pure. Même si l'autonomie du sujet est structurée par l'auto-affection, l'auto-affection *éthique* ne constitue pas une relation pure de soi-à-soi, dans la mesure où le respect pour la loi pourrait se transposer en respect pour autrui. Lorsque je respecte l'autre comme l'« exemple » de la loi, l'autre pourrait intervenir dans le respect que j'éprouve envers la loi.

Heidegger a raison d'insister sur la *finitude éthique* contre Cassirer. Mais il nous est difficile de le suivre, du fait qu'il considère l'auto-détermination par la loi comme constituant de la présence de soi-à-soi dans le sentiment de l'« auto-élévation ». Après Freud qui considère l'impératif catégorique comme la voix du surmoi[3], il est difficile d'affirmer que la loi à laquelle je me

---

[1] M. Heidegger, *Les Problèmes fondamentaux de la phénoménologie*, p. 169. GA 24, p. 191.

[2] CRpr, trad. L. Ferry et H. Wismann, *Œuvres philosophiques II*, Gallimard, 1985, p. 702. AK V, 77.

[3] Cf. S. Freud, « Le moi et le ça » (1923), *Essais de psychanalyse*, trad. sous la responsabilité de A. Bourguignon, Payot, 1967, p. 247. *Gesammelte Werke* XIII, Imago, 1940, Fischer, 1967, p. 263 (désignée désormais par le sigle GW). Voir aussi « Le problème économique du masochisme » (1924),

soumets provient de moi-même, sans approfondir l'altérité de la voix du « tu dois » qui résonne à l'intérieur même du « je » qui me donne la loi. Pour Freud, la loi morale n'est rien d'autre que le commandement de l'autorité extérieure qui est incorporée dans le moi. Le « tu dois » que le moi entend parler n'est rien d'autre que la voix de l'autre. En énonçant le « tu dois » que l'autre lui imposait autrefois, le sujet éthique s'instaure comme identification à l'autre qui lui donne la loi : il se donne la loi, comme s'il devenait l'autre qui lui imposait ses commandements. Tout en me donnant la loi par moi-même, je peux obéir au commandement de l'autre. L'autre intervient ainsi dans mon acte même de me donner la loi. Selon Freud, la conscience morale n'est rien d'autre que l'expression du conflit entre le moi et le surmoi qui s'instaure dans le moi par l'identification à l'autre. Le « je » est ainsi scindé en deux parties, dont l'une « se déchaîne contre l'autre partie » qui est la « partie modifiée par introjection » de l'autre[1]. Au lieu d'affirmer l'« auto-élévation » dans la soumission au « tu dois », il conviendrait de s'interroger sur ce qui génère la scission ou le conflit entre le « je » qui dit « tu dois » et le moi qui l'écoute.

Nous n'adoptons pas néanmoins l'approche psychanalytique qui réduit la transcendance de la loi à l'altérité de l'autre personne, en décrivant la constitution éthique du moi comme le processus de l'intériorisation de la loi de l'autre. Au lieu de prétendre dévoiler l'illusion de l'autonomie du sujet, il s'agit plutôt de structurer la genèse de l'altérité de la loi au sein même de l'autonomie du sujet. Pour penser le surgissement de l'altérité ou transcendance de la loi, la conception heideggérienne de la transcendance nous servira de guide. Selon Heidegger, la subjectivité kantienne est structurée par l'acte de transcendance, c'est-à-dire l'acte de s'opposer (*Entgegenstehenlassen*) à un X[2]. Le X ne peut se présenter comme objet (*Gegenstand*) que dans l'acte de s'opposer. Cette interprétation nous permet de penser à la fois la subjectivité du sujet et la position de l'objectivité dans un seul et même acte. D'une part, l'objet est constitué par l'acte du moi qui se pose lui-même comme opposé au X. L'objectivité de l'objet consiste dans le caractère d'opposition entre le sujet et l'objet. D'autre part, dans cet acte de s'opposer le sujet se conçoit comme opposé à ce X. Le X en fonction duquel le sujet se saisit comme opposé se constitue, dans l'acte même du sujet de

---

Névrose, psychose et perversion, trad. sous la responsabilité de J. Laplanche, PUF, 1973, p. 295. GW XIII, p. 380.

[1] S. Freud, « Psychologie des foules et l'analyse du moi » (1921), *Essais de psychanalyse*, p. 173. GW XIII, p. 120.

[2] Cf. KP, § 29, § 30.

s'opposer, comme objet opposé à ce sujet. À partir de cette structure de transcendance, nous essayons d'élaborer le problème de l'auto-constitution du sujet éthique. En donnant la loi à sa faculté de désirer, le sujet se détermine comme sujet éthique. Cette *auto-détermination du sujet par la loi* consiste à s'opposer à la loi, à se considérer comme posé devant la loi qu'il se donne lui-même. La transcendance de la loi surgit dans cette auto-opposition du sujet. Nous verrons que l'altérité de la voix « tu dois » trouve son fondement dans l'acte de l'auto-opposition.

Notre analyse du sujet libre va être élaborée au moyen de la lecture heideggérienne de Kant. Surtout, sa conception de la transcendance et celle de l'auto-affection nous permettront d'approfondir l'ipséité kantienne. Néanmoins, nous reconnaissons dans l'interprétation heideggérienne de la liberté kantienne l'*espace laissé libre par lui.* Heidegger interprète l'autonomie comme institution de l'identité de soi-à-soi dans l'auto-détermination par la loi, en ceci que le moi qui donne la loi et le moi qui obéit sont identiques dans la liberté : le « je » et le « me » sont identiques dans l'acte du « je » qui « me » donne la loi. Mais, d'après notre interprétation, qui se focalise sur l'altérité du « tu dois » au sein même de l'auto-détermination par la loi, il est impossible de suivre l'interprétation heideggérienne de la liberté éthique. Dans la mesure où l'autonomie est considérée par lui comme établissement de l'identité entre le « je » et le « me », il est impossible de penser le hiatus entre le « je » et le « me » *et* l'autre qui intervient dans l'acte d'auto-détermination par la loi. Selon Heidegger, le respect pour la loi désigne la structure dans laquelle je m'affecte moi-même par mon pouvoir de me donner la loi. Mais il nous faut demander comment l'autre intervient dans l'auto-affection. Selon Kant, la loi peut apparaître à travers l'autre lorsque le moi respecte l'autre comme un exemple de la loi. La loi que je me donne est sentie dans la relation avec l'autre. Cela ne signifie-t-il pas que l'autre intervient dans l'auto-détermination par la loi ? S'il y a un hiatus entre le « je » et le « me » dans l'auto-détermination par la loi, n'est-ce pas que l'autre intervient dans l'auto-affection où le moi s'éprouve lui-même ? Le problème de l'autre dans l'acte même d'auto-détermination constitue ainsi le problème fondamental de la liberté kantienne.

Nous pensons que la *finitude éthique* consiste dans la passivité du moi envers l'altérité de la loi qu'il se donne lui-même. L'enjeu de notre interprétation serait donc de penser le hiatus entre le « je » et le « me », en approfondissant la passivité du moi dans l'acte même d'auto-détermination par la loi ; si le moi se met dans une position passive par rapport à la loi, c'est parce que la loi lui est donnée, *comme si elle provenait d'ailleurs que le lieu du moi lui-même*. Nous tâcherons de montrer quel est le statut de cet autre intérieur, en examinant l'interprétation psychanalytique de l'éthique kantienne.

Notre recherche n'est pas un commentaire du texte de Kant. Sans nous contenter de souligner la passivité du sujet kantien, l'altérité de la loi qu'il se donne lui-même, nous essayons aussi et surtout d'analyser la constitution de la subjectivité à partir du problème de l'autre. Nous nous efforçons de lire l'instabilité de la subjectivité dans des textes où Kant paraît n'avoir aucun doute sur la fondation du sujet libre. Par exemple, le *fait de la raison* signifie pour Kant la manifestation du pouvoir de la raison originairement législatrice où le sujet trouve en lui-même la source de la loi par laquelle il détermine sa faculté de désirer. Mais nous considérons, contrairement à ce qu'affirme Kant, que ce *factum* ne suffit pas à déterminer la vérité de la loi, la vérité de la *synthèse pratique*. Que la liberté par laquelle le sujet se détermine comme sujet autonome puisse apparaître à travers sa *non-vérité*, c'est cela que nous problématiserons dans notre interprétation du mal radical. Dans l'*Essai sur le mal radical*, Kant s'interroge sur la possibilité de la défaillance du sujet libre, en repérant le fondement du mal dans la liberté même. Si la liberté est à la fois le pouvoir de se donner la loi et celui de la transgresser, il faut admettre la défaillance interne de la liberté. La liberté par laquelle je me détermine par la loi constitue une résistance intérieure à l'auto-constitution dans l'auto-détermination par la loi. Nous entendons ainsi analyser la constitution de la subjectivité à partir de la possibilité de sa défaillance, tout en repérant celle-ci dans la liberté même en tant que pouvoir d'auto-détermination par la loi.

L'analyse de l'auto-détermination ne peut se passer du problème de l'autre. Lorsque nous aborderons le problème de l'autre chez Kant, il ne s'agira pas de l'autre personne qui existerait extérieurement au moi, comme si le moi et l'autre étaient juxtaposés l'un à l'autre. Il est vrai que chez Kant l'autre est considéré dans la notion de l'humanité en général dont le moi et l'autre font partie. C'est dans cette mesure que la relation du moi et de l'autre est considérée dans une perspective communautaire sur le plan éthique (le « règne des fins ») et sur le plan politique (la communauté républicaine). Toutefois, notre recherche va essayer d'élucider la relation du moi à l'autre autrement que comme relation symétrique entre deux sujets égaux sur un même plan de communauté. Par l'autre, nous pensons à l'*altérité interne* dans l'acte d'auto-détermination par la loi. Il s'agit pour nous d'éclairer le statut de l'autre qui intervient dans l'acte d'auto-détermination par la loi. Pour penser l'altérité interne à la subjectivité, il convient de rappeler que l'impératif catégorique s'adresse au moi à la deuxième personne. Alors que le moi se donne la loi, sa soumission à la loi est décrite comme celle au « tu dois ». En me donnant la loi de moi-même, je me conçois moi-même comme « toi » à qui la loi s'impose : je m'entends parler comme si l'autre m'interpellait à la deuxième personne. Cela ne signifie-t-il pas que je me donne la loi comme si j'obéissais à la loi de l'autre ? Ou bien comme si je traitais comme un autre mon moi qui obéit à la loi ? Comment penser cette altérité de la loi ? Pourquoi et comment l'auto-donation de la loi prend-elle la forme d'une hétéro-donation ? Il ne s'agit évidemment pas de la passivité pure et simple envers l'autre qui me donne la loi. L'altérité de la loi surgit exactement dans mon acte de me donner la loi. Si je me trouve en position passive par rapport à la loi, c'est parce que la liberté génère l'altérité interne dans l'acte même de se donner la loi, c'est-à-dire dans l'acte de *s'opposer à la loi en se considérant à la deuxième personne, comme destinataire de la loi, comme « toi »*. Dans cette perspective, nous proposons de penser l'altérité constituante de l'auto-détermination par la loi à partir de la liberté en tant que pouvoir de se donner la loi.

Nous savons que la tentative de dégager de la pensée kantienne le problème de l'autre comme un élément constituant de la subjectivité risque de détruire la vérité fondatrice de sa pensée, c'est-à-dire la liberté en tant qu'autonomie. Mais notre lecture ne prétend pas « déconstruire » l'éthique kantienne. Certes, la méthode principale de notre interprétation consiste à dévoiler l'instabilité du fondement de l'éthique kantienne, guidé par certaines conceptions qui paraissent étrangères à la pensée kantienne, telles que la défaillance interne de la liberté ou l'altérité interne dans l'auto-détermination par la loi. Mais nous n'avons pas la prétention de présenter des idées nouvelles. Au contraire, la plus grande part en est acquise grâce au travail des philosophes. Par exemple, on peut trouver l'idée de l'étrangeté interne à l'auto-détermination par la loi dans le texte de G. Krüger et de J.-L. Nancy. P. Ricœur nous donne une possibilité d'approche phénoménologique du problème de l'autre chez Kant. C'est dans les textes de J. Rogozinski que nous avons trouvé des concepts-clés qui guident notre recherche : l'auto-affection sous la forme d'hétéro-affection, l'*auto-hétéronomie* et la défaillance interne de la liberté. Certes, ces concepts nous font découvrir l'instabilité de la subjectivité libre sous l'apparence de la philosophie moderne du Sujet. Néanmoins, comme ces philosophes nous l'enseignent, il ne s'agit pas simplement de décentrer le sujet kantien ni de déstabiliser l'autonomie du sujet, mais d'essayer de saisir, à partir de la possibilité de la crise de la subjectivité, le sens de notre liberté avec Kant.

L'enjeu de notre interprétation n'est rien d'autre que de retracer l'approfondissement de la pensée kantienne de la subjectivité. Chaque fois que Kant fonde ses théories sur des conceptions de la subjectivité, il remet lui-même en question le fondement de ses théories. Dans les « Paralogismes de la raison pure », il met radicalement en cause le statut du sujet en tant que « je pense », au moment même où il va fonder son éthique de la loi sur la liberté du sujet. Tout se passe comme si l'éthique devait fonder l'autonomie du sujet sur l'« éclat » du « je pense ». Par la suite, Kant remet en question cette autonomie en tant que fondement de l'éthique de la loi dans son *Essai sur le mal radical*, où il repère la possibilité de la défaillance du sujet éthique dans la liberté même de celui-ci. Nous pouvons ainsi dire que pour Kant, le problème de la subjectivité constitue l'épreuve même de sa pensée. Kant développe sa pensée en s'affrontant au problème du sujet, qui revient à chaque moment comme une énigme à résoudre. Quel est le problème qui conduit Kant à mettre à l'épreuve sa propre pensée du sujet ? Pour quelle vérité du sujet remet-il de lui-même en question sa propre pensée ? Comment penser la pensée kantienne qui se met elle-même à l'épreuve ? Comment Kant parvient-il à affirmer la subjectivité libre de notre existence dans sa tentative même de mettre à l'épreuve la liberté du sujet ? Telles sont les questions auxquelles nous allons essayer de répondre.

PREMIÈRE PARTIE

LA NAISSANCE DU SUJET

DANS L'EXPÉRIENCE DE LA LIBERTÉ

Introduction de la première partie – Le désir de la raison

La Critique kantienne se présente comme « science des limites »[1]. Par la critique de la métaphysique, Kant entend la critique du « pouvoir de la raison en général, à l'égard de toutes les connaissances auxquelles elle peut tendre *indépendamment de toute expérience* »[2]. Ce qui est mis en examen critique est la pensée qui « étend la connaissance humaine au-delà de toutes les limites de l'expérience possible », et le critère de la Critique réside dans les limites de l'expérience, laquelle constitue l'effectivité de la pensée comme connaissance empirique. La Critique est donc définie comme position des limites au pouvoir de la raison. Kant pense ce pouvoir de la pensée comme « pouvoir de produire des concepts de la raison », c'est-à-dire les trois Idées constituantes de la métaphysique traditionnelle : l'âme, le monde et Dieu. Autour de ces trois Idées sont constitués les domaines particuliers de la métaphysique (*metaphysica specialis*), à savoir la psychologie rationnelle, la cosmologie rationnelle et la théologie rationnelle. Ce qu'il faut souligner, c'est que par le terme de métaphysique, Kant entend la « disposition naturelle » de l'homme qui pense, la nature inhérente à la pensée. Avant d'être une science, la métaphysique existe d'abord comme disposition naturelle du sujet pensant. « La métaphysique est réelle, sans doute pas comme science, mais bien comme disposition naturelle (*metaphysica naturalis*). En effet, la raison humaine, sans y être portée par la simple vanité de beaucoup savoir, poussée par son propre besoin, continue irrésistiblement sa marche jusqu'à ces questions, qui ne peuvent recevoir de réponses d'aucun usage de la raison dans l'expérience et des principes qui en émanent, et ainsi il y a eu réellement en tout temps chez tous les hommes, dès que la raison en eux s'étend jusqu'à la spéculation, une certaine métaphysique ». La Critique s'efforce de répondre à la question : « Comment la métaphysique est-elle possible à titre de

---

[1] « La métaphysique est une science des *limites de l'entendement humain*, et comme un petit pays a toujours beaucoup de frontières, et qu'en général il lui importe plus de bien connaître et de défendre ses possessions que de se lancer aveuglément dans les conquêtes ». Les *Rêves d'un visionnaire expliqués par des rêves métaphysiques* (1766), *Œuvres philosophiques I*, trad. B. Lortholary, Gallimard, 2004, p. 586. AK II, 368. Dans ce texte, Kant aborde le problème du rapport de la folie et de la pensée, en analysant la parenté trouble de la métaphysique et de la pensée folle du visionnaire. Pour approfondir ce problème, voir J.-Ch. Goddard, « Métaphysique et schizophrénie (sur Kant et Swedenborg) », *Les Carnets du centre de philosophie du droit*, Louvain-la-Neuve, 1999. AK X, 129.

[2] CRP, p. 728. A XII.

disposition naturelle ? »[1]. Par l'élucidation critique des Idées, Kant n'entend pas donner une réponse aux problèmes métaphysiques, mais chercher comment la pensée constitue des problèmes métaphysiques à partir de son propre pouvoir. À la différence de l'entendement comme pouvoir de la règle en vue de l'unité de l'expérience, le pouvoir de la raison est défini comme pouvoir du principe : « *si le conditionné est donné, est donné aussi la somme entière des conditions, et par conséquent l'inconditionné absolu*, qui seul rendait possible le conditionné »[2]. Par ce principe, la raison s'oriente vers l'inconditionné comme ce qui achève les séries des conditions données. Ainsi, les trois Idées sont reformulées comme suit : le « sujet absolu »[3] comme unité absolue du sujet pensant, le monde comme unité absolue de la série des conditions du phénomène, et Dieu comme unité absolue de la condition de tous les objets de la pensée en général. Ces trois Idées autour desquelles des problèmes métaphysiques surgissent sont saisies comme produites par la disposition naturelle du sujet pensant. Soumise à l'examen critique, la métaphysique est saisie par Kant comme une pensée qui s'oriente, *de sa propre nature*, en dehors des limites de l'expérience. C'est justement dans la nature propre de la pensée que Kant trouve le « désir délirant de savoir des dogmatiques »[4].

Il n'est pas inutile de s'attarder sur ce terme de « nature » de la pensée. La notion de « nature » désigne évidemment le caractère propre de la pensée. Néanmoins, Kant nous enseigne que cette nature propre de la pensée apparaît étrangère à elle-même, en montrant que la raison méconnaît son propre désir d'aller au-delà des limites. Cette différenciation de la raison par rapport à sa propre nature consiste en ceci que par sa propre nature la raison se pose des problèmes impossibles à résoudre ; la raison est abordée par son propre désir. Rappelons un fameux texte de la préface de la première *Critique* sur la « destinée particulière » de la raison humaine : la raison est destinée à tomber, à se tenir dans une mauvaise posture, où elle est accablée de questions auxquelles elle ne peut répondre, ni les écarter, puisqu'elles sont nées entièrement de sa propre nature. C'est ainsi que la raison tombe dans la

---

[1] CRP, p. 774. B 21.

[2] CRP, p. 1072. B 436.

[3] *Prolégomènes à toute métaphysique future qui pourra se présenter comme science* (1783), trad. J. Rivelaygue, *Œuvres philosophiques II*, Gallimard, 1985, p. 114. AK IV, 334. « Tous les prédicats du sens interne se rapportent au *moi* en tant que sujet, et ce dernier ne peut plus être pensé comme prédicat de quelque autre sujet ».

[4] CRP, p. 728. A XIII.

« contradiction d'avec elle-même » (B 24) par sa propre nature. Dans la « Dialectique transcendantale », Kant exprime cette contradiction à travers quatre antinomies, pour mettre au jour l'illusion des raisonnements de la raison. Sous la poussée de sa propre puissance, la raison échafaude des problèmes qu'elle ne peut résoudre, tombe dans les antinomies. Sur ce point, il est intéressant de voir que Kant appelle cette puissance de la raison la « pulsion » qui « ne voit plus de limites » (B 8). Selon M. David-Ménard, Kant emploie le terme de « pulsion » « pour désigner l'intervention d'un désir dans un processus de pensée »[1]. Si la raison se trouve dans une mauvaise posture, c'est qu'elle ne sait pas maîtriser sa propre pulsion, qu'elle méconnaît son propre désir. Le génie de Kant consiste à saisir l'objet du désir de la raison comme une illusion qui la hante, à reconnaître l'illusion comme ce que la raison échafaude par elle-même. Dans la mesure où l'illusion ne vient pas à la raison du dehors, la critique devrait s'opérer par la raison et contre la raison. Opérant la critique de son propre désir, la raison problématise son propre désir, en le détachant d'elle-même, comme si son propre désir était étranger à elle-même. Que son propre désir soit étranger à la raison elle-même, c'est la découverte fondatrice de la pensée kantienne.

Dans la préface de la seconde édition, Kant désigne la Critique comme « purification de notre raison » (B 25). La purification consiste à limiter à l'expérience le désir de la raison. La limitation du désir, c'est la Critique en tant que science de la limite. Pour élucider cette *fonction limitative* de la Critique, il est nécessaire de se demander comment la critique du pouvoir de la raison est effectuée selon chaque raisonnement dialectique. Comme nous allons l'examiner, la critique fonctionne différemment selon chaque argument dialectique. Si la critique est adressée à différents aspects du pouvoir de la raison, il faut interroger la visée commune qui traverse la critique de chaque raisonnement dialectique, et la structure conceptuelle dans laquelle Kant effectue la re-fondation de la métaphysique par la position de la limite au désir de la raison. Par la question de la structure conceptuelle, nous entendons la *visée fondamentale* de la Critique que Kant envisage par les critiques de chaque argument dialectique. En d'autres termes, nous distinguons la visée commune de la Critique adressée à chaque Idée transcendantale et la visée fondamentale qui se réalise par la critique des raisonnements dialectiques. À la différence de la critique de l'Idée cosmologique de monde, Kant n'effectue pas simplement la critique dans son sens négatif (démontrer l'erreur ou l'illégitimité des arguments) pour l'Idée d'âme (*Ich* en tant que sujet absolu),

---

[1] M. David-Ménard, *La Folie dans la raison pure*, Vrin, 1990, p. 185.

de même que pour l'Idée de Dieu. Si Kant critique la psychologie rationnelle et la théologie rationnelle, c'est pour chercher un contexte où les Idées mises en critique peuvent être affirmées « dans l'usage pratique » de la raison. La visée fondamentale s'exprime dans la reconstitution du contexte métaphysique dans lequel l'Idée d'*Ich*, celle de liberté et celle de Dieu sont affirmées, tandis que la visée commune en tant que position de la limite s'exerce négativement par rapport aux arguments métaphysiques.

Il en résulte que la *fonction limitative* ne résume pas la visée fondamentale de la critique du désir. La purification de la raison ne consiste pas à borner son désir. La purification consiste à le limiter (*begrenzen*), à déterminer l'usage légitime de la raison, *et* à déterminer la légitimité de l'extension de la connaissance[1]. Interdire à la raison spéculative de dépasser les limites de l'expérience, c'est le sens négatif de la Critique. Mais cette négation du désir devient positive, « dès qu'on est convaincu qu'il y a un usage pratique absolument nécessaire de la raison pure (l'usage moral), dans lequel elle s'étend inévitablement au-delà des limites de la sensibilité »[2]. Ce retournement du sens négatif de la Critique au sens positif constitue la visée fondamentale de la Critique. Dans quels cas l'extension de la connaissance est-elle possible ? Comment légitimer le désir de la raison qui s'efforce de dépasser la limite ? Telles sont les questions que Kant se pose dans la « Dialectique » de la première Critique.

---

[1] CRP, p. 1332-1333, p. 1337. B 789, B 795. Voir aussi *Prolégomènes*, § 57. Sur la distinction entre limite et borne, cf. G. Bensussan, *Le Temps messianique*, Vrin, 2001, p. 113. Il écrit ceci : « la raison est limitée dans son pouvoir de connaître par les frontières tracées par l'expérience, mais cette limite ne borne pas son regard, elle pense au-delà. Cette transgression de la limite à quoi "l'usage transcendant" de la raison l'incite sans cesse est donc interne et originaire ».

[2] CRP, p. 745. B XXV.

Chapitre I – La Critique en tant que pensée des limites

1-1 La fonction négative de la Critique

Comment la raison s'illusionne-t-elle par son propre désir ? L'illusion surgit là où la raison intervient dans la fonction de l'entendement dans la connaissance d'objet. En principe, la connaissance consiste dans l'acte synthétique du « je pense » qui unit par les catégories le divers sensiblement donné. La connaissance d'un objet se réalise dans l'unité de l'intuition et du concept de l'entendement. L'entendement se rapporte au phénomène, en appliquant ses concepts à l'intuition sensible de l'objet, mais jamais à la *chose en soi*. Certes, l'entendement dispose de la « forme de la pensée d'un objet en général »[1]. Mais cet objet ne peut être objet de la connaissance sans intuition qui lui correspond. Sous la poussée de l'intérêt spéculatif, la raison se rapporte à l'usage de l'entendement, « non pas en tant qu'il contient le *fondement* d'une expérience possible [...], mais pour lui prescrire de se diriger vers une certaine unité dont l'entendement n'a aucun concept et qui tend à embrasser en un *tout absolu* tous les actes de l'entendement, par rapport à chaque objet »[2]. Or, Kant distingue deux modes selon lesquels la raison intervient dans l'usage de l'entendement, à savoir l'usage régulateur de la raison et l'usage transcendantal de l'entendement. La raison désigne à l'entendement l'unité absolue de la synthèse. S'agissant de la synthèse du « moi » qui m'apparaît dans le temps, la raison présente l'unité absolue du sujet pensant. S'agissant de la synthèse des conditions des phénomènes, la raison présente à l'entendement l'Idée de monde en tant que totalité des conditions des phénomènes. L'Idée de Dieu est présentée comme « condition de tous les objets de la pensée en général ». L'Idée de la raison présente ainsi le « canon »[3] à l'usage de l'entendement, en conférant un maximum d'unité à la synthèse comme la tâche (*Aufgabe*) pour chercher à achever la synthèse de toutes les conditions. C'est cette manière dont la raison intervient dans l'usage de l'entendement que Kant appelle l'usage régulateur de la raison (B 828). À ce mode, Kant oppose l'usage transcendant de l'Idée et l'usage transcendantal de l'entendement, par lesquels la raison pousse l'entendement à dépasser la limite de son usage. Alors que les concepts devraient être schématisés pour

---

1 CRP, p. 812. B 75.

2 CRP, p. 1036. B 383.

3 CRP, p. 819. B 85.

constituer la connaissance de l'objet (l'usage interne de l'entendement [B 383]), la raison s'efforce d'appliquer les catégories à un objet qui n'est pas sensiblement donné, c'est-à-dire à la « chose *en général* et *en soi* »[1]. En confondant le sens d'être d'objet du phénomène et celui de l'objet en général et en soi, la raison pense que les concepts peuvent eux-mêmes présenter l'existence. C'est là que surgit l'illusion transcendantale : la raison prétend connaître la chose en général sans se rapporter à la condition sensible de la connaissance. Au lieu de se rapporter à l'usage empirique de l'entendement dont le concept correspond à l'intuition, la raison prétend directement aux objets en vue de la connaissance. C'est dans cette abstraction de la finitude de la connaissance humaine que le dépassement de la limite surgit. Ce dépassement consiste d'abord dans le fait que la pensée croit pouvoir connaître un objet sans aucune référence à la condition sensible de la connaissance. C'est à l'objet indéterminé, dont l'entendement dispose sans référence à la condition sensible de la connaissance, que la raison prétend appliquer les catégories. La raison se rapporte à l'objet de l'entendement (noumène) qui n'est que pure forme de la pensée sans contenu, en vue de la connaissance des Idées et en vue de la construction objective de l'existence à partir de l'Idée, qui peut être Dieu, le monde ou l'âme. C'est cela que Kant appelle l'usage transcendantal de la raison[2], lequel consiste en ceci que la raison croit pouvoir *déterminer* les Idées comme des objets qui apparaîtraient dans l'expérience. Si la raison applique la catégorie à l'Idée, c'est parce qu'elle suppose que l'objet de l'Idée existe en soi.

Les Idées sont les concepts de la raison dont la modalité d'être est nettement distinguée des objets de connaissance. Elles sont l'objet de la *pensée*, et non de la connaissance. La connaissance des Idées est impossible, puisqu'elles ne sont jamais données dans l'expérience ; elles n'apparaissent pas. Nous ne pouvons en avoir aucune connaissance, cependant « nous pouvons en avoir un concept problématique »[3]. C'est seulement dans son usage régulateur que l'Idée est autorisée à se rapporter à la connaissance. Lorsqu'on donne la réalité objective aux Idées par l'usage constitutif[4], surgit l'apparence transcendantale qui efface la différence de la modalité d'être entre Idée et objet de connaissance. De cette indifférenciation entre objet de pensée et objet de connaissance, il résulte que ce qui ne peut apparaître prétend

[1] CRP, p. 972. B 298.

[2] CRP, p. 880. B 170.

[3] CRP, p. 1045. B 397.

[4] CRP, p. 1248. B 672.

constituer un objet de connaissance. Il va sans dire que le terme d'apparaître est réservé seulement à l'objet donné à la sensibilité, tandis que le concept d'objet dont l'entendement dispose comme *objet en général* est défini comme inapparaissant. Que la raison *détermine*, sans se rapporter à la matière de la connaissance, un concept, en lui donnant des prédicats (par exemple, l'âme est simple, Dieu est tout-puissant), la raison parle alors de ce qui n'apparaît pas comme s'il existait en lui-même. Kant ne nie pas que le concept d'âme ou de Dieu soit comme objet de pensée. Mais Kant détermine l'Idée apparaissante comme l'apparaître illusoire, en distinguant nettement le sens d'être entre objet de pensée et objet de connaissance.

La Critique limite ainsi le désir de la raison : l'objet de la raison n'est pas sensible, non donné à la sensibilité, et par suite il n'apparaît pas comme le phénomène. L'être de l'objet qui apparaît sans intuition sensible est défini comme inapparaissant, dont la modalité d'être n'est plus que l'apparence (*Schein*), tandis que le terme d'apparaître comme Phénomène est réservé exclusivement au donné sensible dans l'intuition sensible. Si l'Idée apparaît, c'est que par l'usage transcendant des catégories, la raison croit trouver l'objet de pensée (*Gedankending*) dans l'expérience, en appliquant les catégories à un objet dont l'entendement dispose comme chose en soi. L'inconditionné ne peut être le *Schein* que dans la mesure où il apparaît (*erscheinen*). Comme le suggère l'homologie de ces deux mots, l'apparence est aussi ce qui apparaît pour moi. Mais le *Schein* devrait avoir une modalité de l'apparaître distincte de l'*Erscheinung*. Que le *Schein* ait la logique propre de l'apparaître, c'est ce que Kant élucide dans la « Dialectique ». Si la « Dialectique » élucide la logique de l'apparence, par laquelle la raison s'illusionne, l'« Analytique » expose la logique de la vérité comme l'élucidation du sens d'apparaître qui est irréductible à l'apparaître illusoire du *Schein*.

Ainsi, nous comprenons le sens de la position de la limite au désir de la raison. La Critique en tant que position de la limite est l'élucidation de la différence d'être entre apparaître en vérité et apparaître illusoire. Au début de la « Dialectique », Kant écrit ceci : « c'est l'expérience qui nous donne la règle, et qui est la source de la vérité »[1]. Maintenant, nous comprenons pourquoi Kant a placé l'« Analytique » (logique de la vérité qui élucide la légitimité de la connaissance empirique) avant la « Dialectique » comme critique de la logique du *Schein*. La constitution de la logique de la vérité se présente comme antidote contre cette logique par laquelle la raison s'illusionne. *La vérité que la logique transcendantale expose, c'est la*

---

[1] CRP, p. 1030. B 375.

différence de modalité d'être entre objet de pensée et objet de connaissance. L'« Analytique » fonde l'effectivité de l'être de l'objet de la connaissance, de telle façon que la fondation de la logique de la vérité réalise immédiatement la dissolution de la logique de l'illusion qui fait voir ce qui n'apparaît pas. Si la théorie de la connaissance de l'« Analytique » expose la vérité contre le *Schein* en déterminant la différence de la modalité d'*être* entre l'objet de la connaissance et l'objet de la raison, l'enjeu de cette différenciation se situe au niveau ontologique. Comme Heidegger le soutient, la *Critique* est considérée comme la refondation de l'ontologie, et la « vérité transcendantale » qui constitue l'effectivité de la connaissance est comprise comme le critère de la critique de l'ontologie classique (*Metaphysica generalis*). On peut ainsi saisir la visée commune de la Critique en tant que la position de la limite, comme position de la différence de la modalité d'*être* ou d'*apparaître* entre objet en tant que phénomène et objet de raison. La visée commune de la Critique (position de la limite) consiste à déterminer la différence de la modalité d'être du *Schein* et de l'*Erscheinung*, pour élucider le sens de l'être comme objet de connaissance. *En d'autres termes, la compréhension de l'être consiste dans la différence d'être entre apparaître en vérité et apparaître illusoire*. La Critique kantienne se révèle ainsi une tentative de refondation ontologique de la métaphysique. Kant écrit : « le nom orgueilleux d'une ontologie, qui prétend donner des choses en général des connaissances synthétiques *a priori*, dans une doctrine systématique (par exemple, le principe de la causalité) doit faire place au nom modeste d'une simple analytique de l'entendement pur »[1]. Dans ce texte, Kant n'affirme pas que l'ontologie, remplacée par la théorie de la connaissance, n'a pas de place dans la philosophie critique. Si la compréhension du sens d'être est désormais définie comme objet de la connaissance, c'est parce que l'« Analytique » est orientée, dans sa visée de la critique de la métaphysique, sur la différence de la modalité d'être entre l'objet de la pensée et celui de la connaissance. Dans cette mesure, la logique de la vérité que Kant expose dans l'« Analytique » est comprise dans la perspective ontologique.

Nous ne voulons pas détailler la portée ontologique de la Critique, en interprétant celle-ci exclusivement comme une refondation de l'ontologie. Certes, l'élucidation du sens de l'être comme être connu par le sujet fonctionne comme la visée essentielle de la Critique. Mais notre intérêt est

---

[1] CRP, p. 977. B 303. Voir aussi *Quels sont les progrès de la métaphysique en Allemagne depuis le temps de Leibniz et de Wolff* (1804), trad. J. Rivelaygue, *Œuvres philosophiques III*, Gallimard, 1986, p. 1216. AK XX, 260.

porté notamment sur la problématique de la position de la limite au désir de la raison dans ses rapports avec les critiques des raisonnements dialectiques. Dans notre lecture, il s'agit de considérer la position de la limite (l'aspect ontologique) en fonction de la réhabilitation de l'Idée métaphysique (l'aspect éthique). Si l'aspect ontologique de la Critique comme détermination du sens de l'être est inséparable de son aspect éthique, il faudrait éclairer la structure conceptuelle dans laquelle la fonction limitative de la Critique se convertit en fonction positive, en examinant les problèmes qui s'y rattachent. Si l'Idée est désormais définie comme inapparaissante, pourquoi Kant en vient-il à affirmer l'Idée de liberté, celle de « Je » et celle de Dieu ? En considérant que la raison dépasse les limites de l'expérience par l'« usage pratique » de la raison, Kant ne contredit-il pas sa propre critique ? La considération du rapport entre l'aspect ontologique de la *Critique* et son aspect éthique devient ainsi la question cruciale du sens de la critique de la métaphysique. Nous pourrions saisir le sens de la Critique seulement dans la possibilité de la réconciliation de ces deux aspects de la *Critique*. C'est seulement dans cette perspective que nous faisons état de l'aspect ontologique de la *Critique*. Nous nous contentons d'envisager l'aspect ontologique de la *Critique*, en examinant simplement un de ses traits principaux, c'est-à-dire la notion de « vérité transcendantale » à laquelle Kant oppose la vérité de la logique formelle.

Dans le rationalisme dogmatique, la théorie de la connaissance se fonde sur la vérité comme adéquation de l'énoncé et de la chose, plus précisément comme adéquation du sujet et du prédicat dans le jugement. La vérité est considérée comme le fondement du jugement ou de l'énoncé qui représente la chose telle qu'elle est, en lui attribuant le prédicat[1]. L'énoncé est vrai si le prédicat qu'il attribue à une chose correspond à cette chose. Mais pour Kant, le problème de la vérité revient à savoir comment la chose à laquelle le sujet pensant attribue les prédicats existe pour lui. Car la prédication à la chose présuppose que la chose existe. La vérité du jugement présuppose la vérité de la chose. Par la question de la vérité, il s'agit pour Kant d'élucider l'existence même de ce à quoi la détermination prédicative se rapporte.

L'existence d'un objet ne peut être fournie par la prédication. Dans la section intitulée « De l'impossibilité d'une preuve ontologique de Dieu » où Kant soumet à l'examen critique l'onto-théologie, nous lisons ceci : « *être* n'est manifestement pas un prédicat réel, c'est-à-dire un concept de quelque

[1] Ici, nous suivons l'analyse de Heidegger. Cf. « L'être-essentiel d'un fondement ou "raison" » (1929), trad. H. Corbin, *Questions I.II*, p. 94-97 et « De l'essence de la vérité » (1926), trad. A. de Waelhens et W. Biemel, *Questions I.II*, p. 165-174.

chose qui puisse s'ajouter au concept d'une chose. C'est simplement la position d'une chose ou de certaines déterminations en soi »[1]. Cette thèse vise l'argument dialectique selon lequel l'étant en général est fondé à partir de Dieu comme Étant suprême. Dans l'énoncé « Dieu est tout-puissant », le prédicat dit « réel »[2] – « tout-puissant » – se rapporte certainement à l'existence du sujet de la proposition, c'est-à-dire au concept de Dieu. Mais Kant affirme que l'être même du concept ne se désigne pas par le prédicat, et qu'il est « position d'une chose ». La question de l'être n'est pas décidée par la détermination prédicative d'une chose, mais l'être concerne seulement la position d'une chose. Comment penser l'être comme position ? Selon Heidegger, l'être en tant que position doit être compris comme la « qualité-d'être-posé (*Gesetzheit*) de quelque chose dans la représentation qui pose »[3]. Heidegger interprète ainsi la position de l'être à partir de l'acte de représenter, c'est-à-dire le mode d'être du sujet (le « je pense ») comme « tenir quelque chose en face de soi »[4]. *La position d'une chose consiste alors dans l'acte de tenir quelque chose comme opposé à soi*, et c'est seulement dans cette mesure que quelque chose apparaît comme ob-jet (*Gegen-stand*).

La vérité, dit Kant, est l'« accord entre la connaissance et l'objet » (B 83). Bien que cette notion recouvre la notion classique de la vérité, il faut voir le déplacement que Kant effectue par rapport à la logique formelle. La « logique transcendantale » est distinguée de la logique formelle en ceci qu'elle pose la vérité du jugement dans la liaison entre la pensée pure (des concepts dont l'entendement dispose *a priori*) et l'intuition de l'objet en tant que phénomène (ce qui est donné *a priori* dans la pure forme de l'intuition), tandis que la vérité selon la logique formelle réside seulement dans l'accord entre la connaissance et la forme logique. La logique transcendantale expose l'entendement tel qu'il est en lui-même, non lié avec la sensibilité, comme « forme de la pensée d'un objet en général » (B 75), comme condition de la connaissance par laquelle les objets sont pensés *a priori*. Les concepts de l'entendement qui se déduisent des formes du jugement sont considérés comme une condition nécessaire de

---

[1] CRP, p. 1214-1215. B 626.

[2] « Réalité signifie pour Kant non point ce qui existe effectivement, mais ce qui appartient à la chose. Un prédicat réel est celui qui fait partie du contenu positif d'une chose et qui peut lui être attribué ». M. Heidegger, « La thèse de Kant sur l'Être » (1961), trad. L. Braun et M. Haar, *Questions I.II*, p. 384-385. GA 9, p. 451. Voir aussi *Les Problèmes fondamentaux de la phénoménologie*, p. 55. GA 24, p. 45.

[3] M. Heidegger, « La thèse de Kant sur l'Être », *Questions I.II*, p. 388. GA 9, p. 453.

[4] M. Heidegger, « Dans l'acte de la représentation, nous présentons quelque chose en face de nous, de façon à ce qu'ainsi présenté cela se tienne opposé à nous en tant qu'objet ». *Ibid.*

la connaissance. En ce sens que la « logique transcendantale » commence à élucider la possibilité de la connaissance à partir de la spontanéité de l'entendement, elle est analogue à la logique formelle qui s'applique à l'objet en général « sans avoir égard à la diversité des objets »[1] comme règle nécessaire pour l'usage de l'entendement. Mais ce qu'il y a de décisif dans la définition de Kant sur la fonction de l'entendement, c'est que l'entendement n'atteint pas l'existence effective d'une chose sans se rapporter à l'intuition[2]. Pour connaître quelque chose d'effectif, l'entendement doit être orienté vers l'intuition sensible. La connaissance effective est définie par l'union entre la sensibilité (qui reçoit l'objet) et l'entendement (qui le pense), et c'est cette unité qui constitue la vérité de la connaissance. Tel est le second postulat de la pensée empirique ; « ce qui est solidaire des conditions matérielles de l'expérience est effectif ». Par exemple, on peut représenter, par l'entendement seul, le moi comme une chose permanente. Certes, le « je » du « je pense » est une représentation intellectuelle qui accompagne toutes mes représentations. Mais il est impossible à l'entendement de donner la réalité effective à cette représentation, car il ne peut *connaître le « je »* sans se référer à la condition sensible de la connaissance, sans être affecté par le sens interne. « Nous ne connaissons notre propre sujet que comme phénomène, mais non selon ce qu'il est en soi »[3].

L'intuition est la condition par laquelle l'objet est donné comme phénomène. L'entendement donne à l'objet qui m'apparaît dans l'intuition la règle universelle ; l'entendement *détermine* l'objet perçu dans la fonction logique du jugement, par les catégories. Au niveau de la sensibilité, le divers des représentations est certainement donné dans la pure forme de la sensibilité. Mais cette forme ne désigne que la manière dont le sujet est affecté. L'entendement apporte l'unité à « la simple synthèse de représentations

---

[1] CRP, p. 813. B 76.

[2] « Dans le *simple concept* d'une chose, on ne saurait trouver aucun caractère de son existence ». CRP, p. 953. B 272.

[3] CRP, p. 870. B 156. Il s'agit ici de l'*auto-affection*, de la possibilité de la synthèse du « je » comme sujet pensant intellectuel et du moi qui apparaît dans le sens interne, par laquelle se réalise l'auto-connaissance du sujet sur le plan théorique. Kant affirme ainsi : « Si nous accordons au propos du sens externe que nous ne connaissons par là les objets que dans la mesure où nous sommes extérieurement affectés, nous devons aussi avouer à propos du sens interne que nous nous intuitionnons par là nous-mêmes, tels seulement que nous sommes affectés intérieurement par *nous-même* ». Sur le commentaire de l'auto-affection, cf. *La Doctrine kantienne de l'objectivité*, B. Rousset, Vrin, 1967, p. 178-197.

diverses *dans une intuition* »[1]. C'est là que la spontanéité de l'entendement intervient comme unité de l'aperception, qui s'exprime comme le « je pense ». Le « je » est le principe suprême qui donne l'*unité synthétique originaire* aux phénomènes. Tous les objets constituent la connaissance dans la mesure où ils se rapportent à l'unité originaire de l'aperception. Inversement, l'identité du moi se constitue dans son acte même de synthétiser le divers donné dans la sensibilité par la catégorie : « Nous avons conscience *a priori* de la complète identité de nous-mêmes relativement à toutes les représentations qui peuvent jamais appartenir à notre connaissance, comme d'une condition nécessaire de la possibilité de toutes les représentations »[2].

Ce qui distingue la logique transcendantale de la logique formelle, c'est que la pensée se dégage d'elle-même pour s'orienter vers ce qui est donné dans la sensibilité. Selon Kant, la logique formelle ne peut constituer que le *jugement analytique*, alors que l'effectivité de la connaissance humaine ne surgit que comme *proposition synthétique*. Par exemple, dans l'énoncé « le corps est étendu », le prédicat du sujet est analytiquement contenu dans le concept du sujet, par là « je n'ai pas à sortir (*hinausgehen*) de mon concept [...], je n'ai donc besoin d'aucun témoignage de l'expérience »[3]. Au contraire, pour affirmer que « le corps est pesant », je dois sortir du concept du sujet vers l'expérience sensible. La logique formelle ne constitue que des jugements analytiques, dans la mesure où elle ne considère que la relation logique ou intellectuelle du sujet et du prédicat, en faisant abstraction de l'élucidation de l'existence même du sujet et de la réalité du prédicat qu'elle lui confère. Le rationalisme dogmatique consiste dans la confusion entre le jugement analytique et le jugement synthétique. Lorsque la raison donne des prédicats à l'Idée transcendantale, elle s'efforce de constituer la connaissance de l'Idée par le simple usage de l'entendement. Puisqu'elle ne fait que penser l'existence du sujet seulement dans le concept, elle ne constitue que le jugement analytique à propos des Idées. Mais elle prétend constituer la proposition synthétique, dans la mesure où elle tente de déterminer l'Idée. Cette ambition est contradictoire, en ceci que la raison tente de constituer la proposition synthétique sur l'objet qui ne peut être sensiblement donné.

La compréhension de l'être vers la finitude de la connaissance humaine se réalise par l'établissement de la subjectivité comme fondement de l'objectivité effective. La Critique en tant que détermination du sens d'être se

---

[1] CRP, p. 834. B 105. Kant considère le phénomène comme « objet indéterminé de l'intuition empirique ».

[2] CRP, p. 1418. A116.

[3] CRP, p. 766. B 11.

présente comme élucidation du mode d'être du moi, comme fondement de la connaissance d'un objet. La connaissance de l'objet est subordonnée à l'unité synthétique de l'aperception comme fondement d'une synthèse en général. Kant affirme ainsi : « l'unité synthétique de l'aperception est donc le point plus élevé auquel on doit rattacher tout l'usage de l'entendement, la logique même tout entière, et, après elle, la philosophie transcendantale ; cette faculté est bien l'entendement même »[1]. Il faut remarquer que Kant appelle la vérité transcendantale la « vérité matérielle » (B 85). La matérialité de la vérité consiste dans l'ordination intrinsèque du sujet connaissant dans la sensibilité. La logique transcendantale trouve la vérité matérielle dans l'acte du moi de faire surgir à partir de la visée de l'unité de l'aperception quelque chose comme un objet de connaissance. Cette vérité consiste à appliquer le concept de l'entendement à l'objet qui apparaît dans le sens interne. Heidegger écrit : « "Je pense" veut dire : je lie une diversité de représentations données par les sens à partir de la visée préalable de l'unité de l'aperception qui s'articule en la multiplicité limitée des concepts purs de l'entendement, c'est-à-dire des catégories »[2]. Remarquons que Heidegger qualifie de *préalable* l'aperception à laquelle le divers sensible est uni. Selon lui, le moi est l'horizon préalable de l'objectivité, et il est à la fois l'acte d'unir le divers sensible et l'acte de faire surgir un objet comme ce qui *s'oppose à* lui. Le « je pense » est l'acte de poser un objet comme opposé face à soi. Mais cet acte ne peut constituer la connaissance que si « quelque chose est donné à l'acte de poser par l'intuition sensible, c'est-à-dire par l'affection des sens ». Heidegger affirme que la compréhension kantienne de l'être, l'être en tant que position, trouve sa signification ultime dans la « position d'une affection ». Le sens ultime de la subjectivité consiste à se poser ce qui est donné dans l'affection comme opposé à soi.

1-2 La chose en soi et le sujet théorique

Ce qui m'apparaît dans l'affection, c'est ce que Kant appelle le phénomène. Le phénomène est un objet sur le mode de ce qui est reçu comme ce qui m'apparaît. « L'objet indéterminé d'une intuition empirique, écrit Kant, s'appelle *phénomène* ». L'entendement humain doit se rapporter à cet objet indéterminé comme à son corrélatif. Cet apparaître d'un objet indéterminé

---

[1] CRP, p. 854 note. B 134.

[2] M. Heidegger, « La thèse de Kant sur l'Être », p. 400. GA 9, p. 462-463.

comme ce à partir de quoi la connaissance effective se constitue ne pourrait être la chose en soi. Kant insiste sur la distinction entre le phénomène et la chose en soi. Le phénomène est une « manière de représenter »[1], par laquelle la chose apparaît comme *ob-jet* (*Gegen-stand*), de telle façon que cet objet affecte la sensibilité. Le *Gegenstand* est ce que le sujet fait apparaître par l'affection du sens interne, et il est l'apparaître de la chose, qui est distinct de la chose en soi. La chose en soi est définie dans l'« Esthétique transcendantale » comme fondement inconnu du phénomène ou comme objet transcendantal. La distinction de la chose en soi et du phénomène consiste alors dans la différence entre la condition et le conditionné. L'objet de connaissance ne peut être comme *Gegenstand* que si la chose en soi, affectant la sensibilité, m'apparaît. La chose en soi est le « véritable corrélatif » de la sensibilité. Kant affirme que la chose en soi a la « réalité empirique »[2] dans la mesure où elle se rapporte à la sensibilité. Bien que la chose en soi fournisse à l'objet de la connaissance la « réalité empirique », cette « réalité » est idéale, dans la mesure où elle est inconnaissable (c'est cela que Kant appelle l'idéalité transcendantale). Je laisse surgir par l'affection du sens interne la chose, mais son apparaître est distinct de son « en soi ». La chose en soi fournit la réalité à la représentation en moi, tout en restant à l'extérieur de moi. Remarquons que l'« Esthétique transcendantale » insiste sur l'extériorité de la chose qui fournit, d'une manière *idéale*, la réalité empirique à la connaissance.

Mais la chose en soi ne doit pas être simplement le fondement inconnaissable de la connaissance. Certes, Kant affirme toujours que la chose en soi est inconnaissable en ceci qu'elle se définit par son indépendance par rapport au moi connaissant. Cependant, il est inadmissible, pour une théorie qui se fonde sur la spontanéité du moi, d'accorder le titre du fondement à ce qui est inconnaissable. Il faudrait expliciter la relation de la chose en soi et du phénomène, en vue d'élucider le mode d'être du moi, comme acte de se poser l'*ob-jet*. Sur ce point, il est intéressant de voir la précision du sens de la chose en soi dans l'*Opus postumum*. Dans ce texte, Kant affirme qu'elle ne diffère pas vraiment du phénomène ; « la chose en soi = X ne signifie pas un autre

[1] CRP, p. 1454. A 383.

[2] Dans l'« Esthétique transcendantale », Kant insiste sur le fait que la forme de l'intuition pure n'est pas l'attribut de la chose en soi. La forme de l'intuition n'est pas la détermination objective de la chose en soi, mais la condition subjective de la connaissance de l'objet, la condition par laquelle « nous nous représentons des objets comme étant hors de nous ». Cette forme de l'intuition est une condition de l'apparaître des choses pour nous, et cette forme appartient à une « capacité de recevoir des représentations grâce à la manière dont nous sommes affectés par des objets ».

objet, mais seulement un autre point de vue, négatif, à partir duquel précisément le même objet est considéré ». « La chose en soi est un être de pensée (*ens rationis*), "celui de la liaison" de ce tout divers en une unité, pour laquelle le sujet lui-même se constitue. L'objet en soi = X est l'objet sensible *en lui-même*, mais pas comme un autre objet, mais un autre mode de représentation »[1]. Comment penser comme « objet sensible *en lui-même* » la chose en soi, qui est définie par l'« Esthétique transcendantale » comme objet hors de moi ? Dans la première *Critique* déjà, Kant affirme explicitement que l'objet en tant que ce qui m'apparaît et la chose en soi ne sont que « deux faces » du phénomène[2]. Comment penser une identité de la chose en soi et du phénomène ? Pour répondre à cette question, il faut d'abord s'intéresser à l'autre définition de la chose en soi que Kant présente dans « De l'Amphibologie des concepts de la réflexion ».

Kant affirme que la chose en soi ne peut être l'objet d'une connaissance, mais seulement celui d'une pensée. Bien qu'elle ne puisse être connue, on peut la penser. Kant appelle cet objet pensé comme en soi *Verstandwesen*, « être de l'entendement »[3]. La chose en soi est la réalité représentée par l'entendement pur (*realitas noumenon*[4]). Elle constitue un « quelque chose inconnu », dont on ne peut déterminer positivement l'existence. Elle correspond à un concept opératoire de l'entendement, à savoir le « *concept limitatif* (*Grenzbegriff*) »[5] par lequel l'entendement limite la sensibilité, la connaissance empirique. « Ce concept est nécessaire pour que l'on n'étende pas l'intuition sensible jusqu'aux choses en soi, et par conséquent pour que l'on restreigne (*einschränken*) la validité objective de la connaissance sensible »[6]. En tant que « *Grenzbegriff* », la chose en soi fonctionne comme position des limites à la pensée. C'est par la chose en soi forgée par lui-même que l'entendement limite la sensibilité (la négation de l'intuition intellectuelle). Il se pose la limite : il se pose un X auquel il se trouve opposé. En d'autres termes, l'acte de s'opposer un X constitue la chose en soi. La chose en soi est ainsi comprise comme l'interdiction de l'usage transcendantal de l'entendement « qui se rapporte au noumène comme à un objet ». Le

---

1 OP, p. 149. AK XXII, 42 et OP, p. 288. AK XXII, 414.

2 CRP, p. 798. B 55.

3 CRP, p. 981. B 306.

4 CRP, p. 991. B 320.

5 CRP, p. 984. B 311. L'objet transcendantal n'est évidemment pas un « objet ». Comme le dit G. Granel, il est une « pensée de la Limite ». G. Granel, *Écrits logiques et politiques*, Galilée, 1990, p. 166.

6 CRP, p. 984. B 310.

concept sans intuition sensible, c'est la représentation qui ne peut s'articuler à aucun objet déterminé. Telle représentation est ce que Kant appelle « *ens rationis* » dans la « Table du rien ». La chose en soi est ainsi thématisée dans la problématique de la limitation du champ de la connaissance. Ce qu'il nous faut constater, c'est que, à la différence de la définition de l'« Esthétique transcendantale », la chose en soi est considérée comme quelque chose d'inhérent au sujet constituant de l'expérience. La chose en soi n'est que « quelque chose » inconnu, mais ce « quelque chose » est, écrit Kant, « comme une pensée en nous, bien que cette pensée le représente par les sens qu'on appelle externe comme se trouvant hors de nous »[1]. Dans la mesure où la chose en soi est le concept de l'entendement, elle est dans le sujet constituant, même si elle ne fonctionne dans le champ de la connaissance que comme limite.

La fonction de la chose en soi que nous avons esquissée jusqu'ici concerne le noyau de la subjectivité du moi. La chose en soi est en dehors de moi, et en même temps, elle est en moi comme limite *que je me pose moi-même* : « il [l'entendement] pense un objet en soi, mais seulement comme objet transcendantal, qui est la cause du phénomène (et par conséquent n'est pas lui-même phénomène), et qui ne peut être pensé ni comme grandeur, ni comme réalité, ni comme substance, etc. [...] ; à son propos, donc, nous ne connaissons pas du tout s'il se trouve en nous ou encore hors de nous »[2]. D'une part, la chose est hors de moi comme *objet transcendantal*, comme « véritable corrélatif » de la réalité phénoménale. D'autre part, elle est en moi comme *Verstandwesen*, mais elle n'entre dans le champ de la connaissance que comme limite. Soit en moi, soit hors de moi, l'existence de la chose en soi ne signifie que la finitude de la connaissance humaine. Dans la mesure où la chose en soi est une limite posée par l'entendement, sa réalité se constitue dans le sujet de la connaissance. Sa réalité énigmatique pour la connaissance doit être considérée à partir de l'activité même de la connaissance. C'est ainsi que nous pouvons éclairer l'identité de la chose en soi et du phénomène.

Il faut bien distinguer deux modes de relation de la chose en soi et du phénomène. Premièrement, le phénomène concerne l'objet de la connaissance qui est distingué de la chose en soi. Le phénomène trouve son sens dans la différence de l'être entre l'objet de la connaissance et l'objet dont l'entendement dispose en lui-même. Deuxièmement, le phénomène ne diffère pas de la chose en soi en tant qu'« objet sensible *en lui-même* ». Il est arrivé à

---

[1] CRP, p. 1455. A 385.

[2] CRP, p. 1008-1009. B 344.

Kant de définir la chose en soi comme « matière transcendantale » : « Comme le temps n'est que la forme de l'intuition, donc des objets en tant que phénomènes, ce qui en eux correspond à la sensation est la matière transcendantale de tous les objets, comme chose en soi (le fait d'être une chose, la réalité) »[1]. Selon B. Rousset, la chose en soi « est l'être même de l'objet donné comme phénomène »[2]. Alors, ce qui me donne dans l'affection n'est plus transcendant, même si la chose en soi ne peut être que « quelque chose inconnu ». La chose en soi est transcendante par rapport au sujet connaissant, en ceci qu'elle est impossible à connaître. Mais cette extériorité, cette transcendance de la chose en soi est une représentation que l'entendement se pose lui-même, une limite qui s'oppose au sujet connaissant, de façon qu'il s'affecte par sa propre activité.

Si Kant distingue nettement la chose en soi et l'objet du phénomène, c'est pour critiquer le raisonnement dialectique qui prétend connaître les Idées en les présupposant comme ce qu'elles sont en elles-mêmes. Dans le raisonnement dialectique, la chose en soi apparaît comme objet (*Objekt*) auquel on applique à tort la catégorie, sans intuition sensible. Ou plutôt elle est l'objet qui est pensé seulement par l'entendement. Dans ce cas, la chose en soi s'appelle « noumène »[3]. Le noumène est, dit Kant, un « concept entièrement indéterminé », mais l'entendement s'acharne à le penser comme un concept déterminé de l'objet. Le « concept sans intuition » est une représentation « que nous ne pouvons rapporter à aucun objet (*Gegenstand*) déterminé »[4]. L'entendement représente l'objet seulement au moyen du concept, sans le rapporter à l'intuition sensible et croit ainsi arriver à présenter la réalité d'un objet tel qu'il est en soi[5].

S'agissant de la compréhension de l'être en tant qu'objectivité de la chose qui apparaît, il nous faut considérer la chose en soi à partir de l'acte du moi

---

[1] CRP, p. 888. B 182.

[2] B. Rousset, *La Doctrine kantienne de l'objectivité*, p. 169.

[3] CRP, p. 982. B 306.

[4] CRP, p. 987. B 314.

[5] Cette confusion consiste dans la double « subreption » : alors que le phénomène extérieur est construit par moi et en moi, le rationalisme dogmatique prétend le présenter comme existant hors de moi, tel qu'il est en soi. Il met ce qui est en moi hors de moi (A 389), par là, il hypostasie la représentation comme la vraie chose en la transportant hors de soi (A 392). La deuxième subreption est ce que Kant appelle la « subreption transcendantale » (p. 1151. B 537) : à la différence de la première subreption, la subreption transcendantale concerne l'Idée de la raison. Comme nous le verrons, le raisonnement dialectique attribue la réalité objective à l'Idée de monde qui est considérée, à tort, comme donnée en soi.

qui la fait apparaître comme un objet, comme un *Gegen-stand*. Certes, la chose en soi demeure inconnaissable, en ceci qu'elle est définie comme quelque chose d'inconnaissable = X. Elle est transcendante pour la connaissance, constituant le caractère de l'*opposition* ou de la *résistance* pour le moi connaissant. Mais sa transcendance doit être considérée comme immanente dans mon acte de laisser surgir la chose comme *Gegenstand*. Il faut expliciter la transcendance de la chose = X à partir de l'acte synthétique du « je pense ». Selon Heidegger, la compréhension de l'être comme l'objectivité de l'objet se fonde sur le mode d'être du moi, c'est-à-dire la transcendance[1]. Dans *Kant et le problème de la métaphysique*, Heidegger interprète l'acte du « je pense » comme transcendance qui consiste dans le s'orienter vers un X[2]. La transcendance a un double sens. Premièrement, il s'agit de transcender l'intuition empirique d'un objet pour révéler d'avance la condition *a priori* de se poser cet objet. La connaissance ne commence pas par la pure réceptivité par rapport à l'objet en face de soi, mais elle est l'acte de constituer un objet comme ce qui s'oppose à soi : la donation d'un objet présuppose un certain comportement du moi qui l'accueille comme objet opposé à soi. Il faut donc examiner la façon dont l'objet m'est donné, l'horizon préalable dans lequel l'objet m'est donné. Selon Heidegger, cet horizon se constitue par l'« orientation préalable vers... » qui désigne pour lui l'activité même du sujet. Il affirme que la transcendance « consiste en ce que l'acte, qui en s'orientant laisse surgir l'objet, forme, comme tel, l'horizon de l'objectivité en général »[3].

Deuxièmement, la transcendance signifie le « dépassement » (*Hinausgehen*) par lequel le moi sort d'un concept donné pour arriver à « quelque chose de tout autre »[4] (B 194). Pour Kant, le rationalisme dogmatique s'efforce de présenter l'objet seulement au moyen du concept. Mais il faut que l'intuition de l'objet me soit donnée pour parvenir à l'effectivité de la connaissance d'un objet. C'est vers ce qui me donne l'intuition, vers ce qui m'affecte, que le dépassement s'effectue, de façon qu'un objet apparaissant dans l'affection s'offre à l'acte synthétique du « je pense ». Ce dépassement de la pure pensée vers ce qui m'affecte est le

---

[1] Cf. KP, p. 175. GA 3, p. 118.

[2] « Tout être fini a besoin de cette faculté fondamentale qui consiste à se tourner vers... [s'orienter vers...] en laissant *s'ob-jecter* » (KP, p. 129. GA 3, p. 71). Par cet acte, l'objet peut « s'offrir à notre rencontre, c'est-à-dire, apparaître en tant qu'*ob-jet* [*als Gegenstehendes*] ». KP, p. 131. GA 3, p. 72.

[3] KP, p. 176. GA 3, p. 119.

[4] « Dans les jugements synthétiques, je dois sortir (*hinausgehen*) du concept donné, pour considérer, dans le rapport avec lui, *quelque chose de tout autre* que ce qui était pensé en lui ». CRP, p. 896. B 193.

deuxième sens de la transcendance. Sur ce point, Heidegger écrit ceci : « La sortie vers... (*Hinausgehen zu...*) qui, dans la connaissance finie, est d'emblée et à tout moment nécessaire, s'avère du même coup et constamment un acte de *s'ex-poser à...* [*Hinaussetzen zu*] (*Ekstasis*) »[1]. Ce à quoi je m'expose n'est rien d'autre que la chose en soi = X. Certes, elle devrait effacer sa réalité irréductible, lorsqu'elle est représentée comme l'apparaître de la chose en soi. Mais la chose en soi laisse dans son apparaître son caractère d'extériorité, de résistance, par son caractère d'*opposition*. Celui-ci se manifeste, dit Heidegger, comme « *Dawider* »[2]. La chose en soi *apparaît* comme « *Dawider* » par l'acte de laisser surgir la chose. En d'autres termes, la chose en soi ne peut révéler son caractère d'extériorité sans l'acte de laisser surgir la chose comme *opposée à soi*. Le moi comme acte synthétique constitue l'objectivité, de façon que l'objet constitue le caractère d'opposition.

Si la chose en soi = X demeure irréductible à ma représentation, constitue le caractère de l'opposition, c'est que l'opposition de la chose à moi se constitue dans mon acte de laisser apparaître la chose en soi comme *ob-jet*, comme opposé[3]. Dans la mesure où la représentation de la chose comme objet consiste dans le laisser surgir la chose comme ce qui est opposé à..., le X doit être considéré comme constitué dans mon acte de s'opposer à... Ce X s'oppose donc à moi au sein même de mon acte de transcendance. C'est dire que le X transcendant est immanent à mon acte de laisser apparaître l'objet, et

[1] KP, p. 176. GA 3, p. 119.

[2] « L'*ob-jectivation* de ce qui s'offre comme *ob-jet*, de ce qui s'oppose, s'accomplit dans la transcendance ». KP, p. 163. GA 3, p. 105. Citons un texte important de la première *Critique* auquel l'interprétation heideggérienne fait référence : « Qu'est-ce donc que l'on entend quand on parle d'un objet correspondant à la connaissance et par conséquent aussi distinct d'elle ? Il est aisé de voir que cet objet ne doit être pensé que comme quelque chose en général = X, puisqu'en dehors de notre connaissance, nous n'avons rien que nous puissions opposer à cette connaissance comme y correspondant. Mais nous trouvons que notre pensée sur le rapport de toute connaissance à son objet comporte quelque chose de nécessaire, puisque cet objet est considéré comme ce à quoi on fait face (*was dawider ist*) ». CRP, p. 1410. A 104.

[3] Fichte nous explique clairement la position d'une chose comme *Gegenstand*. Selon lui, la position consiste dans l'activité du moi d'opposer quelque chose à soi. C'est seulement dans cet acte que la chose apparaît comme *Gegenstand* : « Le mot "objet" (*Gegenstand*) désigne parfaitement ce qu'il doit indiquer. Tout objet d'une activité, en tant que tel, est nécessairement quelque chose d'opposé à cette activité, qui se dresse devant et contre elle. S'il n'y a pas de résistance (*Widerstand*), il n'existe plus d'activité objective, et s'il doit y avoir une activité, il s'agit d'une activité pure, retournant en elle-même ». *Les Principes de la doctrine de la science* (1794-1795) in *Œuvres choisies de philosophie première*, trad. A. Philonenko, Vrin, 1964, p. 130. *Grundlage der gesamten Wissenschaftslehre*, Meiner, 1970, p. 174-175.

que sa transcendance est constituée comme l'opposition dans mon acte de laisser surgir ce qui m'est opposé.

L'être du phénomène en tant que chose qui m'apparaît se structure ainsi à partir de l'acte de s'orienter vers X. Et le moi, dans son acte de laisser surgir un objet, *se* conçoit comme celui qui *se* donne un objet, comme celui à qui le X s'oppose. La subjectivité du moi consiste ainsi dans son acte de se poser, s'opposer un objet. Selon Heidegger, la spontanéité du moi se révèle dans l'objectivation par laquelle l'objet est opposé à soi, dont le caractère d'opposition nécessite l'attitude réceptive du moi. Heidegger caractérise l'acte du moi connaissant comme la « réceptivité pure, se donnant à elle-même (spontanément) ce qui s'offre » ou comme la « spontanéité réceptive pure ». L'acte de l'orientation vers X constitue à la fois la spontanéité de l'objectivation et la réceptivité par rapport à *das Dawider*. Sur la réceptivité, Heidegger écrit ceci : « le caractère fondamental de l'unité de l'aperception transcendantale, constamment unifiante d'emblée, s'est avéré être l'opposition [*Dawider*] à tout arbitraire. C'est pourquoi l'acte représentatif d'orientation ne reçoit rien d'autre que cette opposition »[1]. L'orientation vers X ne peut signifier la pure réceptivité, car elle présuppose l'acte de laisser surgir l'objet et l'existence même du moi à quoi l'objet est opposé. Heidegger écrit encore : « Le moi fixe et permanent accomplit une *objectivation* [*Gegenstehenlassen*] qui n'est pas seulement une relation de visée vers..., mais encore une corrélation de rétro-visée vers [soi] ; l'une et l'autre construisent ensemble la possibilité de l'opposition [*Dawider*]. [...] Cette "fixité" et cette "permanence" du moi appartiennent essentiellement à sa faculté d'objectivation »[2].

En se référant à l'interprétation heideggérienne, nous avons vu que la Critique kantienne contient l'aspect ontologique, et que sa compréhension de l'être repose sur la permanence et la fixité du moi. À présent, nous allons examiner la validité de cette interprétation.

Selon Heidegger, la modalité d'être du moi comme « je pense » est la substance au sens du *subjectum*[3]. En effet, il arrive à Kant d'affirmer que la substantialité du moi est le fondement de l'objectivité de l'objet[4]. Le moi kantien serait le subsistant (*Vorhandenes*) au sens de la subsistance

---

1 KP, p. 211. GA 3, p. 154.

2 KP, p. 247-248. GA p. 192-193.

3 M. Heidegger, « La thèse de Kant sur l'Être », p. 401. GA 9, p. 464.

4 « Le concept du substantiel [...] ne signifie rien d'autre que le concept de l'objet en général, lequel subsiste, pour autant que l'on pense en lui simplement le sujet transcendantal ». CRP, p. 1076. B 441.

(*Vorhandenheit*) qui est pour Heidegger le mode d'être des choses de la nature[1], en ceci que le moi est sous-jacent, comme la chose immuable, stable, à toutes les connaissances d'un objet. La relation entre le moi et l'objet n'est que la relation entre deux étants-subsistants. Ce qui implique pour Heidegger que la subjectivité kantienne renforce la notion cartésienne du moi comme *res cogitans*[2]. Cette interprétation serait fidèle à certains textes de Kant. Mais il est aussi vrai que dans la pensée kantienne il y a quelque chose qui résiste à cette interprétation. Lorsque Heidegger voit le sens de la critique kantienne de la métaphysique dans l'établissement de la subjectivité comme « je pense », son analyse se focalise exclusivement sur la fonction négative de la Critique, c'est-à-dire sur la détermination du sens de l'être comme apparaître en vérité. Mais il faut rappeler que cette détermination s'effectue pour établir la différence du sens d'être entre objet de pensée et objet de connaissance. Si l'« Analytique » expose le sens de l'être comme objet représenté par le moi, c'est en vue de poser la limite au désir de la raison. C'est à cette fonction négative de la Critique que l'interprétation heideggérienne de la Critique comme re-fondation de l'ontologie correspond ; l'aspect ontologique de la Critique ne constitue qu'un aspect négatif de la Critique, c'est-à-dire la critique du rationalisme dogmatique. Cependant, la Critique n'a pas affaire qu'au rationalisme dogmatique. Contre le scepticisme ou l'empirisme, Kant affirme la nécessité de penser les Idées, tout en remarquant la valeur douteuse de la métaphysique. L'« Analytique », dans son élément ontologique qui détermine le sens d'être selon la subjectivité, effectue la négation des Idées en tant qu'objet de connaissance. Elles ne sont rien pour la connaissance, mais elles nous donnent à penser. Kant refuse aux Idées tout statut ontologique. Mais il affirme : « Dieu, la liberté et l'immortalité de l'âme sont les problèmes dont la solution constitue le but dernier et unique de tous les instruments de la métaphysique ».

Le rationalisme désire l'inconditionné, en supposant qu'il est donné comme la chose en soi. La réalité de l'Idée est considérée comme posée en soi, bien que cet en-soi ne soit rien pour la connaissance. Mais Kant affirme que la supposition de cet en-soi de l'Idée devrait être admise dans la *visée pratique*, que l'Idée trouve sa réalité spécifique dans la « connaissance pratique ». Il écrit ceci : « l'inconditionné n'est pas à trouver dans les choses en tant que nous les connaissons (qu'elles nous sont données), mais bien en elles en tant que nous ne les connaissons pas, comme choses en soi [...]. Or,

[1] Cf. M. Heidegger, *Les Problèmes fondamentaux de la phénoménologie*, p. 48. GA 24, p. 36.

[2] « Le moi, l'Ego est pour lui comme pour Descartes, *res cogitans* ». *Ibid.*, p. 158. GA 24, p. 177.

il nous reste encore à chercher après avoir refusé à la raison spéculative tout progrès dans le champ du suprasensible, s'il ne se trouve dans sa connaissance pratique des données pour déterminer ce concept rationnel transcendant de l'inconditionné, et de cette manière, conformément au vœu de la métaphysique, parvenir au-delà des limites de toute expérience possible, avec notre connaissance *a priori*, mais seulement dans une visée pratique »[1]. Contre le rationalisme dogmatique, Kant affirme l'impossibilité d'aller au-delà des limites de l'expérience, tout en affirmant, contre le scepticisme, que cette transcendance vers le suprasensible est possible sur le plan pratique, jusqu'à satisfaire le « vœu (*Wunsche*) de la métaphysique ». Dans sa fonction négative, la Critique laisse une place vide pour le désir de la raison. Kant affirme que « nous sommes [...] libres [...] de la remplir avec des données (*Data*) pratiques »[2]. Il se demande s'il y a, pour la connaissance pratique, un « Data » qui permet à celle-ci de dépasser les limites, de parvenir au-delà, pour déterminer les concepts rationnels transcendants de l'inconditionné.

Par la fonction négative de la Critique, ce qui apparaît comme *Schein* est désormais défini comme inapparaissant. L'Idée est ontologiquement niée, quant à sa modalité d'être, pour devenir un simple objet de pensée (*Gedankending*). La différenciation kantienne du *Denken* et du *Erkennen* consiste d'une part dans la désappropriation de l'objet de la pensée au profit de la fondation de l'objectivité de la connaissance. Telle est la première opération de la Critique que nous avons interprétée jusqu'ici comme l'aspect ontologique de la Critique. Puis Kant essaie de sauver quelque objet de raison qu'il a refusé au désir de la raison de s'approprier, à savoir la liberté, l'*Ich* et Dieu. Telle est la deuxième opération « positive » que Kant effectue pour satisfaire le désir de la raison. « Une critique qui restreint la raison spéculative est assurément en cela *négative*, mais en supprimant par là un obstacle qui restreint l'usage pratique, ou menace même de l'anéantir, elle est en fait d'une utilité positive et très importante, dès qu'on est convaincu qu'il y a un usage pratique absolument nécessaire de la raison pure (l'usage moral) dans lequel elle s'étend inévitablement au-delà des limites de la sensibilité »[3]. Après avoir destitué le sujet en tant que « je pense » dans la critique des paralogismes où Kant affirme que le sujet ne se connaît que comme X inconnu, en interdisant d'appliquer la catégorie de la substance au sujet considéré comme chose en soi, Kant affirme, dans la solution de la troisième antinomie, que le sujet en

---

1 CRP, p. 742. B XX, XXI.

2 CRP, p. 743. B XXI, XXII. Cette donnée est, nous le verrons, la loi morale.

3 CRP, p. 744-745. B XXV.

tant que chose en soi a le pouvoir de commencer « de soi-même », et il admet l'« action de la chose en soi » comme causalité intelligible[1]. Le sujet en tant que phénomène ne peut se connaître comme libre. Mais en tant que chose en soi, il se reconnaît comme libre. La liberté donne le sens positif à l'objet transcendantal = X dont *l'action* fait que le sujet se reconnaît comme indépendant de l'ordre causal. Ainsi, Kant sauve l'Idée de liberté et celle de « moi » (âme). L'Idée de liberté est le fondement de l'affirmation de celle de moi et de celle de Dieu. Le seul sujet libre qui se donne la loi, peut affirmer sa propre existence (ou postuler l'immortalité de son âme) et l'Idée de Dieu. Or, nous ne voulons pas pour le moment détailler le problème de l'auto-connaissance du moi dans la liberté et la relation de la liberté du moi et de l'Idée de Dieu. Nous nous contentons de constater simplement qu'il est impossible d'« ignorer la fonction positive d'une limitation de la raison spéculative »[2]. La fonction négative de la Critique dont la visée ontologique fonde la compréhension de l'être sur la subjectivité trouve son sens ultime dans la visée éthique. La « purification » de la raison n'est pas la simple négation du désir, mais la détermination de la légitimité de l'extension de la connaissance, et Kant s'efforce de trouver la réalité des Idées dans l'usage pratique de la raison[3].

Il y a ici une sorte de réserve quant à la modalité d'être de l'Idée. L'Idée n'est ontologiquement rien, dont la modalité d'être comme chose en soi est « *ens rationis* »[4]. Mais ce rien de l'Idée a sa réalité spécifique dans la relation que le sujet libre a, sur le plan éthique, avec la chose en soi. C'est justement la signification de la chose en soi sur le plan éthique que l'interprétation heideggérienne de la première *Critique* ignore, en s'orientant exclusivement sur le sens d'être objet en tant que phénomène dans son rapport avec l'acte synthétique du « je pense ». Certes, Heidegger envisage la connaissance dans son rapport avec la chose en soi, lorsqu'il analyse l'objet transcendantal comme le fondement intelligible de l'objet du phénomène. Néanmoins, il n'est pas dans son intérêt d'envisager la fonction de la chose en soi dans la visée éthique, et de considérer le fait que la distinction de la chose en soi et du phénomène est opérée pour restituer les Idées sur le plan éthique. Selon Kant,

---

1 CRP, p. 1172. B 566.

2 E. Weil, *Problèmes kantiens*, Vrin, 1998, p. 15.

3 « La raison suit son chemin dans l'usage empirique, le chemin particulier dans l'usage transcendantal ». CRP, p. 1189. B 591.

4 Nous reviendrons sur plusieurs sens du Rien que Kant élucide dans l'*Essai pour introduire en philosophie le concept de grandeurs négatives* et dans la « Table du rien ».

l'Idée considérée comme la chose en soi est hors de l'application de la catégorie. La catégorie ne peut être appliquée qu'au phénomène, jamais à la chose en soi. Au sujet considéré comme chose en soi, on ne peut appliquer la catégorie de la causalité, et c'est par cela même qu'il se saisit comme le sujet libre[1]. Ce qui est essentiel dans cette détermination du sujet libre, c'est que le moi ne peut *connaître* son existence, en ceci qu'il se conçoit lui-même en fonction d'une chose en soi qui est impossible à connaître. On repère ici une situation très singulière dans laquelle Kant affirme la subjectivité du moi : je ne peux *connaître* mon ipséité (mon âme), ni la liberté, bien que je me propose d'agir librement *de moi-même*. D'une part, la liberté permet au sujet d'agir « de soi-même »[2]. Le pouvoir de commencer présuppose l'affirmation du sujet qui agit librement. D'autre part, ce sujet libre se conçoit comme porteur du pouvoir de commencer de soi-même, en ceci que son existence est considérée en fonction de la chose en soi, et par là même que son existence demeure « quelque chose inconnu » pour lui-même. Penser l'Idée (il s'agit ici de penser l'Idée de la liberté et celle du moi) est justement penser cette situation singulière du moi, c'est cela que Heidegger ne veut pas entendre lorsqu'il condamne la Critique kantienne comme une métaphysique du Sujet.

Cette condamnation repose sur une méprise concernant la portée de la critique des paralogismes. Heidegger reconnaît certainement que Kant a critiqué lui-même le raisonnement dialectique qui pose le moi comme substance[3]. Il admet même que la possibilité du moi doit être cherchée sur le plan éthique[4]. Mais Heidegger pense que Kant n'a jamais clarifié le « mode d'être le Je » éthique : « Kant voit clairement l'impossibilité de concevoir *das*

[1] « Du même être donc, par l'exemple de l'âme humaine, je ne pourrais pas dire que sa volonté est libre, et qu'elle est en même temps soumise à la nécessité de la nature [...]. Mais si la critique ne s'est pas trompée en enseignant à prendre l'objet en une *double signification*, savoir comme phénomène ou comme chose en soi ; [...] si donc le principe de la causalité ne se rapporte qu'aux choses dans le premier sens, en tant qu'elles sont objets de l'expérience, tandis que ces mêmes choses selon la seconde signification ne lui sont pas soumises, alors la même volonté sera pensée dans le phénomène (les actions visibles) comme nécessairement conforme à la loi de la nature, et dans cette mesure comme *non libre*, et cependant, d'un autre côté, comme appartenant à une chose en soi, comme non soumise à cette loi, par suite comme libre ». CRP, p. 746. B XXVII, B XXVIII.

[2] La liberté est, écrit Kant, « le pouvoir de commencer *de soi-même* un état dont la causalité n'est pas soumise, à son tour, suivant la loi de la nature, à une autre cause qui la détermine quant au temps ». CRP, p. 1168. B 561.

[3] M. Heidegger, *Les Problèmes fondamentaux de la phénoménologie*, p. 177. GA 24, p. 201-202.

[4] *Ibid.*, p. 180. GA 24, p. 205.

Ich comme quelque chose d'étant-subsistant. Il propose même, quant à la *personalitas moralis*, des déterminations ontologiques positives de l'égoïté, mais il ne va pas jusqu'à la question fondamentale du mode d'être de la personne ». Heidegger assimile le moi kantien au sujet qui est « lui seul certain », « immédiatement accessible en toute certitude »[1], tout en désirant dévoiler son instabilité, son *indétermination.* Mais il ne veut jamais approfondir cette indétermination du mode d'être du moi. Kant n'a jamais pensé que le moi soit toujours certain sur lui-même, même s'il affirme la liberté du moi qui commence de lui-même. Il faut plutôt dire que pour Kant la subjectivité porte une incertitude sur elle-même au sein même de sa liberté, et elle ne peut être élucidée sans approfondir cette incertitude. Pour le moment, nous savons au moins que cette incertitude concerne la fonction de la chose en soi sur le plan éthique, en ceci que c'est en fonction de la chose en soi que le moi saisit son être libre[2]. Il nous faudrait donc élucider le mode d'être libre en envisageant la fonction de la chose en soi sur le plan éthique.

L'interprétation heideggérienne de la *Critique* kantienne consiste en une double méprise : d'abord, la réduction de la visée éthique de la *Critique* (Heidegger ne tient pas compte de la critique du scepticisme) ; ensuite, l'insuffisance de l'analyse portant sur l'indétermination du mode d'être du moi qui consiste dans la relation que celui-ci a avec la chose en soi (il n'est pas dans l'intérêt de Heidegger de considérer la signification de la chose en soi dans la problématique de l'auto-connaissance de soi dans la liberté). On peut penser que la réduction de la visée éthique par l'interprétation ontologique de la *Critique* consiste dans la réduction du sens de la chose en soi sur le plan éthique. La chose en soi n'est ontologiquement rien. Mais cette nullité pour la connaissance exerce des fonctions essentielles dans la visée éthique. Cette nullité nous donne à penser le statut équivoque du moi libre. Penser la liberté est justement essayer d'approfondir l'indétermination, l'énigme du moi *que je suis*.

---

[1] *Ibid.*, p. 183. GA 24, p. 209 et p. 155. GA 24, p. 173.

[2] Dans la troisième *Critique*, Kant écrit ceci : « pour ce dernier [un *être de raison* (*ens rationis*)], il est cependant possible de démontrer de manière suffisante la réalité objective de son concept, du moins pour l'usage pratique de la raison, parce que cet usage, qui a ses principes *a priori* propres et apodictiquement certains, l'exige (le postule) ». CFJ, trad. J.-R. Ladmiral, M. B. de. Launay et J. M. Vaysse, *Œuvres philosophiques II*, Gallimard, 1985, p. 1278. AK V, 468. H. Heimsoeth s'interroge sur le statut de la chose en soi dans ses rapports avec la « conscience de soi » du moi libre. H. Heimsoeth, *Studien zur Philosophie Immanuel Kants, Metaphysische Ursprünge und Ontologische Grundlagen*, Kölner Universitäts Verlag, 1956, p. 231.

Chapitre II – La purification du désir de la raison

2-1 La fonction positive de la Critique

Les Idées ne peuvent pas être absolument rien. La critique du scepticisme montre que le rien pour la connaissance a sa modalité spécifique d'être dans la visée éthique, c'est-à-dire l'objet de foi[1]. L'Idée d'âme et celle de Dieu sont déplacées comme objet de foi sur le plan éthique, lorsque Kant effectue le déplacement de la réflexion de l'ordre du connaître à celui du postuler. D'une part, il considère la nullité de l'Idée comme concept vide qui ne constitue pas un objet pour la connaissance. Mais d'autre part, il considère cette nullité de l'Idée comme la chose en soi, qui ne peut être réduite au rien comme *nihil negativum*[2]. Cette opération de déplacement par laquelle le rien pour la connaissance est affirmé sur le plan éthique pose des questions sur la validité même de la visée fondamentale de la critique de la métaphysique. En effet, on peut penser, comme G. Granel, que la critique de la métaphysique de Kant demeure une métaphysique par l'opération même du déplacement[3]. Par exemple, dans la quatrième antinomie, Dieu, qui est pour l'ontologie classique la cause ultime, le *Wesen des Wesens*, est déterminé par la critique du rationalisme dogmatique, comme inapparaissant. Mais par la critique du scepticisme, Kant admet ce même Dieu, sa modalité équivoque d'être : Dieu est mis en relation avec le sujet éthique qui désire le bonheur[4]. Si la visée fondamentale de la Critique consiste dans l'éthique, si la détermination de la différence d'être est effectuée pour faire place à la raison pratique, c'est parce que la limitation du désir de la raison est effectuée en vue de la *restitution* des Idées métaphysiques. Cette restitution sur le plan éthique des Idées pose un

---

1 « Je devais supprimer le *savoir*, pour trouver une place pour la *foi* ». CRP, p. 748. B XXX.

2 « L'objet d'un concept qui se contredit lui-même n'est rien, parce que le concept rien est l'impossible, comme par exemple une figure rectiligne de deux côtés (*nihil negativum*) ». CRP, 1011. B 348. La chose en soi, considérée comme noumène, est le concept sans intuition. Elle « reste vide pour nous, et ne sert à rien sinon à marquer les limites de notre connaissance sensible, et à laisser un espace que nous ne pouvons combler ni par l'expérience possible, ni par l'entendement pur » (CRP, p. 1009. B 345).

3 G. Granel, *L'Équivoque ontologique de la pensée kantienne*, Gallimard, 1970, p. 140.

4 Kant écrit : « Je ne puis donc même pas *admettre Dieu, la liberté et l'immortalité* au service de l'usage pratique nécessaire de ma raison, si je ne *démets* pas en même temps la raison spéculative de sa prétention à des intuitions transcendantes ». CRP, p. 748. B XXX. Sur la relation de Dieu et du sujet éthique, nous y reviendrons lors de l'analyse du « Canon de la raison pure ».

problème quant à la validité de la Critique. Dès que Kant prend de front la visée éthique, il va jusqu'à autoriser la raison pratique à s'étendre « inévitablement au-delà des limites de la sensibilité »[1].

Nous pouvons ainsi reformuler le problème de la visée éthique dans son rapport à la fonction négative : 1) la restitution des Idées par le déplacement de l'ordre théorique au pratique, de celui de l'être à celui du devoir-être : telle est la fonction positive de la Critique ; 2) dans sa fonction positive, la Critique dépasse la limite qu'elle se pose elle-même. Si la critique de la métaphysique demeure une métaphysique, c'est que la Critique dépasse la limite qui est posée par elle-même. Néanmoins, rien n'est moins certain. Il est évident que la possibilité de la reprise pratique des Idées, ouverte par la critique du scepticisme, n'est pas une simple reprise du rationalisme dogmatique. Par la restitution pratique des Idées, il ne s'agit pas de reconstituer l'être de l'Idée qui est dénoncé comme l'apparaître illusoire dans la critique du rationalisme dogmatique, comme si le *Schein* était l'apparaître en vérité. Mais il s'agit de rechercher dans l'apparaître illusoire de l'Idée sa vérité, la possibilité de l'affirmation de l'être de l'Idée, et d'élucider la structure conceptuelle dans laquelle la vérité de l'Idée se dégage de son apparaître illusoire. Comment cela est-il possible ? Quelle est la structure dans laquelle cette possibilité de l'affirmation de l'Idée est réalisée sans rechuter dans le rationalisme dogmatique ? On peut la saisir par la lecture de l'« Antinomie de la raison pure », surtout dans la solution de la troisième antinomie où Kant démontre la réconciliation du scepticisme et du rationalisme eu égard à l'Idée de liberté. Dans l'« Antithétique de la raison pure », il s'agit de résoudre le conflit entre la thèse dogmatique et l'antithèse sceptique, en dissolvant le conflit même entre la prétention rationnelle et la prétention sceptique. Par la solution de la troisième antinomie, Kant nie la liberté comme inapparaissante. Mais c'est seulement par cette négation que l'Idée de la liberté est affirmée. Il faut constater que la négation de ce qui n'apparaît pas fonctionne d'une manière différente dans l'antinomie mathématique et dans l'antinomie dynamique. Dans chaque antinomie, la pensée tombe dans le conflit avec elle-même, et Kant essaie de démontrer que ce dernier porte sur le rien, que la pensée se dispute sur le rien[2]. Mais il y a plusieurs riens, comme Kant l'expose dans la « Table du rien ». Dans l'antinomie mathématique, il s'agit de réduire à rien l'Idée de monde, tandis que dans l'antinomie dynamique, Kant sauve l'Idée

---

[1] CRP, p. 745. B XXV.

[2] Face à l'antinomie entre la thèse dogmatique et l'antithèse sceptique, il s'agit de « rechercher si l'objet n'en serait point par hasard une pure illusion, à laquelle chacun s'attache en vain ». CRP, p. 1082. B 451.

de liberté et celle de Dieu par la théorie de l'idéalisme transcendantal qui consiste à démarquer la différence entre le phénomène et la chose en soi. Le monde est nié comme le rien (*nihil negativum*), tandis que la liberté est affirmée en fonction de la chose en soi (*ens rationis*). Pour éclairer la fonction positive de la Critique, il conviendra donc d'examiner les différentes fonctions du Rien dans la première *Critique*.

2-2 L'antinomie mathématique et l'opposition réelle

Dans l'antinomie, la raison présente deux thèses opposées sur un même sujet (le monde a un commencement ou bien il n'en a pas, le monde est infini ou bien il ne l'est pas). Au même sujet (le monde), un jugement attribue un prédicat, tandis que l'autre le nie. La raison se trouve ainsi en conflit avec elle-même. Telle est la mauvaise posture de la raison pure, que Kant appelle le « conflit dialectique ». Face au conflit, Kant s'interroge sur l'existence même du sujet. L'Idée de monde, c'est l'« absolue totalité dans la synthèse des phénomènes »[1]. Le principe par lequel la raison envisage cette Idée s'exprime ainsi : « si le conditionné est donné, est donné aussi la somme entière des conditions, et par conséquent l'inconditionné absolu, qui seul rendait possible le conditionné ». Selon l'idée de la totalité, la raison opère la synthèse régressive des conditions jusqu'à s'élever à l'inconditionné qui donne l'unité à la synthèse des phénomènes. En d'autres termes, si la raison peut poursuivre la synthèse régressive jusqu'à l'inconditionné, c'est que la totalité absolue est présupposée, pensée comme donnée en soi. Il faut remarquer que par l'Idée de monde la raison vise l'« exposition des phénomènes »[2]. La raison croit que l'objet de la raison est « donné empiriquement », que sont identiques la manière dont l'Idée de monde est pensée et la manière dont l'objet de la connaissance est construit. C'est à partir de ce qui est présupposé, à tort, comme donné, que la raison exige la régression de la synthèse empirique à l'entendement. Dans l'antinomie sur l'Idée de monde, « la question ne porte que sur la conformité de l'objet avec une Idée », et « il n'est question ici d'une

---

[1] CRP, p. 1071. B 434.

[2] « Il faut d'abord remarquer ici que l'idée de la totalité absolue ne concerne rien d'autre que l'exposition des *phénomènes* [...]. Des phénomènes sont donc ici considérés comme donnés, et la raison exige l'intégralité absolue des conditions ; de leur possibilité, en tant que ces conditions constituent une série ; par suite, elle exige une synthèse absolument (sous tous les rapports) complète, qui permette d'exposer le phénomène suivant les lois de l'entendement ». CRP, p. 1077. B 443.

chose que comme objet d'une expérience possible, et non comme d'une chose en soi »[1]. Cela signifie que dans l'antinomie mathématique, il n'y a pas de problématique de la chose en soi comme dans l'antinomie dynamique. Certes, l'Idée de monde est l'Idée de totalité absolue des phénomènes que nous ne pouvons présenter en objet de connaissance. Et pourtant, cette Idée est posée comme le problème de la connaissance empirique, dans la mesure où elle concerne la synthèse empirique des phénomènes [2]. Dans l'antinomie mathématique, « nous restions toujours uniquement parmi les conditions *dans le phénomène* »[3], et par là la raison n'a pas affaire à l'intelligible qui réside en dehors de la série des phénomènes. La totalité n'est pas donnée empiriquement, mais elle est « *donnée comme tâche* » ; l'Idée de monde force la raison à poursuivre la régression dans la série de toutes les conditions. Kant écrit ceci : « il [le monde] ne peut se trouver que dans la régression empirique de la série des phénomènes et nullement en soi » [4]. Mais, avant l'accomplissement, le monde n'est pas donné, nous n'avons pas l'objet qui correspond à l'Idée de totalité des phénomènes. C'est en ce sens que l'Idée est « entièrement vide et dénuée de sens ». La proposition « le monde est infini quant à la grandeur » ne se rapporte pas à ce dont elle parle, et il en va de même pour la proposition « le monde est fini quant à la grandeur ». Puisque le monde n'est pas donné, « il n'existe ni comme *un tout infini en soi*, ni comme un *tout fini en soi* ». Dans la mesure où le sujet même des propositions en conflit n'est pas rien, ils s'opposent sur le rien. Bien que deux propositions s'opposent logiquement, il n'y a pas de vraie opposition dans l'antinomie mathématique. Kant appelle cette opposition illusoire de l'antinomie mathématique l'*opposition dialectique* : « deux jugements dialectiquement opposés l'un à l'autre peuvent donc être faux tous deux, puisque l'un ne se borne pas à contredire l'autre, mais qu'il dit quelque chose de plus qu'il n'est requis pour la contradiction »[5].

Dans l'*Essai pour introduire en philosophie les concepts des grandeurs négatives*, Kant appelle la conséquence de l'opposition logique *nihil negativum.* « Dans l'incompatibilité logique, seule est considérée la relation par laquelle les prédicats d'une chose et leurs conséquences se suppriment mutuellement par la contradiction. Lequel des deux est véritablement

---

[1] CRP, p. 1129. B 507.

[2] Cf. CRP, p. 1129. B. 507.

[3] CRP, p. 1165. B 557.

[4] CRP, p. 1148. B 533.

[5] CRP, p. 1147. B 532.

affirmatif (*realitas*) et lequel est véritablement négatif (*negatio*), on ne cherche pas à le savoir »[1]. Par exemple, les deux propositions sur l'Idée de monde s'opposent logiquement, puisque le monde ne peut être en même temps infini et fini. Ici, l'opposition consiste en ceci qu'un concept est affirmé et nié en même temps. Kant affirme que la conséquence de cette opposition « n'est absolument rien (*nihil negativum irrepraesentabile*) »[2]. À la différence de l'opposition logique, l'*opposition réelle* porte sur la réalité : « l'opposition réelle est celle où deux prédicats d'une chose sont opposés, mais non par le principe de contradiction. Certes, ce qui est posé par l'un est ici aussi supprimé par l'autre ; mais la conséquence est *quelque chose* (*cogitabile*) »[3]. Par exemple, il y a deux forces motrices qui s'exercent sur un corps dans deux directions à la fois. Les deux forces se suppriment mutuellement, par là la conséquence de l'opposition n'est rien, mais « dans un autre sens que dans la contradiction ». À la différence de l'opposition logique, deux déterminations opposées peuvent ici être attribuées à un même sujet en même temps. Les déterminations opposées doivent appartenir à un même sujet. Car, « si une détermination se trouve dans une chose et une autre détermination, quelle qu'elle soit, dans une autre, il n'en résulte aucune opposition réelle ». Autrement dit, dans l'opposition réelle, même si deux déterminations opposées sont attribuées à un même sujet, l'existence même de ce sujet peut se maintenir.

Certes, les deux déterminations s'annulent dans l'opposition réelle. La conséquence de l'opposition est représentée par le « zéro = 0 », mais ce rien peut être *réel*. Car, si la conséquence de l'opposition n'est rien, c'est qu'il y a deux déterminations positives qui s'opposent sur un même sujet. Si le rien de l'opposition logique est simplement l'*absence* de réalité, le rien de l'opposition réelle est la conséquence de la *privation* d'une détermination par l'autre. Il faut souligner le fait que deux choses en conflit réel sont, l'une et l'autre, positives. En effet, Kant affirme qu'il n'y a pas de chose négative en elle-même qui constitue l'opposition réelle : « Elles [deux déterminations] ne peuvent, dans la mesure où elles sont opposées l'une à l'autre, être toutes les deux négatives, car alors aucune ne poserait rien qui fût détruit par l'autre. Par conséquent, dans toute opposition réelle, les prédicats doivent être tous les

---

1 *Essai pour introduire en philosophie les concepts des grandeurs négatives* (1763), *Œuvres philosophiques I*, trad. J. Ferrari, Gallimard, 2004, p. 266. AK II, 172.

2 *Ibid.*, p. 265. AK II, 171.

3 *Ibid.*, p. 266. AK II, 171.

deux positifs »[1]. Deux choses opposées sont positives dans la mesure où elles constituent ensemble la réalité dans le sujet. Par exemple, on peut dire que le déplaisir est le manque du plaisir. Mais si on considère le déplaisir dans l'opposition réelle, le déplaisir est le sentiment positif qui annule le plaisir. Que le déplaisir soit le sentiment positif qui s'oppose au plaisir, c'est dire que le déplaisir ne peut être pensé que dans l'opposition au plaisir. C'est pour cela que Kant appelle le déplaisir le « plaisir négatif »[2].

Quand on est saisi par le plaisir négatif, il reste un grain de plaisir dans le déplaisir. Du point de vue logique, le sentiment de plaisir négatif est contradictoire. Mais cette contradiction existe comme quelque chose d'affectif. On peut dire que l'opposition logique ne nous permet pas de saisir quelque chose de réel qui peut être donné dans la sensibilité, tandis que l'opposition réelle prouve qu'il y a l'irréductibilité à la forme logique dans la sensibilité. Dans la « Remarque sur l'amphibologie des concepts de la réflexion », Kant explicite ainsi le rapport de l'opposition réelle et de la sensibilité : « Nous ne trouvons que dans la sensibilité les conditions » pour représenter l'opposition réelle et le « dommage réciproque qui a lieu lorsqu'un principe réel supprime l'effet de l'autre »[3].

L'opposition peut être dite réelle, si la conséquence de l'annulation mutuelle de deux prédicats d'un même sujet est envisagée comme existant positivement à l'intérieur du sujet. Quel est ce rien réel ? Le rien réel consiste à penser que la conséquence = 0 résulte de la *privation*. Du point de vue logique, l'arrêt est, selon Kant, l'absence du mouvement. Mais on peut penser que l'arrêt est la conséquence de l'annulation d'un mouvement par un autre qui lui est opposé. Kant appelle ce rien réel *nihil privativum*. Le rien dans l'opposition réelle n'est pas le non-être ou le manque, pour deux raisons. Premièrement, la conséquence de l'opposition = 0 ne se produit que si les deux prédicats opposés sont deux principes positifs qui s'annulent réciproquement. *S'il n'y a rien*, c'est que les deux prédicats se suppriment mutuellement. Deuxièmement, l'opposition réelle ne se produit que si deux choses qui s'opposent se rencontrent à l'intérieur du même sujet. *S'il y a le rien*, c'est que la conséquence = 0 de l'annulation mutuelle de deux choses peut être

---

[1] *Ibid.*, p. 271. AK II, 176.

[2] *Ibid.*, p. 275. AK II, 189.

[3] CRP, p. 998. B 330. Kant affirme que la relation dynamique de deux déterminations opposées constitue dans la sensibilité le « *realitates phaenomena* ». Sur le rien dans le problème de l'apparaître de la chose, cf. G. Granel, « Remarques sur le *Nihil privativum* dans son sens kantien », *Écrits logiques et politiques*.

représentée à l'intérieur du même sujet, que la conséquence de l'opposition = 0 constitue le sujet comme le rien.

2-3 L'opposition réelle et l'antinomie dynamique

Essai pour introduire le concept de grandeur négative appelait le rien de l'opposition logique *nihil negativum*. Dans la « Table du rien », Kant s'en explique ainsi : « L'objet d'un concept qui se contredit lui-même n'est rien, parce que le concept rien est l'impossible »[1]. Le *nihil negativum* est, dit Kant, le « non-être (*Unding*) ». Or, dans l'*Essai* le rien qui est représenté à l'intérieur du sujet dans l'opposition réelle est défini comme *nihil privativum*. Mais il faudrait remarquer qu'il y a dans la première *Critique* un autre rien qui n'est pas absolument rien ; c'est-à-dire l'« *ens rationis* » (la chose en soi). Dans l'*Essai* de 1763, Kant ne problématise le rien opposé au *nihil negativum* que comme *nihil privativum*. Mais il n'en va pas de même dans la première *Critique*. Le rien problématisé dans l'antinomie dynamique est l'*ens rationis*. Il ne s'agit plus du *nihil privativum* dans le conflit des deux propositions de la troisième antinomie. Car l'affirmation de l'Idée de liberté consiste à considérer que le sujet se conçoit comme libre en fonction de la chose en soi. En effet dans la « Table du rien », c'est à l'*ens rationis*, non au *nihil privativum*, que Kant oppose le *nihil negativum*.

Dans la « Table du rien », l'*ens rationis* ou le *Gedankending* est distingué du *Unding* de la façon suivante : « le *Gedankending* se distingue de l'*Unding* en ce que le premier ne peut être compté parmi les possibles, parce qu'il est une simple fiction (bien que non contradictoire), tandis que le second est opposé à la possibilité, le concept se détruit lui-même ». On peut bien penser l'*ens rationis* comme la chose en soi, dans la mesure où Kant l'appelle noumène[2]. La chose en soi n'est rien, mais elle a sa réalité spécifique dans la connaissance empirique[3], tandis que le concept qui se trouve dans l'opposition dialectique, par exemple, le monde, ne constitue que la connaissance illusoire. Ce concept est le sujet auquel sont attribuées deux propositions contradictoirement opposées (le monde est infini, ou bien il est fini). Si le

---

[1] CRP, p. 1011. B 348.

[2] CRP, p. 1010. B 347. Selon *Opus postumum*, « la chose en soi est un être de pensée (*ens rationis*), "celui de la liaison" de ce tout divers en une unité, pour laquelle le sujet lui-même se constitue ».

[3] Selon l'« Esthétique transcendantale », la chose en soi fournit d'une manière *idéale* la « réalité empirique » à la connaissance.

monde doit être considéré comme rien, ce n'est pas seulement que deux oppositions s'annulent mutuellement, mais aussi que le concept du sujet même n'existe pas, c'est-à-dire qu'il n'y a aucune intuition qui corresponde à ce concept. C'est en ce sens que le monde doit être nié comme rien, que ce rien est pensé comme non-être (*Unding*). Dans l'opposition réelle, certes, deux propositions s'annulent, et la conséquence n'est rien = 0. Mais ce rien peut être représenté à l'intérieur du sujet. Le rien peut être réel dans la mesure où deux propositions s'opposent dans le même sujet. Il s'agit maintenant de préciser le sens de l'intériorité du rien dans le sujet.

Dans l'antinomie mathématique, le sujet des deux propositions en conflit ne peut avoir son objet, puisqu'aucune intuition ne correspond au sujet des propositions. Le sujet (le monde) est nié comme rien (*nihil negativum*). Dans l'antinomie mathématique, la théorie de l'opposition réelle fonctionne ainsi comme négation de l'Idée. Cette théorie en tant que critique du raisonnement dialectique n'est pas au premier plan dans l'antinomie dynamique. Car il ne s'agit plus de nier l'Idée même pour garder l'effectivité de la connaissance contre le désir de la raison. La troisième antinomie s'exprime comme le conflit entre la thèse dogmatique et l'antithèse sceptique sur la causalité (il y a la causalité par la liberté dans le monde, ou bien il n'y a que la causalité par la nature). La solution de la troisième antinomie consiste à prouver que deux propositions sur la causalité sont conciliables, en démontrant qu'elles sont toutes les deux vraies. Kant affirme que reconnaître deux propositions comme vraies toutes les deux, c'est satisfaire non seulement l'entendement, mais aussi la raison[1]. Si les deux propositions opposées sur un même sujet sont toutes les deux vraies, les deux déterminations opposées sont-elles attribuées en même temps au même sujet ? Par exemple, le sujet agissant est libre, et, en même temps, il est pris dans la chaîne causale des phénomènes. S'il en est ainsi, la liberté et la nature ne constituent-elles pas l'opposition réelle dans le sujet agissant ? Voyons comment la solution de l'antinomie dynamique nous permet de thématiser comme l'expérience de la liberté du sujet agissant l'opposition entre la liberté et la nature.

De la différence entre l'antinomie mathématique et l'antinomie dynamique, Kant dit ceci : « dans la liaison mathématique des séries des phénomènes, il ne peut entrer aucune autre condition qu'une condition *sensible*, tandis que la série dynamique des conditions sensibles permet encore une condition qui n'est pas une partie de la série, mais qui, comme purement *intelligible*, réside

---

[1] CRP, p. 1165. B 556.

en dehors de la série »[1]. L'Idée de monde ne concerne que la synthèse des phénomènes, tandis que les Idées dynamiques sont tout de suite traitées comme ce qui n'est pas dans la série des phénomènes ; elles sont donc ce qui n'apparaît pas. Ce qui est remarquable, c'est que l'inapparaissant est considéré comme condition non sensible de la série des phénomènes. En effet, la problématique de l'antinomie dynamique concerne la « synthèse de l'hétérogène », la synthèse des phénomènes et d'une « condition des phénomènes en dehors de leur série ». Il s'agit donc de la synthèse du phénomène et de son fondement intelligible ; l'Idée dynamique peut être pensée comme l'objet transcendantal ou la chose en soi comme fondement intelligible des phénomènes. Dans cette perspective, on peut prévoir que la solution de la troisième antinomie concerne la « synthèse de l'hétérogène » dans l'opposition entre la nature et la liberté.

Voici comment Kant explique l'opposition des deux thèses dans la troisième antinomie : « comme la *causalité* des phénomènes repose sur des conditions de temps, et que l'état précédent, s'il avait toujours été, n'aurait pas produit un effet qui vient au jour pour la première fois dans le temps, la causalité de la cause de ce qui arrive ou prend naissance *a* aussi *pris naissance* et, à son tour, d'après le principe de l'entendement, elle a besoin elle-même d'une cause » ; « au contraire, j'entends par liberté, dans le sens cosmologique, le pouvoir de commencer *de soi-même* un état dont la causalité n'est pas soumise à son tour, suivant la loi de la nature, à une autre cause qui la détermine quant au temps ». La liberté est une « Idée transcendantale pure » qui ne peut être donnée dans aucune expérience, parce qu'elle s'oppose à la « loi universelle », c'est-à-dire la « loi même de la possibilité de toute expérience », selon laquelle « tout ce qui arrive doit avoir une cause, et par conséquent la causalité de la cause, causalité qui elle-même est arrivée ou a surgi, doit aussi à son tour avoir une cause »[2]. La définition de la liberté selon la première *Critique* est remarquable, en ceci que Kant suggère que l'Idée transcendantale de la liberté sur laquelle « se fonde le concept pratique de la liberté » est opposée à l'universalité de la loi (de la nature), et que le problème de la liberté concerne le « soi-même » qui commence à agir indépendamment de l'universalité de la loi. Cette affirmation nous paraît étrangère à l'éthique kantienne qui s'établit sur l'autonomie du sujet qui se donne la loi universelle. Mais le texte que nous venons de citer affirme que la liberté concerne l'être du soi qui s'affirme à l'encontre de l'universalité de la loi. Le « pouvoir de

---

[1] CRP, p. 1166. B 559.

[2] CRP, p. 1167-1168. B 560 et p. 1168. B 561.

commencer de soi-même », l'idée de spontanéité absolue, qui n'a besoin d'autre cause qu'elle-même pour produire un état, c'est cela que Kant, dans la « Dialectique », appelle la « cause intelligible ».

Si on pense la causalité tantôt comme la spontanéité, tantôt comme la loi universelle, le concept de la causalité s'avère contradictoire. De surcroît, s'il y a spontanéité absolue dans l'enchaînement causal des phénomènes, la connaissance de l'expérience est détruite, puisque la causalité est la « loi même de la possibilité de toute expérience ». Eu égard au concept de causalité, l'opposition contradictoire des deux propositions se présente ainsi : « tout effet dans le monde doit résulter *ou* de la nature *ou* de la liberté »[1]. Il semble que cette proposition disjonctive signifie l'opposition contradictoire de deux thèses, que le concept de liberté n'est rien comme celui de monde. Pourtant, Kant affirme que les deux propositions peuvent avoir lieu à la fois, « sous un rapport différent, dans un seul et même événement ». Dans l'antinomie dynamique, la réconciliation des deux causalités (causalité de la nature, causalité de la liberté) consiste en ceci que la cause de l'action peut être regardée à la fois comme naturelle et comme intelligible, et que le sujet agissant peut être déterminé à la fois par la causalité naturelle et par la causalité par liberté.

On sait bien que c'est en introduisant le concept du noumène (la chose en soi, le fondement inapparaissant du phénomène) que Kant sauve la liberté pour l'usage pratique de la raison[2]. Qu'on ne puisse appliquer la loi de l'entendement au noumène, cette doctrine fonctionne dans la troisième antinomie, non pas pour nier l'Idée, mais pour l'affirmer : la « loi universelle », la « loi même de la possibilité de toute expérience » ne s'applique pas à la chose en soi. Un événement, considéré comme phénomène, est nécessairement soumis à la loi de la nature pour qu'il apparaisse. La loi de l'entendement est la condition pour que l'événement apparaisse. Mais le phénomène a pour fondement quelque chose qui n'est pas phénomène. C'est cela que Kant, dans la « Dialectique », appelle la « cause intelligible »[3]. Il faut remarquer que la chose en soi est comprise comme *cause* du phénomène. Plus précisément, la causalité par liberté, écrit Kant, constitue l'« action de la chose en soi »[4]. Selon l'idéalisme transcendantal, tous les phénomènes ont un

---

[1] CRP, p. 1170. B 564.

[2] Cf. A. Kojève, *Kant*, Gallimard, 1973, p. 66-68.

[3] CRP, p. 1171. B 565.

[4] « J'appelle *intelligible* ce qui, dans un objet des sens, n'est pas lui-même phénomène. Si donc ce qui doit être considéré comme phénomène dans le monde sensible a également en soi un pouvoir qui n'est pas un

fondement intelligible. Cette doctrine s'applique au problème de l'action que le sujet accomplit. D'une part, toutes les actions que j'accomplis dans le temps sont, en tant que phénomène, soumises à la loi de la causalité, et mon action qui apparaît a donc sa cause dans le phénomène antécédent. Ici, l'action est considérée comme l'effet de la causalité sensible. D'autre part, comme tout phénomène a son fondement dans la chose en soi, l'action que je laisse surgir comme phénomène est renvoyée à la chose en soi. Ce fondement *intelligible* de l'action est la liberté, comme causalité intelligible que Kant appelle « pouvoir » ; la liberté est le pouvoir qui produit, laisse surgir l'action dans le temps, et celui qui est censé avoir ce pouvoir est le sujet libre. Ainsi Kant admet-il deux « caractères » de la causalité. Si la causalité de l'action est considérée selon son « caractère empirique », les actions que j'accomplis « seraient totalement prises dans l'enchaînement avec d'autres phénomènes »[1]. Mais « on devrait accorder au sujet encore un *caractère intelligible* », et le sujet pris dans l'enchaînement causal est censé pouvoir produire l'action indépendamment des conditions temporelles. Dans ce cas, la cause de son action n'est pas dans l'enchaînement causal avec d'autres phénomènes, elle n'est pas située à l'intérieur des séries des conditions. Elle se trouve *hors du temps et à l'intérieur du sujet lui-même.* Par la liberté, le sujet se conçoit comme porteur du pouvoir de commencer « de soi-même ». *Mais ce pouvoir demeure au sujet lui-même comme quelque chose d'inconnaissable, puisque l'action produite par la liberté est considérée comme celle de la chose en soi.*

Kant résout ainsi la troisième antinomie, réinterprétant la fonction de la chose en soi. Si les deux propositions opposées sont affirmées toutes les deux comme vraies, c'est parce que Kant distingue deux caractères de la causalité à partir de la distinction entre le phénomène et la chose en soi. Comme tous les phénomènes, l'action que le sujet produit dans un point de temps est conditionnée par le temps précédent. Tout ce qu'il fait, tout ce qu'il pense est « nécessairement sous la condition de ce qui était dans le temps précédent »[2]. Le sujet ne peut jamais commencer de soi-même à agir dans l'enchaînement causal où tous les phénomènes sont régis par la loi universelle de la nature. Ce même sujet se dégage de la détermination temporelle, lorsque son action est

---

objet de l'intuition sensible, mais par lequel il peut néanmoins être une cause de phénomènes, on peut alors envisager la *causalité* de cet être sous deux points de vue ; comme *intelligible*, quant à son action, considérée comme celle d'une chose en soi, et comme *sensible*, quant aux effets de cette action, considérée comme un phénomène dans le monde sensible ». CRP, p. 1171-1172. B 566.

[1] CRP, p. 1172. B 567.

[2] CRpr, p. 723. AK V, 94.

considérée comme l'action de la chose en soi. Dans la mesure où le sujet est doté de la « causalité de produire, indépendamment de ces causes naturelles et même contre leur empire et leur influence, quelque chose de déterminé dans l'ordre du temps »[1], la cause de l'action est renvoyée au sujet lui-même. Bien que la chose en soi soit en dehors de l'application de la loi de l'entendement, elle peut être la cause de l'événement dans le temps, de façon que l'effet de la liberté apparaisse dans le phénomène : la liberté qui se dégage de l'ordre temporel n'en est pas moins temporel. Sur ce point, Kant écrit ceci : « Elle [la cause intelligible] est ainsi avec sa causalité en dehors de la série, tandis que ses effets se trouvent dans la série des conditions empiriques. L'effet peut donc être considéré comme libre, eu égard à sa cause intelligible, et en même temps, cependant, eu égard aux phénomènes, comme une conséquence de ces phénomènes suivant la nécessité de la nature »[2].

Il nous reste à répondre à une question : peut-on penser que la relation des deux propositions sur la causalité se constitue dans une opposition réelle ? Ce qui est étonnant, c'est que Kant prétend que la liberté et la nature peuvent coexister *sans se détruire l'une et l'autre*. Il affirme même explicitement que les deux propositions opposées (le sujet agissant est libre, ou bien il ne l'est pas) « se rencontreraient ensemble et sans aucun conflit ». Car il y a l'« abîme » qui sépare le sensible (la nature) du suprasensible (la liberté)[3]. La liberté et la loi de la nature « peuvent avoir lieu indépendamment l'une de l'autre, et sans être troublées l'une par l'autre »[4]. Telle est la réponse de la première *Critique*. Le sujet agissant est un phénomène d'après son « caractère empirique », il est soumis à la détermination suivant la liaison causale. Son action est alors considérée comme causée par quelque chose d'autre que lui, et l'effet de son action se déroule « infailliblement de la nature ». Mais ce même sujet est, d'après son « caractère intelligible », donc en tant que chose en soi, libre de la détermination causale.

Et pourtant, il est aussi vrai que la nature et la liberté ne peuvent pas coexister sans conflit dans le sujet agissant. Kant définit la liberté par « le pouvoir de commencer *de soi-même* ». Toutes les actions que le sujet réalise dans le monde sensible sont nécessairement conditionnées par le temps passé selon la causalité de la nature. Si le sujet décide de commencer de soi-même, ce serait *à l'encontre de* la loi de la causalité naturelle, de l'ordre temporel. La

---

[1] CRP, p. 1169. B 562.

[2] CRP, p. 1171. B 565.

[3] CRpr, trad. L. Ferry et H. Wismann, *Œuvres philosophiques II*, Gallimard, 1985, p. 674. AK V, 55.

[4] CRP, p. 1174. B 569. CRP, p. 1185. B 585.

liberté s'oppose donc à la nécessité naturelle qui détermine le sujet dans l'ordre du temps. Lorsque le sujet arrive à agir de soi-même en s'opposant à ce qui le détermine dans l'ordre temporel, comment éprouve-t-il l'opposition entre la liberté et la nature ? Il nous faudrait d'ailleurs s'interroger sur la façon dont le sujet se connaît comme libre, tout en étant pris par la nécessité causale du temps. Comment le sujet peut-il commencer de soi-même, dans le temps où la causalité de la nature détermine ce qu'il va faire ?

Il nous semble que la solution de la troisième antinomie ne nous permet pas de thématiser comme l'expérience de la liberté du sujet agissant l'opposition entre la liberté et la nature. Il faut remarquer que Kant n'a jamais essayé de prouver la « réalité effective de la liberté » dans la première *Critique*. À la fin de la solution de la troisième antinomie, Kant écrit ceci : « nous n'avons point voulu [...] prouver la réalité effective de la liberté, comme un des pouvoirs qui contiennent la cause des phénomènes de notre monde *sensible* [...]. Bien plus, nous n'avons pas même voulu prouver la possibilité de la liberté »[1]. Alors, comment Kant pouvait-il dire que « liberté et nature, chacune dans son sens complet, se rencontreraient ensemble et sans aucun conflit dans les mêmes actions » sans savoir si la cause intelligible peut avoir un effet dans le phénomène ? Si la question de savoir si la cause intelligible peut être la cause du phénomène n'a pas de réponse déterminée, il est absurde de supposer la liberté comme fondement de l'action que j'accomplis dans le phénomène. La solution de la troisième antinomie démontre simplement que la liberté n'est pas en conflit, au sens de la contradiction, avec la nécessité de la loi de la nature, sans rigoureusement préciser le rapport de la nature et de la liberté, celui de l'ordre temporel et de la liberté.

Selon la troisième *Critique*, la « législation par le concept de la nature » et la « législation par le concept de liberté » ne s'excluent pas l'une l'autre, puisque, écrit Kant, elles « se limitent sans cesse ». La législation par la loi de la nature représente l'objet comme phénomène, non pas comme chose en soi. La législation par la liberté « représente assurément dans son objet une chose en soi »[2]. Là où la loi de la nature ne peut être appliquée à la chose en soi, règne la législation par la liberté. Ainsi, les deux législations « se limitent sans cesse ». Donc, il n'y a pas d'opposition. Dans l'antinomie mathématique, la théorie de l'opposition réelle fonctionne comme la négation de l'Idée de monde. C'est là que nous voyons la fonction limitative de la Critique. *Mais Kant n'a pas appliqué cette théorie à l'antinomie dynamique.* Dans la

---

1 CRP, p. 1186. B 585-586.

2 CFJ, p. 928. AK V, 175.

troisième antinomie, Kant introduit le rien, qui n'est pas thématisé en 1763, c'est-à-dire l'*ens rationis*, pour affirmer l'Idée transcendantale de liberté, de telle sorte que la liberté ne détruise pas l'ordre causal de la nature.

Cette solution de la troisième antinomie soulève selon nous deux problèmes. Le premier concerne la relation entre le phénomène et la chose en soi. Le deuxième concerne la façon dont Kant nie et affirme la liberté. Premièrement, l'Idée de liberté est traitée comme le problème posé par l'antinomie dynamique. Par là, la liberté impose à la raison la « synthèse de l'hétérogène », la synthèse de la cause intelligible (la chose en soi) et du phénomène. C'est pour cela que la cause intelligible a son effet dans la série des phénomènes. Néanmoins, Kant pense que la liberté et la nature se limitent mutuellement sans conflit, que ces deux « domaines » sont séparés par un « abîme ». Cela veut dire que la cause intelligible et son effet dans le phénomène ne se rencontrent pas. La législation par la « loi universelle » aborde tout le phénomène, quelle que soit sa cause (intelligible ou sensible). La législation par liberté « représente dans son objet une chose en soi », mais elle ne peut fournir une connaissance de celle-ci. Si la liberté et la nature se limitent sans conflit, comment penser qu'il y a une relation dynamique entre la chose en soi et le phénomène ? Comment peut-on dire qu'un effet dans le phénomène résulte de la liberté ?

À ce premier problème s'ajoute un second. La liberté est le pouvoir de commencer de soi-même. Il faut souligner le mot « de soi-même » dans cette définition de la liberté. Ce « soi » est le soi considéré comme celui à qui la cause intelligible est renvoyée, c'est-à-dire la chose en soi. Kant appelle le caractère intelligible le « caractère de la chose en soi-même »[1]. Lorsque l'action du sujet est considérée comme produite par la causalité intelligible, ce sujet a le pouvoir de commencer de soi-même, et ce pouvoir doit être considéré comme « propriété d'une chose en soi, *dont nous ne pouvons pas du tout comprendre la possibilité* »[2]. Le sujet agissant ne peut commencer à agir de lui-même que lorsque son action est considérée comme l'« action d'une chose en soi » qui lui est incompréhensible. Cela ne signifie-t-il pas que le noyau de l'action libre est inintelligible ?

Nous savons que l'Idée de liberté trouve son origine dans la cosmologie rationnelle, non pas dans la psychologie rationnelle, et que la cosmologie n'aborde pas vraiment le problème de la liberté *humaine*[3]. Dans la

---

[1] CRP, p. 1172. B 567.

[2] *Prolégomènes*, p. 127 (nous soulignons). AK IV, 345.

[3] Cf. B. Carnois, *La Cohérence de la doctrine kantienne de la liberté*, Éditions du Seuil, 1973, p. 19, p. 37.

« Dialectique », le problème de la liberté est posé comme problème cosmologique qui se trouve en conflit entre deux exigences : l'explication du monde et l'exigence de liberté. La liberté est pensée comme le dépassement de la nécessité de la loi de l'entendement, la destruction de l'unité de l'expérience. Mais, dès qu'il s'agit de la « liberté pratique », on ne peut nier la relation étroite du problème de la liberté avec celui de la subjectivité. En effet, Kant introduit dans la spontanéité (volonté autonome) le problème de la personnalité, celui de connaissance de soi[1]. Il est donc indéniable que dans la solution de la troisième antinomie, il ne s'agit pas simplement de la relation entre la nature et la liberté, de la régularisation de deux législations, mais aussi de la structure dynamique de la subjectivité, puisque la chose en soi, en fonction de laquelle la liberté est affirmée, concerne la détermination de l'être du « soi-même » du sujet libre. Dans la solution de la troisième antinomie, il y a le problème implicite de la subjectivité, le problème du rapport dynamique de l'action que j'accomplis dans le temps et de l'existence même de moi. Ainsi, on peut penser provisoirement que l'Idée d'*Ich* est traitée dans le problème de la liberté. Dans cette perspective, il devient urgent d'analyser la *constitution* de la subjectivité dans la liberté[2], et de reconsidérer la solution de la troisième antinomie dans ses rapports avec la critique des paralogismes.

Dans ce chapitre, nous avons essayé d'éclairer la structure dans laquelle le rien de l'Idée est affirmé par la position de la limite au désir, en analysant la critique des antinomies dynamiques. Ce que nous avons constaté, c'est que la restitution de l'Idée (de la liberté) ne peut être la simple reprise du rationalisme dogmatique, puisque l'affirmation de la liberté consiste à considérer que l'action du sujet est renvoyée à la chose en soi comme fondement de son apparaître : le sujet se conçoit comme libre, en considérant l'action qu'il accomplit comme l'action de la chose en soi. Cela veut dire que la liberté consiste en ce que le sujet trouve la cause de l'action en lui-même comme quelque chose d'inconnaissable. La chose en soi signifie d'abord la finitude

[1] « L'homme, qui par ailleurs ne connaît toute la nature que par les sens, se connaît lui-même aussi par simple aperception, et cela, à la vérité, en des actions et des déterminations internes qu'il ne peut aucunement mettre au compte de l'impression de sens. Lui-même, il est sans doute, par un côté, phénomène ; mais il est aussi, par un autre côté, c'est-à-dire eu égard à certains pouvoirs, un objet purement intelligible, puisque son action ne peut être attribuée à la réceptivité de la sensibilité ». CRP, p. 1176-1177. B 574-575.

[2] Dans l'*Opus postumum*, Kant écrit ceci : « le sujet se détermine lui-même 1) par la raison technico-pratique, 2) par la raison éthico-pratique. [...] La connaissance de soi-même comme une personne qui se constitue elle-même comme principe, et est auteur d'elle-même ». OP, p. 188, AK XXII, 53-54.

de la connaissance humaine : elle est pour le sujet le rien qui fonctionne comme limite du désir de la raison. Deuxièmement, elle désigne la manière dont le sujet *se saisit, se connaît.* Il *se* conçoit comme libre en fonction de ce qu'il ne peut connaître. Cette double signification de la chose en soi nous permet de reconsidérer l'affirmation kantienne du sujet libre autrement que comme le dépassement de la finitude sur le plan éthique : l'affirmation de la liberté comme pouvoir de commencer de soi-même ne signifie pas vraiment la spontanéité absolue du sujet. L'affirmation du « soi » comme porteur de la « spontanéité absolue » est équivoque. Car si le sujet se comprend comme libre quant à l'action, c'est lorsque son action est considérée comme l'« action de la chose en soi ». Cela signifie ceci : le « soi » de la liberté est affirmé en fonction de ce qui est pour le sujet inconnaissable[1]. De ce rapport équivoque du sujet et de sa liberté, Kant écrit ceci : « il serait entièrement exact de dire de lui [le sujet agissant] qu'il commence de lui-même ses effets dans le monde sensible, sans que l'action commence en lui-même »[2]. Que veut dire la spontanéité, si l'action ne surgit pas de l'intérieur du sujet lui-même ? Si la chose en soi est inconnaissable, comment affirmer la liberté comme pouvoir du sujet ? Comment le sujet peut-il affirmer que l'action de la chose en soi est l'action qu'il a produite par sa propre décision ?

[1] « Ce caractère intelligible, il est vrai, ne pourrait jamais être immédiatement connu, puisque nous ne pouvons percevoir aucune chose qu'en tant qu'elle apparaît ». CRP, p. 1173. B 568.

[2] CRP, p. 1174. B 569.

Chapitre III – La liberté et l'existence du moi

3-1 L'impossibilité de connaître le « je »

Pour éclairer le noyau du « soi » qui est inconnu pour le sujet, il convient d'analyser la relation entre la critique de la psychologie rationnelle et la solution de la troisième antinomie. Dans la critique de la psychologie rationnelle, Kant met radicalement en question la possibilité du pouvoir du sujet de *se* déterminer comme le soi subsistant, permanent. Mais dans la solution de la troisième antinomie (déjà à la fin des « Paralogismes de la raison pure », où Kant parle de la possibilité de l'application de la catégorie de substance au « je » du « je pense »), il affirme que la liberté permet au sujet de se déterminer comme « objet intelligible », comme être raisonnable qui appartient au monde suprasensible[1]. L'affirmation du sujet libre se constitue dans un conflit intérieur qui traverse la première *Critique*. On peut exprimer ce conflit ainsi : 1) selon la critique des paralogismes, le « je » du « je pense » ne peut connaître son existence ; le *je-sujet*[2] ne peut se poser lui-même comme substance, de façon qu'il se pose lui-même comme objet de connaissance, puisqu'aucune intuition ne lui est donnée pour appliquer au « je » du « je pense » la catégorie de substance. 2) Selon la solution de l'antinomie, l'auto-position du sujet devient possible par la liberté. Le sujet peut se déterminer par la loi éthique. On comprend ainsi que le conflit consiste en ce que, dans la solution de la troisième antinomie, Kant dépasse la limite qu'il a posée lui-même, dans la critique de la psychologie rationnelle, au pouvoir de se connaître. Mais ce conflit semble disparaître, dès qu'on tient compte du problème de la *finitude du sujet libre*. À en croire Heidegger, l'autonomie du sujet consiste dans son pouvoir d'auto-position qui est compris à partir de la permanence du sujet[3]. Mais ce pouvoir d'auto-position ne peut être absolu, en ceci que l'auto-connaissance du sujet libre s'effectue en fonction de la chose en soi. Cette finitude du sujet libre serait éclairée par la destitution du pouvoir de se poser lui-même comme un objet, que Kant a effectuée dans la critique de la psychologie rationnelle. En analysant le

---

[1] Cf. CRP, p. 1067-1069. B 429-432.

[2] Si nous employons le terme *je* à la place du *moi*, c'est pour éclairer le mode spécifique d'apparaître du moi pour lui-même. Nous distinguons le moi tel qu'il apparaît, dans le sens interne, comme phénomène et le moi en tant que « je pense ». Nous proposons d'appeler le moi du « je pense » le *je* ou le *je-sujet*.

[3] Cf. Heidegger, *L'Essence de la liberté humaine*, Gallimard, 1977, p. 167-169. GA 31, 172-174.

passage de la critique de la psychologie rationnelle à la solution de la troisième antinomie, nous allons élucider le statut du moi libre, sa finitude.

La critique de la psychologie rationnelle, c'est la critique du sujet, tel qu'il est impliqué dans le substantialisme revêtu de la propriété religieuse de l'âme. Ce texte est certainement consacré aux problèmes de la vie après la mort (« Réfutation de la preuve, donnée par Mendelssohn, de la permanence de l'âme »), à ceux de l'âme dans son rapport avec le monde corporel (le quatrième paralogisme). Mais il faut remarquer que la radicalité de la critique de la psychologie rationnelle se trouve dans la critique du « je pense » en tant que fondement de la connaissance, dans la critique de la théorie de la connaissance fondée sur la subjectivité. La critique des paralogismes met en question l'être essentiel du sujet comme *subjectum.* Selon l'« Analytique », tout ce qui est est dans et par la représentation du moi. À condition d'être représenté, quelque chose apparaît comme objet opposé au moi. L'apparaître est l'être-représenté par le sujet, l'être-posé-devant. La subjectivité consiste dans cette activité de la représentation, et tout ce qui est existe par et pour le sujet dans la mesure où il est mis dans la structure de la représentéité. L'objet ne peut constituer la connaissance que s'il est opposé au sujet comme substance permanente et fixe. Mais cette détermination du sujet est radicalement mise en question par la critique des paralogismes, lorsque Kant affirme que le sujet ne peut se connaître comme substance (le premier paralogisme). Dans les « Paralogismes de la raison pure », Kant montre de plusieurs façons la difficulté inhérente à la connaissance de soi du « je pense ». En critiquant la psychologie rationnelle, Kant aboutit à un paradoxe : le sujet ne peut se poser le « je » du « je pense » comme objet de la connaissance. D'abord, nous examinerons cette thèse principale sur l'impossibilité de l'auto-connaissance du sujet. Ensuite, nous essayerons de voir comment Kant arrive à affirmer l'existence du sujet dans la liberté.

La psychologie rationnelle est une pensée qui s'efforce de parvenir à l'existence du sujet uniquement à partir du « je pense », sans s'appuyer sur la constitution empirique du sujet pensant. Le « je pense », en tant qu'aperception transcendantale, est l'« unique texte de la psychologie rationnelle ». Dans chaque paralogisme, le sujet est abordé simplement selon l'aperception (« je pense »), sans tenir compte de la perception interne ou de l'expérience interne du moi. La subjectivité est envisagée comme la « représentation universelle de la conscience de soi-même »[1], puisque le « je pense » est la condition formelle et universelle de la pensée. L'argument par

[1] CRP, p. 1048. B 401.

lequel Kant critique la psychologie rationnelle est identique à celui qui lui permet de critiquer le rationalisme dogmatique. Contre la psychologie rationnelle qui attribue au moi des concepts transcendantaux tels que la substantialité, la simplicité et l'identité, Kant souligne la finitude de la connaissance humaine : « je ne connais pas un objet, quel qu'il soit, par cela même que je pense. [...] Je ne me connais donc pas moi-même par cela seul que j'ai de la conscience de moi comme pensant »[1]. Si la psychologie rationnelle croit parvenir à l'existence du « je pense » en déterminant celui-ci comme substantiel, elle confond « le sujet logique constant de la pensée » et « la connaissance du sujet réel de l'inhérence »[2] ; le sujet logique du jugement est pris pour une « intuition du sujet en tant qu'objet ». Par exemple, selon la psychologie rationnelle, celui qui énonce « je pense » existe comme un être subsistant par soi-même ou comme substance, du seul fait que le « je » a, en tant que représentation universelle du sujet logique, toujours la valeur du sujet déterminant qui constitue le jugement (le premier paralogisme). Rappelons que la substance est chez Kant une des catégories qui désigne le permanent dans le temps. L'énoncé « je suis un sujet comme substance » consiste à appliquer la catégorie à la représentation intellectuelle du moi privée de toute expérience intérieure. Lorsque je me dis « je suis une substance », ce « je » substantiel est alors forgé par l'usage transcendantal des catégories. Si je prends ce « je » pour une détermination effective de mon existence, je me constitue moi-même comme une illusion transcendantale.

Dans le raisonnement illusoire de la psychologie rationnelle, l'existence du moi est ainsi déterminée, sans intuition, par les catégories. Kant affirme que cette opération contient l'illusion « la plus naturelle et la plus séduisante », la « grosse pierre d'achoppement pour toute notre critique ». L'« Analytique » a montré que l'usage des catégories ne constitue, à titre du fondement de l'expérience possible, que la connaissance de l'objet donné dans l'intuition. Cette doctrine de l'« Analytique » nous interdit d'appliquer les catégories au moi comme objet de connaissance sans intuition qui y correspond. Avec le seul concept du « je », on ne peut rien connaître, rien poser devant soi. Dans la mesure où aucune intuition n'est donnée, on ne peut appliquer les prédicats (la substantialité, la simplicité, l'identité dans le temps) au moi.

Je pense que je suis le sujet de la pensée qui constitue le jugement. Car « que Je, moi qui pense, doive toujours dans la pensée avoir la valeur du *sujet*

---

[1] CRP, p. 1052. B 406.

[2] CRP, p. 1430. A 350. Kant écrit ceci : « en dehors de cette signification logique du *Je*, nous n'avons aucune connaissance du sujet en soi qui, à titre de substrat, serait au fondement de ce sujet logique ».

[…], c'est là une proposition apodictique » : mon moi est « quelque chose qui ne [peut] pas être considéré simplement comme un prédicat attaché à la pensée »[1]. En me disant « je pense… », je sais que je suis le sujet de mon énoncé. Que « je » sois le sujet, cela va de soi. De même, le « je suis » est analytiquement contenu dans le « je pense »[2]. « Le prétendu raisonnement cartésien : *cogito, ergo sum*, est dans le fait tautologique, puisque le *cogito* (*sum cogitans*) exprime immédiatement l'effectivité (*Wirklichkeit*) ». Selon Kant, le *cogito* cartésien exprime l'effectivité du « je suis »[3] : le « je pense » contient immédiatement la conscience du « je » que je suis. Dans la mesure où ce « je » est la « forme de l'aperception qui est attachée à toute expérience et qui la précède », il m'apparaît comme ce qui « précède » l'expérience de tout ce que je fais de moi-même. Mais on ne peut pas en conclure que « je suis, comme *objet*, un être *subsistant* par moi-même ou une *substance* »[4]. Car il faut l'intuition de moi-même en tant que « je pense », pour que je puisse me déterminer comme objet en lui appliquant le concept de substance. Le paralogisme consiste justement en une confusion entre le jugement analytique (la tautologie vide du je = je, du « je pense » = « je suis ») et le jugement synthétique. Selon Kant, l'erreur de Descartes consiste en ce qu'il *déduit* immédiatement du « je pense » le « je suis » comme substance, sans examiner la liaison entre le moi qui pense et le moi qui existe, comme si seule ma pensée de moi-même me permettait de parvenir à l'être que je suis[5].

Le « je pense » est une condition universelle de la proposition synthétique, fondement universel du jugement, et par là ce fondement est valable pour tout ce qui pense. Mais pour Kant ce « je » n'est que le sujet logique, la simple

---

[1] CRP, p. 1052.

[2] « La proposition : je pense ou j'existe pensant, est une proposition empirique ». CRP, p. 1067. B 428.

[3] CRP, p. 1433. A 354.

[4] CRP, p. 1052. B 407.

[5] Cf. CRP, p. 1063 note. B 422. Sur l'interprétation kantienne du *cogito* cartésien, cf. L. Guillermit, *Leçons sur la Critique de la raison pure*, Vrin, 2008, p. 187-192. Mais, malgré toute contestation portée à Descartes par Kant, on peut trouver une affinité entre ces deux philosophes. Comme Descartes qui affirme que l'existence du moi ne peut être dérivée des règles universelles, Kant pense que l'existence propre du moi ne peut pas être réduite totalement à la fonction logique universelle du « je pense ». Kant affirme que le sujet a le « sentiment d'une existence sans le moindre concept » (*Prolégomènes*, § 48) : le moi s'éprouve dans le sentiment de son existence. D'ailleurs, nous sommes tentés de penser la destitution du sujet par Kant comme le doute cartésien, comme si le geste de fonder le sujet accompagnait préalablement le caractère hyperbolique de la négation. Sur l'affinité entre Kant et Descartes, cf. B. Longuenesse, « *Cogito* kantien et *cogito* cartésien », *Descartes en Kant*, PUF, 2006.

condition de la pensée en moi, non pas ce qui désigne l'existence singulière *que je suis*. Il n'est que le « véhicule » des concepts, ou de « simples fonctions logiques ». Ce qui est étrange pour Kant, c'est que « tout ce qui pense est constitué comme la conscience déclare que je le suis moi-même »[1], alors que le « je » n'est que la condition formelle de la pensée en moi, qui vaut pour tout ce qui pense. Le « je pense » est une « propriété constitutive de mon sujet » qui vaut pour tout ce qui pense. Le « je » est alors une condition de l'être pensant qui fonctionne universellement pour tout ce qui pense, non pas ce qui détermine l'être de moi-même. Cela signifie qu'il n'y pas d'ipséité du moi dans le « je pense »[2]. Certainement, le « je pense » fonctionne comme fondement de la connaissance en moi, mais on ne sait pas qui est le « je » du « je pense », puisque celui-ci ne désigne pas ce qu'est moi, mais la condition universelle de la pensée en moi. En disant que « je pense », je ne sais pas qui est ce « je », puisque de simples fonctions logiques « ne font connaître à la pensée aucun objet, et, par conséquent ne me font pas non plus connaître comme objet »[3]. Il n'est pas inutile de souligner le fait que Kant appelle le « je » du « je pense » le « sujet transcendantal = X » (B 404). Ce « je » serait alors analogue à l'objet transcendantal, c'est-à-dire à la chose en soi, qui est le fondement inconnaissable du phénomène. En énonçant « je pense », je peux en dire seulement qu'il y a « quelque chose inconnu » qui fonctionne comme fondement de ma connaissance de l'objet.

Bien que je ne puisse saisir le « je » que comme quelque chose = X, il est certain que (le) je existe. Kant affirme explicitement que « l'aperception est quelque chose de réel » (B 419). Le « je pense » contient en soi une « existence comme donnée » (B 418), en exprimant « immédiatement l'effectivité » du « je » que je suis (A 355). Mais de cette effectivité on ne peut déduire aucun prédicat du « je », puisque le « je pense » est une pure forme de la pensée. Ainsi, on constate une ambiguïté dans l'argument de la critique de la psychologie rationnelle. D'une part, Kant réduit l'existence du moi à la représentation « totalement vide de contenu », en disant que le « je » du « je pense » n'est que quelque chose inconnu. D'autre part, il admet à l'existence du moi en tant que « je » l'effectivité, qui est contenue immédiatement dans

[1] CRP, p. 1050. B 404-405.

[2] « À titre de *Je* transcendantal, le "je pense" ne peut accomplir *aucune individuation*. [...] Le "sujet" assure sa transcendantalité au prix de sa privation de toute qualité, il établit donc son universalité au détriment de son identité. » J.-L. Marion, *Étant donné*, Puf, 2005, p. 348-349.

[3] CRP, p. 1052. B 407.

le « je pense ». Comment penser cette effectivité ? L'effectivité du moi est-elle vide ? Comment penser ce « quelque chose de réel » du vide ?

S'il est impossible de parvenir à l'être du « je » en s'appuyant sur la seule pensée, peut-on déterminer son être, en lui fournissant l'intuition du sens interne ? « Je ne me connais pas moi-même par cela seul que j'ai conscience de moi comme pensant ; il me faut avoir conscience de l'intuition de moi-même »[1]. Par l'intuition que j'ai de moi-même, l'existence du « je » peut-elle être déterminée ? Le « je » peut-il se connaître synthétiquement, de façon qu'il *se* laisse surgir comme opposé à lui-même dans l'affection du sens interne ? Ou bien, puis-je laisser surgir le « je » comme opposé à moi à partir du sens interne ? Certainement pas. Car Kant pense que le « je » du « je pense » ne contient aucune intuition. Le « je » n'est ni intuition ni concept, mais l'acte synthétique qui les unit en un objet posé devant lui-même. Certes, Kant affirme qu'« il me faut avoir conscience de l'intuition de moi-même, comme déterminée relativement à la fonction de la pensée ». Mais l'intuition qu'il faut chercher, c'est l'intuition du « je pense » en tant que « représentation intellectuelle » qui est considérée comme substance, non pas l'intuition du *moi* apparaissant, à travers la sensibilité, au « je » comme acte synthétique.

Le statut même du « je » est contourné par l'équivocité foncière de la façon dont Kant le détermine. D'une part, Kant appelle le « je » une « représentation simplement intellectuelle » qui « ne comporte donc pas le moindre prédicat d'intuition »[2]. D'autre part, Kant affirme que « la pensée du moi [...] n'est *pas un concept*, mais seulement une perception interne »[3], ou bien que « la représentation de l'aperception, le *moi* [...] n'est rien de plus que le sentiment d'une existence (*Gefühl eines Daseins*) sans le moindre concept »[4]. Le « je » est-il une représentation pure *et en même temps* la perception interne ? Rappelons qu'il est arrivé à Kant d'appeler la perception « intuition empirique indéterminée »[5]. Cette intuition indéterminée constitue alors la « perception que le sujet a de lui-même, l'expérience intérieure » (B 400). L'existence du moi en tant que « je pense » est donnée comme l'intuition ou comme le

---

[1] CRP, p. 1052. B 406.

[2] « La conscience de moi-même dans la représentation *je* n'est pas du tout une intuition, mais une représentation simplement *intellectuelle* de la spontanéité d'un sujet pensant. » CRP, p. 958. B 278.

[3] *Les Premières Principes métaphysiques de la science de la nature* (1786), trad. F. De Gandt, *Œuvres philosophiques II*, Gallimard, 1985, p. 464. AK IV, 543.

[4] *Prolégomènes*, p. 114 note. AK IV, 334. Cf. *Nachlaß zur Metaphysik I*, AK XVII, 647. « *Die apperception ist das Bewusstseyn des Denkens, d. i. der Vorstellungen so wie sie im Gemüthe gesetzt werden* ».

[5] CRP, p. 1063. B 422.

sentiment. Comme M. Frank le remarque, cette perception du moi devrait être distinguée de la perception intérieure par laquelle l'apparaître du moi empirique est reçu[1], puisque, s'agissant de l'auto-connaissance, la question concerne l'existence même du moi déterminant, comme perception du moi en tant que purement intellectuel (et non l'existence du moi déterminable, apparaissant dans le sens interne). La question est posée : si le « je » est une intuition *indéterminée* qui devrait être distinguée de la perception empirique, comment penser cette affectivité intellectuelle ou pure ? Comment l'auto-perception pure est-elle possible ? Comment le moi est-il structuré par l'affectivité pure ?

Il faut bien distinguer de la conscience empirique du moi le « sentiment d'une existence » que Kant considère comme « conscience intellectuelle » (B XXXIX, B 258), la conscience de l'existence d'une part et, de l'autre, la détermination de celle-ci dans le temps. Selon Heimsoeth, le « sentiment d'une existence » n'est pas l'intuition intérieure du moi. Il s'éprouve dans sa spontanéité (*Selbsttätigkeit*)[2]. Quelle est l'activité du moi qui génère le « sentiment d'une existence » ? Nous avons vu que le « je » du « je pense » se manifeste par son acte de laisser surgir l'objet comme opposé à soi. En d'autres termes, l'ipséité du moi se constitue dans son acte de s'opposer à… Peut-on dire, comme Heidegger, que ce moi est toujours présent dans cette activité comme une permanence immuable, comme la substance ? N'est-ce pas cela même que Kant a détruit dans la critique de la psychologie rationnelle ? Ne faudrait-il pas penser que le moi ne peut être présupposé comme une substance permanente, mais que c'est dans son acte de s'opposer qu'il se manifeste ? Ce moi ne précède pas l'acte de s'opposer : il ne peut être présupposé comme étant déjà là, comme subsistant. Nous pensons que le moi surgit d'abord comme acte de s'orienter vers un X pour s'opposer à ce X, ensuite comme ce qui laisse surgir l'objet comme opposé à soi. Je m'identifie au « moi » à qui le X est opposé. L'ipséité du sujet théorique serait ainsi constituée dans les deux modes subtilement articulés (s'orienter vers le X et se concevoir comme opposé à…). S'agissant de la connaissance de l'objet, le moi est considéré comme exposé à l'objet extérieur. S'agissant de la connaissance de soi, c'est l'existence même du moi qui constitue un X à qui je suis opposé (en ceci que ce moi constitue une énigme pour la connaissance).

---

[1] Sur l'ambigüité de la position d'être du moi en tant que perception, voir M. Frank, *« Unendliche Annäherung » : Die Anfänge der philosophischen Frühromantik*, Suhrkamp, 1997, p. 188-193.

[2] H. Heimsoeth, *Studien zur Philosophie Immanuel Kants, Metaphysische Ursprünge und Ontologische Grundlagen*, p. 244.

Je suis confronté au « je » comme énigme que je suis ; je *me* trouve comme opposé au « je ». Nous considérons provisoirement que le « sentiment d'une existence » s'éprouve dans cette auto-opposition. Dans cette perspective, il nous est permis de considérer la conscience de soi du moi comme auto-constitution[1] en ceci que le « sentiment d'une existence » résulte de l'activité du moi.

Et pourtant, que je me rapporte au « je » dans le sentiment de l'existence, cela ne veut pas dire que j'ai l'intuition du « je pense » comme substance. Pour Kant, le sujet substantiel ne désigne que le sujet logique de la catégorie. On peut se représenter le « je pense » comme sujet logique du jugement, mais il est impossible de *se* poser lui-même, en tant qu'objet de connaissance, comme le sujet substantiel. Car c'est par l'acte synthétique que le « je pense » construit son objet, soit l'objet extérieur, soit l'objet intérieur (le moi empirique). La subjectivité du « je pense » consiste dans l'activité synthétique. Le « je pense » même n'est que la « pure conscience » de la catégorie ou de la loi qui synthétise les données sensibles, car l'aperception n'a pas l'intuition d'elle-même (elle n'est qu'une instance logique de la synthèse des données). Alors, si le « je » du « je pense » se considère comme substance, cela ne veut dire rien d'autre que ceci : le « je » se connaît lui-même seulement par la catégorie. Ou bien, si on veut que le « je » comme substance se connaisse comme substance, il faut remarquer que la substance n'est qu'une catégorie. Que le « je » se pense lui-même comme substance, cela veut dire que la catégorie pense elle-même. Dans la seconde édition, Kant l'explique ainsi : « le sujet des catégories ne saurait donc recevoir, par cela seul qu'il les pense, un concept de lui-même comme d'un objet de ces catégories ; car, pour les penser, il lui faut prendre pour fondement la pure conscience de lui-même, qui a dû cependant être expliquée »[2]. Certainement, le « je pense » contient en soi une « existence comme donnée » qui procure la « perception indéterminée » (B 424) du moi. Le moi a une quasi-intuition de lui-même en tant que « je ». Mais elle ne peut fournir la réalité matérielle aux concepts transcendantaux. Dès que je prends cette perception indéterminée pour l'intuition du « je » comme substance, surgit l'illusion de la psychologie rationnelle, qui consiste à prendre le sujet logique pour un objet de la connaissance synthétique.

---

[1] « La philosophie transcendantale est la faculté du sujet s'autodéterminant par le complexe systématique des idées qui font un problème de la détermination complète du celui-ci comme objet (l'existence de celui-ci) pour se constituer lui-même comme *donné* dans l'intuition. Tout comme *se faire soi-même* ». OP, p. 232-233. AK XXI, 93.

[2] CRP, p. 1062. B 422.

Certainement, je peux me poser comme un objet de la connaissance, le moi qui apparaît dans le sens interne, en considérant mon existence à partir de la « perception de soi-même » dans l'« expérience interne »[1]. Il serait possible de déterminer le moi empirique, en considérant l'être du moi comme reçu dans le sens interne, c'est-à-dire dans le temps. *Je* pourrais alors *me* connaître en unifiant diverses impressions du moi dans le flux temporel. Comme je peux laisser surgir l'objet extérieur comme opposé au moi permanent et fixe, je pourrais laisser surgir l'être du moi comme ce qui *m'*oppose. Et pourtant, Kant refuse cette possibilité de l'auto-connaissance sensible dans la critique du troisième paralogisme. Celui-ci s'exprime comme la proposition suivante : je suis, comme sujet substantiel, identique dans tout changement d'état, puisque « dans tout le temps où j'ai conscience de moi-même, j'ai conscience de ce temps comme appartenant à l'unité de mon moi » (A 362). Du point de vue de l'« Analytique », cette proposition est vraie. Kant a affirmé que le sujet « s'intuitionne [...] selon la façon dont il est intérieurement affecté, et par conséquent tel qu'il s'apparaît » (B 69). Conformément à la forme du sens interne, c'est-à-dire à l'intuition du soi qui a pour fondement le temps, des états du moi dans le temps sont unis sous le nom du « je ». Le « je » est considéré comme identique dans tous ses changements dans le temps. Si l'être du « je » est considéré comme unique, c'est parce que les représentations du moi empirique, telles qu'elles apparaissent dans le sens interne au « je », sont unifiées par celui-ci. Pour que mes représentations soient unifiées en ma conscience, l'aperception doit intervenir comme la synthèse de la recognition[2],

---

[1] « J'ai conscience *de mon existence* dans les *temps* (par conséquent aussi de la propriété qu'elle a d'y être déterminable) par l'*expérience* interne, ce qui est plus que d'avoir simplement conscience de ma représentation, et ce qui pourtant est identique à la *conscience empirique de mon existence*, qui n'est déterminable que par rapport à quelque chose qui, lié à mon existence, est *hors de moi* ». CRP, p. 955-956. B XL. Il s'agit de la tentative de décrire la constitution du moi, en rejetant la psychologie rationnelle. Sur la tentative d'interpréter la position du soi à partir du sens interne, cf. J. Nabert, « L'expérience interne chez Kant », *L'Expérience intérieure de la liberté*, PUF, 1994. Mais il faut admettre que cette tentative est étrangère à la pensée kantienne, ou du moins que Kant n'a pas développé la théorie de l'expérience interne. Car son intérêt est porté plutôt au « je » du « je pense » qu'au moi apparaissant comme le phénomène. « Je ne veux avoir conscience de moi que comme pensant, je laisse de côté la question de savoir comment mon propre moi-même est donné dans l'intuition, car alors il pourrait bien n'être qu'un simple phénomène pour moi qui pense, mais non pas en tant que je pense ». CRP, 1067. B 429.

[2] CRP, p. 1411-1412. A 107.

sinon « j'aurai un moi aussi bigarré et divers que j'ai de représentations »[1]. Autant que le « je » fonctionne en tant qu'aperception transcendantale, instance unificatrice de mes représentations, je suis identique dans le temps. Cependant, il est impossible de considérer, à partir de cette fonction de l'aperception, que je suis identique dans le temps. Car, ce qu'il s'agit de chercher, c'est l'existence même du « je » dans lequel mes représentations empiriques sont unies, du « je » qui les reçoit. Lorsque le « je » unifiant mes représentations est immédiatement considéré comme une présentation immédiate de la conscience de moi unique donné dans le sens interne, l'identité de soi à soi dans le temps s'avère comme illusoire. Car, là aussi, l'existence du « je » est présupposée, alors qu'on doit prouver son existence même.

S'agissant de la connaissance de l'objet externe, la détermination de l'être de l'objet se fonde dans la permanence du moi. S'agissant de la connaissance de soi, il faut chercher comment le moi peut se concevoir lui-même comme permanent. Selon l'« Analytique », c'est l'acte synthétique du « je pense » qui donne l'unicité à la représentation diverse du moi. Mais, de cette fonction logique du « je pense », il ne résulte pas que je sois permanent dans le temps. Pour que je puisse me laisser surgir comme ob-jet, il faudrait opposer le moi en différents temps à quelque chose de permanent en moi. Mais Kant affirme que je n'ai aucune « intuition fixe et permanente » de moi-même (A 350) : « l'identité de la conscience de moi-même en différents temps n'est donc qu'une condition formelle de mes pensées et de leur enchaînement, mais elle ne prouve pas du tout l'identité numérique de mon sujet, dans lequel, malgré l'identité logique du Je, peut cependant se produire un changement tel qu'il ne permette pas d'en maintenir l'identité »[2]. Je ne peux saisir mon être à partir du sens interne. Nous essayons en vain de constituer la connaissance de soi sous le concept d'unicité du « je » dans le temps, en cherchant dans le sens interne l'intuition qui lui correspond. Pour que mes représentations soient unifiées en moi, il faudrait une intuition permanente du moi. Mais Kant écrit : « dans l'intuition intérieure nous n'avons rien de permanent »[3]. Car l'intuition du moi est fragmentée en représentations innombrables qui se produisent au cours du temps. Ce changement incessant nous interdit de maintenir l'identité

---

[1] CRP, p. 854. B 134. « C'est donc seulement du fait que je puisse lier diverses représentations données *dans une conscience* qu'il m'est possible de me représenter l'*identité de la conscience dans ces représentations mêmes* ». CRP, p. 854, B 133.

[2] CRP, p. 1439. A 363.

[3] CRP, p. 1056. B 412-413.

en différents temps. On peut considérer sous le nom du « je » le divers de mes représentations de moi-même comme identique. Mais ce que j'indique par le « je » continue de changer dans le flux temporel, à tel point que mes représentations ne peuvent maintenir l'identité entre elles. Le moi est ainsi dispersé à travers ses diverses représentations qui s'écoulent sans cesse dans le temps, dépossédées de toute permanence. Dans le temps qui s'écoule, le moi succède à un autre moi qui succède encore à un autre, et le moi est ainsi dispersé dans les représentations du moi en différents temps. Rien ne permet de considérer leur unité, sous le nom du « je » « totalement vide de contenu ». Contrairement à ce que Heidegger affirme, Kant ne considère pas qu'à la permanence du « je » je peux m'identifier.

Ainsi, Kant semble détruire la possibilité de la connaissance de soi ou l'*auto-détermination* du moi. D'une part, le sentiment d'être que j'ai de moi-même se dissout dans le flux temporel. D'autre part, ce sentiment se réduit à une représentation « vide », à la simple fonction logique ; il ne livre *rien* du « je » qui pense en moi, du « je » que je suis. Il me semble que ce « je » est moi, et c'est au nom du « je » que je pense. Par la « perception indéterminée » de mon existence, je sais que je suis. Que j'existe, c'est certain. Mais je ne peux pas poser ce « je » comme objet de la connaissance, ni déterminer l'existence du « je » même comme subsistant ou identique dans le temps. En prononçant « je pense que… », je ne connais rien de ce sujet de l'énoncé qui est censé être ce moi-même que je suis. « Par ce Je, par cet Il ou Ça (*das Ding*) qui pense, on ne se représente rien de plus qu'un sujet transcendantal des pensées=X »[1]. Le « je » est le fondement inconnu de l'apparaître du moi, au même titre d'objet transcendantal : *le « je » est pour moi une chose en soi*[2]. Comme nous l'avons vu, Kant décrit la modalité d'être du moi libre en fonction de la chose en soi[3]. Il faut préciser que le moi comme chose *en soi* est le fondement du moi qui *m*'apparaît, *pour moi*, comme quelque chose = X. C'est en ce sens que E. Weil interprète la chose en soi comme le « sujet-pour-soi »[4]. Nous entendons par la notion de *moi-chose en soi* ceci : je me saisis, en me trouvant comme « je » qui est pour moi quelque chose d'inconnaissable.

---

[1] CRP, p. 1050. B 404.

[2] Cf. H. Cohen, *Kants Begründung der Ethik*, Dümmler, 1877, p. 37, p. 38.

[3] Cf. *Prolégomènes* § 53.

[4] « *La chose-en-soi* n'est ni *chose*, ni *en soi* : elle est bel et bien *sujet* et *pour soi* ». E. Weil, *Problèmes kantiens*, Vrin, 1998, p. 41. En analysant la quatrième antinomie, Weil développe cette conception du moi comme sujet opposé à la chose en soi. Il interprète moi-chose en soi comme le « sujet absolument pour soi qu'est Dieu » (p. 51).

Se saisir soi-même comme chose en soi, cela ne veut pas dire que j'existe tel qu'il est en soi, mais que je me saisis comme opposé à l'énigme *que je suis*. Il s'agit donc de penser l'être du moi en fonction de ce qui est inconnaissable, du quelque chose = X ; je me trouve opposé à un X, mais ce X est moi que je suis. Lorsque Kant suggère que le « je » du « je pense » est analogue au fondement intelligible, on voit la possibilité de l'auto-affection ; si le moi a un sentiment indéterminé de son être (ou de l'être du « je »), c'est qu'il est affecté par sa propre réalité. Cette auto-affection ne constitue pas l'identité de soi à soi, puisque le « je » qui m'affecte est inconnu pour moi[1].

De cette double détermination du statut du moi, c'est-à-dire le « je » sans identité, dispersé dans le flux temporel et le « je » comme chose en soi, Kant réduit le moi à rien. Lorsqu'on cherche son être dans la façon dont le moi apparaît dans le temps, dans la façon dont le moi s'affecte dans le sens interne pour s'objectiver « comme les autres phénomènes », le moi serait réduit à un « jeu aveugle de représentations »[2]. « Il semble donc, écrit Kant, que selon notre théorie l'âme tout entière, même dans la pensée, serait changée en phénomène, et qu'ainsi notre conscience même, n'étant plus qu'une pure apparence, devrait en fait être réduite à rien »[3]. Lorsqu'on considère que le moi apparaissant dans le sens interne a pour fondement d'apparaître « quelque chose » = X, le « je » devient la chose en soi qui n'est rien pour la connaissance. Si je me laisse surgir moi-même comme un objet, ce moi comme objet surgit comme opposé au X qui est le « je ». Mais ce « je » est le *rien* pour moi.

Selon M. Henry, c'est par cette compréhension de l'être fondée sur l'*ek-stasis* – transcendance vers le X – que la subjectivité kantienne est vide ou

---

[1] Le moi peut s'affecter par sa propre activité. Selon P. Lachièze-Rey, ce qui est déterminé dans cette auto-affection, telle qu'il l'appelle « autoposition matérielle », n'est pas le « je » du « je pense » ou le moi déterminant, mais le moi empirique, moi comme être déterminé dans le temps. Cf. P. Lachièze-Rey, *L'Idéalisme kantien*, Vrin, 1950, 36-37. Il nous semble qu'il laisse sans réponse la question de l'être même du « je » déterminant et celle de structure de l'ipséité dans laquelle « je » « me » affecte. « Le *Je* ne peut, écrit-il, en lui-même nous rien révéler sur notre existence » (p. 109). Le « je » kantien ne peut se trouver que dans son acte de construction de l'objectivité : « le *je* ne pouvant engendrer son contenu et apparaissant, quand il est privé d'une matière à ordonner, comme une unité vide, Kant est fréquemment conduit à l'envisager comme un simple point de référence ou comme un moment de l'édification du système d'Univers » (p. 60). Il va jusqu'à affirmer qu'« il n'y a donc pas de concept originaire du moi, mais seulement une détermination du moi traité comme un objet par le concept d'objet en général » (p. 191).

[2] CRP, p. 1415. A 112.

[3] CRP, p. 1067. B 428.

« indigente », puisqu'elle n'a pas en elle-même la réalité de son ipséité ; le « je pense » en tant que fonction logique ne contient par elle-même aucune intuition. Pour déterminer l'objet extérieur, le « je » doit sortir de sa pure pensée pour fournir l'intuition au concept. Pour déterminer sa propre existence, il a besoin de l'intuition qui n'est néanmoins pas possible. « Le moi ne se produit pas, écrit Henry, en quelque sorte lui-même, le concept qu'il a de lui-même, il ne peut l'acquérir *a priori* mais seulement empiriquement. Mais parce que l'auteur de la *Critique* ne connaît d'autre mode de réceptivité que l'intuition, c'est-à-dire l'*ek-stasis*, ce qui doit être reçu se propose alors comme l'autre dans l'élément de l'extériorité et ainsi comme ce qui ne peut plus être un moi »[1]. Selon Henry, le moi kantien ne peut s'éprouver lui-même qu'en *se* confrontant, en *s'ex-posant à l'autre.* Cette structure de transcendance signifie pour lui que Kant est obligé de chercher la réalité du moi au dehors de lui-même. Selon lui, Kant n'a jamais élucidé l'ipséité même du moi[2].

3-2 Comment puis-je me poser ?

Le « je » n'est qu'une pure pensée de mon être, même si ma conscience de cet être me procure le « sentiment de l'existence ». Telle est la thèse principale que Kant énonce contre la psychologie rationnelle. Cette critique de la psychologie rationnelle consiste à montrer que le « je pense » ne désigne pas l'effectivité du moi, ni ses propriétés, et que les propriétés (substantialité, simplicité...) qui sont attribuées au moi ne constituent qu'une illusion sur le moi. « Le Je n'est que la conscience de ma pensée. Si nous nous en tenons simplement à la pensée, il nous manque donc la condition nécessaire pour appliquer à soi-même, comme être pensant, le concept de la substance, c'est-à-dire d'un sujet subsistant pour soi... »[3]. Mais il ne suffit pas, pour Kant, de réduire le « je » à une pure pensée ou à la fonction logique du jugement. Il va

---

[1] M. Henry, « La subjectivité vide et la vie perdue : la critique kantienne de l'âme », *Généalogie de la psychanalyse*, PUF, 1985, p. 140. Voir aussi *L'Essence de la manifestation*, PUF, 2011, p. 48-49 et p. 56. En effet, Kant affirme que « l'expérience interne elle-même dépend de quelque chose de permanent, qui n'est pas en moi, qui ne peut par suite être que dans quelque chose hors de moi ». CRP, p. 956 note. B XL.

[2] Mais nous considérons que la transcendance, l'acte d'auto-opposition, structure chez Kant une pensée spécifique de l'immanence. Sur ce problème de l'articulation entre la transcendance et l'immanence, nous reviendrons dans la deuxième partie.

[3] CRP, p. 1056. B 413.

jusqu'à dire que le « je » ne peut se connaître *de lui-même* comme « être pensant » : « je ne puis avoir la moindre représentation d'un sujet pensant par aucune expérience extérieure, mais seulement par la conscience de moi-même. Aussi de pareils objets ne sont-ils rien d'autre que le transfert (*Übertragung*) de cette mienne conscience à d'autres choses (*andere Dinge*), qui ne peuvent être représentées comme être pensant qu'à cette condition »[1]. Le moi ne peut se rapporter à soi qu'en *s'ex-posant au dehors ou à l'autre* ; il n'a son être qu'en se transférant à d'« autres choses ». *Le moi s'oppose au « je » comme à l'autre*. C'est par ce transfert que le moi peut se représenter lui-même comme être pensant, et que le moi pensant peut « se désigner comme objet en soi par Je »[2]. Kant appelle ce moi transféré à l'autre chose « l'objet de la conscience pure ». Cela veut dire que l'être du moi pensant est posé au dehors de moi comme un objet qui se trouve devant soi. Sur ce point, il est intéressant de voir que dans la première édition Kant appelle ce Dehors du moi où je me vois moi-même la « place de tout autre être intelligent »[3] ; « nous ne pouvons pas le [le concept de l'être pensant] représenter sans nous mettre nous-mêmes, avec la formule de la conscience, à la place de tout autre être intelligent ». Cela signifie ceci : je me saisis du point de vue de l'autre être ; ou bien il faudrait dire que le « je » *me* voit à la place de l'autre être, comme si le « je » devait être posé ailleurs qu'en moi-même. En énonçant le « je pense », « je » « me » pose moi-même comme l'autre.

Pour le moment, nous laissons de côté la question de l'autre dans l'auto-connaissance. Nous nous contentons de remarquer l'équivoque du statut du « je » et de son « être » énigmatique. L'auto-connaissance implique la confrontation de moi au « je » qui m'apparaît comme X, ce qui signifie que je me vois, trouve mon être, à l'extérieur de moi-même. L'auto-connaissance du moi consiste dans cette *ex-position* au « je », bien qu'elle ne permette pas la connaissance adéquate du moi. Il ne peut se connaître que comme la chose en soi, comme quelque chose d'inconnu, comme un « sujet transcendantal = X ». Je ne peux me connaître comme être pensant que comme un X dans autre chose, *alors que ce X est une énigme que je suis*. Si le « je » n'était que la chose en soi = X, il n'y aurait pas de connaissance de soi. Car la chose en soi est l'*ens rationis*, quelque chose d'inconnu. Kant a réduit l'existence du « je » à la chose = X dont on peut dire seulement qu'il y a « quelque chose » qui fonctionne en moi, sans pouvoir l'objectiver comme objet de connaissance. Il

---

[1] CRP, p. 1050-1051. B 405.

[2] CRP, p. 1068. B 430.

[3] CRP, p. 1433. A 354.

est évident que cette réduction du « je » au rien (*ens rationis*) fonctionne comme critique de la psychologie rationnelle ; *le « je » = X serait alors la limite posée à moi qui pense à moi-même.*

Il faut remarquer que dans les « Paralogismes de la raison pure », Kant qualifie ce X par « quelque chose de réel » dont j'ai la « perception indéterminée »[1]. Certainement, la chose = X fonctionne comme négation de l'Idée de la raison dans les « Paralogismes de la raison pure ». Car, en déterminant l'existence du « je » par la chose = X, Kant refuse d'attribuer au « je » toutes les propriétés (persistant, simple, identique). Par là même, je ne peux rien connaître de moi-même, puisque le moi-chose en soi est l'*ens rationis*, le rien pour la connaissance. Il est contradictoire que je me *connais* comme rien. Mais, que le « je » soit la chose = X, cela ne veut pas dire que le « je » n'est absolument rien[2]. Il y a « quelque chose de réel » dans ce rien que je suis, dans le « je » que j'éprouve en me transférant à l'autre chose. Même si l'être du « je » est ce que je vois au dehors de moi, ce « je » est « quelque chose de réel ». Certainement, Kant considère le « je pense » comme « représentation purement intellectuelle »[3], comme fonction universelle du jugement. Mais il arrive à Kant d'affirmer le « je » comme une « représentation singulière » de moi-même[4] ; j'ai le sentiment de ma propre existence, et ce sentiment m'empêche de réduire le « je » à l'absolument rien pour moi, d'assimiler mon moi à la « représentation universelle de conscience de soi-même » (B 402). Selon J. Rogozinski, ce sentiment de l'existence du moi, c'est le « noyau ultime » du « je pense », la « donation sentimentale de l'Ego »[5]. Cela veut dire que mon sentiment de l'existence présente *affectivement* l'être du « je », même si celui-ci se révèle comme énigme. Qu'est-ce qui structure comme noyau du moi « quelque chose de réel » dans la « donation sentimentale de l'Ego » ? Quelle est l'activité du moi qui génère le « sentiment d'une existence », dans lequel il s'éprouve lui-même comme énigme ? Nous formulons une hypothèse : le moi s'éprouve lui-même comme un X au lieu de se connaître comme l'illusion qui consiste à appliquer au « je » les concepts transcendantaux (la substantialité, la simplicité, l'identité dans le

---

1 Cf. CRP, p. 1063 note. B 422.

2 « Quelque chose » signifie pour Kant l'*affirmation transcendantale*. L'affirmation transcendantale est « quelque chose dont le concept en soi-même exprime déjà un être et par conséquence s'appelle la réalité ». CRP, p. 1198. B 602.

3 CRP, p. 1063 note. B 422 sq.

4 CRP, p. 1469. A 405.

5 J. Rogozinski, *Kanten*, Kimé, 1996, p. 85.

temps). L'exposition du moi au X, c'est la façon dont le moi s'éprouve en résistant à l'illusion qui le hante. La proposition « X, c'est moi » ne nie pas l'être du moi. Au contraire, elle équivaut à une affirmation de son être. Dans la mesure où le moi-chose en soi est l'antidote contre l'apparence du moi, j'existe. De même, l'énigme du « je », le je = X à qui je suis opposé existe comme « quelque chose de réel », et son mode d'être consiste à résister à l'apparence. On peut alors dire que, s'agissant de l'existence du moi, Kant oppose l'énigme du moi-chose à l'apparence du moi.

Mais il ne suffit pas de dire que la conception du moi-chose en soi est l'antidote à l'apparence, la limite posée à la pensée. Car la fonction de la chose en soi n'est pas simplement la négation de l'Idée, de même que sa modalité d'être n'est pas absolument rien. Nous avons vu que la connaissance de soi est l'exposition au moi-chose en soi. Mais nous n'avons pas encore compris comment j'arrive à déterminer mon existence dans cette exposition. *Comment puis-je me déterminer en fonction de la chose-X ?* Pour répondre à cette question, revenons à la solution de la troisième antinomie, où la liberté du sujet est affirmée en fonction de la chose en soi.

Que je me connaisse en fonction de la chose en soi, c'est la condition pour me saisir comme libre. Dans la mesure où la chose en soi est en dehors de l'application de la catégorie de la causalité, elle s'échappe de la détermination causale par l'entendement. La liberté est conçue tout d'abord comme une modalité d'être hors de la loi de l'entendement. En ce sens, être libre et être la chose en soi sont identiques. Je suis libre en tant que chose en soi. Mais il va de soi que cette détermination négative de la liberté ne donne aucun sens à la modalité d'être du moi. La liberté du moi-chose en soi est complètement indéterminée, elle ne permet qu'une détermination tout à fait négative, car la liberté ne signifie ici que le mode négatif de mon être (la liberté n'est pas l'objet de l'application de la loi, elle n'apparaît pas comme phénomène). Si on demeure à ce niveau de la détermination négative de la liberté, on ne peut savoir ce qu'est le moi ou l'être du sujet libre. Ma conscience de l'exposition à la chose en soi ne donne rien à penser de ce qu'est le « je ». Alors, en pensant que je suis libre, je ne détermine rien, je ne peux que m'in-déterminer. Donc, pour que je me connaisse comme libre, et que je me détermine comme noumène ou chose en soi d'une façon plus positive, « quelque chose de plus » est exigé (B XXVII). Kant se demande s'il y a un « Data » qui permet de déterminer l'existence du « je ».

Or, on sait bien que ce « quelque chose de plus » est cherché sur le plan éthique ; le « Data » qui me permet de me déterminer comme « je », ce qui rend possible l'auto-détermination dans la liberté, est cherché « dans les sources pratiques ». À la fin des « Paralogismes de la raison pure », Kant affirme en effet que la donnée sensible ne sert à rien pour que « l'objet de la conscience pure » connaisse « son existence séparée ». C'est dire que je ne peux connaître moi-même comme moi-chose par l'intuition sensible, qui ne sert qu'à la constitution du phénomène. Il faut autre chose que cela « pour pouvoir, non seulement se désigner soi-même comme objet en soi par le Je, mais aussi déterminer le mode de son existence (*Dasein*), c'est-à-dire se reconnaître comme noumène »[1]. C'est ailleurs dans l'expérience que Kant cherche le « quelque chose de plus » qui me permet de me connaître comme noumène. Kant poursuit ainsi : « à supposer cependant qu'il se trouve par la suite non pas dans l'expérience, mais dans certaines lois de l'usage pur de la raison, établies *a priori* et concernant notre existence [...], une occasion de nous présupposer tout à fait *a priori* législateurs au regard de notre propre *existence* et même déterminant aussi cette existence, nous découvririons par là une spontanéité par laquelle notre réalité effective serait déterminable [...], et nous nous apercevons alors que dans la conscience de notre existence, quelque chose d'*a priori* est contenu, qui peut servir à déterminer notre existence, qui n'est complètement déterminable que de manière sensible, à la déterminer, dis-je, eu égard à un certain pouvoir interne, en relation à un monde intelligible »[2]. On remarque que dans ce texte, Kant envisage la problématique du moi-chose en soi à l'intérieur de la sphère éthique. L'*auto-détermination* du moi est désormais conçue comme « législation » eu égard à son existence. Et le quelque chose d'inconnu ou « quelque chose de réel », dont Kant a parlé eu égard au mode énigmatique d'être du moi, est désormais compris comme « quelque chose d'*a priori* » qui se trouve « dans la conscience de notre existence », qui peut servir à se déterminer « en relation à un monde intelligible ». Quelle est cette conscience de quelque chose ? C'est évidemment la « conscience de la loi morale ». Ainsi, le « quelque chose de plus » cherché pour rendre déterminable l'indétermination de la liberté du moi = X, c'est la loi morale. La conscience de la loi me permet de déterminer mon existence comme noumène, comme « législateur », et par là l'auto-détermination du moi devient possible comme l'auto-législation. La loi est exigée pour déterminer la « *Wirklichkeit* » de mon être. *Alors que je ne peux me connaître que comme chose X, la loi me fait connaître cette chose comme moi-même.*

---

[1] CRP, p. 1068. B 430.

[2] *Ibid.*

On peut s'étonner de cette solution donnée par Kant au problème de la connaissance de soi. Selon le texte que nous venons de citer, ce n'est pas simplement que le mode d'être comme chose = X est déterminable par la loi, mais aussi que la loi se trouve dans la conscience de l'existence, comme « quelque chose d'*a priori* ». Ce dont j'ai conscience concernant mon existence, n'est-ce pas quelque chose qui ne peut être connu que comme la chose = X ? Nous pouvons comprendre que la loi morale est exigée pour rendre déterminable mon existence. Mais qu'il y ait « quelque chose d'*a priori* » dans la conscience de mon existence, c'est une thèse frappante. Ce n'est pas simplement que cette thèse semble étrangère à la thèse fondamentale des « Paralogismes de la raison pure » : je ne peux me connaître que comme une chose = X, je ne peux que m'in-déterminer. Selon les « Paralogismes de la raison pure », je n'ai pas la conscience de mon existence autrement que j'ai conscience de quelque chose d'inconnu. C'est pour cela que la loi est exigée. *Mais la loi, dit Kant, est dans la conscience de mon existence, donc dans la conscience de mon existence en tant que moi-chose en soi.* Il y a là une logique circulaire. C'est par la loi morale que l'indétermination du moi-chose en soi est déterminable. Mais ce qui rend déterminable le moi-chose en soi est dans ma conscience de celui-ci. *Que la loi par laquelle le moi-chose est déterminable soit dans ma conscience de celui-ci*, cette thèse semble énigmatique. Car ce qui est déterminant (la loi) et ce qui est déterminé (le moi-chose) semblent identiques.

Cette relation tautologique du moi-chose et de la loi n'est pas le seul problème. Kant affirme en effet que le « merveilleux pouvoir » me révèle la « conscience de la loi morale » : « grâce à ce merveilleux pouvoir qui me révèle avant tout la conscience de la loi morale, j'aurais bien un principe purement intellectuel pour déterminer mon existence »[1]. Par le « merveilleux pouvoir », nous devons entendre la liberté. Alors que la loi devrait fonctionner comme l'instance déterminante de l'indétermination de la liberté du moi-chose, Kant affirme que la liberté me révèle qu'il y a la loi dans la conscience du moi-chose comme la conscience de « quelque chose d'*a priori* ». Donc, il faut admettre que l'articulation entre ces concepts de liberté, de moi-chose, de loi, demeure indéterminée, elle reste à redéterminer. Qu'est-ce que déterminer par la loi mon existence (moi = chose) dans la liberté ? Qu'est-ce que déterminer par la loi la liberté du moi-chose dont la conscience n'est rien d'autre que la conscience de la loi ? Comment penser la relation quasiment

[1] CRP, p. 1069. B 431.

identique du déterminant et du déterminé dans l'auto-détermination, dans l'auto-législation ?

3-3 La loi et le moi

La question que nous venons de poser concerne l'articulation des concepts, à savoir la liberté, le moi-chose et la loi. *La loi qui rend déterminable la liberté du moi-chose est incluse dans ma conscience de moi-même en tant que chose en soi.* L'instance déterminante du moi-chose se trouve dans la conscience de la liberté du moi-chose, telle est la thèse à laquelle nous avons abouti. Nous allons interpréter l'identité du déterminant et du déterminé du moi-chose comme une thèse principale de l'éthique kantienne.

Dans la solution de la troisième antinomie, Kant définit la liberté par la causalité suprasensible. On peut distinguer deux moments dans la définition de la liberté. D'abord, la liberté est, en tant qu'Idée transcendantale, un objet auquel on ne peut appliquer la loi causale de la nature. La liberté est définie par l'indépendance par rapport à la loi de la nature, par sa non-phénoménalité. Par cette définition, le sujet libre se connaît hors du phénomène, comme inapparaissant. On peut bien penser ce sujet comme moi-chose. Telle est la première définition négative de la liberté. Mais la liberté ne désigne pas simplement un état indéterminable par la loi de la nature. Il y a une autre définition positive de la liberté, selon laquelle la liberté est un « pouvoir de commencer de soi-même ». La liberté est, écrit Kant, « le pouvoir de commencer *de soi-même* un état dont la causalité n'est pas soumise, à son tour, suivant la loi de la nature, à une autre cause qui la détermine quant au temps »[1]. Comme nous l'avons déjà remarqué, Kant pense que la cause intelligible doit avoir son effet dans le phénomène. En termes de philosophie transcendantale, la liberté elle-même n'apparaît pas comme phénomène, mais elle peut être pensée comme fondement du phénomène, par là la causalité par la liberté peut être considérée comme pouvoir de produire un effet dans le phénomène, lequel est déterminé « dans l'ordre de temps ». Que la liberté se manifeste dans le phénomène et dans l'ordre temporel, que l'« événement dans le monde » puisse arriver par la liberté, telle est l'idée de « synthèse de l'hétérogène ». Kant va jusqu'à définir la liberté comme « action originaire, par laquelle arrive quelque chose qui n'était pas auparavant »[2].

---

[1] CRP, p. 1168. B 561.

[2] CRP, p. 1175. B 572.

Telle est la définition de la liberté transcendantale, à partir de laquelle Kant définit la liberté pratique ou morale. D'abord, la non-phénoménalité ou l'indépendance par rapport à la loi de la nature est réinterprétée comme indépendance de la volonté par rapport à la condition sensible et au « monde sensible ». Kant écrit : « *la liberté dans le sens pratique* est l'indépendance de l'arbitre par rapport à la *contrainte* des impulsions de la sensibilité »[1]. La conscience d'être hors de la condition empirique, c'est la conscience de soi en tant que chose en soi ou bien la conscience d'être confronté à quelque chose d'inconnaissable. Dans la mesure où le sujet est, dans son caractère empirique, influencé par les phénomènes, toutes ses actions sont expliquées par la loi de la nature, tandis que le sujet dans son caractère intelligible « n'est pas phénomène », et « il est la cause de ses actes comme phénomène »[2]. De là résulte la définition pratique de la causalité par liberté. Kant la définit comme « *arbitrium liberum* », « pouvoir de se déterminer de lui-même »[3]. Ce pouvoir de l'auto-détermination, Kant l'appelle la « causalité de la raison dans le caractère intelligible »[4]. C'est dire que le sujet agissant trouve en lui la cause intelligible, par là il a le pouvoir de se déterminer de lui-même. Du point de vue pratique, le sujet peut, par la liberté, se déterminer, eu égard à son caractère intelligible, indépendamment des causes naturelles, de sorte qu'il produise de soi-même son action dans le phénomène.

La causalité conçue comme liberté est ce qui me permet d'agir de moi-même, dans la mesure où l'action de cette causalité est considérée comme l'« action d'une chose en soi ». Celle-ci serait alors la loi qui me permet de me déterminer comme sujet libre. S'il en va ainsi, c'est par la loi que le sujet se détermine, eu égard à son caractère intelligible, comme moi-chose libre. Je suis libre dans la mesure où mon action résulte de l'action du moi-chose, par suite je me détermine de moi-même par la loi. Et pourtant, rien n'est moins clair. Kant pense que l'« action d'une chose en soi » ne me permet pas de me connaître comme sujet, mais comme « objet (*Gegenstand*) » : « l'homme, qui par ailleurs ne connaît toute la nature que par les sens, se connaît lui-même aussi par simple aperception, et cela, à la vérité, en des actions et des déterminations internes qu'il ne peut aucunement mettre au compte de l'impression des sens. Lui-même, il est sans doute, par un côté, phénomène ; mais il est aussi, par un autre côté, c'est-à-dire eu égard à certains pouvoirs,

---

[1] CRP, p. 1168. B 561-562.

[2] CRP, p. 1172. B 567.

[3] CRP, p. 1168-1169. B 562.

[4] CRP, p. 1181. B 579.

un objet purement intelligible, puisque son action ne peut pas du tout être attribuée à la réceptivité de la sensibilité »[1]. Par « déterminations internes », nous devons comprendre ici la loi de la liberté qui permet au moi de se déterminer, de déterminer l'indétermination du moi-chose. La loi me permet alors de me connaître, indépendamment de la condition sensible, comme sujet libre en fonction de son caractère intelligible. Mais il semble que Kant suggère autre chose dans ce texte : c'est par cette loi que le sujet se comprend comme *Gegen-stand*. Ou plutôt la loi pose le sujet comme son objet, l'objet posé devant la loi, comme *opposé à la loi*. Le sujet libre est un « objet purement intelligible » devant la loi, de telle sorte qu'elle le dresse devant elle. C'est dire que la loi me donne à me connaître comme objet, non pas comme sujet, par là la loi apparaît comme autre chose que moi. Alors qu'il s'agit de l'*auto*-détermination par la loi du moi-chose, pourquoi Kant pense-t-il que le sujet se conçoit comme objet de la loi ? L'auto-détermination par la loi engendre-t-elle le sujet comme objet de la loi, non pas comme sujet de la loi ? Qui est alors le sujet considéré comme objet ? Ce sujet est-il le moi phénoménal dont la volonté est pathologiquement affectée par la cause sensible ?

Selon Kant, l'objet de la loi n'est pas le moi phénoménal, mais le moi nouménal, le moi-chose. En tant qu'il est moi-chose, il est objet de la loi. C'est cela que l'on comprend par l'argument typiquement moral relatif à l'acte criminel ou mauvais, par lequel Kant explique comment la loi fonctionne dans le sujet moral. « Par exemple, un mensonge de nature maligne par lequel un homme a introduit un certain désordre dans la société… »[2]. Il y a deux manières d'expliquer son acte, selon que l'on comprenne la causalité soit comme causalité naturelle, soit comme causalité libre. Si l'action du criminel est considérée comme produite par une causalité naturelle, son action est alors déterminée par la cause précédente ; la cause de son action n'est donc pas en lui, puisque son action est liée à la détermination temporelle qui la précède, et on peut infiniment en chercher la cause dans la série temporelle. Mais lorsque cette même action est considérée comme produite par la causalité de la liberté, « l'on peut mettre tout à fait de côté ce qu'a été cette conduite, regarder la série des conditions écoulées comme n'étant pas arrivée, et cette action, au contraire, comme entièrement inconditionnée par rapport à l'état antérieur, comme si, par là, l'auteur commençait entièrement de lui-même une série de conséquences »[3]. C'est du point de vue de la liberté que l'on présuppose que

[1] CRP, p. 1177-1178. B 574-575.

[2] CRP, p. 1183. B 582.

[3] CRP, p. 1183. B 583.

son action n'aurait pas dû avoir lieu, même si son action était nécessairement déterminée par le passé : son action est jugée comme mauvaise, si elle est considérée comme produite par la liberté. Même si le sujet est enchaîné par la cause antérieure de sorte que son action soit inévitablement consécutive de l'état antérieur, il est censé être libre, comme s'il avait le pouvoir de commencer de lui-même l'action. C'est par cet argument que Kant affirme la liberté comme « *spontanéité absolue* », comme indépendance de la volonté par rapport à la condition temporelle. Lorsque Kant affirme que le sujet doit être libre selon son caractère intelligible, on peut y trouver l'exigence morale de la liberté. La *liberté morale* consiste à penser que, « bien que quelque chose n'ait pas eu lieu, cela *aurait dû* cependant avoir lieu »[1]. Par cet exemple de l'acte mauvais, Kant explique que le sujet porte en lui la cause suprasensible de son action, qu'il peut ou doit commencer indépendamment de la condition temporelle. Mais remarquons que cet exemple n'explique pas comment le sujet se détermine spontanément par la loi morale. Alors que la liberté morale est pensée comme auto-détermination par la loi, celle-ci ne fonctionne que comme « jugement d'imputation »[2]. Certes, cet argument, qui présente la liberté comme fondement de l'imputabilité, nous permet de comprendre comment imputer une action à quelqu'un. Mais la question de savoir qui impute n'est pas thématisée par Kant. Car le sujet n'est pas considéré comme l'instance déterminante de la loi, mais comme celui qui est jugé.

C'est en tant que moi-chose que le criminel se dirait, dans le repentir, qu'il aurait dû faire autrement. Même s'il ne pouvait pas faire autrement, même s'il était nécessaire, inévitable d'agir ainsi, il se dit dans les « reproches » et le « blâme qu'il s'adresse à lui-même » qu'il n'aurait pas dû se comporter de la sorte. Dans la deuxième *Critique* Kant écrit ceci : « c'est là, aussi, le fondement du repentir que le souvenir d'une action passée depuis longtemps ne manque jamais d'exciter en nous ; sensation douloureuse produite par l'intention morale »[3]. C'est dans cette « sensation douloureuse » que je me sens posé devant la loi. La « voix intérieure »[4], accusatrice, confronte le moi à sa liberté dans l'expérience spécifique d'une rencontre avec le moi-chose. D'une part, la « voix intérieure » prouve que j'ai conscience de la chose en soi comme de moi-même, en fonction de laquelle je dois agir librement. C'est en tant que moi-chose que je me trouve comme cause de mon action. Mais

---

[1] CRP, p. 1169. B 562.

[2] CRP, p. 1184. B 583.

[3] CRpr, p. 728. AK V, 98.

[4] CRpr, p. 727. AK V, 98.

d'autre part, la « voix intérieure » n'est qu'un signe de l'échec, car, au moment même de l'action, je ne pouvais pas agir selon la loi, je n'avais pas conscience du moi-chose (en tant que conscience de la loi) en fonction de laquelle je suis tiré hors de la causalité antécédente pour agir librement. C'est après avoir accompli l'action que j'ai conscience du moi-chose. La conscience de cette chose ne prouve donc pas que je peux me déterminer librement selon la loi, mais elle dit que je n'aurais pas dû agir ainsi. Dans le repentir j'ai conscience de la loi, mais d'une façon indirecte, de telle sorte que je sens une distance entre la loi et moi-même. Car ma conscience de moi-même, c'est-à-dire du moi-chose, ne fonctionne pas comme instance déterminante de l'action. Le moi-chose fonctionne comme ce par quoi je suis saisi par le repentir, en apparaissant à travers la voix accusatrice qui correspond dans le moi à la critique de la loi. C'est pourquoi la conscience du moi-chose est la conscience d'être opposé à la loi, d'être le *Gegenstand* de la loi.

Lorsque nous avons analysé la critique de la psychologie rationnelle, nous avons vu que c'est le moi-chose qui fonctionne en moi comme instance déterminante de la connaissance. Sur le plan théorique, je suis confronté à la chose énigmatique qui est le sujet de la connaissance. Mais il n'en va pas ainsi sur le plan éthique. C'est maintenant le moi-chose qui est déterminé par la loi : plus précisément, je suis déterminé par la loi eu égard à mon existence comme moi-chose. En effet, Kant affirme que le sujet qui « a conscience de lui-même comme d'une chose en soi considère aussi son existence *en tant qu'elle n'est pas soumise à des conditions du temps*, et lui-même comme pouvant être déterminé seulement par des lois qu'il se donne lui-même par sa raison »[1]. Si le moi-chose est posé comme *Gegenstand*, je serai considéré, dans ma conscience du moi-chose, comme le destinataire de la loi. Ici, on comprend pourquoi la loi fonctionne comme impératif, et pourquoi la loi s'adresse à moi à la deuxième personne, tout se passe comme si la loi venait à moi de l'extérieur. Lorsque l'impératif est adressé au moi en tant que moi-chose, le moi-chose m'apparaît comme « toi », comme objet de la détermination par la loi, et la loi apparaît, à son tour, comme le dehors, comme si elle provenait d'un autre que moi.

Si le moi-chose n'était qu'un « toi », si le moi-chose n'est qu'un simple objet de la loi, l'auto-détermination ne peut avoir lieu. Dans la mesure où la liberté est définie par le « pouvoir de se déterminer de lui-même », il faudrait que le moi se donne la loi de lui-même à lui-même. Au lieu que la conscience de la loi soit la conscience de la chose = X, de la chose = toi, elle doit être la

---

[1] CRpr, p. 726-27. AK V, 97.

conscience du moi-chose *que je suis*. Il faut que la conscience de la loi me permette de déterminer mon existence comme législateur, de telle sorte que je me détermine moi-même par la loi. C'est seulement dans cette conscience que la loi qui me détermine en relation avec mon existence comme noumène est la loi de la liberté. Au lieu que le moi-chose soit dressé comme « toi » devant la loi, *la loi qui rend déterminable la liberté du moi-chose doit être incluse dans ma conscience de moi-même en tant que moi-chose*, de telle sorte que *l'instance déterminante du moi-chose se trouve dans ma conscience de la liberté du moi-chose*.

L'inclusion de la loi à l'intérieur du moi, telle est la tâche que l'éthique kantienne envisage d'accomplir, dans les *Fondements de la métaphysique des mœurs*[1] et la deuxième *Critique*, comme fondation de la loi comme principe déterminant du sujet libre. Dans la deuxième *Critique*, Kant élucide la loi morale qui détermine la volonté d'après l'indice de l'autonomie de la raison. On sait bien que dans la deuxième *Critique*, la conscience de la loi est considérée comme un *fait*, non pas comme « un fait empirique, mais le fait de la raison pure qui se proclame par là comme originairement législatrice »[2]. La loi en tant que principe déterminant de la volonté est « *donnée* », mais non pas à la manière dont l'objet de l'intuition sensible est donné dans l'expérience possible. La loi m'est donnée de telle façon que la conscience de mon existence soit identique à celle de la loi, que la loi soit « incorporée » en mon existence.

---

[1] Nous désignons désormais dans le corps du texte les *Fondements de la métaphysique des mœurs* par la *Grundlegung*.

[2] CRpr, p. 645. AK V, 31.

Chapitre IV – La naissance du sujet dans l'expérience de la liberté

4-1 Les deux versants de l'auto-détermination

La liberté (la causalité libre) effectue l'auto-détermination du moi de façon extérieure : la liberté du moi fonctionne comme auto-détermination par le biais de l'extériorité de la loi par rapport au moi. Tel est l'argument proprement kantien de l'affirmation de la liberté. Résumons le problème de l'auto-détermination que nous avons dégagé par l'analyse de la critique des paralogismes et celle de la solution de la troisième antinomie.

1) C'est pour déterminer l'indétermination du moi-chose en soi que la loi est exigée. Selon Kant, la conscience de la loi est incluse dans la conscience du « je » en tant que chose en soi. La loi qui me permet de déterminer mon existence énigmatique doit se trouver dans la conscience de mon existence. Cela veut dire que le déterminant et le déterminé sont co-pensés en « je ». Si ma conscience de « je » comme chose en soi s'identifie à la conscience de la loi, la loi devrait provenir du « je ». Le « caractère de la chose en soi » ou le « caractère intelligible » signifie le caractère de la loi, et jamais simplement le caractère du sujet[1]. Cependant, soit que l'« action de la chose en soi » soit considérée comme venant de la loi, soit qu'elle provienne du sujet, il s'agit toujours d'une représentation déterminante qui me permet de me déterminer comme sujet libre, et cette représentation doit trouver son origine dans la conscience de moi-même.

2) Cette auto-détermination contient une équivoque fondamentale. D'une part, Kant affirme que la loi qui détermine l'existence du « je » se trouve dans la conscience du « je ». Cela signifie que le sujet se représente de lui-même comme « je » déterminant. Mais, d'autre part, il faut admettre que cette conscience du « je » ne signifie pas immédiatement la spontanéité absolue du sujet. Selon notre analyse, le sujet qui se détermine par la loi se conçoit lui-même comme objet de la loi : le sujet se trouve dans la *passivité* envers la loi, alors que la conscience de la loi trouve son origine dans sa conscience de sa propre existence. La liberté par laquelle je me détermine en me conformant à la loi signifie ainsi la passivité envers la loi.

Nous comprenons ainsi que l'auto-détermination dans la liberté se constitue à travers deux mouvements du sujet. D'une part, le sujet se conçoit comme celui qui se donne la loi, en trouvant la loi en lui-même. D'autre part,

[1] Cf. CRP, p. 1172. B 566.

il se conçoit comme objet de la loi, par là même la subjectivité libre surgit comme passivité envers la loi. Dans cette perspective, on peut dire que l'auto-détermination consiste en deux étapes ou en deux mouvements du sujet : a) se poser soi-même comme le déterminant, b) se laisser déterminer par ce déterminant ou bien se poser soi-même comme objet de la détermination. Nous proposons d'appeler le premier mouvement le versant actif de l'auto-détermination, le second son versant passif.

A) Le versant passif de l'auto-détermination

La loi se présente à travers la voix qui énonce « tu dois… ». En me donnant la loi qui m'ordonne, je me conçois à la deuxième personne, comme « tu », comme interpellé par la loi. Si le moi s'identifie au « tu », qui lui donne la loi comme « je » ? Si le sujet ne se pose que comme objet de la loi, la loi ne se représente-t-elle pas comme provenant d'un autre que lui ? On peut ainsi se demander si l'objectivation du moi comme le « tu » implique la subjectivation de l'autre comme « je » qui donne la loi au « moi », si la passivité du moi envers la loi n'implique pas la passivité envers l'autre. Mais il ne s'agirait pas de la pure passivité envers l'autre. Il faut noter que l'*autre moi* qui *m'*interpelle à la deuxième personne ne surgit que dans mon acte d'auto-détermination par la loi. Car c'est moi qui énonce le « tu dois ». S'il y a l'autre qui me donne la loi, cet autre ne se trouve que dans mon acte de me donner la loi. Or, nous ne voulons pas aborder ici le problème de l'autre dans l'auto-détermination par la loi. Nous y reviendrons lorsque nous analyserons le respect pour l'autre comme « exemple » de la loi. Nous nous contentons ici d'affirmer que la passivité du moi est essentielle dans la structure de la subjectivité libre. Comme nous l'avons vu, la subjectivité kantienne est structurée par la transcendance vers le X, vers le « *Dawider* ». Dans la transcendance (théorique), le sujet se conçoit comme celui à qui un objet est opposé. C'est dans l'acte de s'opposer à un objet que le sujet se saisit lui-même comme le sujet. Il se conçoit comme opposé au X, et c'est par cet acte de l'auto-opposition que ce X apparaît comme *Gegenstand.* Cette structure de la subjectivité équivaut à la subjectivité sur le plan éthique. Comme sur le plan théorique, le sujet libre se conçoit comme opposé au X qui est la loi. C'est en se confrontant à la loi que le sujet détermine son existence. Le sujet s'oriente vers le X qui n'est plus sensible, mais intelligible, et c'est dans cet acte que le sujet *se* conçoit comme opposé à la loi.

B) Le versant actif de l'auto-détermination

Pour analyser le versant actif de l'auto-détermination, il convient de nous référer à l'interprétation heideggérienne de la liberté kantienne. Selon Heidegger, la liberté pose le problème de la façon dont le sujet s'oriente vers son être, vers l'être soi-même. Si la liberté concerne le mode d'être soi-même, c'est qu'elle caractérise la façon de se rapporter au fondement de l'être du sujet. La liberté concerne l'élucidation de la structure dans laquelle le sujet s'oriente dans le fondement de l'être du moi. Dans *L'Essence de la liberté humaine*, Heidegger écrit ceci : « l'agir pratique est le mode d'être de la personne. L'*expérience de la liberté pratique* est l'expérience de la personne comme personne. La personnalité est l'essence authentique de l'homme »[1]. Selon Heidegger, l'être libre est l'« *être-personne* », et ce qui fait du sujet l'être personne est l'imputabilité ; le sujet se conçoit comme personne morale, en s'identifiant à celui à qui une action est imputée. L'acte de porter une action que j'ai accomplie à mon compte constitue l'être du moi comme être-personne. Il écrit ceci : « *l'essence de la personne*, *la personnalité*, consiste dans l'*auto-responsabilité* », et l'« *auto-responsabilité* dit alors la *modalité fondamentale de l'être* qui détermine toute conduite de l'homme, *l'agir humain spécifique et insigne*, la *praxis éthique* »[2]. Selon Heidegger, cette modalité d'être de l'homme est à éclairer comme « *essence d'une raison pure en tant que pratique* ». Il analyse la modalité d'être dans la liberté à partir de l'analyse de la raison pratique, à savoir « un pouvoir d'agir d'après le concept », un pouvoir d'agir selon la représentation[3]. Ce pouvoir consiste à représenter quelque chose à titre de déterminant, de façon que ce représenté fonctionne comme principe déterminant de la volonté.

Or, le représenter dont il s'agit est distingué du représenter théorique en ceci que le déterminer théorique consiste à représenter l'objet comme posé devant soi, tandis que le déterminer éthique consiste à représenter le déterminant du sujet. Selon Heidegger, « dans la mesure où le représenté fonctionne comme déterminant, comme principe, il y a dans le représenter un pouvoir de la relation à des principes, c'est-à-dire la raison. Là où il y a volonté, il y a raison, et certes à titre de représenter qui détermine l'agir, à titre d'agir

---

[1] M. Heidegger, *L'Essence de la liberté humaine*, p. 252-253. GA 31, p. 272-273. C'est nous qui soulignons.

[2] *Ibid.*, p. 244 et p. 245. GA 31, p. 262 et p. 263.

[3] Cf. FM, trad. V. Delbos et F. Alquié, *Œuvres philosophiques II*, Gallimard, 1985, p. 274. AK IV, 412. « Il n'y a qu'un être raisonnable qui ait la faculté *d'agir d'après la représentation* des lois ».

rapporté à la praxis. *La volonté n'est rien d'autre que la raison pratique, et inversement* »[1]. Que le représenté détermine le sujet qui le représente, c'est cela qui distingue le représenter pratique du représenter théorique. Heidegger écrit : « le déterminer volontaire est en soi "adressé" à soi-même. Dans le représenter volontaire, le vouloir est donc toujours et nécessairement co-représenté. Par suite celui-ci, le vouloir en tant que tel, peut aussi fondamentalement être représenté comme le déterminant. Si cela se produit, alors le vouloir est comme tel le déterminant de la volonté. Mais alors le vouloir ne reçoit plus son motif déterminant d'ailleurs, mais *de soi-même*. Et que reçoit le vouloir de soi-même ? Soi, en son essence, soi-même »[2]. *Donc le déterminant représenté par le soi pour déterminer le soi est le soi*. C'est ainsi qu'Heidegger interprète le versant actif de l'auto-détermination comme auto-représentation, qui consiste à identifier le déterminant et le déterminé. Le sujet représente le déterminant de soi de façon que ce qui le détermine trouve son essence comme essence de soi. On peut résumer l'interprétation heideggérienne ainsi : 1) la liberté est un acte du sujet qui consiste à se poser le déterminant comme principe de l'action ; ce principe est la raison pratique en tant que volonté pure, en tant qu'essence de l'« être-personne » du sujet ; 2) le représenté à titre de déterminant est le *soi*, et c'est le *soi* qui se représente lui-même comme déterminant. L'auto-détermination est justement ce qui réalise la représentation de soi-à-soi ; la loi serait ce que le sujet se représente comme déterminant, et dans ce représenter, le représenté qui fonctionne comme ce qui détermine le sujet est le sujet lui-même considéré comme raison pratique.

Conformément à cette interprétation *volontariste* de la liberté, Heidegger interprète le « tu dois » comme une énonciation du sujet à lui-même. Selon lui, l'effectivité de la loi pour la volonté réside « uniquement chez nous-mêmes, de telle sorte que nous sommes à chaque fois interpellés pour la possibilité de cette effectivité – *interpellés* non pas en tel ou tel individu, mais avec la *mise en jeu de notre essence* »[3]. Donc le vouloir libre commence effectivement à être interpellé « avec la mise en jeu de notre essence » pour vouloir à partir de son essence. C'est dans cette perspective que Heidegger analyse la troisième formule de l'impératif catégorique. La « fin en soi » dont il s'agit dans la troisième formule est, pour lui, le « représenté préalable dans la volonté, qui comme tel, est motif pour la réalisation de l'ob-jet visé dans la

---

[1] M. Heidegger, *L'Essence de la liberté humaine*, p. 254. GA 31, p. 275.

[2] *Ibid.*, p. 256. GA 31, p. 276-277.

[3] *Ibid.*, p. 266. GA 31, p. 289.

représentation », à savoir le Soi. Le Soi se représente soi-même comme « fin en soi », comme essence du vouloir (raison pratique), et le Soi, interpellé par son essence, s'oriente dans son essence. Heidegger écrit ceci : « l'impératif catégorique signifie donc : dans ton action, sois toujours en même temps, c'est-à-dire primairement, essentiellement dans ton essence. L'essence de la personne est cette auto-responsabilité : se lier à soi-même, mais non pas égoïstement au Moi contingent. Être auto-responsable, c'est toujours répondre à [...] l'essence du Soi-même »[1].

Selon Kant, la liberté consiste à se poser comme objet de la loi : le sujet représente la loi en tant qu'instance déterminante de sa volonté. En représentant la loi, le sujet se conçoit comme opposé à la loi. Heidegger interprète fermement cette position de la loi comme celle de la loi du Sujet. Selon lui, l'auto-position du sujet ne se réalise que dans la représentation du déterminant comme essence du sujet libre : si la loi qui me détermine me pose comme objet de la loi, c'est parce que la loi provient de moi en tant que raison pratique. Cette interprétation heideggérienne tend à réduire une équivoque fondamentale de la notion kantienne de la subjectivité, c'est-à-dire la passivité envers la loi. Il est vrai qu'elle met en relief la direction principale de la pensée kantienne sur la structure dans laquelle le sujet réalise l'autonomie. Si la loi ne m'est pas donnée par moi-même, la détermination de moi par la loi ne peut être considérée comme *auto*-détermination. Or, il ne s'agit pas ici de décider quel versant de l'auto-détermination l'emporte sur l'autre. En effet, il faut penser l'auto-détermination dans une synthèse de ces deux versants.

À partir de notre analyse de la relation de la chose en soi et de la liberté, on peut penser la synthèse des deux versants de l'auto-détermination ainsi : *dans un premier temps*, confronté à son existence énigmatique = X, le sujet exige la loi pour se déterminer. Mais la loi lui apparaît étrangère, inconnaissable, dans la mesure où elle lui révèle l'être du « je » comme la chose = X. Pourquoi cela ? En entendant le « tu dois », le sujet se conçoit comme moi-chose en soi, comme objet intelligible de la loi. En introduisant la notion de l'impératif dans la problématique de la détermination du « je », Kant nous montre le versant passif de l'auto-détermination par la loi. En obéissant à l'impératif qui énonce le « tu dois », le moi se pose lui-même comme « toi » à qui la loi est adressée, et par suite l'auto-détermination par la loi se révèle comme la faculté de *se rendre objet de la loi.* Le sujet, en se posant comme objet de la loi, pose sa propre existence = X comme objet déterminé par la loi. Si le moi s'identifie exclusivement au « toi » qui n'est

[1] *Ibid.*, p. 269-270. GA 31, p. 293.

que l'objet de la loi, le « je » qui donne la loi se différencie du moi lui-même. Tout se passe comme si la loi qui « me » détermine ne provenait pas de moi. On est ainsi confronté à une hypothèse redoutable de l'auto-détermination par la loi : « je » qui « me » donne la loi m'éprouve comme un autre que moi. Si je me trouve en position passive envers la loi, c'est que je me conçois à la deuxième personne, et que je me détermine par la loi s'énonçant comme « tu dois ». En ce sens, l'impératif instaure une division entre le « me » et le « je ». Il génère un écart opaque entre le « je » déterminant et le « me » déterminé.

Dans un deuxième temps, il s'agit de la donation de la loi par le sujet, qui constitue le versant actif de l'auto-détermination : la loi qui « me » détermine comme « toi » doit être donnée par moi-même. Ou bien le « je » qui me donne la loi doit être affirmé comme moi-même. Le versant actif de l'auto-position consiste à déterminer ce qui « me » dit le « tu dois » comme moi-même en tant que « je », à unir le « me » et le « je » à partir de l'idée de l'identité de soi à soi. Si la détermination de la chose = X s'opère par un autre que moi-même, la notion de la liberté devient impossible. Pour que la chose = X devienne le *moi*-chose, non pas le « toi » interpellé par l'autre, cette chose devrait être dressée par le sujet lui-même comme objet de la loi. Nous pouvons reformuler ainsi l'auto-détermination dans le deuxième temps : ce qui « me » détermine comme « toi » n'est rien d'autre que moi-même. En « me » représentant comme « je » qui « me » donne la loi, je réalise l'autonomie.

Ainsi, la question « qui me donne la loi ? » semble ne laisser subsister aucune ambiguïté. La réponse de Kant est évidente. C'est la raison pratique comme volonté pure du sujet. L'élaboration de la notion de la liberté en tant qu'autonomie du sujet est une voie principale de l'éthique kantienne. Mais avant que Kant n'aborde l'autonomie du sujet dans ses écrits éthiques, le développement théorique de Kant sur la faculté de se rendre objet de la loi traite de plusieurs problématiques. Après la solution de la troisième antinomie, le problème de la liberté est considéré avec le problème de Dieu (la quatrième antinomie) et celui du bonheur (« Canon de la raison pure »). Pour spécifier la révolution que Kant effectue dans la *Grundlegung* au sujet de l'auto-détermination, il faut envisager le statut de Dieu et celui du bonheur dans la problématique de l'auto-détermination par la loi.

4-2 Dieu comme idéal

La quatrième antinomie aborde la critique de l'Idée de Dieu en tant que fondement de l'onto-théologie. Dieu est l'« être de tous les êtres », qui est « au fondement de la détermination complète nécessairement inhérente à tout ce qui existe ». L'opération que Kant effectue dans la quatrième antinomie consiste à la fois à nier l'existence de Dieu sur le plan théorique (au sens où est niée la possibilité de faire la preuve de son existence) et à la sauver sur le plan éthique comme *objet de foi*. La thèse affirme que toute la série des phénomènes repose sur l'inconditionné, et que tous les phénomènes contingents sont dérivés de la cause, de la « substance nécessaire », tandis que selon l'antithèse, la régression dans la série des conditions des phénomènes ne peut jamais aboutir à l'existence absolument nécessaire. La solution de la quatrième antinomie consiste à affirmer l'inconditionné en dehors des séries comme la solution de la troisième antinomie. Mais il y a une différence majeure avec la troisième antinomie. Selon la solution de la troisième antinomie, le sujet agissant appartient au monde sensible, et seule sa causalité est considérée comme intelligible, comme la chose en soi. Mais dans la quatrième antinomie, c'est l'existence même de l'être nécessaire qui est pensée en dehors des séries de phénomènes. Il est donc impossible de prendre cet être pour un objet de connaissance, car il dépasse le monde sensible. On peut penser l'être nécessaire comme objet transcendantal qui est la cause nécessaire de toute la série des phénomènes, mais on ne peut connaître son existence effective. Par cette solution, d'une part Kant pose la limite au désir de la raison, et d'autre part il restreint « la loi de l'usage simplement empirique de l'entendement, de manière qu'il ne décide pas de la possibilité des choses en général et qu'il ne tienne pas l'intelligible *pour l'impossible* »[1]. Dans la mesure où l'existence de l'être nécessaire est une chose en soi, elle ne peut être affirmée, ni niée, puisque la connaissance ne peut rien dire de la chose en soi qui ne peut être que pensée. Cette définition de Dieu est apparemment négative. Car elle ne fonctionne que comme négation de la prétention du rationalisme dogmatique et de l'empirisme dogmatique.

C'est dans l'« Idéal de la raison pure » que Kant nous présente un chemin pour affirmer l'existence de Dieu. Dieu est d'abord affirmé comme simple idée de parachèvement de l'explication de la nature ; l'Idée de Dieu est *donnée* au sujet *comme une tâche* de parachèvement du système de la connaissance de la nature. Kant écrit : « la raison, en effet en la donnant pour fondement à la détermination complète des choses en général, ne la pose que comme le *concept* de toute réalité, sans demander que toute cette réalité soit donnée objectivement et constitue elle-même une chose »[2]. Le concept de Dieu ne

---

[1] CRP, p. 1189. B 590.

[2] CRP, p. 1202. B 608.

peut être accepté dans l'usage théorique de la raison que comme le « principe subjectif pour achever la régression vers les conditions des phénomènes ». En d'autres termes, l'Idée de Dieu ne sert que comme principe heuristique ou régulateur pour « introduire l'unité systématique dans notre connaissance ». Il ne peut être hypostasié, ni personnifié, il n'est qu'un « schème du concept d'une chose en général »[1]. Mais s'agissant de Dieu comme objet de foi, son existence est « postulée » dans l'usage pratique de l'Idée de Dieu. Sur le plan éthique, Kant considère Dieu comme la plénitude inconditionnée de la détermination causale dans son rapport avec l'affirmation de la liberté. Cela veut dire que *l'affirmation de Dieu est liée à la faculté de se déterminer du sujet*. C'est là qu'on voit bien la signification éthique de Dieu, un être suprême personnifié comme un gardien de la loi. Kant écrit ceci : « comme il y a des lois pratiques qui sont absolument nécessaires (les lois morales), si ces lois présupposent nécessairement quelque existence comme condition de la possibilité de leur force d'*obligation*, cette existence doit être *postulée* [...]. Nous montrerons plus tard, à propos des lois morales, qu'elles ne présupposent pas seulement l'existence d'un être suprême, mais aussi que, comme elles sont absolument nécessaires à un autre point de vue, elles la postulent à juste titre, mais seulement à la vérité au point de vue pratique »[2]. Kant affirme que les obligations de la loi que nous nous donnons seraient « sans aucune réalité dans leur application à nous-mêmes, c'est-à-dire sans mobile (*Triebfedern*), si nous ne supposions un être suprême qui pût assurer aux lois pratiques leur effet et leur impression »[3]. Dieu donne la *Triebfeder* à la liberté humaine, conduit une volonté à *désirer se déterminer par la loi*. Cela signifie donc que la loi que je me donne n'est pas posée sans que ne soit posée l'Idée de Dieu, et la force de la loi ne vient pas du fait que je me donne la loi, mais de son origine divine.

Dans le « Canon de la raison pure », Kant approfondit la réflexion sur les fins ultimes de la raison, sur l'usage pratique de l'Idée de Dieu qu'il s'est borné à suggérer dans l'« Idéal de la raison pure ». La fin ultime de la raison consiste à répondre à la question de savoir « *ce qu'il faut faire*, si la volonté est libre, s'il y a un Dieu et une vie future »[4]. La causalité de la raison est ainsi pensée comme faculté de poser la fin. Je me représente la fin que je dois réaliser (le souverain Bien). Tel est le « tu dois » du « Canon ». Dans

---

[1] CRP, p. 1267. B 698.

[2] CRP, p. 1240. B 662.

[3] CRP, p. 1208. B 617.

[4] CRP, p. 1362. B 828.

l'« Idéal », Kant a souligné la connexion du caractère obligatoire de la loi avec l'Idée de Dieu. Dans le « Canon », il éclaire ce qui lie la force de la loi à l'Idée de Dieu dans l'auto-détermination. C'est le désir de bonheur : « J'appelle la loi pragmatique (règle de prudence) la loi pratique qui a pour mobile (*Bewegungsgrunde*) le *bonheur* ; mais celle qui n'a d'autre mobile que la *qualité d'être digne du bonheur*, je l'appelle, si jamais il en est une, loi morale (loi des mœurs) »[1]. La loi morale est définie comme loi qui s'adresse au sujet, sans désigner le moyen, la technique qu'il faut employer pour satisfaire les penchants. Mais *elle n'en désigne pas moins ce qu'il faut faire pour parvenir au bonheur.* Selon le « Canon », l'impératif énonce : « fais ce qui peut te rendre digne d'être heureux »[2]. Il va sans dire qu'une telle conception est étrangère à l'éthique kantienne de la deuxième *Critique*[3]. Kant va jusqu'à dire que la qualité d'être digne du bonheur constitue la moralité du sujet : « pour que le bien soit complet, il faut que celui qui ne s'est pas conduit de manière à se rendre indigne du bonheur puisse espérer d'y participer »[4]. Kant affirme que l'auto-détermination par la loi concerne « des objets de satisfactions ou d'aversion, c'est-à-dire de plaisir ou de peine »[5]. Cela veut dire que la donation de la loi dépend des conditions *affectives* du sujet. Il est ainsi évident que le devoir (ce qu'il faut faire) est considéré comme le problème de la relation de la loi et du désir de bonheur. Pour être moral, il ne suffit pas d'agir selon la loi, il faut espérer le bonheur. La loi du « Canon » est la loi que je me donne pour parvenir au bonheur. C'est justement dans ce problème de la relation de la loi et du désir que Kant problématise l'usage pratique de l'Idée de Dieu. Dieu intervient dans la relation du désir du bonheur et de la loi pour assurer le « lien nécessaire [...] de l'espoir d'être heureux avec l'effort incessant pour se rendre digne du bonheur »[6]. Le sujet espère le bonheur, en regardant ce monde comme le monde moral qui peut être réalisé par ceux qui se soumettent à la loi. Mais il ne sait pas si ce monde moral peut être réalisé. Pourtant, lorsque la loi est considérée comme provenant de Dieu qui est considéré comme la cause de tout bonheur dans le monde, il devient possible,

---

[1] CRP, p. 1366. B 834.

[2] CRP, p. 1368. B 836.

[3] Sur la différence entre l'éthique du « Canon » et l'éthique de la deuxième *Critique*, cf. M. Guéroult, « Canon de la raison pure pratique », *Revue internationale de philosophie*, 1954, Tome 30, p. 331-357.

[4] CRP, p. 1371. B 841.

[5] CRP, p. 1362 note. B 829.

[6] CRP, p. 1369. B 838.

selon Kant, d'espérer dans l'Idée de Dieu la réalisation du monde moral et le bonheur.

Sur la connexion de la loi avec le bonheur, il faut bien souligner le fait que Kant affirme que le commandement de la loi comporte « des promesses et des menaces », et que la loi ne peut les comporter que si elle ne réside pas dans l'être nécessaire. Ces promesses et menaces concernent évidemment l'espoir de bonheur. En se représentant la loi comme le commandement de Dieu, le sujet se soumet à sa loi pour accéder au bonheur, et par là le bonheur serait représenté comme la récompense de sa soumission au commandement de Dieu. C'est dans la fonction de désir de bonheur que la loi apparaît, à travers la sensibilité du sujet, comme ce qui suscite des « menaces » ou des « promesses ». Si le sujet est affecté par des menaces et des promesses lors de l'auto-détermination par la loi, c'est qu'il détermine ce qu'il faut faire en fonction du désir et de Dieu.

À partir de ce caractère *sensible* de la relation de la loi et du sujet, on pourrait comprendre pourquoi Kant pense que « la liberté pratique peut être démontrée par l'expérience »[1]. Évidemment, Kant n'envisage pas ici la connaissance de l'Idée de la raison. Il ne s'agit pas non plus de constater que la volonté du sujet est affectée par les sens, car la liberté pratique est définie par l'indépendance de la condition empirique de la volonté. Il importe ici de s'interroger sur la façon dont le moi s'éprouve lui-même dans la donation sensible de la loi. Selon l'expression de Heidegger, l'« expérience de la liberté pratique »[2] est l'expérience d'être une personne morale, l'expérience où le sujet se constitue comme personne morale par l'auto-détermination par la loi. La liberté ne peut être admise que comme étant en dehors du monde sensible régi par la nécessité causale du temps, en dehors de la condition sensible du sujet. Que le sujet ait la faculté de se déterminer hors du temps, indépendamment de la condition empirique, telle est l'Idée de la liberté pratique. Que veut alors dire la liberté démontrée dans l'expérience ? Rappelons que la liberté est une idée de la « synthèse de l'hétérogène », la synthèse de la cause intelligible et du phénomène. La liberté a son effet dans l'ordre temporel et dans la sensibilité du sujet. La loi dit ce qui doit *arriver*, ce que je dois faire, et l'impératif doit avoir son effet dans l'expérience. En se déterminant par la loi, celle-ci produit son effet dans la sensibilité du sujet qui désire le bonheur. Selon le « Canon », le sujet qui désire le bonheur se donne la loi en se représentant celle-ci comme la loi de Dieu. Ce que je dois faire est

---

[1] CRP, p. 1363. B 830. Voir aussi CFJ, p. 1279. AK V, 468.

[2] M. Heidegger, *L'Essence de la liberté humaine*, p. 252. GA 31, p. 272-273.

défini par l'effort incessant pour se rendre digne du bonheur. En se représentant la loi comme provenant de la volonté suprême qui lui permet d'espérer le bonheur dans une vie future, le sujet est affecté par la représentation des menaces et des promesses. Cela veut dire premièrement que la loi est *sentie* comme commandement de Dieu. Les menaces et les promesses sont donc l'effet sensible de la causalité libre. Deuxièmement, le sujet espère que le monde moral sera réalisé comme l'effet de l'auto-détermination par la loi (le souverain bien en ce monde).

4-3 La naissance du sujet libre

Si la loi m'est donnée comme un commandement de Dieu, c'est parce que je me détermine par la loi en fonction du désir de bonheur. Selon notre lecture du « Canon », c'est cette donation affective de la loi qui constitue l'« expérience de la liberté ». Alors que c'est moi qui me donne la loi à moi-même, la loi m'apparaît comme provenant de Dieu en tant qu'Autre. L'expérience de la liberté désigne cette situation équivoque de l'auto-détermination : la loi que je me donne *apparaît* comme la loi de l'Autre. Nous allons problématiser cette expérience comme le problème de la *subjectivité naissante* dans l'opacité de la relation du « je » et de l'autre.

L'« expérience de la liberté » nous montre l'équivoque de l'auto-détermination par la loi[1]. Cette équivoque concerne le rapport entre celui qui donne la loi et celui qui obéit à la loi, à savoir la relation de soi-à-soi dans l'acte du « je » qui « me » donne la loi. La liberté est, par définition, la faculté

---

[1] Sur l'« expérience de la liberté », cf. J.-L. Nancy, *L'Expérience de la liberté*, Galilée, 1988 et F. Proust, *Kant, le ton de l'histoire*, Payot, 1991. Le livre de Nancy nous permet d'approfondir la problématique de l'expérience de la liberté comme la question sur l'être de l'existant libre. Selon lui, l'existence libre a lieu « selon un être-en-commun des singuliers » (p. 37). L'expérience de la liberté surgit comme l'« espace libre » où les existants singuliers « co-paraissent » selon l'être commun. C'est ainsi que la liberté met l'ipséité de l'existant singulier dans les relations avec des autres (p. 92). Le livre de Proust nous permet d'approfondir l'*affectivité* de la liberté. Elle interprète la liberté en tant que pouvoir du commencement, comme la liberté qui « s'expérimente » (p. 89). Proust interprète l'expérience de la liberté à partir de l'« Analytique du sublime ». Selon elle, l'affectivité dans l'expérience de la liberté doit être pensée comme sentiment du sublime, non pas respect pour la loi (p. 143-160). La liberté dont il s'agit pour elle, ce n'est pas la liberté éthique, mais la « liberté sublime » qu'elle distingue rigoureusement de la liberté éthique. Sur la notion de l'expérience de la liberté, nous retenons de ces deux livres deux déterminations fondamentales, à savoir l'affectivité de la liberté et la relation avec l'autre.

de se déterminer soi-même. Dans son versant passif, l'auto-détermination du sujet consiste à se rendre objet de la loi, à poser le soi comme objet de la loi. Dans cette étape, le sujet se conçoit lui-même comme un moi interpellé par la loi. Ici, la question de savoir qui « me » donne la loi ne peut être un problème, puisque la subjectivité, dans cette étape, consiste à se poser simplement comme objet de la loi. C'est dans le versant actif de l'auto-détermination qu'est abordé le problème du « qui ? ». La réponse de Kant est évidente. C'est le sujet en tant que raison pratique qui « me » donne la loi ; le sujet se détermine comme « je » qui « me » donne la loi. L'autonomie est ainsi considérée comme acte du « je » qui « me » donne la loi, comme auto-représentation qui consiste à identifier le « me » comme objet de la loi au « Je » comme sujet de la loi. Mais ce cercle clos de l'identité de soi à soi est brisé dans le « Canon ». Selon celui-ci, le sujet qui désire le bonheur pose la loi comme commandement de Dieu. Dans ce cas, ce ne serait plus moi qui « me » donne la loi. C'est Dieu qui donne la loi à moi qui désire le bonheur. En se donnant la loi, le moi se représente l'Autre comme le Sujet de la loi. Cela signifie que le « je » et l'Autre sont co-posés dans l'auto-détermination.

Comment le « je » et l'Autre s'entrelacent-ils dans l'auto-détermination par la loi ? Dans la mesure où la loi est *pathologiquement* reçue, à travers les menaces et les promesses, comme commandement de Dieu, il serait évident que la loi *apparaisse* comme provenant de l'Autre. Et pourtant, il faut bien remarquer que la conception de l'impératif dans le « Canon » ne nie pas le versant actif de l'auto-détermination. Dans le « Canon », Kant n'affirme pas que le « je » qui « me » donne la loi est Dieu : « si loin que la raison pratique ait le droit de nous conduire, nous ne tiendrons pas nos actions pour obligatoires, parce qu'elles [lois morales] sont des commandements de Dieu, mais au contraire nous les regarderons comme des commandements divins, parce que nous y sommes intérieurement obligés [...] ; nous ne croirons nous conformer à la volonté divine qu'en tenant pour sainte loi des mœurs que la raison nous enseigne par la nature des actions mêmes »[1]. La loi n'est pas réduite au commandement de Dieu, de même que le « je » n'est pas vraiment l'Autre. Il arrive à Kant de dire que l'Idée de Dieu, « nous la *forgeons* nous-même [...] pour servir de mobile dans notre conduite »[2]. L'auto-détermination par la loi prend la forme d'une hétéro-détermination. Si la loi est représentée comme celle de Dieu, si Dieu me donne la loi, c'est parce que je me la

---

[1] CRP, p. 1375. B 847.

[2] *Doctrine de la vertu*, trad. J. Masson et O. Masson, *Œuvres philosophiques III*, Gallimard, 1986, p. 734. AK VI, 443-444.

représente *symboliquement* comme la loi de l'Autre. On pourrait alors penser que Kant insiste sur l'auto-détermination du moi, tout en considérant que la loi lui est donnée, *comme si elle provenait de l'Autre* ; c'est le sujet lui-même qui pose la loi comme celle de Dieu.

Le sujet se donne lui-même la loi. Mais cette auto-détermination par la loi est mise en question, du fait que le sujet éthique est aussi celui qui désire le bonheur. Kant affirme que le désir de bonheur ne peut être réalisé qu'en fonction de l'existence de Dieu. Le sujet s'oblige à se représenter Dieu comme source de la loi, comme si le sujet accédait au bonheur comme à la récompense de sa soumission au commandement. Cela revient à dire que l'auto-donation de la loi contient nécessairement la position de Dieu, autant que le sujet désire le bonheur. Cette intervention de l'Autre dans l'auto-détermination par la loi constitue la finitude du sujet éthique : le sujet a besoin de l'Autre pour se déterminer par la loi. Cette finitude éthique est constituée justement par le fait même que le sujet de la loi est le sujet qui désire le bonheur. En ce sens que le désir du sujet place celui-ci dans une relation opaque avec la loi et avec l'Autre, le sujet est fini.

Heidegger ne veut jamais problématiser la finitude dans son sens éthique à partir de la relation de la loi et du désir du sujet. C'est pour cela qu'il considère la relation entre le « je » et le « me » comme identité de soi-à-soi. Mais la finitude éthique consiste dans le fait que l'auto-donation du sujet par la loi contient la position d'un autre que le sujet, d'un autre en fonction duquel le sujet désire le bonheur. Ce qui brise l'identité formelle de soi à soi, c'est justement le désir qui a besoin de l'Autre comme son support.

Il va sans dire que la loi du « Canon » n'est pas *pure*, puisque son mode de donation est en partie pathologique, et que ce qu'il faut faire est vaguement identifié à ce que je désire. Que la loi soit impure, cela n'est pas le seul problème. Dans le « Canon », le fondement de la liberté en tant qu'auto-détermination oscille entre le sujet et Dieu que celui-ci se représente. Kant n'affirme pas fermement que le sujet obéit à sa propre loi, ni non plus que Dieu donne la loi au sujet. La réponse de Kant à la question de la provenance de la loi est celle-ci : le sujet se donne la loi, *comme s*'il obéissait au commandement de Dieu. Ce qui veut dire que Kant ne réduit la loi ni à la loi du sujet, ni à la loi de l'Autre. En d'autres termes, il n'affirme pas que le « je » qui « me » donne la loi soit l'Autre « je », mais pas plus qu'il n'affirme que le sujet s'approprie ce « je ». Telle est l'équivoque du sujet kantien dans la première *Critique*. Après la mise en doute du pouvoir d'auto-position (la critique de la psychologie rationnelle), le sujet est considéré comme structuré par la liberté qui lui permet de déterminer son être (la solution de la troisième antinomie). Mais ce sujet se trouve sous l'étrange dépendance de Dieu ; par le désir de bonheur, le sujet se trouve confronté au commandement de Dieu auquel il ne peut faire autrement qu'obéir (« Canon »). Selon notre lecture, la provenance de la loi et la subjectivité qu'elle structure ne sont jamais explicitées dans la première *Critique*. Cette obscurité de la loi doit être comprise comme une indétermination de la structure de la subjectivité. Car c'est la loi qui permet au sujet de se déterminer. Si la structure de la subjectivité est théoriquement indéterminée dans le « Canon », c'est parce que Kant problématise le « tu dois » en fonction du désir de bonheur, sans jamais préciser le rapport du désir du sujet avec l'autre en fonction duquel le sujet imagine la réalisation de son désir.

Dans ce chapitre, nous avons ainsi présenté le site originaire de la subjectivité libre à partir duquel Kant commence la critique de la faculté de désirer. Ce qui caractérise le site originaire du sujet libre, c'est l'équivoque de la relation entre le sujet et l'autre. Le projet de l'éthique kantienne, ce n'est pas simplement de fonder la loi sur l'autonomie du sujet en tant que raison pratique. C'est plutôt d'élaborer la structure d'auto-obligation, en élucidant un problème posé qui reste sans réponse dans la première *Critique*, à savoir celui de la donation de la loi non pathologique qui réalise la subjectivité dans l'acte même du « je » qui « me » donne la loi. Par la fondation de l'éthique sur la liberté du sujet, il s'agira d'approfondir la relation synthétique entre le « je » et le « me » en soumettant à l'examen la faculté de désirer.

DEUXIÈME PARTIE

L'AUTO-DÉTERMINATION

DANS L'ÉCOUTE DE SOI

Introduction de la deuxième partie – Deux chemins de la liberté éthique

L'enjeu de notre interprétation de la première *Critique* consistait à prouver que la pensée kantienne de la liberté constitue une problématique singulière de l'ipséité du moi. La liberté est la faculté du « je » de « me » déterminer par la loi[1]. Ou bien, l'acte d'auto-détermination par la loi constitue le moi comme sujet libre. Dans la mesure où c'est par la loi que je parviens à me déterminer – plus précisément, c'est la loi qui me permet de déterminer l'existence énigmatique du « je » que je suis –, la loi est ce qui constitue ma subjectivité.

Nous avons montré que l'auto-détermination par la loi contient deux versants de la donation de la loi. Se poser soi-même comme objet de la loi, se concevoir comme opposé à la loi, tel est le versant passif de l'auto-détermination. Le moi se conçoit comme « toi » interpellé par la loi : « je » « me » pose comme « toi » à qui la loi s'adresse. Le versant actif de l'auto-détermination consiste, à son tour, à déterminer comme moi lui-même celui qui interpelle le moi à la deuxième personne. Ce qui « me » interpelle comme « toi » n'est rien d'autre que moi-même. En « me » représentant comme « je » qui *me* donne la loi, le sujet réalise l'autonomie, à savoir l'acte du « je » qui « me » donne la loi. Cette synthèse de celui qui donne la loi et de celui qui obéit caractérise le versant actif de l'auto-détermination. « Je suis conscient de moi-même constitue une pensée qui contient déjà un double moi, le moi comme sujet et le moi comme objet. Comment il peut se faire que [...] je puisse me distinguer de moi-même, voilà ce qu'il est tout à fait impossible d'expliquer, bien que ce soit un fait indubitable »[2]. L'objectif de la deuxième partie sera d'élucider ce fait sur le plan éthique. Nous allons interpréter l'autonomie comme problème de la synthèse entre le « moi » qui obéit à la loi et le « je » qui donne la loi.

---

[1] Si nous employons le terme *je* à la place du moi, c'est que nous voulons penser le sujet de la loi à partir du « je » du « je me donne la loi ». Cela nous permettrait de différencier le moi qui donne la loi du moi qui la reçoit passivement. « Je dois m'obliger moi-même » (DV, p. 700. AK VI, 417) ; en énonçant cette phrase, je me constitue dans la synthèse du moi *obligeant* et du moi *obligé*. C'est cette articulation du moi actif et du moi passif que nous essayons de mettre au jour.

[2] *Progrès de la métaphysique*, p. 1224. AK XX, 270.

Dans la première *Critique*, Kant définit la liberté par le « pouvoir de se déterminer »[1]. Mais la synthèse du « je » et du « me » n'est pas réalisée à cause de la finitude du sujet agissant, c'est-à-dire du désir de bonheur. Ce que nous avons constaté par la lecture du « Canon », c'est qu'il y a une indiscernabilité entre le moi et l'autre dans l'acte d'auto-détermination par la loi, et que cette indiscernabilité brise l'identité formelle entre le « je » et le « me » dans l'acte du « je » qui « me » donne la loi. Le « Canon » ne considère la structure de l'auto-détermination que dans la donation pathologique de la loi, si bien que le sens de la liberté en tant qu'acte du « je » qui « me » donne la loi est mis en danger. D'où la direction principale de la *Grundlegung* : établir la liberté en vue de la réalisation de la *relation synthétique* du « je » et du « me » ; penser la donation pure de la loi en soumettant à l'examen critique la faculté de désirer. La critique de la faculté de désirer tente d'élucider la structure de la subjectivité par la réduction radicale du pathologique.

La réduction du pathologique, c'est la première voie vers l'autonomie. Dans cette première perspective de l'éthique, il s'agit de l'approche *formaliste* de la *synthèse pratique* du « je » et du « me » du « je me donne la loi ». Les questions auxquelles nous répondrons sont celles-ci : si le moi doit déterminer sa volonté indépendamment de la *matière* de la volonté, comment la pure *forme* de la loi réalise-t-elle l'auto-détermination du moi ? Si la liberté éthique consiste dans l'acte du *moi* qui *se* donne la loi, si le principe déterminant de la volonté qui consiste dans la pure forme de la loi réalise l'auto-détermination, on pourrait interpréter la « forme donatrice de la loi »[2] comme *forme donatrice du moi*. Car c'est par la donation de la loi que je me détermine et me constitue moi-même. Le don de la loi est la donation d'une forme par laquelle je me constitue moi-même indépendamment de la matière de la faculté de désirer. L'enjeu de notre interprétation serait donc d'éclairer la pure forme de la loi comme forme donatrice du moi.

Ce premier chemin de l'éthique kantienne aboutit à une impasse. L'auto-détermination par la loi ne peut jamais réduire l'altérité de la loi qui brise l'identité de celui qui donne la loi et de celui qui obéit. Nous verrons que la notion de « fin en soi » empêche d'affirmer l'identité du « je » et du « me ». La loi qui s'impose impérativement, sans tenir compte de la condition sensible

[1] CRP, p. 1169. B 562.

[2] J. Rogozinski nous propose de considérer la « forme d'une législation universelle (*Form einer allgemeinen Gesetzgebung*) » comme « forme donatrice de la loi (*die gesetzgebunde Form*) ». *Le Don de la loi*, PUF, 1999, p. 130. Notre recherche doit beaucoup à ce livre qui nous a donné un nouvel accès à l'éthique kantienne.

de la volonté, de la fin qu'elle vise comme l'effet de l'action, apparaît comme *transcendance*[1] pour l'existant fini. À première vue, la notion de fin en soi nous permet de saisir l'immanence de la loi à la volonté finie. Pour que l'existant fini arrive à se déterminer effectivement par la pure forme de la loi, il faudrait éclairer la condition *a priori* de la synthèse de la pure forme de la loi et de l'existant fini. Kant ne présente pas la détermination de la volonté par la loi seulement à partir de la pure forme de la loi, mais aussi à partir de sa matière, à savoir la fin en soi. C'est par l'introduction de la fin en soi que Kant cherche la possibilité de cette synthèse. Cependant, nous verrons que la position de la fin en soi empêche d'identifier la loi à la loi du moi, dans la mesure où la fin en soi ne désigne pas seulement le moi, mais aussi l'autre personne comme limite à la liberté du moi. À moins de réduire la fin en soi au moi (comme le fait Heidegger), la fin en soi demeure irréductible au moi, maintient l'extériorité ou la transcendance par rapport au moi. Cela veut dire que l'identité formelle de soi-à-soi est brisée en ce sens qu'il y a autre chose que le moi qui intervient dans l'acte même d'auto-donation de la loi. En d'autres termes, ce qui réalise l'immanence de la loi transcendante à la volonté finie brise l'identité du « je » qui donne la loi et du « moi » qui obéit (« me »).

Il serait alors nécessaire de reconsidérer le versant actif de l'auto-détermination. Dans l'interprétation formaliste, le versant actif de l'auto-détermination serait interprété comme la réduction de l'altérité de la loi à la loi du moi = raison pratique, et comme la réduction de l'affectivité du moi au pathologique. Cette interprétation présuppose que l'autonomie est incompatible avec l'hétéronomie, avec la passivité envers la transcendance de la loi. Lorsque l'interprétation formaliste aboutit au problème de la finitude de l'être raisonnable, c'est-à-dire de la synthèse de la loi de la raison et de l'existant fini, elle s'efforce de réduire la loi transcendante ou l'altérité de la

---

[1] Nous employons ici le terme « transcendance » ou « transcendant » non pas au sens kantien. Il ne s'agit pas de l'usage illégitime des facultés, mais de la modalité de l'apparaître de la loi. La « transcendance » désigne l'extériorité ou la hauteur de la loi. Par exemple, R. Bernet caractérise la relation de la loi au sujet par la transcendance. « L'autodétermination de l'agir moral du sujet par sa volonté rationnelle lui est *imposée* par la Loi. L'impératif catégorique est l'expression d'une Loi qui commande au sujet moral de légiférer. L'autonomie de ce sujet résulte d'une contrainte qui a sa source dans une Loi transcendante. On ne peut plus dire clairement que l'autonomie du sujet moral n'implique nullement une identité entre le soi et la Loi ». R. Bernet, « Loi et éthique chez Kant et Lacan », *Revue philosophique de Louvain*, t. 89, n° 83, Éd. de L'institut supérieur de philosophie Louvain-la-Neuve, 1991, p. 455. Nous essayerons d'interpréter la genèse de la transcendance de la loi, en considérant celle-ci à partir de l'acte de transcendance au sens heideggérien (projet ekstatique).

loi. Mais il serait possible de penser la synthèse de la loi et de l'existant fini, non pas comme la réduction de la transcendance, ni comme le progrès infini vers l'idée de sainteté, mais comme la *transcendance de la loi dans l'immanence même qui se structure dans l'acte du moi de se donner la loi.* De même, il serait possible de penser le versant actif, non pas comme réduction de l'altérité de la loi, mais comme *position de l'altérité.* Car c'est moi qui me pose la loi comme limite à ma liberté. S'il en est ainsi, la liberté ne signifie plus l'autonomie absolue, mais l'« auto-hétéronomie » : je me donne la loi comme si elle provenait d'un autre que moi. Cette notion avec laquelle J. Rogozinski nous propose de considérer sous un nouvel éclairage la subjectivité éthique, nous permet de mieux cerner le noyau équivoque de la liberté du moi[1].

Cette idée d'auto-hétéronomie nous conduit à reconsidérer la synthèse du « je » et du « me ». L'autonomie n'est plus simplement la position de la loi du Sujet. Dans la mesure où l'autonomie est le principe suprême de la moralité, c'est moi qui donne la loi. Cependant, la loi peut apparaître à travers l'autre personne qui est en face de moi comme limite posée à ma liberté. Lorsque le moi respecte l'autre comme « exemple » de la loi, la loi que le moi se donne est sensiblement présentée comme ce qui est en face du moi. Quel lien existe-t-il entre autrui face à moi et la transcendance de la loi ? L'« auto-hétéronomie » ne peut être approfondie dans l'élucidation formaliste de l'auto-détermination par la loi, puisque l'approche formaliste effectue la réduction du sensible qui tente d'identifier celui qui « me » donne la loi au « Je » en tant que volonté pure = raison pratique. La loi que je me donne peut apparaître affectivement dans la relation à l'autre. Nous pensons qu'il est nécessaire de tenir compte de la donation *affective* de la loi, pour examiner comment l'auto-détermination par la loi s'effectue dans la relation à l'autre.

1 « L'autonomie, en son sens kantien authentique, ne serait pas l'autonomie absolue d'un Sujet souverain créateur de la Loi (hypothèse strictement impossible selon Kant) mais une autonomie "hétéronome", l'*auto-hétéronomie* d'un sujet se soumettant à une Loi dont il n'est pas l'auteur, qu'il n'a pas créée, qu'il reçoit et fait sienne comme si c'était sa Loi ». J. Rogozinski, *Le Don de la loi*, p. 189.

Chapitre I – La forme donatrice du moi

1-1 Deux modalités de donation de la loi

L'éthique envisage le mode d'être dans la liberté comme le problème du mode de se donner la loi. Le mode d'être du moi est problématisé dans la réflexion sur le mode de se rendre objet de la loi. Il faut bien remarquer que la loi concerne *intrinsèquement* l'existence du moi qui se la donne, dans la mesure où elle rend déterminable la subjectivité libre du « je ». Qu'il y ait la loi pour moi, cela ne veut pas dire que la loi extérieure à moi existe en elle-même devant moi. Le sujet libre n'existe pas avant la donation de la loi. De même, la loi n'existe pas sans sujet qui se la donne. La loi constitue intérieurement l'être même du moi, en ceci que l'existence de la loi est inséparable de sa position par le moi. En un mot, l'être de la loi ne peut être considéré sans la liberté par laquelle il se la donne (« la liberté est *ratio essendi* de la loi »[1]). Sur ce point, G. Krüger écrit ceci : « On ne peut accomplir de façon vraiment morale les commandements de la morale que si on comprend déjà dans quel sens d'« être » la morale « est » en général avec ses commandements [...]. S'il s'agit non pas de l'action, c'est-à-dire de sa fin et de son résultat, mais de la nécessité de la volonté par rapport à l'action (par le respect pour la loi), cela veut dire : il s'agit du *mode* et de la *manière* selon lesquels l'homme *existe* en général dans son acte de vouloir »[2]. L'être de la loi qui constitue mon existence est saisi dans sa donation même par moi. Mais la loi elle-même n'est pas la loi du moi-sujet. Car c'est la loi qui me permet de me déterminer dans la liberté. Sans loi, je ne peux déterminer l'indétermination de mon existence dans la liberté. C'est ainsi que « la loi morale est *ratio cognoscendi* de la liberté ».

Si la loi « me » dépasse, de façon qu'elle me pose à la deuxième personne, en quel sens la loi qui « me » détermine est-elle incluse dans le pouvoir du « je » ? Pourquoi la loi que le « je » donne apparaît-elle à l'extérieur du « moi » qui obéit ? Le problème central de l'éthique de la loi réside ainsi dans l'articulation de l'extériorité et de l'intériorité de la loi par rapport au moi, ou bien dans l'articulation de la *transcendance* et de l'*immanence* de la loi dans l'acte de se donner la loi. Rappelons un fameux texte à la fin de la deuxième

---

[1] CRpr, p. 610 note. AK V, 4.

[2] G. Krüger, *Critique et morale chez Kant*, p. 90 [*Philosophie und Moral in der Kantischen Kritik*, Mohr, p. 64-65].

Critique : « *le ciel étoilé au-dessus de moi et la loi morale en moi* »[1]. Le ciel étoilé et la loi, « je les vois devant moi, je les rattache immédiatement à la conscience de mon existence ». Donc la loi que je vois *devant* moi est sentie *à l'intérieur de* moi-même. Pourquoi la loi qui est en moi est-elle représentée, comme le ciel étoilé, « au-dessus de moi » ? Kant affirme que la conscience de la loi est figurée dans la « vision » de « mon invisible moi ». J'ai conscience de la loi comme de ma propre existence, ou bien j'ai conscience de mon existence par la loi. Mais cette loi « me » représente dans le monde suprasensible qui est au-dessus de moi. Comment penser la transcendance et l'immanence de la loi dans l'auto-détermination par la loi ? Est-ce par la transcendance vers un « monde qui possède une infinitude véritable », que je réalise l'autonomie ? Ou bien, si je ne peux m'approprier la loi qu'en m'y soumettant, y a-t-il un mode de se donner la loi qui réalise l'articulation du « je » et du « me » autrement que par l'identification du « je » au vouloir pur = raison pratique ?

Dans la *Grundlegung*, Kant élucide la donation de la loi à partir de la pureté de la volonté, en distinguant nettement l'impératif catégorique de l'impératif hypothétique. Cette distinction entre ces deux modes de donation de la loi peut être interprétée comme la différence entre deux manières dont le moi *se* rapporte à lui-même par le biais de la loi. Nous allons voir comment le « je » et le « me » s'articulent dans l'auto-détermination par la loi, en analysant ces modes de se constituer dans la donation de la loi.

La volonté est la faculté d'agir d'après la représentation de la loi qui porte sur ce qui *doit être*[2]. Le pouvoir de se déterminer sur le mode d'être du devoir-être, c'est la volonté. Kant définit le Bien comme la volonté pure. Alors que le « Canon » définit le Bien en fonction du désir de bonheur, la *Grundlegung* identifie la bonté de la volonté et la pureté de la volonté. La *Grundlegung* commence par examiner le principe d'une volonté bonne à partir du « principe formel du vouloir en général ». Indépendamment de la condition sensible de la volonté et en faisant abstraction du rapport qu'a la volonté avec les effets de l'action, la moralité de la volonté doit être considérée en elle-même. « Ce qui fait, écrit Kant, que la bonne volonté est telle, ce ne sont pas ses œuvres ou ses succès, ce n'est pas son aptitude à atteindre tel ou tel but, mais seulement le vouloir ; autrement dit, c'est en soi qu'elle est bonne »[3]. La moralité de l'action consiste seulement dans une « maxime d'après laquelle

[1] CRpr, p. 802. AK V, 161-162.

[2] FM, p. 274. AK IV, 412.

[3] FM, p. 251-252. AK IV, 394.

elle est décidée ». Autrement dit, elle dépend uniquement du principe du vouloir « sans égard à aucun des objets de la faculté de désirer ». Après la réduction radicale du pathologique, « il ne reste rien pour la volonté qui puisse la déterminer, si ce n'est objectivement la *loi*, et subjectivement un *pur respect* pour cette loi pratique, par suite la maxime d'obéir à cette loi, même au préjudice de toutes mes inclinations »[1].

Il faut remarquer ici que la détermination de la volonté contient deux moments, à savoir le moment objectif en tant que conformité de la volonté avec la forme de la loi et le moment subjectif en tant que respect pour la loi. Le premier moment concerne la *légalité* de l'action morale : le bien consiste à juger l'action d'après la conformité à la loi. C'est en ce sens que le premier moment constitue le critère du jugement moral. Le deuxième moment concerne ce que Kant appelle dans la deuxième *Critique* la « représentation immédiate de la loi »[2]. Kant définit le respect pour la loi comme « conscience que j'ai de la subordination de ma volonté à une loi »[3]. Ce deuxième moment constitue la *moralité* qui se saisit dans la conscience immédiate que j'ai de la loi. Ces deux moments de la détermination de la volonté par la loi constituent le devoir qui est la « condition d'une volonté bonne *en soi* dont la valeur est supérieure »[4]. Par ces deux moments, la détermination de la volonté par la loi apparaît comme le « strict commandement du devoir » qui exige le « renoncement à soi-même », au « cher moi », à « l'amour-propre ». Conformément à la démarche de la *Grundlegung*, nous allons d'abord examiner le moment objectif de la détermination, c'est-à-dire la conformité d'une maxime avec la pure forme universelle de la loi.

On remarque souvent que Kant analyse le mode de se donner la loi sans établir l'objectivité du devoir. En effet, Kant affirme que la loi morale a son origine *a priori* dans la raison, mais sans élucider l'existence même de la loi : « quoi que nous laissions irrésolue la question de savoir si ce qu'on appelle le devoir n'est pas en somme un concept vide, nous pourrons cependant tout au moins montrer ce que nous entendons par là, et ce que ce concept veut dire »[5]. Que la loi s'impose à moi, que j'aie conscience de la loi, c'est un fait indubitable. Mais ce fait est « absolument inexplicable ». Nous avons conscience de la loi comme un « fait de la raison » : « on peut appeler la

---

[1] FM, p. 259-260. AK IV, 400-401.

[2] CRpr, p. 789. AK V, 151.

[3] FM, p. 260 note. AK IV, 401.

[4] FM, p. 263. AK IV, 403.

[5] FM, p. 285. AK IV, 421.

conscience de cette loi fondamentale un fait de la raison, parce qu'on ne peut la déduire ». La loi « s'impose à nous par elle-même comme proposition synthétique *a priori* qui n'est fondée sur aucune intuition soit pure, soit empirique »[1]. La loi est « donnée », mais elle *ne se déduit pas*[2]. Car elle se présente comme la donnée primordiale dont la vérité ne peut être déduite des autres règles antérieurement établies. En ce sens que la loi est un fait absolument premier, l'existence de la loi elle-même est « absolument inexplicable ». Sur ce point, Lyotard écrit ceci : « Kant transfère cette question [celle de la déduction de la loi] à l'obligation. Comment une prescription en général [...] a-t-elle l'autorité d'obliger son destinataire ? Répondre à cette question serait déduire la phrase prescriptive »[3]. Cela ne veut pas dire simplement que Kant analyse l'auto-détermination par la loi sans essayer de démontrer la réalité de la loi. L'existence réelle de la loi est plutôt prise sous la forme d'une injonction adressée à moi, de l'impératif. La loi elle-même est la loi dont j'ai conscience, la loi qui *m'apparaît, dans ma conscience, comme prescription.* L'élucidation du mode d'auto-détermination par la loi consisterait donc à décrire comment le moi se sent obligé par la loi qui lui apparaît comme la représentation langagière de « tu dois ».

L'intérêt de Kant n'est donc pas porté sur l'existence même de la loi qui serait donnée à moi indépendamment de ma liberté, mais plutôt sur le fait qu'il y a toujours la conscience d'être obligé lorsqu'il s'agit de prendre librement une décision. Dans ma décision libre, la loi est toujours en moi, de façon que dans la donation de la loi je me détermine et constitue ma propre existence. Il faut souligner que ma conscience de la loi est identifiée par Kant à la conscience de ma propre existence. Donc le fait de la raison signifie l'immanence de la loi en moi et le pouvoir de la constitution éthique du moi en tant que législation. Ce fait est alors un fait de la raison originairement législatrice en mon moi *singulier*, et la loi se présente comme la loi *de ma volonté*. Kant affirme ceci : « dans l'éthique, cette loi est pensée comme la loi de *ta* propre volonté et non comme celle de la volonté en général qui pourrait aussi être la volonté des autres »[4]. En m'entendant parler le « tu dois », le moi se conçoit comme « je » qui « me » détermine sur le mode de devoir être. Il s'agit donc de la loi par laquelle je me constitue moi-même, dont la donation peut être pensée comme la donation de moi-même.

---

[1] CRpr, p. 644-645. AK V, 31.

[2] CRpr, p. 663, AK V, 46.

[3] J.-F. Lyotard, *Le Différend*, Éditions de Minuit, 1983, p. 174.

[4] DV, p. 669. AK VI, 389.

Il y a un mode spécifique de se constituer dans la liberté. Kant l'explicite en montrant deux manières de se rendre objet de la loi, c'est-à-dire l'impératif hypothétique et l'impératif catégorique. Le « tu dois » est présent en chaque impératif. L'impératif hypothétique s'énonce ainsi : si tu veux ceci, tu dois alors faire cela. Cet impératif détermine la nécessite d'une action « comme moyen d'arriver à quelque autre chose que l'on veut », « en vue de quelque fin ». L'impératif catégorique ne représente pas la nécessité de l'action en fonction de la fin que je vise : il détermine l'action « comme nécessaire pour elle-même », sans se rapporter à la condition sensible de la volonté. L'impératif hypothétique désigne le moyen pour parvenir à la fin. C'est pour réaliser la fin que la volonté a besoin de l'impératif. Si j'obéis à la loi, c'est que la loi me permet de juger l'action que je dois accomplir pour satisfaire mon désir. La liaison de la volonté et de l'action se réalise donc dans la condition tirée des inclinations. En ce sens, la loi vise le soi dans la situation où son désir rencontre son objet. En me donnant l'impératif hypothétique, je mets ainsi mon moi (le « me » du « je me donne la loi ») en relation avec des objets. Le moi existe en fonction du désir de bonheur, de l'amour-propre qui est mis à l'épreuve de la réalité. Le désir met le moi dans les relations pulsionnelles où le moi apparaît comme corrélatif de l'objet de son désir, et la nécessité de la loi se trouve dans la satisfaction de son désir. Face aux résistances de la réalité, la loi désigne ce que je dois faire pour satisfaire le désir. Cette loi n'est pas simplement biologique, permettant au moi de satisfaire son besoin dans les situations matérielles. Mais elle me désigne aussi ce que je dois faire dans les relations inter-humaines. Par exemple, par amour de l'honneur, l'homme s'efforce de satisfaire son amour-propre en utilisant le désir des autres hommes en vue de ses intentions personnelles[1].

Comment la subjectivation s'effectue-t-elle dans la soumission à l'impératif hypothétique ? Quelle relation s'instaure entre le « je » qui donne la loi et le « moi » qui lui obéit ? Dans le cas de l'impératif hypothétique, la relation du « je » et du « moi » est *narcissique*, puisque « je » « me » donne la loi pour que mon moi accède à la satisfaction de son désir. Le principe qui lie le « je » et le « me », c'est donc l'amour-propre. La critique que Kant adresse à l'impératif hypothétique consiste en trois arguments. (a) La source de la loi

---

[1] « Cette inclination est la plus proche de la raison technique et pratique, c'est-à-dire de la maxime de prudence. Parvenir à disposer des inclinations des autres afin de pouvoir les diriger et les déterminer selon ses propres intentions équivaut presque à les avoir en sa *possession* comme instruments de sa volonté ». *Anthropologie du point de vue pragmatique* (1798), trad. P. Jalabert, *Œuvres philosophiques III*, Gallimard, 1986, p. 1087. AK VII, 271.

n'est pas rationnelle. La maxime que j'adapte comme principe déterminant de la volonté est subjective et n'est valable que pour moi. (b) L'impératif hypothétique atteste certainement que je peux résister à l'impulsion de ce qui affecte immédiatement mes sens. Mais la loi n'en est pas moins représentée en fonction de ce qui est utile, agréable pour moi. C'est en ce sens que la loi n'est pas *en opposition avec* moi, puisqu'elle me désigne ce que je dois faire pour accéder à ce que je désire. (c) Le « je » et le « me » sont liés par le biais de l'objet. Dans la mesure où ce que je dois faire est dépendant des objets hors de moi, l'auto-détermination par la loi est définie comme hétéronomie.

Lorsque le moi se donne l'impératif hypothétique, son ipséité apparaît comme ce qui empêche l'auto-détermination. Car je me donne la loi en fonction de l'objet que je désire. La loi s'énonce donc ainsi : « je dois faire telle ou telle chose pour que je veuille telle autre chose »[1]. Dans ce cas, la détermination de la maxime dépend de l'objet en dehors de moi, de la propriété de tel ou tel objet. Par cela même je perds mon ipséité. En possédant ce que je désire, je perds mon ipséité, dans la mesure où ce n'est pas moi qui me donne la loi, mais c'est l'objet hors de moi.

C'est la donation de la loi en tant qu'impératif catégorique qui institue l'ipséité du moi. La soumission à cet impératif constitue l'ipséité comme sujet qui se détermine par lui-même. Ici, « il s'agit [...] du rapport d'une volonté à elle-même, en tant qu'elle se détermine par la raison », et « *la raison par elle seule* détermine la conduite »[2]. C'est dire que je me donne la loi de moi-même, en tant que je trouve la loi dans la raison pratique en moi. Ainsi, la donation de la loi constitue *la façon dont je me rapporte à moi-même.* Cependant, il nous faut remarquer que la relation du « je » et du « me » ne peut être narcissique. Car l'impératif catégorique est la loi que je me donne, de façon qu'elle nécessite le renoncement à l'amour-propre. Il est la loi à laquelle il faut obéir « même à l'encontre de (*wider*) l'inclination »[3]. Kant écrit ceci : « cela est pratiquement *bon*, qui détermine la volonté au moyen des représentations de la raison, par conséquent non pas en vertu de causes subjectives, mais objectivement, autrement dit en vertu de principes qui sont valables pour tout être raisonnable en tant que tel. Ce Bien pratique est distinct de l'*agréable* »[4].

Kant caractérise l'impératif catégorique par l'inconditionnalité et l'universalité. Il est inconditionnel, en ceci qu'il ne se porte que sur la volonté

---

[1] FM, p. 313. AK IV, 444.

[2] FM, p. 292. AK IV, 427.

[3] FM, p. 279. AK IV, 416.

[4] FM, p. 275. AK IV, 413.

elle-même, sans aucun rapport avec sa condition pathologique, avec la fin qu'elle réalise, avec le résultat de l'action qu'elle produit. Universel en ceci qu'elle est censée valoir pour tous les autres existants et dans n'importe quel cas. C'est par ce caractère inconditionnel et universel de la loi que la volonté est déterminée comme moralement bonne.

Ce qui lie le « je » et le « me » dans la soumission à l'impératif hypothétique, c'est le principe de bonheur par lequel le moi vise le bien-être (*Wohl*). Puisque le bien-être dépend du sentiment subjectif de plaisir que chacun éprouve différemment, ce principe ne peut donner à la faculté de désirer la loi universelle. Le « je » qui donne la loi est ici le moi désirant, dont la volonté est pathologiquement affectée. Sous l'impératif catégorique, la loi que le moi se donne doit être universelle, « valable pour tout être raisonnable en tant que tel ». La loi exige le renoncement au bien-être, même au moi qui désire le bonheur. Dans la mesure où l'impératif catégorique s'oppose au moi désirant, le « je » est obligé de se différencier de son moi désirant. Il y a une autre relation du « je » et du « me » que la relation narcissique sous l'impératif hypothétique. Ce qu'il faut remarquer, c'est que sous l'impératif catégorique, il y a l'*opposition* entre la loi et le désir, entre le « je » et le « me ». Le sujet soumet la maxime à l'épreuve de l'universalité, lorsqu'il examine la maxime selon le critère de l'universalité. La maxime qui ne peut être universalisée ne peut être jugée moralement bonne. Lorsque le sujet doit soumettre à l'épreuve de l'universalité sa faculté de désirer, il s'agit ainsi du jugement déterminant sur la maxime sous l'idée-critère de l'universalité[1].

Mais la loi universelle n'existe pas en elle-même, de telle sorte qu'elle présenterait des règles déjà établies devant le moi. Certes, Kant affirme que la loi existe en elle-même, qu'il y a « la loi pratique qui commande absolument par soi ». Mais il ajoute aussitôt que, si elle existe, « elle doit avant tout être liée (tout à fait *a priori*) au concept de la volonté d'un être raisonnable en général »[2]. D'une part, Kant essaye de prouver la loi qui existe en elle-même, indépendamment de la constitution subjective du sujet. D'autre part, il affirme que la loi n'existe pas sans le sujet qui l'adopte comme maxime. Il écrit ceci : « *se représenter la loi en elle-même, ce qui à coup sûr ne peut avoir lieu que dans un être raisonnable* »[3]. Ce qui est remarquable dans cette définition de

[1] Le Bien en tant que détermination de la faculté de désirer par la représentation de la loi ressortit, écrit Kant dans la troisième *Critique*, « à la pure faculté du juger intellectuelle, et c'est à la liberté qu'il est attribué, non à la nature, dans un jugement déterminant ». CFJ, p. 1038-1039. AK V, 267.

[2] FM, p. 291-292. AK IV, 427.

[3] FM, p. 260. AK IV, 401.

la provenance de la loi, c'est que Kant repère l'existence de la loi dans la modalité du sujet : « puisque des lois morales doivent valoir pour tout être raisonnable en général, il faudra les déduire (*ableiten*) du concept universel d'un être raisonnable en général »[1]. Cela veut dire que la loi qui exige le renoncement à l'amour-propre, au « cher moi », provient du « je » en tant qu'être raisonnable.

Sous l'impératif catégorique, la loi que « je » « me » donne est donc opposée à mon désir, au « me », et elle est incluse dans le « je » en tant qu'être raisonnable. L'instance critique envers le moi doit être comprise comme la raison pure pratique dans le je-sujet. Pourtant, selon Kant, l'être raisonnable n'est pas le « je » qui « me » contraint à renoncer au désir, de même que le sujet éthique ne consiste pas simplement dans le renoncement à la pulsion. Ce n'est pas simplement l'opposition ou le conflit qu'il y a entre le « je » et le « me » dans la donation de l'impératif catégorique, ceci pour deux raisons : premièrement, la soumission à la loi ne peut être considérée comme une simple négation du désir. Car la détermination de la volonté par la forme de la loi constitue la *faculté de désirer supérieure*. En déterminant la volonté par la seule forme de la loi, la raison se constitue comme « véritable faculté de désirer *supérieure* ». Kant écrit ceci : « puisque j'ai dépossédé la volonté de toutes les impulsions [...], il ne reste plus que la conformité universelle des actions à la loi en général, qui doit seule lui servir de principe ; en d'autres termes, je dois toujours me conduire de telle sorte *que je puisse aussi vouloir que ma maxime devienne une loi universelle* »[2]. La loi constitue le vouloir comme universel ou objectif. L'objectivité du vouloir consiste dans l'acte de déterminer la maxime par la forme universelle de la loi. La forme de la loi « qui ne peut être représentée que par la raison » est ce qui rend des maximes « *propres à une législation universelle* ». La liberté consiste justement dans cet acte de déterminer la maxime par la forme de la loi[3]. Ici, on voit bien comment s'articulent, dans la visée d'auto-détermination par la loi, la réduction de la matière pathologique du désir et la détermination de la volonté par la forme. C'est en déterminant la volonté par la forme universelle que le je-sujet se détermine comme l'être raisonnable. Dans cette perspective on constate une hypothèse que nous avons posée au début de ce chapitre, à savoir la forme de la loi comme forme donatrice du moi. Si la pure forme de la loi

[1] FM, p. 273. AK IV, 412.

[2] FM, p. 261. AK IV, 402.

[3] « Une volonté à laquelle la pure forme législatrice de la maxime peut seule servir de loi est une volonté libre ». CRpr, p. 641. AK V, 29.

réalise l'auto-détermination du moi, c'est parce qu'elle synthétise le « je » qui donne la loi et le « me » qui lui obéit à partir de l'essence du moi comme raison pratique identique à la volonté pure.

Par la relation du « je » et du « me », il s'agit donc de la *synthèse* entre les deux. Cela est clair, lorsque Kant affirme que la volonté de l'être raisonnable « n'est pas encore *en soi* pleinement conforme à la raison [...], la détermination d'une telle volonté, en conformité avec des lois objectives, est une *contrainte* »[1]. Le sujet éthique est l'être raisonnable et fini qui donne la loi en s'y soumettant : la loi ou le « je » qui « me » donne la loi ne se manifeste que dans la soumission. Donc le sujet éthique porte en lui-même le double caractère ; la loi est incluse dans son être d'être raisonnable, mais sa volonté ne se conforme pas nécessairement à la loi. C'est pour cela que la loi s'énonce chez l'homme comme impératif.

1-2 Cinq formules de l'impératif catégorique

Adopter comme maxime (principe subjectif du vouloir), la loi universelle (le principe objectif du vouloir), en rejetant le pathologique, telle est la synthèse pratique qui réalise la constitution éthique du moi. Il s'agit de l'acte du « je » de « me » donner la loi à l'encontre de son désir pathologique ; la synthèse doit avoir lieu entre le « je » et le « me », de façon que la « forme donatrice de la loi » provenant de la raison pratique en moi détermine ma volonté pathologiquement affectée. Il y a toujours ce qui résiste à l'auto-détermination par la loi. La subjectivité est structurée par le conflit, l'opposition entre le « je » qui donne la loi et le « moi » qui la reçoit. Dans la *Grundlegung* ce qui résiste à la loi est identifié aux inclinations. « L'homme sent, écrit Kant, en lui-même, à l'encontre de tous les commandements du devoir que la raison lui représente si hautement respectables, un puissant contrepoids : il se trouve dans ses besoins et ses inclinations »[2]. Dans la *Grundlegung* (et puis dans la deuxième *Critique*), le désir pathologique est considéré comme le mal en tant que ce qui résiste à la loi, à l'auto-détermination par la loi. Mais dans l'*Essai sur le mal radical*, l'élucidation de l'opposition de la loi et du mal met l'accent sur la liberté de l'arbitre (*Willkür*), non pas sur le désir pathologique. Kant sera ainsi amené à élaborer le problème du mal comme celui de la liberté, c'est-à-dire le pouvoir de se

[1] FM, p. 274. AK IV, 413.

[2] FM, p. 265. AK IV, 405.

déterminer par la loi. Nous verrons que dans l'*Essai* le mal est considéré comme une résistance *de la part de la liberté* à l'autonomie. Pour l'instant, nous nous contentons de constater (1) que la loi est intrinsèquement dans le sujet, de façon qu'elle rend déterminable l'existence du sujet par la donation de la loi, (2) que c'est par la détermination de la volonté par la forme de la loi que l'autonomie est réalisée comme le « je me donne la loi », et (3) que c'est l'opposition qui régit la relation synthétique entre le « je » et le « me ».

Pour expliciter la synthèse du moi et de la loi, celle du « je » qui donne la loi et le « me » qui obéit, il est nécessaire d'analyser les formules de l'impératif catégorique. Car c'est à travers les représentations langagières qui se formulent par le « tu dois » que la loi s'expose au moi. L'impératif catégorique s'énonce en cinq formules :

1. La formule de la loi universelle : « Agis uniquement d'après la maxime qui fait que tu puisses vouloir en même temps qu'elle devienne une loi universelle » (FM, p. 285, AK IV, 421).
2. La formule de la loi de la nature : « Agis comme si la maxime de ton action devait être érigée par ta volonté *en loi universelle de la nature* » (FM, p. 285, AK IV, 421).
3. La formule de la fin en soi : « Agis de telle sorte que tu traites l'humanité aussi bien dans ta personne que dans la personne de tout autre toujours en même temps comme une fin, et jamais simplement comme un moyen » (FM, p. 295, AK IV, 429).
4. La formule de l'autonomie : Agis de telle sorte que « [*ta*] *volonté puisse se considérer elle-même comme légiférant universellement* » (FM, p. 301, AK IV, 434).
5. La formule du règne des fins : « tout être raisonnable doit agir comme s'il était toujours par ses maximes un membre législateur dans le règne universel des fins » (FM, p. 306 AK IV, 438).

Selon H. J. Paton, la deuxième formule est considérée comme l'auxiliaire de la première, de même que la quatrième comme l'auxiliaire de la cinquième[1]. La détermination de la volonté dans la formule de la loi universelle est complétée par la deuxième formule comme la loi universelle de la nature qui fonctionne comme le « type » de la loi morale. Quant à la relation de la quatrième formule à la cinquième, il faut tenir compte du mode de subjectivation dans l'auto-détermination par la loi. L'autonomie en tant

[1] Cf. H. J. Paton, *The Categorical imperative*, University of Pennsylvania press, 1971, p. 129-132.

qu'auto-détermination par la loi constitue la subjectivité éthique comme « être raisonnable », et celui-ci est défini comme le membre du « règne des fins » qui consiste dans la « liaison systématique de divers êtres raisonnables par des lois communes »[1]. Se donner la loi universelle qui se déduit du « concept de l'être raisonnable » revient à constituer la subjectivité comme appartenant au règne des fins. Ainsi, ces cinq formules de l'impératif se résument en trois formules ou en trois manières de « représenter le principe de la moralité », à savoir celle de l'universalité de la loi, celle de la fin en soi et celle de l'autonomie.

Nous ne nous demandons pas quelle formule l'emporte sur les autres, afin de mettre en évidence l'articulation de chaque formule dans l'auto-détermination par la loi. La formule de l'universalité peut être interprétée selon deux perspectives distinctes, à savoir : 1) l'universalité comme critère du jugement moral déterminant, 2) l'universalité comme mode de subjectivation. Nous verrons que, si on interprète l'universalité de la loi comme le critère du jugement moral, on tombe sur l'interprétation formaliste de l'autonomie. C'est pour dépasser l'interprétation formaliste que nous essayons de considérer le sens de l'universalité à partir du concept de l'être raisonnable, en interprétant la formule de l'universalité de la loi avec celle de l'autonomie. Puisque la loi est « déduite » du concept de l'être raisonnable, l'universalité de la loi que je me donne réside dans l'idée de la totalité du je-sujet qui se donne la loi[2]. Dans cette perspective, nous comprendrons l'acte de se donner la loi comme une subjectivation dans la perspective de la communauté.

Concernant la troisième formule, que Kant désigne comme le « principe suprême de la moralité », nous en présenterons deux interprétations, lorsque nous aborderons le problème du sens plurivoque de la fin en soi. La fin en soi, dit Kant, est le « principe objectif de la volonté pour se déterminer elle-même »[3]. En se représentant la fin qu'elle vise, la volonté *se* détermine elle-même. Selon Heidegger, la fin en soi désigne le soi du sujet qui se détermine par la loi. Comme nous l'avons vu, il affirme que le sujet se représente lui-même comme principe déterminant de la volonté. Si la fin en soi qui détermine la volonté est le soi, le sujet se présente lui-même comme principe déterminant de sa volonté. C'est ainsi que la formule de la fin en soi s'articule à celle de

---

[1] FM, p. 300. AK IV, 433.

[2] « Cette législation (*Gesetzgebung*) doit se retrouver dans tout être raisonnable même, et doit pouvoir émaner de sa volonté ». FM, p. 300-301. AK IV, 434.

[3] FM, p. 292. AK IV, 427.

l'autonomie. Cependant, il faut remarquer que Kant ne désigne pas la fin en soi simplement comme le soi, mais aussi comme la personnalité de l'autre personne. Il affirme que la fin en soi est « condition suprême qui limite la liberté des actions de tout homme »[1]. L'humanité comme fin en soi désigne en même temps le soi et l'autre que le soi. Cela veut dire que le principe déterminant objectif de la volonté peut aussi être *le soi et l'autre*. Si la fin en soi se présente comme l'autre personne comme limite à ma liberté, l'auto-détermination par la loi ne peut plus être l'autonomie pure et simple. Car la fin qui détermine ma volonté peut être l'autre, et cet autre pose une limite à ma liberté. Ainsi, la troisième formule de l'impératif constitue-t-elle l'équivoque de l'autonomie. Si la fin en soi se présente à la fois l'autre personne et le moi, l'identité du « je » et du « me » dans l'auto-détermination par la loi est mise en question. Car le principe déterminant que je me représente comme moi-même se transpose en autre que moi. En me représentant moi-même comme la fin en soi qui *me* détermine objectivement, je pose moi-même comme « je » qui me donne la loi. Mais elle peut apparaître comme limite posée à la liberté dans la rencontre avec l'autre. Comment penser cette transposition du principe déterminant de la volonté entre le moi et l'autre ? Si autrui m'apparaît comme fin en soi, n'est-ce pas que je transfère à autrui le pouvoir de donner la loi ? Nous essayerons ainsi de considérer le problème de l'autre à partir du pouvoir du moi de se déterminer par la loi.

1-3 L'universalité de la loi

D'abord, nous allons examiner la formule de l'universalité de la loi. Selon notre hypothèse, la forme donatrice de la loi est la forme donatrice du moi. Nous allons voir comment la détermination de la volonté par la pure forme de la loi réalise l'auto-détermination par la loi.

« Il n'y a qu'une loi formelle, c'est-à-dire une loi qui ne prescrit à la raison rien d'autre, comme condition suprême des maximes, que la forme de sa législation universelle, qui puisse être *a priori* un principe déterminant de la raison pratique »[2]. Kant affirme ainsi que la détermination de la volonté par la forme de la loi est le seul mode de se donner la loi. Il distingue deux modes de donation de la loi, à savoir sa donation à la volonté divine et sa donation à la volonté finie. S'agissant de la possibilité de la synthèse pratique, la loi doit

---

[1] FM, p. 296-297. AK IV, 430-431.

[2] CRpr, p. 686. AK V, 64.

être considérée comme la prescription. Dans la mesure où la loi est donnée par la prescription, la forme de la loi est prescriptive. Ce qu'il faut remarquer, c'est que la loi n'est pas donnée à la volonté de façon extérieure. Lorsque la volonté se confronte à la prescription, cette prescription est déjà *immanente* à la volonté. En effet, Kant affirme que la loi « est contenue dans la maxime »[1]. La forme de la loi est la forme des maximes, et c'est seulement dans cette mesure que l'impératif catégorique se présente comme proposition synthétique. La loi dans son exposition à la volonté finie est immanente à ses maximes de l'action. En d'autres termes, l'obligation qui apparaît sous la pure forme impérative est inséparable de la volonté qui obéit. Car c'est dans la soumission à la loi que la volonté finie et la loi se constituent dans la liaison synthétique. La forme de la loi réalise, de la part de celui qui y obéit, la détermination de la volonté. Mais comment la soumission de la volonté à la loi se présente-t-elle comme synthèse pratique entre le « je » qui donne la loi et le « me » qui obéit ? En quel sens mon moi qui obéit à la loi se noue-t-il au « je » qui « me » donne la loi ?

L'idée de l'universalité est étroitement liée à l'idée de devoir, à la contrainte qui fonctionne comme détermination objective de la volonté finie. La volonté de l'existant fini, à cause de sa faillibilité qui résulte de la sensibilité, n'est pas forcément conforme à la loi. Sa volonté n'est pas la « volonté sainte » qui s'identifie immédiatement à la loi[2]. L'existant fini ne peut vouloir sans contrainte que sa maxime devienne la loi, alors que la volonté divine s'accorde spontanément avec la loi. Selon Kant, la donation de la loi chez l'existant fini apparaît comme la « contrainte sur soi-même (*Selbstzwang*) »[3] par la loi. Cela signifie que le sujet éthique subit la contrainte par son pouvoir de donner la loi. L'acte de se déterminer par la loi contient donc deux aspects différents dans un seul et même acte : dans la « phrase prescriptive » de l'impératif (je m'adresse à moi-même le « tu dois... »), le locuteur et l'allocutaire de l'énoncé désignent une seule et même personne[4].

---

[1] CRpr, p. 641. AK V, 29.

[2] « Voilà pourquoi il n'y a pas d'impératif valable pour la volonté *divine* et en général pour la volonté *sainte* ; le verbe *devoir* est un terme qui n'est pas ici à sa place, parce que déjà de lui-même le *vouloir* est nécessairement en accord avec la loi ». FM, p. 276. AK IV, 414.

[3] DV, p. 657. AK VI, 379-380.

[4] Dans l'impératif, celui qui commande et celui qui obéit sont inséparablement liés dans une seule et même personne. Sur ce point, Ricœur écrit ceci : « considéré du point de vue de la théorie des actes de discours, l'impératif pose un problème spécifique. [...] Il est remarquable que, dans le langage ordinaire, cette espèce

Cette « spontanéité réceptive » du sujet éthique se présente d'abord dans le jugement sur la maxime. C'est en jugeant la maxime d'après la représentation de la loi universelle que l'existant fini peut vouloir que la maxime devienne la loi universelle : « Agis uniquement d'après la maxime qui fait que tu puisses vouloir en même temps qu'elle devienne une loi universelle ». Cette première formule de l'impératif est complétée par la formule de la loi de la nature. Deux formules de l'universalité de la loi exposent la nécessité de l'accord entre la maxime et la loi universelle. Lorsque je prends une décision, la loi universelle surgit comme ce qui me conduit à demander si l'action peut arriver comme si elle était produite suivant la loi de la nature. Kant prend l'exemple du suicide. Selon lui, le suicide est régi par le principe de l'amour-propre, en ceci qu'il consiste à ne pas vouloir prolonger la vie qui donne tant de maux. Il affirme que « la nature dont ce serait la loi de détruire la vie [...] serait en contradiction avec elle-même, et ainsi ne subsisterait pas comme nature »[1]. La maxime de (se) tuer doit « se détruire elle-même, lorsqu'elle prend la forme d'une loi universelle »[2]. Cela ne dit pas simplement que l'amour-propre, le principe subjectif ne peut être érigé en loi universelle, mais aussi que la nature ne peut se maintenir si la destruction de la vie devient la loi universelle. Selon Kant, si la maxime érigée en loi ne peut être considérée comme la loi de la nature, cette maxime ne peut pas être jugée moralement bonne. « Si la maxime de l'action n'est pas constituée de façon à soutenir l'épreuve consistant à revêtir la forme d'une loi de la nature en général, elle est moralement impossible »[3]. Ainsi, l'universalité de la loi de la nature constitue le « canon » du jugement moral.

Selon la première *Critique*, l'universalité est une fonction logique du jugement, abstraction faite de tout contenu d'un jugement. Elle est une « simple forme de l'entendement » qui désigne la quantité logique du jugement, c'est-à-dire la validité universelle du rapport d'un concept à la faculté de connaître [4]. Un jugement logiquement universel consiste à déterminer un concept, en subsumant, sous une représentation commune, des représentations diverses qui peuvent être attribuées à un concept (par exemple,

---

d'acte de discours requiert un locuteur et un allocutaire : l'un commande, l'autre est contraint d'obéir en vertu de la condition de satisfaction de l'impératif ». P. Ricœur, *Soi-même comme un autre*, Éd. du Seuil, 1990, p. 243.

[1] FM, p. 286. AK IV, 422.

[2] CRpr, p. 639. AK V, 28.

[3] CRpr, p. 692-3. AK V, 69-70.

[4] CRP, p. 826. B 95. Voir aussi, CFJ, § 8.

« tout métal est un corps » ou « tout changement doit avoir une cause »). C'est ainsi que l'universalité est l'indice du pouvoir de la connaissance, et elle « appartient essentiellement au jugement ». C'est cette fonction logique de l'entendement qui sert à la détermination de la volonté en tant que canon du jugement déterminant moral. Mais il faut bien distinguer la loi éthique et la loi de la nature. Certainement, la loi universelle éthique est représentée comme la loi de la nature. Mais la loi de la nature ne concerne que ce qui arrive, tandis que la loi pratique concerne ce qui doit arriver, quand même « cela n'arriverait jamais »[1]. Alors pourquoi la loi morale est-elle représentée par la loi de la nature ? Cette question concerne la réalité spécifique de la loi éthique. Pour que la loi soit donnée au moi, l'exposition de la loi au moi a besoin de l'intuition. Mais l'intuition manque radicalement à la loi éthique. La loi éthique s'impose au moi, comme impératif inconditionné, même si le moi ne peut prouver qu'un tel impératif existe effectivement (comme objet de la connaissance). J'ai la conscience immédiate de la loi. Mais cette immédiateté de la loi ne peut être connue comme intuition. Sur le plan théorique, la faculté de juger s'autorise à déterminer un concept par la schématisation. Mais la faculté de juger pratique s'exerce au niveau des difficultés particulières, en ceci que « le Bien moral est quelque chose de suprasensible quant à l'objet, et, par conséquent, on ne peut trouver dans aucune intuition sensible rien qui y corresponde »[2]. Le jugement moral n'a pas de schème pour rendre sensible le concept du Bien. En d'autres termes, la loi par laquelle je détermine mon devoir-être ne dispose pas de l'intuition pour être appliquée au « je » qui « me » donne la loi. Le Bien est défini par la détermination de la maxime subjective par la loi universelle, mais l'existant fini ne peut *connaître* cette loi, ne peut considérer que la loi universelle est *présentée* dans la maxime, car cette loi ne fournit aucune intuition. Je ne peux présenter la loi dans ma maxime, bien que celle-là soit contenue dans celle-ci. La difficulté consiste donc en ceci que le jugement moral n'a pas de schème pour que la loi morale se rende sensible dans la maxime, et, par cela même, la loi demeure quelque chose d'inconnu qui détermine la volonté. L'immédiateté ou l'immanence de la loi constitue pour ainsi dire une transcendance pour moi. C'est cette impossibilité de prouver l'effectivité de la loi dans la maxime qui conduit Kant à en appeler à la représentation de la loi de la nature.

La loi éthique est représentée comme la loi de la nature pour rendre sensible la loi suprasensible. Ce qui rend possible l'*analogie* entre deux lois,

---

[1] FM, p. 292. AK IV, 427.

[2] CRpr, p. 691. AK V, 68.

ce n'est que la conformité à la loi, et c'est à partir de ce caractère commun entre les deux lois, que Kant affirme que la loi de la nature sert de *schème*. Il appelle « type » la loi de la nature utilisée comme schème de la loi éthique. La loi de la nature est le « *type* pour le jugement de nos maximes suivant des principes moraux ». Kant affirme nettement que la loi de la nature n'est que la loi de l'entendement, non pas la loi de la raison pratique. La raison pratique utilise la nature comme type, pour exposer la loi éthique intuitivement. Le type n'est ni la loi de la nature, ni la loi éthique, car « il ne s'agit pas ici du schème d'un cas qui a lieu d'après des lois, mais du schème d'une loi même »[1]. Le type n'est donc que le procédé pour rendre sensible la loi éthique. La loi morale elle-même ne peut être présentable. Mais elle devient présentable lorsque la loi naturelle est prise pour le schème de la loi morale.

Dans cette perspective, la faculté de juger pratique s'autorise à réaliser la synthèse de la loi et de la volonté finie, comme réalisation de la « nature suprasensible » dans la « nature sensible ». Même si la loi et la liberté (en tant que causalité suprasensible) ne peuvent apparaître dans l'expérience, la liberté devrait avoir sa réalité dans le phénomène. Kant écrit ceci : « les déterminations d'une raison pratique ne pourront avoir lieu que relativement aux phénomènes »[2]. La loi est une loi de la liberté qui ne peut se présenter dans le phénomène, tandis que des actions produites par la loi appartiennent aux phénomènes. Kant affirme que « la liberté est envisagée, relativement aux actions possibles par elle en tant que phénomènes du monde sensible, comme une espèce de causalité qui n'est cependant pas soumise à des principes déterminants empiriques »[3]. Certainement, la loi morale détermine la volonté, en faisant abstraction de sa condition empirique. Mais l'idée suprasensible du Bien « doit être représentée *in concreto* », pour que l'impératif catégorique détermine effectivement la volonté finie. Dans la mesure où la loi est considérée comme forme de la nature sensible, la synthèse de la loi et de la volonté finie devrait avoir lieu comme la réalisation de l'idée suprasensible dans la dimension phénoménale[4]. Lorsque le type est considéré comme la « forme du monde sensible », la nature devient « la nature soumise à l'autonomie de la raison pratique », c'est-à-dire à l'*archétype*, et la nature sensible est représentée, à son tour, comme *ectype*, comme effet de l'idée de

---

[1] *Ibid.*

[2] CRpr, p. 687. AK V, 65.

[3] CRpr, p. 689. AK V, 67.

[4] « Cette loi doit donner au monde sensible, considéré comme une *nature sensible* [...], la forme d'un mode de l'entendement, c'est-à-dire d'une *nature suprasensible* ». CRpr, p. 659. AK V, 43.

la nature suprasensible. Ainsi, la synthèse pratique se révèle comme synthèse de l'hétérogène entre le phénomène et la causalité de la raison.

Mais il faut admettre que cette synthèse pratique sur le mode du jugement est idéelle ou représentative, et la synthèse de la loi universelle et de la maxime n'est pas directe. Car la détermination de la volonté par l'idée de l'universalité s'effectue par la représentation de la loi éthique au moyen de la loi de la nature. Ce qui pose ici la question de cette synthèse pratique, c'est que la liaison synthétique de la volonté finie et de la loi s'effectue par la faculté de juger, et que l'universalité de la loi est présentée par l'analogie de la loi de la nature. La loi de la nature est le schème de la loi morale pour le jugement moral, qui permet de rendre sensible la loi morale. Mais le schème dont il s'agit dans la faculté du juger pratique n'est pas comparable au schématisme transcendantal du jugement théorique. Le type ne peut pas présenter directement le concept (le Bien en tant que synthèse pratique), tandis que le schème proprement dit présente directement le concept de l'entendement dans un objet sensible. Le schématisme transcendantal présente directement l'objet. Mais la faculté de juger pratique présente l'objet par le moyen de l'analogie du schème. Il est donc impossible d'assimiler le type au schème.

Cette impossibilité d'une présentation directe de la loi ou d'une synthèse immédiate de la volonté et de la loi paraît comme un défaut du formalisme de l'éthique kantienne, qui ne peut jamais approfondir la réalité effective du Bien. Tout se passe comme si la raison pratique ne trouvait pas la réalité de sa loi en elle-même. Comme Hegel le croyait, l'éthique kantienne est déchirée entre l'affirmation de l'autonomie et l'impuissance de réaliser le Bien dans le monde objectif. La « vision morale du monde » est relevée dans la bonne conscience (*Gewissen*) ; dans la certitude de soi, elle « a la majesté de l'absolue autarcie », réalise l'« autodétermination » pleinement, de façon que la volonté soit immédiatement conforme au devoir, sans pouvoir pourtant réaliser sa manifestation concrète dans le monde objectif[1].

Mais il faut voir que le formalisme kantien n'atteste pas l'impuissance de son éthique. Si Kant creuse un écart entre la loi et la volonté du sujet, en soulignant que la synthèse de la volonté et de la loi est indirecte, c'est pour nous préserver du « mysticisme » qui consiste à croire que la loi puisse être présentable dans une intuition. Kant affirme que la typique « préserve du *mysticisme* de la raison pratique, lequel fait un *schème* de ce qui ne servait que

---

[1] G. W. F. Hegel, *Phénoménologie de l'esprit* (1806), trad. J. Hyppolite, Aubier, 1947, t. II, p. 182 [*Phänomenologie des Geistes*, Werke 3, Suhrkamp Taschenbuch Wissenschaft, Suhrkamp, 1983 p. 476].

de *symbole* »[1]. Le sens de la « Typique » est considéré comme un antidote à deux dangers de la moralité, à savoir l'« empirisme » et le « mysticisme ». L'empirisme « extirpe jusqu'aux racines de la moralité dans les intentions », en ceci qu'il remplace la moralité par l'intérêt empirique, en mélangeant les inclinations et l'« intention (*Gesinnung*) » morale. Alors que le bonheur ne peut être espéré comme la conséquence de l'auto-détermination par la loi, l'empirisme considère le bonheur comme principe par lequel je me donne la loi. Par rapport à l'empirisme, le mysticisme, écrit Kant, « n'est pas encore absolument incompatible avec la pureté et la sublimité de la loi morale ». Le « *fanatisme* (*Schwärmerei*) » considère que la moralité consiste dans l'intuition suprasensible de l'invisible royaume de Dieu, et par là dépasse la limite de la raison humaine. Elle suppose que l'intention possède une « parfaite pureté », mais cela n'est pour Kant que la présomption. À la place de suivre la loi par devoir, la « *Schwärmerei* » « se targue d'un bon naturel spontané de son esprit qui n'aurait besoin ni d'aiguillon ni de frein ». Pour Kant, la pureté de la volonté, ou plutôt la sainteté n'est qu'un idéal, en ceci qu'« elle ne peut être atteinte par aucune créature, tout en constituant pourtant le prototype que nous devons tendre à approcher et à égaler par un progrès continu, mais sans fin »[2]. L'empirisme efface la transcendance de la loi, en confondant le bien et le bien-être. Le mysticisme garde la transcendance, mais en considérant que l'intuition *non sensible* peut l'atteindre.

Or, c'est ce dépassement des limites de la raison pratique dans la *Schwärmerei* que Kant considère comme la confusion du schème et du symbole. La présentation sensible de la loi comme la loi de la nature ne consiste pas dans le schème, mais dans le *symbole*. Comme Kant ne s'explique pas sur le statut du symbole dans la deuxième *Critique*, il nous faudrait ici nous référer à la troisième *Critique*. En principe l'exposition de la réalité objective des concepts de la raison est impossible, car aucune intuition adéquate ne peut être donnée. Mais l'exposition de l'Idée est possible comme présentation symbolique : « Toute *hypotypose* (présentation, *subjectio sub adspectum*) comme acte de rendre sensible est double : *ou bien* elle est *schématique*, puisqu'à un concept que l'entendement saisit l'intuition correspondante est donné *a priori* ; ou bien elle est *symbolique*, puisqu'à un concept que seule la raison peut penser, et auquel aucune intuition sensible ne peut être adéquate, une telle intuition est soumise, avec laquelle le procédé de la faculté de juger est simplement analogue à celui qu'elle observe dans le

---

[1] CRpr, p. 694. AK V, 70.

[2] CRpr, p. 709. AK V, 83.

schématisme, c'est-à-dire s'accordant seulement avec celui-ci par la règle du procédé et non par l'intuition même, donc seulement avec la forme de la réflexion et non avec le contenu »[1]. La présentation sensible n'est pas seulement la présentation directe, mais aussi la présentation indirecte par analogie. La présentation indirecte n'apporte pas l'objet du concept dans une intuition, mais dans un symbole. Celui-ci est l'exposition d'une idée par le biais d'un concept qui peut être sensiblement exposé. Par exemple, un État despotique peut être représenté par un moulin à bras. Il est permis de présenter sensiblement l'État despotique par l'intuition qu'on a du moulin à bras. La présentation n'est donc pas ici la présentation directe, mais la présentation « selon la transmission (*Übertragung*) de la réflexion sur un objet de l'intuition à un tout autre concept, auquel peut-être ne peut jamais correspondre directement une intuition »[2].

Ainsi, nous comprenons maintenant le caractère indirect de la synthèse de la loi et de la volonté. La loi éthique ne peut être directement saisie, dans la mesure où sa présentation sensible n'est que le symbole de la loi elle-même. La donation de loi en elle-même demeure occultée pour l'existant fini. On ne peut identifier la loi éthique à la loi de la nature, même s'il est permis de la traiter comme le canon de la faculté de juger. Mais il est aussi vrai que sans sa présentation sensible, la loi demeure quelque chose d'inconnu pour l'existant fini. Il y a ainsi deux exigences opposées dans la présentation sensible de la loi. D'une part, la loi éthique a besoin de la loi de la nature pour l'exposition à l'existant fini. D'autre part, il est impossible de saisir la loi elle-même dans son exposition sensible. De cette double détermination de l'exposition de la loi, il résulte inévitablement que la réalité de la loi éthique ne peut se maintenir en elle-même. Car elle est saisie à travers ce qui ne l'est pas. La loi de la raison pratique n'a sa réalité que dans l'idée logico-formelle de l'entendement.

En effet, on peut se demander si la « Typique » ne contredit pas la visée fondamentale de l'éthique kantienne. Selon notre lecture, l'éthique consiste à trouver une autre source que l'intuition sensible pour déterminer l'existence du « je », et la loi éthique est justement autre que la loi de la nature qui permet au « je » de se déterminer. Mais la « Typique » affirme que la loi ne peut être représentée que par la loi de la nature. Alors que l'existence du « je » ne peut être déterminée que par la loi éthique, pourquoi la loi est-elle assimilée à la loi de la nature ? En pensant l'universalité de la loi comme le critère du jugement, Kant nous invite à penser que la loi universelle est une idée logique

---

[1] CFJ, p. 1142. AK V, 351.

[2] CFJ, p. 1143. AK V, 352.

qui provient de l'entendement (non pas de la raison pratique) et que le sujet soumet à l'épreuve sa maxime avec cette idée de l'universalité. Cela veut dire que la synthèse de la loi et de la volonté finie s'effectue dans le jugement qui examine la maxime avec l'idée de l'universalité. Hegel aurait raison de critiquer le formalisme de l'éthique kantienne. Pour lui, la moralité kantienne est déchirée entre la volonté libre qui commande inconditionnellement et l'idée du Bien en tant que détermination de la volonté par la forme de la loi, qui est la fin impossible à réaliser. D'une part, la liberté est affirmée dans son pouvoir absolu. D'autre part, la forme abstraite de la loi écrase la subjectivité par la « cruauté » du devoir qui commande le renoncement à la pulsion. Si la réalisation du Bien chez Kant n'est que la fin à réaliser dans un futur indéfini, la subjectivité éthique ne pourrait s'établir actuellement. L'auto-nomie kantienne n'est que la volonté dénuée de la subjectivité du je-sujet, et impuissante à réaliser le bien objectif[1]. Kant entend démontrer l'impératif catégorique comme synthèse de la volonté finie et de la loi à l'intérieur de la maxime. Mais la « Typique » juxtapose la volonté et la loi, en creusant un écart entre elles. Car la loi qui devrait déterminer la maxime ne provient pas de la raison pratique. En affirmant que « je me donne la loi », je ne peux saisir la réalité de la loi dont j'ai une conscience immédiate. Rappelons que la loi s'impose comme impératif catégorique ; le moi affirme sa liberté, tandis que la loi lui impose la soumission inconditionnée sans lui faire comprendre sa réalité objective. Le moi kantien se détruit par la loi qu'il se donne lui-même, comme s'il était un bourreau de soi-même[2].

Nous saisissons ainsi une difficulté inhérente à la formule de l'universalité. Si la loi éthique ne peut être réduite à la simple fonction logique, la raison pratique ne peut exposer sa réalité en elle-même. Dans cette perspective, on peut se demander si la conformité de la maxime avec la forme universelle peut réaliser l'auto-détermination par la loi. Car la forme de la loi provient de l'idée logico-formelle de l'entendement, non de la raison pratique. Dans cet argument, l'existence du moi est présupposée comme obéissant à la loi universelle (on ne peut dire que c'est le moi qui donne la loi, car ce moi ne peut saisir la réalité de sa loi). La volonté finie est ce qui doit être déterminé par la loi. Donc, le sujet éthique n'est que le « me » du « je me donne la loi »,

---

[1] Sur la validité de la critique hégélienne, cf. M. Guéroult, « Les déplacements de la conscience morale kantienne selon Hegel », *Hommage à Jean Hyppolite*, PUF, 1971, p. 47-80.

[2] On sait bien que Hegel voit dans la Révolution la manifestation de la liberté kantienne. L'éthique kantienne serait pour lui le « despotisme de la liberté ». Cf. *Phénoménologie de l'esprit*, t. II, p. 130-141 [p. 431-441].

tandis que le « je » qui se donne la loi, ainsi que l'existence de la loi, sont dissouts dans l'idée logique de l'universalité. Les deux pôles de la synthèse, c'est-à-dire la loi et la volonté finie ou le « je » et le « me », sont juxtaposés. On peut donc dire que cet argument de l'universalité ne peut éclairer la synthèse pratique comme unité synthétique entre le « je » et le « me ».

Pour dégager l'éthique kantienne de son interprétation formaliste, il nous faudrait admettre fermement que la loi éthique ne peut être réduite à la loi de la nature. Il faut ensuite penser l'*apparaître* de la loi éthique pour le moi autrement que l'assimilation de l'universalité de la loi éthique à celle de la loi de l'entendement, pour saisir la synthèse pratique comme l'auto-détermination par la loi dans son effectivité[1].

La deuxième *Critique* déclare que la déduction de la loi est impossible. Mais nous pouvons trouver dans la *Grundlegung* une tentative de fonder la loi, laquelle est analogue à la *Deduktion* : « puisque des lois morales doivent valoir pour tout être raisonnable en général, il faudra les déduire (*ableiten*) du concept universel d'un être raisonnable en général »[2]. En quel sens la loi *se déduit-elle* du concept de l'être raisonnable ? Si la loi universelle existe, c'est parce qu'elle vaut pour *tous les êtres raisonnables*. Kant écrit ceci : « est-ce une loi nécessaire *pour tous les êtres raisonnables*, que de juger toujours leurs actions d'après des maximes telles qu'ils puissent vouloir eux-mêmes qu'elles servent de lois universelles ? Si cette loi est telle, elle doit être avant tout liée (tout à fait *a priori*) au concept de la volonté d'un être raisonnable en général »[3]. En pensant la loi par laquelle j'agis comme une même loi par laquelle tous les êtres raisonnables agissent, je détermine ma volonté par la loi universelle. La loi devient alors la loi du *nous*, dont la forme est celle de la communauté. Ainsi la forme donatrice de la loi est la forme de la législation universelle, et cette donation de la loi rend possible la subjectivation éthique comme auto-détermination du Je en tant que Nous. C'est ainsi que l'universalité de la loi consiste à se représenter comme être raisonnable en général. Dans cette perspective, l'universalité de la loi ne se réduit pas à l'idée métaphysico-logique de la forme. La forme de la loi est considérée à partir de la possibilité de la législation universelle qui est un mode de subjectivation.

---

[1] En interprétant la « Typique », J. Grondin considère que la médiation entre la loi de la nature et la loi éthique nous fait voir la difficulté du projet d'une *Phänomenologie des Sittengesetzes*. J. Grondin, « *Zur Phänomenologie des moralischen, Gesetzes'* », *Kant-Studien* (91), 2000, p. 385-394.

[2] FM, p. 273. AK IV, 412.

[3] FM, p. 291-292. AK IV, 426.

Lorsqu'il s'agit de la forme universelle de la maxime, Kant la fonde sur l'exigence suivante : je dois adopter la loi universelle comme maxime que tous les êtres raisonnables doivent choisir comme principe de l'action morale. Il écrit ainsi : « ce principe de la moralité, justement à cause de l'universalité de la législation qui en fait le principe déterminant formel suprême de la volonté, indépendamment de toutes les différences subjectives, est proclamé par la raison comme étant en même temps une loi pour tous les êtres raisonnables »[1]. L'exigence de l'universalité est ainsi fondée par l'universalité du concept de l'être raisonnable. Dans cette perspective, on pourrait comprendre pourquoi Kant fonde le principe objectif de la moralité par la *forme d'une législation universelle.* Ce qu'il nous indique par la notion de législation universelle est, tout d'abord, que l'autonomie est l'« unique principe de toutes les lois morales », suivant lequel un sujet se donne lui-même la loi. Mais si une législation par l'autonomie n'est que la forme de la volonté d'un être raisonnable, elle ne peut pas se proclamer principe universel, par suite « cette législation doit se trouver dans tout être raisonnable même »[2]. Il faut introduire dans la forme de la législation l'existence des autres êtres raisonnables pour établir le principe objectif de la moralité. C'est la notion de *la fin en soi* qui introduit l'existence des autres dans le principe de la moralité. Nous allons montrer comment l'autre intervient dans l'acte d'auto-détermination.

---

[1] CRpr, p. 645. AK V, 32.

[2] FM, p. 300-301. AK IV, 434.

Chapitre II – La vérité de la synthèse pratique

2-1 La reformulation du problème de la synthèse pratique

Par la lecture de la « Typique », nous avons vu que le moi ne peut saisir la loi de la raison pratique en elle-même, sans présenter symboliquement son pouvoir de donner la loi comme pouvoir de l'entendement. La réalité de la loi éthique demeure ainsi indéterminée pour le moi. Il faut donc admettre que la conformité avec la loi en tant que critère du jugement moral ne nous permet pas de saisir la synthèse pratique dans son effectivité, en ceci que deux éléments de la synthèse sont juxtaposés : d'un côté, la forme universelle de la loi dont la provenance est occultée à l'existant fini, de l'autre, la volonté finie qui se soumet à cette loi sans arriver à saisir sa réalité. Certainement, on pourrait assurer la liaison synthétique, en considérant que la loi s'origine dans la raison pratique, de telle sorte que la soumission prouve immédiatement le pouvoir de se donner la loi : même si la réalité de la loi est indéterminée, la loi est en moi comme raison pratique, et par là la détermination de la volonté finie par la pure forme de la loi se présente comme l'acte libre du « je » qui « *me* » donne la loi. Mais cette structure formelle de la subjectivité, cette identité formelle de soi-à-soi ne peut avoir de réalité effective sous le mode du jugement. Car la loi n'est que le critère du jugement par lequel le moi se demande si la maxime est conforme à la loi, comme si elle existait en elle-même indépendamment de la volonté finie. La donation de la loi en tant qu'impératif catégorique devrait s'imposer immédiatement comme proposition synthétique. Au lieu d'être le critère du jugement qui existerait préalablement à l'acte de se soumettre à la loi, celle-ci doit être présentée comme déjà immanente à la maxime. Kant affirme que le moi a conscience de la loi comme de sa propre existence. Cela veut dire que la donation de la loi au moi devrait s'effectuer immédiatement, de façon que la donation de la loi constitue la subjectivité même du moi. La loi devrait être donnée à l'intérieur même de l'existence du moi, sinon la synthèse pratique reste toujours formelle et indéterminée. Dans cette perspective, il faut réinterpréter le problème de la synthèse pratique, sans réduire la loi à l'universalité logique, pour penser la condition réelle de la donation de la loi.

La troisième section de la *Grundlegung* thématise la possibilité réelle de l'impératif catégorique, non pas la possibilité logique. Nous pouvons bien penser que l'analyse de la possibilité logique de la loi dans la deuxième section de la *Grundlegung* correspond à des textes de la deuxième *Critique* que nous venons d'analyser. Il est possible de revenir sur la *Grundlegung* pour penser la loi autrement que sous la forme abstraite de l'universalité, autrement que comme critère de jugement déterminant de la morale. Dans la deuxième *Critique*, Kant élucide la condition de la possibilité du jugement éthique à partir de la position du *fait de la raison*, tandis que dans la troisième section de la *Grundlegung*, il s'agit du passage de la possibilité logique de la loi à la réalité de la loi, c'est-à-dire d'une sorte d'exposition de la condition transcendantale de l'impératif catégorique. Dans la deuxième *Critique*, Kant pense que la question de la synthèse pratique que la *Grundlegung* a abordée est résolue par la position du *factum* de la raison qui atteste que la loi « s'impose à nous par elle-même comme proposition synthétique *a priori* ». C'est à partir de ce *fait* que Kant éclaire l'application de la loi à la volonté dans la « Typique ». La synthèse pratique qui est considérée comme le *fait*, c'est cela même que dans la *Grundlegung* Kant s'efforce de démontrer comme la possibilité même de l'auto-détermination de la loi. Dans la *Grundlegung*, Kant essaye de penser la possibilité de la synthèse comme mode d'être libre du moi, non pas comme mode de juger bon ou mauvais les maximes de l'action sous l'idée abstraite de la loi. Il ne s'agit pas de montrer la liaison de la volonté finie et de la loi sous l'indice de la conformité à la forme universelle de la loi, mais de chercher la réalité effective de la loi qui pourrait fonder la condition logique de la loi.

La condition logique de la donation de la loi, c'est-à-dire la conformité de la maxime à la loi ne peut fonder la *moralité* du sujet éthique pour deux raisons. D'abord, la seule conformité à la loi ne peut constituer le Bien moral. Même si la maxime est conforme à la loi universelle, la volonté peut s'opposer à la loi. Pour que la soumission à la loi constitue le Bien, il faut que l'action soit accomplie « pour la loi ». « Lorsqu'il s'agit de ce qui doit être moralement bon, ce n'est pas assez qu'il y ait *conformité* à la loi morale ; il faut encore que ce soit *pour la loi morale* que la chose se fasse ; sinon, cette conformité n'est que très accidentelle et très incertaine, parce que le principe qui est étranger à la morale produira sans doute de temps à autre ces actions conformes, mais souvent aussi des actions contraires à la loi »[1]. Pour que le principe déterminant de la volonté donne la valeur morale à la maxime, « la représentation immédiate de la loi » doit se trouver dans l'« intention (*Gesinnung*) » du moi comme « mobile véritable des actions ». Sinon, écrit Kant, « le résultat serait bien la *légalité* des actions, mais non pas la *moralité*

[1] FM, p. 247. AK IV, 390.

des actions »[1]. La conformité à la loi en tant que critère du jugement moral ne concerne que la légalité qui est la « lettre de la loi ». Pour que la détermination par la loi ait un sens éthique, il faut que l'« intention » du moi s'oriente vers la loi. C'est l'intention qui peut être dite moralement bonne[2]. Il s'agit donc de « la question de savoir si l'action a aussi été faite (subjectivement) *en vue de la loi morale*, et si, par conséquent, elle n'a pas seulement de la rectitude morale, comme acte, mais aussi de la valeur morale, comme intention d'après sa maxime »[3]. Il faut bien remarquer que le mode de juger et le mode d'être sont différents comme la légalité est différente de la moralité. La moralité consiste dans la modalité d'être du moi en tant que *Gesinnung* qui oriente celui-ci sous l'horizon de la loi. La *Gesinnung* est alors le fondement de la moralité saisi dans un mouvement dans lequel je me soumets à la loi[4]. Telle est la deuxième raison pour laquelle la conformité à la loi ne peut fonder la synthèse effective de la loi et de la maxime. La légalité de l'action morale doit avoir son fondement dans l'intention. Le jugement moral ne peut avoir lieu, si le moi ne parvient pas à se rendre objet de la loi. Si le moi peut juger ses maximes, c'est qu'il est déjà disposé à se poser devant la loi, et qu'il a conscience de la loi comme liée intimement à son existence. Cette disposition en faveur de la loi (la conscience de la loi) est la condition du jugement moral, la condition d'être moral pour juger des maximes. Si je peux examiner ma maxime selon la loi universelle, c'est parce que j'ai déjà conscience de la loi. Dans la *Gesinnung*, je me trouve immédiatement comme *opposé* à la loi. Ou bien : je suis originairement soumis à la loi. Même si je n'adopte pas la loi comme maxime, j'obéis à la loi autant que j'ai conscience de la loi. Sur ce point, J. Rogozinski écrit ceci : « même si la volonté humaine demeure constamment "sous" (*unter*) la Loi, elle n'agit pas forcément "selon" (*nach*) la Loi, et sa sujétion à la Loi n'implique pas toujours obéissance, c'est-à-dire

---

[1] CRpr, p. 789. AK V, 151.

[2] « On peut dire de toute action conforme à la loi, mais qui n'a pas été faite pour la loi, qu'elle est moralement bonne seulement quant à la *lettre*, mais non quant à l'esprit (quant à l'intention) ». CRpr, p. 695 note.

[3] CRpr, p. 799. AK V, 159.

[4] M. Henry a raison d'affirmer que la loi se manifeste dans la *Gesinnung* dans laquelle le moi s'oriente sous l'horizon de la loi, et que la *Gesinnung* est le respect pour la loi. « La loi morale n'est pas la moralité, laquelle réside tout entière dans l'intentionnalité du sujet comme essentiellement soumis à la loi et désireux de l'accomplir pour elle-même. Une telle intentionnalité est le respect. Loin d'être dans le sujet un simple élément capable ou incapable de le déterminer à la moralité, le respect constitue l'essence de celle-ci ». *L'Essence de la manifestation*, p. 652.

compréhension de ce que la Loi commande et décision d'y conformer sa maxime : c'est d'ailleurs pour cela que la Loi se présente à une raison finie sur un mode impératif. Cependant, qu'il y ait ou non connaissance du devoir, que le sujet choisisse d'obéir ou de désobéir, il demeure malgré tout soumis à la Loi, sujet-à-la-Loi »[1]. C'est dans cette sujétion originaire, préalable à l'obéissance ou à la désobéissance, que la moralité du moi se constitue comme *Gesinnung*, et c'est là que la synthèse doit être problématisée.

Il est possible que nous ayons tort d'analyser la « Typique » pour chercher la possibilité de la synthèse pratique. Car la possibilité de la synthèse concerne la condition même de la confrontation des maximes à la loi. Par la synthèse pratique, il ne s'agit pas de demander comment l'être raisonnable soumet sa volonté finie à la loi universelle, mais de savoir comment le moi est disposé à la donation de la loi, et de voir le surgissement du « je » dans la donation de la loi (« je » du « je me donne la loi »). Il s'agit d'une donation de la loi plus originaire que la donation de la loi à la volonté finie sur le mode de jugement. Plus précisément, il s'agit de *la donation de la loi en tant que donation du moi comme sujet originairement assujetti à la loi*. Si la loi n'est pas originairement donnée au moi, celui-ci ne peut donner la loi à sa faculté de désirer. C'est en ce sens que nous devons chercher la donation originaire de la loi au moi comme condition de l'auto-détermination par la loi. La question qu'il s'agit de résoudre est celle-ci : comment le moi se constitue-t-il lui-même comme être raisonnable qui se pose la loi de lui-même à lui-même ? En quel sens la donation de la loi s'effectue-t-elle en moi de façon immanente ?

Selon la deuxième section de la *Grundlegung*, la loi est « déduite » du concept de l'être raisonnable. Kant écrit ceci : « puisque des lois morales doivent valoir pour tout être raisonnable en général, il faudra les déduire du concept universel d'un être raisonnable en général ». Si l'acte de se donner la loi constitue l'ipséité éthique du moi, c'est qu'il se donne la loi à titre d'être raisonnable, en tant que je-sujet (en tant que « je » du « je me donne la loi »), et la loi est considérée comme universelle dans la mesure où elle vaut pour tous les êtres raisonnables, dans toutes les décisions que chaque je-sujet (chaque sujet qui énonce le « je me donne la loi ») prend dans sa vie singulière. C'est ainsi que la donation de la loi assure la constitution du moi comme être raisonnable. Or, la « déduction » de la loi à partir du concept d'être raisonnable comporte deux interprétations sur la relation de la loi et de la constitution du je-sujet : 1) le moi se constitue comme être raisonnable, en se donnant la loi qui s'adresse uniformément à tous les êtres raisonnables, à

---

[1] J. Rogozinski, *Le Don de la loi*, p. 100.

n'importe quel « je ». En tant qu'être interpellé par cette loi, il est constitué comme être raisonnable. 2) Mais c'est justement cette loi qu'il s'agit de « déduire » pour penser le moi comme être raisonnable, et par là il est absurde de présupposer la loi universelle pour penser le moi comme être raisonnable. Si le moi se constitue comme être raisonnable, ce n'est pas qu'il se soumet à la loi qui s'adresse uniformément à n'importe quel « je ». En faisant ainsi, nous retombons dans l'interprétation formelle de la synthèse pratique qui juxtapose la loi universelle et le moi, ou le « je » qui donne la loi et le « moi » qui obéit, sans montrer leur liaison effective. Mais il est possible de penser autrement la donation de la loi comme constitution du moi. Ce n'est pas en étant interpellé par la loi universelle que le moi se constitue comme être raisonnable. Mais c'est en se constituant comme être raisonnable que la loi que le moi se donne devient universelle. Que la loi universelle soit « déduite » du concept d'être raisonnable, cela veut donc dire que la « déduction » de la loi doit être comprise comme l'auto-constitution du moi comme être raisonnable universel. L'universalité de la loi consiste dans cette subjectivation. Cette constitution du moi comme être raisonnable est ainsi pensée comme la donation de la loi, et c'est seulement dans cette mesure que la forme de la loi est considérée comme la forme donatrice du moi. La possibilité de la « déduction » de la loi et celle de la « donation » du moi se superposent, et la « déduction » de la loi devrait consister dans cette synthèse du moi et de la loi en tant que subjectivation.

2-2 La condition transcendantale de la synthèse pratique

L'être-disposé-à-la-loi consiste dans l'auto-constitution du moi au niveau de la *Gesinnung*. Elle est le fondement de la moralité sur lequel la synthèse pratique s'instaure comme donation du moi. Elle est le fondement qui détermine intérieurement l'existence du moi, en se manifestant comme mouvement dans et par lequel le moi se met à la disposition de la loi. Dans les premières pages de la deuxième section de la *Grundlegung*, Kant souligne la difficulté de prouver la *Gesinnung* comme synthèse du moi et de la loi. Dans l'expérience, écrit Kant, « il n'y a point d'exemple certain qu'on puisse rapporter de l'intention d'agir par devoir pur »[1]. Il s'agit, par la *Gesinnung*, du principe intérieur « qu'on ne voit pas », et il est même « absolument impossible d'établir par l'expérience » un cas où la maxime se conforme à la

[1] FM, p. 266. AK IV, 406.

loi au niveau de la *Gesinnung*. La *Gesinnung* est invisible, elle n'apparaît pas dans l'expérience. C'est par cette invisibilité que l'exposition de la loi comme proposition synthétique s'impose comme un problème difficile à résoudre. Il est indubitable que la loi s'adresse au moi à l'intérieur de la raison, indépendamment de la condition empirique, mais il est difficile de prouver la nécessité de la liaison de la volonté et de la loi comme proposition synthétique *a priori*. Comment exposer la condition transcendantale de la donation de loi comme synthèse du moi et de la loi ? À la fin de la deuxième section de la *Grundlegung*, Kant mentionne la nécessité de l'élucidation de la « possibilité d'un usage synthétique de la raison pure pratique »[1]. Nous allons détailler des réquisits fondamentaux de la synthèse pratique qui constitue la condition transcendantale de l'auto-détermination par la loi[2].

a) Le premier réquisit de la synthèse pratique : l'opposition entre le moi et la loi

Kant démontre la possibilité de la synthèse pratique par l'analogie avec la synthèse théorique. La synthèse théorique concerne la condition transcendantale de la connaissance de l'objet dans l'expérience, tandis que la synthèse pratique concerne la condition transcendantale de la constitution du moi par la loi. Le rapprochement de ces deux synthèses n'est qu'analogique. Sur le plan théorique, la synthèse qui s'effectue entre la spontanéité de l'entendement et la réceptivité de la sensibilité est régie par le « principe suprême » selon lequel « tout objet est soumis aux conditions nécessaires d'unité synthétique du divers de l'intuition dans une expérience possible »[3]. Cela veut dire que la possibilité de la synthèse consiste dans le fait qu'elle se rapporte à l'expérience. La présentation sensible des catégories devient possible par l'acte d'unir les catégories et l'intuition par l'intermédiaire du schématisme. À la différence de la synthèse théorique, la synthèse pratique entre la loi et le moi ne s'effectue pas par le biais du sensible (car le sensible sur le plan éthique est l'inclination[4]), et la loi qui « me » détermine doit être tirée du dehors de l'expérience. Là, on voit bien la négation kantienne de la thèse moraliste selon laquelle il y a la tendance morale universelle dans la

[1] FM, p. 314. AK IV, 445.

[2] Notre analyse de la synthèse pratique doit à l'analyse de J. Rogozinski. Cf. *Le Don de la loi*, p. 79-87.

[3] CRP, p. 898. B 197.

[4] Sur le plan éthique, « la sensibilité n'est nullement considérée comme capacité d'intuition, mais seulement comme sentiment (qui peut être fondement subjectif du désir) ». CRpr, p. 718. AK V, 90.

nature humaine. D'ailleurs, il faut rappeler que, selon la critique des paralogismes, l'intuition ne sert pas à la détermination de l'existence du « je » et que la loi est exigée comme la « source » autre que l'intuition sensible pour déterminer le « je ». S'agissant de la *connaissance pratique*, ce n'est pas la sensibilisation qui permet d'unir les deux pôles de la synthèse. Dans la mesure où la donation de la loi au moi devrait s'effectuer à l'encontre du moi désirant, la donation de la loi produit donc une objection au moi. Ce caractère de l'opposition est fortement souligné, lorsque Kant affirme l'impératif catégorique comme proposition synthétique. Dans la connaissance pratique aussi, Kant établit la différence entre la proposition synthétique et la proposition analytique. « Que, sachant que cette action seule permet à l'effet projeté de se produire, si je veux pleinement l'effet, je veuille aussi l'action qu'il requiert, c'est là une proposition analytique ; car me représenter une chose comme un effet que je peux produire d'une certaine manière, et me représenter moi-même, à l'égard de cet effet, comme agissant de cette même façon, c'est tout un »[1]. C'est l'impératif hypothétique qui désigne ce que je dois faire pour atteindre la fin. L'impératif hypothétique ne constitue que la proposition analytique, dans la mesure où elle ne fait que montrer, à partir de la fin que je me représente, les moyens d'y arriver. Le sujet régi par cet impératif n'est que le moi désirant qui doit être re-déterminé par l'impératif catégorique. L'impératif catégorique est la proposition synthétique en ceci que l'action que je dois accomplir par la loi n'est pas analytiquement contenue dans le vouloir, le moi désirant. Kant écrit ceci : « je lie l'action à la volonté, sans présupposer de condition tirée de quelque inclination ; je la lie *a priori*, par suite nécessairement […]. C'est donc là une proposition pratique qui ne tire pas analytiquement le fait de vouloir une action d'un autre vouloir déjà supposé (car nous n'avons pas de volonté si parfaite), mais qui le lie immédiatement au concept de la volonté d'un être raisonnable, comme quelque chose qui n'y est pas contenu »[2]. S'agissant de la synthèse pratique, ce que je dois faire n'est pas éclairé par la loi qui désigne le moyen pour la satisfaction du désir. Puisque l'impératif catégorique exige le renoncement à la pulsion, le renoncement au moi désirant, l'action à accomplir ne se déduit pas de ce moi désirant. Le moi vivant se représente la fin ou le moyen pour satisfaire son désir ou son besoin. La loi qui permet de satisfaire le désir ne peut être universelle, puisque le désir consiste dans la capacité particulière et contingente de sentir le plaisir. La synthèse de la loi et du moi devrait alors

[1] FM, p. 280. AK IV, 417.

[2] FM, p. 284 note. AK IV, 420.

s'effectuer sans l'intermédiaire du sensible, en produisant l'*opposition* entre le moi désirant et la loi.

Dans le « Canon », la donation de la loi qui produit l'objection à mon désir n'est pas pensée comme une proposition synthétique. Car le « tu dois » qui détermine le désir est contenu dans le moi qui désire le bonheur. C'est le moi désirant qui se représente l'autre transcendant (Dieu), et la soumission aux commandements de Dieu est représentée comme l'accès au bonheur. S'agissant de la synthèse pratique, ce n'est plus la « nature humaine », ni Dieu qui lie la loi au moi. Mais c'est la liberté, l'acte de se donner la loi, qui lie la volonté à la loi. Paradoxalement, la donation de la loi par Dieu n'est pas assez transcendante pour pouvoir constituer une opposition entre le moi et la loi, dans la mesure où la loi est contenue dans le concept du moi qui désire. Par là, entre la loi et le moi, entre le « je » qui donne la loi et le « me » qui la reçoit, il n'y a aucune opposition. Nous proposons de considérer comme la transcendance de la loi le caractère de l'opposition de la loi avec le moi. Si la donation de la loi doit être une proposition synthétique, c'est que la loi que je me donne produit une opposition, et que la loi ne doit pas être contenue dans le moi désirant. Par son opposition au désir pathologique, la loi devrait être transcendante par rapport au moi.

b) Le deuxième réquisit de la synthèse pratique : sortir du même vers l'autre

Sur le plan théorique, « dans le jugement synthétique, je dois sortir du concept donné, pour considérer, dans le rapport avec lui, *quelque chose de tout autre* que ce qui était pensé en lui »[1]. Sur le plan pratique, je dois sortir du concept du moi désirant vers « quelque chose de tout autre », pour considérer la loi qui me détermine, comme s'opposant au moi désirant. C'est par cet acte de sortir vers l'autre que se produit l'opposition entre le moi et la loi, la transcendance de la loi par rapport au moi. Pour que la loi garde le caractère de l'opposition, il me faut sortir de moi-même pour chercher la loi en dehors du moi désirant.

D'où vient alors l'objection à mon désir ? Qui énonce à mon désir le « tu dois » ? Vers quel autre dois-je sortir de moi-même ? Sur le plan théorique, l'Autre vers lequel je sors est l'autre du concept, c'est-à-dire l'expérience ou l'intuition, et le Même à partir duquel je sors, c'est l'entendement. C'est vers ce qui m'est donné par la sensibilité que je me transcende. Mais sur le plan éthique, je ne peux avoir recours au sensible, à ce qui m'est donné. Le sensible

---

1 CRP, p. 896. B 193.

ne peut être l'autre vers lequel la transcendance éthique s'effectue, puisqu'il est le trait essentiel du « je qui me détermine par la loi » sous l'impératif hypothétique. En se soumettant à cette loi, je tente de satisfaire mon désir. C'est justement de cette relation narcissique que le moi doit sortir vers l'Autre qui n'est pas contenu dans son désir.

Sur le plan théorique, la transcendance s'effectue vers ce qui *m*'est donné sensiblement, tandis que, sur le plan pratique, il s'agit de la donation de la loi qui « me » transcende. On comprend ainsi que le statut de l'autre et celui du sensible sont complètement différents entre la synthèse pratique et la synthèse théorique. L'autre que le moi désirant devrait se figurer dans l'opposition à son désir. En d'autres termes, il devrait apparaître par mon acte de se transcender ou me dégager du moi désirant, de façon que « quelque chose de tout autre » constitue l'objection à mon désir. Comment penser cet autre qui s'oppose à moi, à mon moi désirant ? En quel sens l'autre transcendant réalise-t-il le rapport du moi et de la loi comme synthèse pratique en tant que « je me donne la loi » ?

C'est cette équivoque de l'autre qui met l'éthique de la loi en mauvaise posture. « Nous voyons ici, écrit Kant, la philosophie placée dans une situation critique : il faut qu'elle trouve une position ferme sans avoir, ni dans le ciel ni sur la terre, un point où se suspendre et un point où s'appuyer »[1]. Si on ne peut en appeler ni à Dieu (ciel) pour penser la transcendance la loi, ni à la nature sensible (terre) pour penser l'immanence de la loi au moi, comment penser l'autre et la transcendance qui réalisent la synthèse pratique ? D'une part, la transcendance de la loi ne doit pas provenir du tout autre transcendant. Si je reçois la loi de l'autre, c'est l'hétéronomie qui régit la détermination par la loi. D'autre part, l'immanence de la loi au moi ne peut pas être considérée comme une appartenance immédiate de la loi à sa volonté, dans la mesure où la synthèse de la loi et du moi doit constituer une opposition. Comment peut-on affirmer à la fois la transcendance de la loi et l'immanence de celle-ci au moi ? Comment la loi est-elle donnée de façon transcendante et *en réalisant l'immanence de la loi au moi* ? La réponse de Kant est très claire : l'obligation vient de la raison en moi, puisque la loi est la loi de la raison pratique. « Ici il s'agit, écrit Kant, de la loi pratique objective, par suite du rapport d'une volonté à elle-même, en tant qu'elle se détermine uniquement par la raison ; dans ce cas, en effet, tout ce qui a rapport à ce qui est empirique se supprime de lui-même, parce que si la *raison par elle seule* détermine la conduite [...],

---

[1] FM, p. 290. AK IV, 425.

il faut qu'elle le fasse nécessairement *a priori* »[1]. Cela veut dire que la raison produit l'objection au désir du moi. La loi que le moi se donne lui-même est la loi de la raison qui se donne à l'encontre du moi désirant. La transcendance est alors comprise comme l'acte de se poser une objection à son désir, et l'autre vers lequel je sors est la raison en moi. La loi de la raison m'est donnée de moi-même, tout en constituant l'opposition à mon désir. En se soumettant à sa loi, le moi constitue l'opposition à lui-même. Dans cette perspective, nous pouvons penser que *la transcendance se constitue dans l'acte d'auto-opposition. C'est dans cet acte même que l'autre (« quelque chose de tout autre ») devrait surgir*. En me transcendant vers l'autre, je ne fais que me retrouver moi-même comme raison pratique. C'est ainsi que la transcendance de la loi constitue la liaison synthétique entre la loi et le moi, entre le « je » et le « me » dans le « je me donne la loi ».

c) Le troisième réquisit de la synthèse pratique : la liberté comme troisième terme des deux pôles de la synthèse

En apparence, cette hypothèse convient à la direction principale de l'éthique kantienne. La constitution de la contrainte doit s'effectuer sans en appeler à Dieu, mais uniquement à partir de la raison. C'est pourquoi Kant considère la contrainte comme « *Selbstzwang* ». Cette *auto-constitution de l'autre-opposant* réalise la synthèse du moi qui donne la loi et du moi qui obéit, dans la mesure où la transcendance de la loi s'effectue *intérieurement* en moi. Cela veut dire que le sujet de la détermination par la loi est le sujet autonome qui *n'a pas besoin de l'autre* pour la détermination de soi. On constate ainsi le versant actif de l'auto-détermination qui consiste à exclure l'autre de la détermination de soi. Comme le pense Heidegger, on pourrait ici trouver l'avènement de la philosophie du Sujet. Pourtant, cette interprétation subjectiviste peut être remise en cause. Certes, la loi devrait être la loi de la raison en moi. Mais il faut mettre l'accent sur la transcendance de la loi par rapport au moi, sinon le « je me donne la loi » devient une proposition analytique. Si la loi est contenue dans le moi comme raison pratique, si la raison est hypostasiée en moi, la relation de la loi et du moi ne serait qu'analytique. De surcroît, si la volonté du moi se conforme immédiatement à la loi, sa volonté devient la volonté divine qui n'a pas besoin de l'impératif pour la détermination de la volonté. Pour l'être fini, sa relation à la loi apparaît nécessairement comme contrainte. La loi que je me donne devrait garder la transcendance par rapport à moi et maintenir l'*altérité*. Il est donc impossible

[1] FM, p. 292. AK IV, 427.

d'affirmer la donation de la loi simplement comme position de la loi de la raison en moi. *C'est plutôt l'altérité de la loi qui rend possible la synthèse du moi et de la loi comme proposition synthétique.* Si nous voulons penser l'auto-détermination par la loi comme une proposition synthétique, il faudrait ainsi approfondir la transcendance de la loi *dans l'acte même de se donner la loi.* Comment penser la synthèse pratique comme la synthèse du « je » et du « me » *tout en affirmant l'altérité de la loi* ?

La difficulté consiste ainsi à penser la relation entre la transcendance de la loi et l'immanence de la loi au moi. D'une part, la loi doit provenir de « quelque chose de tout autre », pour qu'il y ait une opposition entre la loi et le désir. D'autre part, la loi qui s'oppose au désir doit être la loi que *je me donne*. Autrement dit, la soumission de la volonté à la loi et la volonté de donner la loi doivent être synthétiquement unies dans ou comme la subjectivité du moi. À cette question de l'unité de la soumission et du pouvoir de donner la loi, Kant présente provisoirement comme une solution possible le concept de liberté en tant que « troisième terme »[1] de la synthèse. Dans la troisième section de la *Grundlegung*, il affirme que la liberté unit la soumission à la loi et la volonté de donner la loi en une idée d'auto-législation, dans la mesure où la loi à laquelle le moi obéit est sa propre loi. Puisque le « tu dois » de la loi provient de ma volonté libre, ce « tu dois » n'est rien d'autre que le « je veux ». Ainsi, la liberté semble opérer la synthèse entre le moi et la loi. Et pourtant, Kant écarte aussitôt cette solution comme une « sorte de cercle vicieux » : « la liberté et la législation propre de la volonté sont toutes deux de l'autonomie ; ce sont par suite des concepts réciproques ; mais c'est pour cela précisément qu'on ne peut se servir de l'un pour expliquer l'autre et en rendre raison. Tout ce qu'on peut faire ainsi, c'est au point de vue logique, ramener des représentations en apparence différentes d'un seul et même objet à un concept unique »[2]. Ces deux pôles dont il s'agit d'opérer la synthèse sont le moi et la loi, ou la liberté du moi et la soumission à la loi. Le problème consiste en ceci qu'un de ces deux pôles est inclus dans un autre (le moi libre qui obéit à sa loi ou la soumission libre à la loi). Si le moi est à la fois libre et soumis à la loi, l'opposition entre la loi et le moi ne peut avoir lieu, par là le « je me donne la loi » devient une proposition analytique.

---

[1] FM, p. 316. AK IV, 447. « Des propositions synthétiques de ce genre ne sont possibles qu'à la condition que deux notions soient liées l'une à l'autre grâce à leur union avec une troisième où elles doivent de part et d'autre se rencontrer. Le concept *positif* de la liberté fournit ce troisième terme ».

[2] FM, p. 320. AK IV, 450.

La liberté ne peut alors être le troisième terme de la synthèse pratique, en ceci qu'elle change le « je me donne la loi » en une proposition analytique. Néanmoins, on peut se demander si la liberté peut être comprise autrement que comme un concept bâtard qui désigne à la fois la puissance de donner la loi et la soumission à la loi. La liberté ne peut-elle pas être le troisième terme de la synthèse pratique, *si nous comprenons la liberté comme le pouvoir de constituer l'opposition entre le moi et la loi* ? Si la liberté désigne à la fois la volonté de donner la loi et la volonté soumise, les deux pôles de la synthèse n'ont pas besoin de la synthèse. Mais si la liberté est comprise comme le « *Selbstzwang* », comme la constitution par soi-même de la transcendance de la loi qui s'impose à lui, la liberté pourrait être le troisième terme de la synthèse. Car, en considérant la liberté comme le pouvoir de constituer la transcendance de la loi, il devient possible de remplir les deux réquisits de la synthèse que nous venons de présenter, à savoir l'opposition entre le moi et la loi et l'altérité de la loi. Si « je » « me » constitue l'opposition, la transcendance de la loi et l'immanence de la loi sont pensées comme un seul et même acte de *me donner la loi* : en me donnant la loi qui provient de la raison en moi (en me rapportant à moi-même par la donation de la loi), je constitue une opposition à mon moi désirant, et par là surgit l'opposition entre le « je » et le « me » qui brise l'identité analytique entre le « je » qui donne la loi et le « me » qui obéit. L'acte de se donner la loi est donc celui de se rapporter à soi-même par le biais de la transcendance de la loi qui met un écart entre le « je » et le « me ».

Si on veut penser le « je me donne la loi » comme proposition synthétique, il faut penser la liberté *comme la construction de la transcendance de la loi par l'acte même de se rapporter à soi-même par la loi.* La relation de la loi et du moi est synthétique à la condition que la liberté comme troisième terme soit comprise comme le pouvoir de produire la transcendance au sein même de l'immanence que structure l'acte de se donner la loi de lui-même à lui-même, et non pas comme la pure spontanéité du moi dans l'identité de soi-à-soi. Dans cette mesure, on peut affirmer que l'autre-opposant qui surgit comme contrainte provient du moi lui-même, sans tomber dans l'identité formelle du « je » et du « me ». Nous proposons ainsi de comprendre la liberté comme l'acte de s'opposer ou l'acte de constitution de l'opposant. L'autre-opposant surgit dans l'acte même du moi qui s'oppose, et c'est dans cet acte d'auto-opposition que nous devons chercher l'origine de l'altérité de la loi.

d) Le quatrième réquisit de la synthèse pratique : la transcendance de la loi dans l'immanence du moi

Constituer l'autre-opposant entre le « je » et le « me », tel est le troisième réquisit de la synthèse pratique. L'autre sur le plan pratique est l'autre du moi désirant. L'acte du moi qui sort de ce moi désirant, de se poser devant la loi, est un premier moment de la subjectivité éthique du moi (le versant passif de l'auto-détermination). Mais cette ex-position du moi à la loi devrait s'effectuer par une sorte de construction de l'opposant à lui-même : c'est de l'intérieur du moi lui-même que la loi doit advenir. D'où le quatrième réquisit de la synthèse pratique : la constitution de la transcendance constitue l'immanence de la loi au moi. Sur le plan théorique, l'acte de sortir vers l'autre (l'intuition, ce qui est sensiblement donné) réalise comme l'usage immanent de l'entendement la synthèse de l'entendement et de la sensibilité. Sur le plan pratique, il s'agit de la synthèse du moi et de la loi par la liberté comme constitution de l'opposant à l'intérieur du moi lui-même : *il s'agit donc de penser la loi comme transcendante au sein même de l'immanence du moi.* Car la transcendance de la loi réalise la synthèse pratique comme le « je me donne la loi », comme la façon dont je me rapporte à moi-même.

Comment penser la transcendance de la loi au sein même de l'immanence que structure l'acte de se donner la loi ? Pour répondre à cette question, il nous faut préciser les termes. La transcendance ou l'altérité de la loi ne doit pas être considérée comme une contrainte extérieure, dans la mesure où la transcendance de la loi apparaît au sein même de l'auto-détermination par la loi, dans le *Selbstzwang*. Sur ce point, il convient d'interpréter le sens éthique de la transcendance à partir de son sens théorique. Sur le plan théorique, la transcendance consiste dans l'acte de s'orienter vers un X. Nous avons vu que la transcendance de la chose en soi apparaît comme l'opposition, comme le *Dawider* dans l'acte de laisser surgir l'objet comme opposé à soi. La transcendance = X ne se maintient pas par elle-même. Si la chose en soi apparaît comme transcendante pour la connaissance, c'est que sa transcendance se constitue dans l'acte de s'y opposer. En d'autres termes, la chose en soi ne peut avoir le caractère de la transcendance sans l'acte de laisser surgir la chose comme opposée à soi. Dans cette perspective, on peut considérer la transcendance de la loi à partir de l'acte du moi. Si la loi est transcendante, c'est parce que la loi est considérée comme opposée au moi. Je laisse surgir la loi comme opposée à moi, et c'est dans cette opposition que la loi se présente comme transcendance. La transcendance de la loi se constitue au moment même où je me représente moi-même comme opposé à la loi[1].

L'opposition de la loi au désir du moi pourrait se manifester lorsque le moi soumet sa faculté de désirer à l'épreuve de la forme universelle de la loi. S'il s'agit, dans la synthèse pratique, de deux mouvements du moi dont l'un consiste à se poser devant « quelque chose de tout autre » que lui (le versant passif) et dont l'autre consiste à construire l'autre-opposant en lui (le versant actif redéfini), nous pouvons dire que c'est la constitution de la forme universelle qui doit fonctionner comme l'opposition au désir du moi. Dans l'interprétation formaliste, l'universalité est considérée comme l'idée logique de l'universalité. L'idée de l'universalité de la loi que je pose à mes désirs est dans la raison en moi. Cela veut dire qu'il n'y a pas d'autre qui oppose le moi à la loi. Mais on peut en donner une autre interprétation. La forme universelle de la loi en tant que constituant de l'opposition entre la loi et le moi peut être considérée comme forme donatrice du moi. L'autre-opposant de la loi surgit au sein même du processus de la subjectivation. C'est précisément dans cette perspective que Kant pense la transcendance de la loi comme immanente à la constitution du moi. Kant écrit ceci : « se représenter la loi en elle-même, ce qui à coup sûr ne peut avoir lieu que dans un être raisonnable »[2]. La donation de la loi universelle consiste dans l'acte du moi en tant qu'être raisonnable de se représenter la loi. Si la loi par laquelle je me détermine est universelle, c'est que *l'autre être raisonnable* se représente dans mon acte de me donner la loi. Chaque « je » se donne la loi, en se représentant l'autre qui se la donne. « Le devoir doit être, écrit Kant, une nécessité pratique inconditionnée de l'action ; il doit donc valoir pour tous les êtres raisonnables [...], et c'est *seulement à ce titre* qu'il est aussi une loi pour toute volonté humaine »[3]. La loi et le moi sont liés par la représentation de l'autre être raisonnable. La liberté ne peut

[1] Comme le remarque D. Henrich, la constitution éthique du moi ne peut être directement dérivée de la subjectivité théorique en tant que « je pense ». Cf. « *Der Begriff der sittlichen Einsicht und Kants Lehre vom Faktum der Vernunft* », *Kant : Zur Deutung seiner Theorie von Erkennen und Handeln*, Kiepenheuer & Witsch, 1973, p. 245-247. Heinrich considère que la moralité ne peut être comprise à partir de la « conscience de soi » au sens théorique (p. 247). Nous pensons cependant que l'ipséité éthique peut être considérée à partir de l'acte du moi, tel que nous l'avons analysé à partir de l'interprétation heideggérienne de l'ipséité théorique, c'est-à-dire la transcendance. Nous envisageons ici de dégager l'ipséité éthique à partir de l'acte de laisser surgir le soi comme opposé à... et de considérer la transcendance de la loi à partir de l'acte de s'opposer. L'acte de s'opposer est une façon dont « je » « me » rapporte à moi-même.

[2] FM, p. 260. AK IV, 401.

[3] FM, p. 290. AK IV, 425.

être la législation universelle que lorsque la loi que je me donne est considérée comme la loi que d'autres existants se donnent. L'exigence de l'universalité ne peut être remplie simplement en trouvant en soi-même la loi. Mais je dois adopter la maxime que tous les êtres raisonnables doivent choisir comme principe de l'action morale. Sur ce point, Kant écrit ceci : « ce principe de la moralité, justement à cause de l'universalité de la législation qui en fait le principe déterminant formel suprême de la volonté, indépendamment de toutes les différences subjectives, est proclamé par la raison comme étant en même temps une loi pour tous les êtres raisonnables »[1]. On voit bien que la subjectivation du moi en être raisonnable contient la relation du moi à d'autres existants. En se représentant l'autre, la volonté peut « se considérer elle-même comme légiférant universellement en même temps par sa maxime ».

C'est par la notion de *la fin en soi* que Kant nous explique comment l'autre intervient dans la donation de la loi au moi. Kant écrit ainsi : « je dis : l'homme, et en général tout être raisonnable, *existe* comme fin en soi, et *non pas simplement comme moyen* dont telle ou telle volonté puisse user à son gré ; dans toutes ses actions, aussi bien dans celles qui le concernent lui-même que dans celles qui concernent d'autres êtres raisonnables, il doit toujours être considéré *en même temps comme fin* »[2]. Le moi et les autres se représentent comme fin en soi. Chacun se présente comme fin en soi à l'autre. L'autre est la fin en soi qui « limite la liberté des actions de tout homme ». Le moi est aussi la fin en soi pour la liberté de l'autre. Le moi est donc l'autre de l'autre.

Dans l'exigence selon laquelle le principe déterminant de ma volonté doit être valable pour la volonté de tout être raisonnable, on peut trouver la possibilité d'une éthique de la communauté, c'est-à-dire la « liaison synthétique de divers êtres raisonnables par des lois communes », que Kant appelle le « règne des fins ». Chaque sujet éthique, en tant que fin en soi, représente lui-même et l'autre comme un membre du règne des fins, et, par cette représentation, la loi que chaque sujet se donne lui-même a une valeur universelle. Or, nous ne voulons pas jouer l'universalité de la loi contre une interprétation individualiste ou formaliste[3] : *il nous s'agit plutôt de voir comment la forme de la loi rend possible la subjectivation du moi dans sa relation avec des autres.* Si la forme de la loi peut être la forme de la communauté, c'est que chaque « je » se détermine dans la relation avec l'autre

---

[1] CRpr, p. 645. AK V, 31.

[2] FM, p. 293. AK IV. 428.

[3] Cf. H. Cohen, *Kants Begründung der Ethik*, p. 195-199. Il affirme explicitement ceci : « *das sittliche Selbstbewusstsein geht erst hervor aus dem Gedanken einer Gemeinschaft von Gesetzen* » (p. 199).

être raisonnable qui se présente comme la fin en soi, et que l'autre intervient ainsi dans son acte d'auto-détermination.

Il importe ici de s'interroger sur le statut de l'autre dans l'auto-détermination par la loi. Nous avons vu que la forme universelle de la loi est constituée par la subjectivation du moi comme être raisonnable, et que dans cette subjectivation l'auto-détermination par la loi contient la représentation de l'existence de l'autre. Nous pensons volontiers que l'universalité de la loi provient de l'auto-constitution du moi en tant qu'être raisonnable. Mais selon notre lecture, la conscience de soi commence par la confrontation à l'existence énigmatique du « je », à cette énigme *que je suis*. La loi éthique est ce qui me permet de déterminer ce je-X. Si cette loi me détermine à travers l'autre en tant que fin en soi, l'autre intervient dans l'auto-détermination par la loi. Pourquoi l'autre intervient-il dans mon acte de me déterminer ? Nous comprenons bien que l'universalité de la loi ne s'institue pas sans que je tienne compte de l'existence de l'autre sujet, l'*autre je*. Mais nous ne voyons pas bien en quel sens l'intervention de l'autre dans la détermination du moi réalise l'auto-détermination par la loi. Comment l'autre réalise-t-il la détermination du « je » dans l'auto-détermination par la loi ? Rappelons la formule de la fin en soi : « Agis de telle sorte que tu traites l'humanité aussi bien dans ta personne que dans la personne de tout autre toujours en même temps comme une fin, et jamais simplement comme un moyen ». La fin en soi se présente comme humanité à la fois dans ma personne et dans l'autre personne, fonctionne comme limite à la liberté pour respecter ma personnalité et celle de l'autre. On peut interpréter la fonction de la fin en soi comme limite à partir de notre interprétation de la liberté en tant qu'auto-opposition. La fin en soi s'impose comme « condition suprême restrictive de toutes les fins subjectives »[1]. Si la fin en soi se présente comme l'humanité en moi, je m'oppose à moi-même par moi-même. En s'adressant la formule de la fin en soi, le moi se constitue en s'opposant à lui-même. La fin en soi est posée dans le pouvoir de constituer l'opposant. Mais cet opposant que le moi se donne à lui-même lui apparaît authentiquement comme l'*autre-opposant*, lorsque la fin en soi désigne l'autre personne. Car l'opposant que le moi se constitue en se donnant la loi apparaît comme l'autre. Cela veut dire que par la liberté en tant que pouvoir de constituer l'opposant, je me donne la loi à travers la représentation de l'autre. L'autre personne intervient ainsi dans mon acte de se donner la loi, comme l'opposant que je me constitue moi-même.

---

[1] FM, p. 297. AK IV, 431.

2-3 La non-vérité comme indiscernabilité du moi et de l'autre

A) L'échec de la déduction de l'impératif catégorique ?

À la fin de la deuxième section de la *Grundlegung*, donc après l'exposition de toutes les formules de l'impératif, Kant se pose cette question : « *Comment une telle proposition synthétique a priori est-elle possible* ? ». Ce qui nous surprend, c'est que Kant paraît se contenter d'indiquer l'autonomie comme le fondement de la morale sans pouvoir affirmer sa « vérité » : « *Comment une telle proposition pratique synthétique a priori est-elle possible* et pourquoi elle est nécessaire, c'est là un problème dont la solution ne peut plus se trouver dans les limites de la métaphysique des mœurs. Nous n'avons même pas affirmé ici la vérité de cette proposition [...]. Nous avons seulement montré, par le développement du concept universellement reçu de la moralité, qu'une autonomie de la volonté y est inévitablement liée, ou plutôt en est le fondement. Celui donc qui tient la moralité pour quelque chose de réel, et non pour une idée chimérique sans vérité, doit aussi accepter le principe que nous lui avons assigné »[1]. C'est sur la liberté en tant qu'autonomie que la synthèse pratique devrait se fonder. Mais Kant affirme que, pour établir que la synthèse pratique n'est pas une « idée chimérique », la critique de la faculté de la raison pratique, c'est-à-dire la critique de « l'usage synthétique de la raison pure pratique » est nécessaire. Même dans la troisième section de la *Grundlegung*, Kant avoue que le but de cette section est de tracer simplement des problématiques qu'il aborderait dans la *Critique* à venir, c'est-à-dire dans la *Critique de la raison pratique*. Pour Kant, il est indubitable que l'impératif s'impose comme proposition synthétique. Pourtant, « il faudrait entrer dans une *critique du sujet*, c'est-à-dire la raison pure pratique »[2], pour démontrer que « la volonté de tout être raisonnable » doit être nécessairement liée à la loi. Cela veut dire que la condition transcendantale de l'auto-détermination par la loi que Kant a exposée dans la *Grundlegung* ne suffit pas à fonder la synthèse pratique *en vérité*[3].

Pourquoi la *Grundlegung* ne peut-elle affirmer la « vérité » de la synthèse pratique ? En examinant les quatre réquisits de la synthèse pratique et les cinq formules de l'impératif, nous avons interprété la possibilité de la

[1] FM, p. 314. AK IV, 444-445.

[2] FM, p. 309. AK IV, 440. C'est nous qui soulignons.

[3] Comme H. J. Paton le remarque, la *Grundlegung* n'a jamais réussi la *Deduktion* de l'impératif, ou bien plutôt Kant ne s'y est jamais essayé. Cf. H. J. Paton, *The Categorical imperative*, p. 244-245.

« déduction » de l'impératif catégorique. À ceci près que nous avons interprété la liberté comme constitution de l'opposant, comme « transcendance dans l'immanence »[1], et nous sommes en cela restés fidèles au texte de Kant. La réalité de l'impératif catégorique consiste en ceci qu'il y a la loi qui s'oppose à la volonté, et Kant a démontré sa réalité spécifique dans ses rapports avec la liberté du moi qui se la donne. Si les quatre réquisits sont remplis, l'impératif catégorique devrait réellement exister. Mais la *Grundlegung* avoue que cette exposition de la synthèse pratique ne suffit pas à affirmer la *vérité*, qu'il faut opérer le passage à la « critique du sujet ». Alors pourquoi Kant pense-t-il que la *Grundlegung* n'aboutit pas à la vérité de la synthèse pratique ? Qu'est-ce qui empêche Kant d'affirmer la vérité de la synthèse pratique ? Si cet échec de la *Grundlegung* nécessite la « critique du sujet », comment la deuxième *Critique* arrive-t-elle à affirmer la vérité ?

Selon notre lecture de la *Grundlegung*, la liberté rend possible la donation de la loi comme synthèse pratique. Puisque le « je me donne la loi » doit être considéré comme une proposition synthétique, la liberté qui lie le moi et la loi synthétiquement doit consister dans le pouvoir de constitution de l'autre-opposant. Dans la mesure où la liberté rend possible la synthèse pratique entre le « je » et le « me », le fondement de l'éthique kantienne de la loi doit se trouver dans cette liberté. Par là, la vérité de la synthèse pratique doit être cherchée dans la liberté. Ainsi, la *Grundlegung* nous paraît réussir à déterminer « le vrai principe avec plus d'exactitude qu'on ne l'avait fait jusque-là »[2]. La liberté est le vrai principe par lequel je me détermine par la loi. Cependant, « en ce qui concerne sa validité et la nécessité pratique de s'y soumettre, nous ne serions pas plus avancés ». Ce texte est remarquable en ceci que l'éthique kantienne tout entière serait mise en péril par Kant lui-même, juste après qu'il nous a fait découvrir la vérité de la synthèse dans la liberté. La doctrine de l'éthique kantienne, telle que l'universalisation de la maxime, la position de la contrainte à soi-même par soi-même, serait radicalement remise en question, s'il était impossible de savoir pourquoi il est nécessaire de se soumettre à la loi. Kant poursuit ainsi : « si l'on nous demandait pourquoi l'universelle validité de notre maxime, érigée en loi, doit être la condition restrictive de nos actions, sur quoi nous fondons la valeur que nous conférons à cette façon d'agir, [...] comment il se fait que l'homme ne croie avoir que par là le sentiment de sa valeur personnelle, valeur devant

---

[1] J. Rogozinski nous propose d'interpréter la relation de la loi au moi par cette notion husserlienne. Cf. *Le Don de la Loi*, p. 80.

[2] FM, p. 319. AK IV, 449.

laquelle l'importance d'un état agréable ou désagréable doit être comptée pour rien ; à ces questions, nous n'aurions aucune réponse satisfaisante à fournir »[1].

On pourrait penser que dans ce texte, Kant se demande comment le moi adopte la loi universelle comme maxime, à l'encontre de sa nature sensible. Mais le problème est plus profond que l'on ne croit. Ici, il se demande pourquoi il est nécessaire de se soumettre à la loi. Par l'exposition de l'impératif catégorique, il a montré la condition transcendantale de la synthèse entre la loi et le moi. Mais cela ne permet pas de comprendre pourquoi je me mets sous la loi, pourquoi je suis obligé de me soumettre à la loi comme loi de ma faculté de désirer, pourquoi je *désire la loi*. Ce qui est remis en question, c'est ce qui pousse le moi à se déterminer par la loi. En effet, concernant la question du mobile (*Triebfeder*) qui pousse le moi à la loi, l'analyse précise fait radicalement défaut dans la *Grundlegung*, si bien que Kant n'arrive pas à préciser pourquoi le moi désire spontanément se mettre sous l'horizon de la loi. Ce serait cette indétermination de la liaison du moi et de la loi qui empêche Kant d'affirmer la vérité de la synthèse.

Qu'est-ce qui empêche l'accès à la vérité ? S'il y a la vérité de la synthèse, y a-t-il alors une contre-vérité qui défigure la vérité ? Si la « déduction » est l'éclaircissement de la vérité qui noue le moi à la loi, son inaccomplissement résulte-t-il de la vérité défigurée qui noue le moi à la loi ? S'il en est ainsi, qu'est-ce qui défigure donc la vérité de la synthèse ?

La déduction de la loi vise à montrer la liaison synthétique entre le moi et la loi, la condition de l'immanence de la loi à l'intention du moi. Ce qui lie le moi à la loi, c'est la liberté du moi, et en ce sens, la liberté est le véritable principe de l'auto-détermination par la loi. La non-vérité serait alors ce qui empêche l'auto-détermination libre par la loi, c'est-à-dire l'hétéronomie. Dans tous ses sens, la liberté est le critère qui détermine la différence entre la vérité de la synthèse et sa non-vérité comme hétéronomie. L'hétéronomie est définie par Kant comme le principe qui empêche de nouer le moi et la loi en vérité, car elle ne réalise pas l'immanence de la loi au moi. Si le principe déterminant de la volonté se trouve hors du moi et dans l'objet de la faculté de désirer, « il en résulte toujours une hétéronomie » : lorsque le moi sort de lui-même pour déterminer sa volonté, c'est alors l'autre qui me donne la loi. L'hétéronomie consiste à ne pas déterminer la volonté en elle-même, en cherchant le principe déterminant de l'action dans ce qu'il faut faire pour atteindre quelque chose d'autre. Dans ce cas, l'impératif que je m'adresse n'est que conditionnel (« je ne dois pas mentir, si je veux continuer à être honoré »). L'impératif doit être

[1] FM, p. 319. AK IV, 449-450.

inconditionnel (« je ne dois pas mentir, alors même que le mensonge ne me ferait pas encourir la moindre honte »). Sans chercher le principe déterminant de la volonté au dehors de lui, le moi trouve dans la raison en lui « sa propre autorité impérative, comme législation suprême »[1]. Certes, je ne dois pas sortir de moi-même, mais la loi de la raison doit être transcendante par rapport à moi. Cette transcendance doit se constituer par l'acte de liberté, par l'acte de constituer l'opposition à soi-même, par l'acte de se constituer en opposition à la loi. S'il n'y a pas d'opposition entre le moi et la loi, le « je me donne la loi » ne peut pas être une proposition synthétique. Il en résulte qu'il est impossible d'identifier le moi à la raison pratique et d'affirmer la loi comme loi du moi. Mais il est aussi impossible de représenter la transcendance de la loi comme commandement de l'autre existant. Si on représente la loi comme provenant de Dieu, on retombe dans l'hétéronomie[2]. D'une part, c'est le moi qui se donne la loi. D'autre part, la loi est transcendante au moi qui se la donne. C'est cette antinomie de l'auto-détermination par la loi que Kant a résolue par le concept de liberté, et nous l'avons interprétée comme le pouvoir de se constituer l'opposant.

En fondant la synthèse sur cette notion de liberté, la vérité du « je me donne la loi » devrait se préserver de toute erreur, puisque la différence entre l'autonomie et l'hétéronomie est solidement déterminée. Mais c'est justement là que la possibilité de la défaillance surgit. Au moment où la *Grundlegung* a fondé l'éthique de la loi sur la liberté, Kant suspend cette vérité. Pour lui, il n'est pas clair que le moi se mette sous l'horizon de la loi par la liberté. Ce qui est remis en question, ce n'est pas l'existence même de la loi, mais plutôt la disposition du moi à la loi, sa liberté par laquelle il se met sous l'horizon de la loi. La liberté devrait être le principe véritable de l'auto-détermination par la loi, sans lequel le moi et la loi ne se rencontrent jamais dans la synthèse pratique. Mais Kant paraît repérer dans la liberté la possibilité de la *défaillance* de la synthèse pratique. Si la défaillance de la synthèse pratique concerne la liberté, la subjectivité du moi est mise en péril. Car c'est la liberté qui effectue l'auto-détermination par la loi. Il est vrai que, dans la *Grundlegung*, Kant ne thématise pas la possibilité de la défaillance de la liberté. Mais il nous faudrait l'envisager pour comprendre pourquoi la « déduction » de l'impératif n'est pas accomplie dans la *Grundlegung*, pourquoi Kant suspend la liberté au moment même où il la considère comme fondement de la synthèse pratique.

---

[1] FM, p. 310. AK IV 441.

[2] Sur l'« hétéronomie *rationnelle* », cf. FM, p. 310. AK IV, 442.

L'analyse qui suit dépasse le commentaire de la *Grundlegung*, mais elle est une tentative d'interpréter la possibilité de la défaillance de la liberté.

Sans la liberté, la loi est une « simple illusion de notre raison »[1]. Mais il est aussi vrai qu'avec la liberté, le moi s'illusionne. En effet, il est possible que l'éthique de la loi puisse se compromettre par la liberté dans une situation paradoxale : *le moi tombe dans l'hétéronomie par l'autonomie*. Arendt a bien montré le paradoxe de l'auto-détermination par la loi. Elle rapporte que Eichmann « avait vécu toute sa vie selon les préceptes moraux de Kant, et particulièrement selon la définition que donne Kant du devoir »[2]. Selon Arendt, la notion du devoir que Eichmann se fait provient de l'impératif kantien, d'une réhabilitation de la loi kantienne : « agis de telle sorte que le *Führer*, s'il avait connaissance de tes actes, les approuverait ». C'est une défiguration de la loi kantienne, puisque l'éthique kantienne a pour principe suprême l'autonomie qui interdit la soumission aveugle à l'autre, tandis qu'Eichmann se soumet à la voix de l'autre, celle du *Führer*. Selon Kant, le moi doit se déterminer par la représentation de la loi qui provient du moi lui-même, tandis qu'Eichmann se détermine par la représentation de l'autre qui l'observe : il n'y a rien qui permette d'identifier l'impératif kantien à celui du troisième *Reich*, et leur différence est clairement déterminée dans l'opposition de l'autonomie et de l'hétéronomie. Finalement, on ne comprend pas bien pourquoi Eichmann s'autorise à assimiler son devoir à celui de l'éthique kantienne, si ce n'est du fait du caractère inconditionné de la soumission au devoir. Deux impératifs sont certainement comparables en ceci que le moi ne peut pas refuser la loi dès qu'il entend la « voix ». Mais l'idée d'autonomie interdit de se soumettre aveuglément à la loi de l'autre. Cela veut dire que l'impératif kantien se présente comme une résistance envers la soumission aveugle à des règles déjà établies. Et pourtant, si on écarte la thèse orthodoxe de la liberté kantienne, c'est-à-dire, la thèse selon laquelle l'autonomie est l'affirmation du sujet en tant que raison pratique qui se donne *sa* loi, on pourrait saisir ce qui permet à Eichmann d'identifier son devoir au devoir kantien : *il s'agit de la liberté comme auto-constitution de l'opposant*. C'est cette notion de la liberté qui rend possible la confusion de la loi kantienne et de l'impératif du troisième *Reich*. En effet, le cas d'Eichmann ne montre pas simplement l'obéissance aveugle et *passive* à l'autre et à sa loi, mais une obéissance *volontaire* et *active*. Pour lui, l'impératif kantien exprime « l'idée que l'homme doit faire plus

---

[1] CFJ, p. 1282. AKV, 471.

[2] H. Arendt, *Eichmann à Jérusalem* (1963), Gallimard 1991, p. 153 [Eichmann in Jerusalem, Penguin Books, 1984, p. 135-136].

qu'obéir à la loi, qu'il doit aller au-delà des impératifs de l'obéissance et identifier sa propre volonté au principe de la loi, la source de toute loi »[1]. Selon Arendt, l'impératif ne consiste pas simplement dans l'obéissance au commandement de l'autre, mais dans le commandement du « faire plus que l'obéissance aveugle » et d'« identifier sa propre volonté au principe de la loi », donc dans le pouvoir du moi de se contraindre par soi-même. Dans le cas d'Eichmann, cette identification s'effectue comme identification à l'autre. En érigeant la voix de l'autre à la source de la loi, il se la donne de lui-même ; il obéit spontanément à l'autre en se donnant sa loi, tout se passe comme s'il devenait cet autre qui lui donnait sa loi. En s'entendant parler le « tu dois », il ne fait que se soumettre à la voix de l'autre, sans l'apercevoir. Par l'effort même de « faire plus qu'obéir à la loi », l'autre intervient ainsi dans l'auto-détermination par la loi.

Pour dépasser l'obéissance passive à l'autre, le moi se contraint à agir de lui-même. Il est possible que ce soit par ce « *Selbstzwang* » que le moi écoute en lui-même la voix de l'autre qui commande. La soumission à la voix de l'autre et l'autonomie du sujet s'entrelacent dans la contrainte sur soi. Sur celle-ci, Kant écrit : « comme l'homme est être *libre* (moral), le concept du devoir ne peut contenir aucune autre contrainte que *contrainte sur soi-même* (par la seule représentation de la loi) lorsqu'il s'agit de la détermination interne de la volonté (les mobiles), car c'est seulement par là qu'il sera possible de concilier cette *coercition* (*fût-elle même extérieure*) avec la liberté de l'arbitre »[2]. Selon Kant, même la coercition extérieure ne s'oppose pas à la liberté lorsqu'elle apparaît à travers le *Selbstzwang*. Le commandement du « faire plus que l'obéissance aveugle » incite dans le *Selbstzwang* à incorporer la voix de l'autre, en l'érigeant en « source de la loi » que *je me donne moi-même*. C'est le *Selbstzwang* qu'on peut trouver dans la soumission au commandement du « faire plus que l'obéissance aveugle » tout comme dans la liberté kantienne. L'assimilation de l'impératif kantien à celui du troisième *Reich* est donc possible en ceci que dans les deux cas, le moi se charge de la coercition extérieure dans le *Selbstzwang*.

On peut objecter que chez Eichmann, l'autre intervient, dans le *Selbstzwang*, comme l'opposant qui détermine la volonté du moi. Eichmann ne fait qu'obéir à la loi de l'autre, alors qu'il croit se donner la loi de lui-même. Mais nous avons vu que la liberté kantienne est définie par le pouvoir de constituer l'autre-opposant à soi-même, et *que l'autre intervient dans mon*

---

1 *Ibid.*, p. 154 [p. 136-137].

2 DV, p. 657. AK VI, 379-380.

acte de me déterminer. Selon Kant, le moi doit se déterminer par la représentation de la loi dont la transcendance se constitue dans l'acte d'auto-constitution de l'opposant. C'est cette transcendance dans l'immanence qui se transpose chez Eichmann dans la figure de l'autre. Tout comme chez le sujet kantien, Eichmann semble construire l'opposant à lui-même. Mais l'opposant qu'il se donne provient de l'autre existant. Si l'auto-opposition ne diffère pas de la soumission à l'autre, c'est parce qu'il érige en loi la voix de l'autre qui le subordonne. En s'entendant parler le « tu dois » que l'autre énonce, le sujet construit l'opposant à lui-même. La liberté en tant qu'auto-constitution de l'opposant se révèle ainsi comme auto-aliénation volontaire du soi à l'autre.

Dans la mesure où c'est le moi lui-même qui se donne la loi de l'autre, il tombe, de sa propre liberté, dans l'hétéronomie. Cette *auto-hétéronomie* peut être considérée comme la constitution de la passivité dans la liberté : je me constitue moi-même comme obligé, enjoint par la loi. Comme nous l'avons montré lors de l'analyse du versant passif de l'auto-détermination, il y a la passivité au cœur de l'autonomie. Cette passivité pour la loi peut se transposer en celle envers l'autre. La différence entre l'autonomie et l'hétéronomie serait abolie, si le sujet se met dans la position passive envers l'autre, tout en croyant se donner la loi de lui-même.

Or, il ne s'agit pas ici de justifier l'identification de l'impératif du troisième *Reich* à celui de Kant, mais de voir la part de non-vérité *dans* la vérité de la synthèse pratique. Il est vrai qu'Eichmann défigure la vérité de la loi. Mais nous admettons en même temps que cette défiguration de la vérité trouve son origine dans la liberté qui noue le moi à la loi en vérité, c'est-à-dire la liberté en tant qu'auto-constitution de l'autre-opposant. Le cas d'Eichmann nous fait voir que le moi tombe dans l'hétéronomie par sa liberté même. En allant volontairement au-delà de l'obéissance aveugle à l'autre, le moi s'illusionne sur lui-même jusqu'à prendre la loi de l'autre pour la sienne, à s'identifier à l'autre qui lui donne la loi, comme si le « je » qui *me* donne la loi devenait l'autre. La liberté détruit ainsi l'autonomie. Elle ne fait que défigurer le moi en autre (et l'autre en moi-même), déguiser l'hétéronomie en autonomie. La liberté est ainsi mise en question. La possibilité de la défaillance de la synthèse pratique se trouve dans la liberté même qui lie le moi et la loi. On ne sait plus si la liberté réalise vraiment l'auto-détermination par la loi, si la loi et le moi sont liés dans ma propre intention. Si la synthèse est mise en doute par la liberté, c'est dans cette liberté même que s'origine la possibilité de la non-vérité de la synthèse, la synthèse illusoire[1].

---

[1] Sur l'*illusion pratique*, voir J. Rogozinski, *Le Don de la Loi*, p. 71-102.

B) La vérité éthique

En interprétant la liberté comme le pouvoir de constituer un autre-opposant, nous avons considéré la relation de la loi au moi comme une « transcendance dans l'immanence ». À partir de cette interprétation, nous avons vu l'étrange proximité entre la vérité de la synthèse pratique et sa non-vérité, entre l'autonomie et l'hétéronomie. Le cas d'Eichmann atteste qu'il y a une zone grise entre l'hétéronomie et l'autonomie. N'est-ce pas à cause de cette proximité de la vérité et de la non-vérité, que Kant éprouve de la difficulté à affirmer la liberté comme vérité de la relation synthétique du moi et de la loi ? Qu'il ne soit pas certain que la liberté noue le moi à la loi en vérité, cette indétermination de la liberté peut signifier ceci : alors que je dois constituer moi-même l'objection à mon désir, je ne suis pas certain que la loi, ou l'opposition à mon désir, soit liée à mon intention. Il est aussi possible que je croie me donner de moi-même la loi, alors que ce n'est pas moi-même qui constitue l'opposant à mon désir. Si je crois me donner la loi tout en obéissant à la voix de l'autre, c'est parce que je m'identifie à l'autre qui me donne la loi. L'hétéronomie est ainsi défigurée par l'autonomie, et cette défiguration affecte radicalement la connaissance de soi. Si le « je » qui *me* donne la loi n'est qu'un autre, l'équivoque de la liberté concerne donc l'indiscernabilité du moi et de l'autre dans l'acte de se donner la loi. Il est vrai que j'ai conscience de la soumission à la loi que je me donne. Mais rien n'est moins certain que je suis vraiment ce *je* qui donne la loi, bien que je sois évidemment celui qui *me* soumet à la loi. Plus précisément, je ne saurais même pas *qui* est ce *je* dans l'étrange affinité de la vérité et de la non-vérité de la synthèse.

Il est possible que l'équivoque de la vérité résulte de la conception de la « transcendance dans l'immanence ». La loi doit garder sa transcendance à l'intérieur même du moi, non pas en dehors du moi, sinon la donation de la loi ne peut pas résulter de la liberté. Que la transcendance de la loi soit dans l'immanence que structure l'acte du moi qui se donne la loi, c'est le réquisit fondamental de la synthèse pratique. Mais il faut admettre que cette notion de transcendance intérieure peut s'appliquer aussi à la synthèse pratique illusoire. La transcendance de la loi ou l'autre-opposant se constitue à partir de mon acte de me donner la loi. Mais la transcendance de la loi se transpose en altérité de l'autre, lorsque je me donne la loi de l'autre, en m'identifiant à l'autre. Car il est possible qu'en croyant me donner de moi-même la loi, je tombe dans l'hétéronomie où je n'ai même pas conscience de me donner la loi de l'autre. De cette proximité de la vérité et de la non-vérité de la synthèse pratique, il résulte que la liberté rend possibles à la fois l'autonomie et l'hétéronomie.

Il convient ici de nous expliquer sur la notion de la vérité de la synthèse pratique. La vérité dont il s'agit dans la synthèse pratique, ce n'est pas la vérité comme adéquation. Au niveau du jugement, la vérité peut être considérée comme adéquation, même sur le plan éthique ; le jugement déterminant éthique consiste à trouver la conformité, l'accord entre la maxime et l'idée de l'universalité. Mais, s'agissant de la liberté comme vérité de la synthèse pratique, on ne peut plus la penser par l'idée d'adéquation. Comme nous l'avons vu, la conformité à la loi ne peut fonder la moralité, et celle-ci ne peut être affirmée que dans l'intention où je me lie à la loi. Ce qui lie le moi à la loi, c'est la liberté, en tant que pouvoir de constituer l'autre-opposant. La *vérité éthique* consiste dans le comportement du moi qui se met à la disposition de la loi. Cependant, cette vérité n'est pas préservée de l'erreur. Car c'est par cette liberté en tant que vérité de la synthèse pratique, que la synthèse se défigure. Telle est la raison principale pour laquelle on ne peut pas assimiler la vérité de la synthèse pratique à la vérité comme adéquation : dans la liberté, la vérité ne s'oppose pas à la non-vérité. La vérité et la non-vérité co-appartiennent à la liberté. Pour considérer cette affinité de la vérité et de sa non-vérité, il convient de nous référer à l'interprétation heideggérienne de la vérité comme *aléthéia*.

Par sa conception de la vérité comme *aléthéia*, Heidegger nous invite à penser le « non » de la non-vérité d'une manière positive. La vérité est selon lui le dévoilement (*Entbergung*) de ce qui est voilé (*Verborgene*). Le dévoilement présuppose le voilement. Cela veut dire que la non-vérité précède la vérité, et que la vérité consiste dans un dégagement de l'être voilé, dissimulé. C'est donc à partir de la non-vérité que Heidegger pense la vérité. Il affirme que la vérité s'enracine originairement dans la non-vérité, et que la vérité n'a lieu que dans cet enracinement. Puisque la non-vérité est plus ancienne que la vérité, et que la non-vérité (*léthé*) est au cœur même de la vérité (*a-léthéia*), la vérité n'arrive à s'affirmer que comme acte de se soustraire au voilement d'elle-même. Si la non-vérité est la contre-vérité, ce n'est pas que la non-vérité est une simple négation de la vérité. Si on en appelle à la théorie kantienne de l'opposition réelle, on peut dire que la vérité ne peut avoir lieu que dans son conflit avec la non-vérité. Celle-ci n'est rien, mais ce rien serait quelque chose de réel, en ceci qu'il constitue le principe positif qui s'oppose à la vérité (la non-essence de la non-vérité appartient à l'essence de la vérité).

Dans « De l'essence de la vérité », Heidegger affirme que l'essence de la vérité a son fondement dans la liberté humaine qui consiste dans l'acte de

« laisser-être de l'étant (*Sein-lassen des Seienden*) »[1]. Comment penser cela ? La liberté comme vérité se ramène-t-elle à un pouvoir que l'homme possède de dévoiler l'être de l'étant ? La vérité est-elle l'être de l'homme qu'il dévoile par sa liberté ? Ce qui est certain, c'est que la vérité comme liberté concerne le mode d'être du *Dasein*. Dans *Être et Temps*, Heidegger écrit ceci : « l'être-vrai comme être-découvrant est une guise d'être du *Dasein*. Ce qui rend soi-même possible ce découvrir doit nécessairement être nommé "vrai" en un sens encore plus originaire. *Les fondements ontologico-existentiaux du découvrir lui-même montrent pour la première fois le phénomène le plus originaire de la vérité* »[2]. L'être-vrai en tant qu'étant découvert est le deuxième sens de la vérité. « Est premièrement "vrai", c'est-à-dire découvrant, le *Dasein* ». Celui-ci est « dans la vérité », de telle façon qu'il laisse son être à l'ouverture au monde : en se projetant au monde « à partir de son pouvoir-être le plus propre », le *Dasein* se saisit comme être-au-monde. Par la vérité, il s'agit donc du mode d'être du *Dasein* qui « s'ouvre à lui-même dans et comme son pouvoir-être le plus propre ». Or, ce qui est essentiel dans la conception heideggérienne de la vérité, c'est que le laisser-être de l'étant n'accomplit pas complètement le dévoilement. Bien plutôt, le laisser-être occulte, dissimule par le dévoilement même. « Dans la mesure où le laisser-être laisse être l'étant auquel il se réfère dans un comportement particulier, et ainsi le dévoile, il dissimule l'étant en totalité. En soi, le laisser-être est donc du même coup une dissimulation (*Verbergen*). Dans la liberté *ek-sistante* du *Dasein* se réalise la dissimulation de l'étant en totalité, *est* l'obnubilation (*Verborgenheit*) »[3]. L'Être de l'étant ne peut se dévoiler sans se dissimuler dans le laisser-être. Nous ne voulons pas ici exposer toute la doctrine heideggérienne de la vérité. Nous nous contentons de constater trois caractéristiques de la relation de la vérité à sa non-vérité. 1) La non-vérité se noue indissociablement à la vérité, de façon que la non-vérité précède la vérité, et qu'il y ait une part de non-vérité au sein même de la vérité. 2) La vérité ne peut se manifester que comme dégagement de la co-appartenance originaire de la vérité et de la non-vérité. 3) Si la vérité se dissimule dans l'acte même du dévoilement, c'est par l'acte du laisser-être de l'étant, par la liberté même du *Dasein*, que la vérité est dissimulée.

---

[1] « L'essence de la liberté, vue à la lumière de l'essence de la vérité, apparaît comme ex-position en tant qu'il a le caractère d'être dévoilé ». M. Heidegger, « De l'essence de la vérité », p. 176. GA 9, p. 189.

[2] M. Heidegger, *Être et temps*, § 44 b, trad. E. Martineau, p. 178 [*Sein und Zeit*, Niemeyer, 1967, p. 220].

[3] M. Heidegger, « De l'essence de la vérité », p. 182. GA 9, p. 193. Sur la vérité selon Heidegger, cf. le commentaire d'H. Birault dans *Heidegger et l'expérience de la pensée*, Gallimard, 1978, p. 498-513.

Revenons à Kant pour éclairer sa conception de la vérité éthique à partir de la notion heideggérienne de la vérité. Nous pouvons maintenant comprendre la structure élémentaire dans laquelle la vérité de la synthèse pratique coexiste, dans la liberté, avec sa non-vérité. *La non-vérité de la liberté est sa vérité, en ce sens que cette vérité s'enracine profondément dans sa non-vérité*. Sur le plan théorique, la vérité (en tant qu'adéquation) se fonde en dernière instance sur la transcendance du sujet. Sur le plan éthique, la vérité trouve son fondement dans la liberté, dans la constitution de la transcendance de la loi. La transcendance éthique se ramène d'abord à une relation de la loi au moi. La loi constitue une transcendance à l'intérieur même de l'immanence que structure l'acte de se donner la loi. Si la loi m'apparaît comme transcendance, c'est que je constitue de moi-même l'opposant à ma faculté de désirer. Nous avons pensé que cet acte de liberté instaurait l'ipséité du moi en tant que synthèse du « je » et du « me » du « je me donne la loi ». Mais l'étrange affinité entre la vérité de la synthèse pratique et sa non-vérité nous conduit à mettre en question le statut du moi libre. Car c'est par la liberté, qui devrait instaurer l'ipséité du moi en vérité, qu'il perd son ipséité jusqu'à se trouver lui-même dans une indiscernabilité entre le moi et l'autre.

« Si l'impératif, écrit J.-L. Nancy, est bien ce qui surgit dans le retrait de la vérité – et qui surgit en enjoignant à l'homme d'être vrai –, cette vérité impérative surgit dans le retrait du Vrai-Sujet, et comme son retrait »[1]. Selon Nancy, la « vérité impérative » ne se révèle que dans son retrait, et elle apparaît comme le retrait du « Vrai-Sujet ». En voyant dans le « retrait de la vérité » la syncope du Sujet, Nancy indique que le problème de la vérité éthique concerne l'auto-connaissance du moi : l'auto-détermination par la loi constitue le moi comme « être enjoint » par la loi, laquelle apparaît pour lui comme insaisissable. La loi ne me dit rien, bien qu'elle s'impose comme loi de « ta propre volonté ». Elle s'impose comme une sorte d'évidence indubitable, tout en excédant le moi, puisqu'il lui est impossible de *savoir* ce qui lui enjoint de vérifier la vérité de la loi. « Ce que nous pouvons du moins "savoir", écrit Nancy, c'est que s'il n'y a pas de question de vérité de cette vérité, il y a question à propos de *celui à qui* l'impératif est adressé »[2]. Le sujet est acculé à lui-même par la vérité énigmatique de la loi. Si la vérité éthique se révèle comme le retrait du Sujet, c'est d'abord que l'impératif dresse le moi comme « être enjoint », en supprimant son initiative. Et pourtant, il faut préciser que c'est par son propre pouvoir que le moi-sujet se dresse comme

---

[1] J.-L. Nancy, *L'Impératif catégorique*, Flammarion, 1983, p. 111.

[2] *Ibid.*, p. 112.

« être enjoint » : le retrait de la vérité du sujet s'origine dans son propre pouvoir. Il faut ensuite considérer que ce retrait du moi-sujet change la vérité de l'auto-détermination par la loi en sa non-vérité, lorsqu'il représente la transcendance de la loi comme altérité de l'autre. Au moment même où le moi donne la loi de l'autre, comme si celui-là se donnait sa propre loi, l'auto-détermination du moi perd complètement l'initiative du moi : il ne s'agit plus du retrait du sujet, mais de la défaillance du sujet ou de l'indiscernabilité du moi et de l'autre dans laquelle le moi perd son ipséité.

C) Le recul de Kant devant la possibilité de la défaillance de la synthèse pratique

Il semble que nous revenons à l'indétermination initiale du moi et de l'autre dans l'auto-détermination par la loi, telle que nous l'avons décrite comme l'expérience de la liberté. Tout se passe comme si le passage du « Canon » à la *Grundlegung* ne faisait que déplacer le problème sans arriver à y donner une vraie solution. Dans l'expérience de la liberté, j'en appelle à la loi pour déterminer mon ipséité énigmatique du « je ». L'énigme du « je » pour moi consiste, quant à son mode d'être, dans l'étrange relation à la loi. Au moment où il s'agit de déterminer mon ipséité du « je », j'en appelle à la loi qui provient du « je » que je suis. Mais comme nous l'avons vu, le premier moment de l'auto-détermination par la loi constitue une épreuve, celle de s'exposer à l'autre dont le statut est complètement indéterminé. N'est-ce pas plutôt la loi qui me confronte à mon ipséité comme à quelque chose d'indéterminé ? N'est-ce pas la voix de la loi qui me fait face à moi-même comme une énigme ? Nous avons pensé, lors de la lecture du « Canon », que le premier moment de l'auto-détermination par la loi consiste à *se* poser devant la loi, et que le versant actif de l'auto-détermination consiste à affirmer ce qui m'interpelle, ce qui me donne la loi, comme moi-même. Mais notre lecture de la *Grundlegung* a donné une autre interprétation du versant actif de l'auto-détermination, selon laquelle elle consiste dans la constitution de l'autre-opposant en moi-même. À vrai dire, cette solution ne fait que confirmer la finitude radicale qui apparaît déjà dans le versant passif de l'auto-détermination, c'est-à-dire la passivité envers la transcendance de la loi. Selon le « Canon », le moi se confronte à la transcendance de la loi de façon passive, en ceci que son désir de bonheur subordonne celui-ci au commandement de Dieu, tandis que la transcendance de la loi est considérée, dans la *Grundlegung*, comme constituée dans l'acte de constitution de l'opposant. La passivité envers la loi devient désormais l'acte de liberté ; la passivité du moi est constituée au sein même de l'acte de se constituer l'autre-opposant. Le versant actif que nous avons interprété comme constitution de la « transcendance dans l'immanence » consiste à mettre l'autre-opposant à l'intérieur du moi, non pas à le poser à l'extérieur. C'est exactement cet acte qui rend *indéterminable la différence entre le moi et l'autre.* Par cette *incorporation* de l'autre-opposant ou la constitution de celui-ci à l'intérieur du moi, s'aggrave l'indétermination primordiale de la relation entre le moi et l'autre. Le cas d'Eichmann nous montre que le moi se subordonne à l'autre par sa propre liberté. À première vue, il n'y a aucune liberté dans la soumission à la loi de l'autre. Mais nous savons maintenant que cette subordination s'origine dans la liberté en tant que pouvoir de se constituer l'autre-opposant. En se dégageant de l'obéissance passive à la loi, le moi peut s'illusionner jusqu'à prendre pour lui-même l'autre qui lui donne la loi, à s'identifier à l'autre, si bien que l'autre s'incorpore dans le moi comme la transcendance de la loi.

La réduction du pathologique aurait dû ramener l'éthique kantienne à déterminer la différence du moi et de l'autre, en fondant la liberté sur la pureté de la volonté. Elle paraît réaliser l'autonomie, en situant la provenance de la loi dans la raison pratique en moi, et en considérant la liberté comme « *Selbstzwang* ». L'opposant à mon désir qui se formule comme le « tu dois » ne provient ni de Dieu, ni de l'autre existant, mais de la raison en moi : le « tu dois » n'est rien d'autre que le « je veux », en tant que le « tu dois » s'adresse à moi à partir de moi-même. « Ce *Sollen*, écrit Kant, est proprement un *Wollen*, qui vaut pour tout être raisonnable, à la condition que chez lui la raison soit pratique sans empêchement » [1]. Mais comment le « tu dois » peut-il se transformer en « je veux », si la liberté ne peut être affirmée comme le pouvoir de se déterminer ? Il se peut que le « tu dois » résonnant en « je veux » soit le lieu par excellence où des illusions sur soi-même puissent être intimement liées à la vérité de la loi. Quel est le « tu dois » en moi ? Cela provient de la raison pratique. Que veut dire alors l'existence de la raison pratique en moi ? Ne faut-il pas dire que la résonance du « tu dois » en « je veux » est déjà un signe du désastre de l'éthique de la loi ? Nous avons vu que l'intervention de l'autre dans mon acte d'auto-détermination est nécessaire à la constitution du moi comme être raisonnable, et que la notion de la fin en soi constitue l'opposant à ma liberté dans l'acte même d'auto-détermination par la loi. Quel est le statut de l'autre opposant dans l'immanence même que structure l'acte

---

[1] FM, p. 319. AK IV, 449.

de se donner la loi ? Quelle est la relation exacte entre le moi et l'autre qui permet d'affirmer la synthèse pratique en vérité ?

Si la liberté par laquelle je constitue mon ipséité, réalise paradoxalement une hétéronomie, on doit admettre que la liberté a la possibilité de la défaillance en elle-même. Comment Kant aurait-il pu répondre à cette question de la co-appartenance de vérité et de la non-vérité dans la liberté ? Nous ne pouvons pas le savoir. Tout se passe comme si Kant essayait de dissimuler l'étrange proximité de la vérité et de la non-vérité dans la synthèse pratique. En effet, sa solution est d'abord de creuser un écart entre le « tu dois » et le « je veux » : « pour les êtres qui, comme nous, sont affectés d'une sensibilité [...], cette nécessité de l'action s'exprime seulement par le *Sollen* ». Ainsi, le « je » qui donne la loi et le « me » qui obéit sont séparés en deux pôles juxtaposés. Cette juxtaposition serait inévitable. Dans la liberté par laquelle le « tu dois » résonne dans le « je veux », la vérité qui lie synthétiquement le moi à la loi peut se nouer à sa non-vérité, dans la mesure où le « je me donne la loi » peut se manifester comme une obéissance aveugle à un autre qui énonce le « tu dois ». Kant est en un sens obligé de dissimuler l'étrange proximité de la vérité et de la non-vérité. Sur ce point, il est intéressant de voir que Kant a une difficulté à admettre ce qui pousse (*treiben*) le moi à la loi. S'il n'admet pas l'intérêt du moi porté à la loi, c'est parce qu'il réduit tout ce qui lie le moi à la loi à des inclinations pathologiques[1]. Cela veut dire que le moi est toujours le moi désirant, et que la loi s'impose au moi impérativement, sans que la donation de la loi chez lui se noue à sa liberté. Ou bien la liberté est prise en compte dans son indépendance radicale par rapport à la sensibilité, si bien que le moi et la loi sont juxtaposés sans aucune possibilité de croisement. D'une part, il y a la loi de la raison pure pratique, d'autre part le moi-sujet humain dont la volonté pathologiquement affectée n'obéit pas forcément à la loi ; d'un côté, la liberté comme volonté pure et bonne (*Wille*), et de l'autre, le désir pathologique. Que veut dire alors la liberté si elle est comprise simplement comme l'indépendance par rapport à la condition matérielle de la volonté ? La liberté ne fait que dresser le moi devant la loi, dont la transcendance était comprise, dans le « Canon », sous la figure de l'Autre tout-puissant. Puis dans la *Grundlegung*, cette transcendance de la loi est considérée comme si elle était intériorisée en moi comme le principe de la raison pratique. Mais cette intériorisation de la transcendance ne peut jamais s'accomplir. Car le « je » qui donne la loi et le « me » qui lui obéit ne constituent jamais une identité pure de soi-à-soi.

---

[1] Cf. FM, p. 275 note et p. 318. AK IV, 413 et AK IV, 448.

Il semble en effet que Kant, en s'efforçant de démontrer la possibilité de la synthèse pratique, oscille entre deux positions : d'une part, il s'efforce de prouver la liberté comme une « propriété qu'elle [volonté] a d'être à elle-même sa loi »[1]. « Une volonté libre et une volonté soumise à des lois morales sont par conséquent, affirme Kant, une seule et même chose ». D'autre part, Kant dissocie la loi et la liberté du moi en soulignant la finitude de la volonté humaine. La relation de la volonté du moi à la loi doit être purifiée de ses intérêts sensibles « malgré lui » ; la liberté « astreint » le moi « malgré lui (*unwillkürlich*) » à un « renoncement à tous les désirs et à toutes les sollicitations sensibles »[2]. La liberté n'est plus la propriété du moi, mais ce dernier en est plutôt dépossédé. Ainsi, Kant souligne la finitude du moi par rapport à la loi, même l'extériorité de la liberté par rapport au moi. Si je ne me détermine pas forcément par la loi, c'est parce que je suis influencé par le désir pathologique. La liberté me détache de mon désir pathologique. La liberté est ainsi définie par la pureté de la volonté, et le désir pathologique serait défini par la possibilité de la défaillance de la synthèse. Kant purifie la liberté de la constitution particulière du moi, si bien que la liberté du moi apparaît étrangère à lui-même. Comme la liberté elle-même est préservée de toute erreur, l'inaccomplissement du devoir est imputé à la constitution sensible du moi. Il nous semble que par cette purification de la liberté, Kant dissimule la possibilité interne de la défaillance de la liberté.

Par la purification de la liberté, deux pôles de la synthèse (la loi et le moi) sont juxtaposés, en loi de la raison et en volonté pathologiquement affectée. La juxtaposition des deux pôles de la synthèse s'accentue par l'introduction de la différence du monde sensible et du monde intelligible. Le rapport du moi et de la loi est reformulé dans le dualisme du phénomène et de la chose en soi. Par ce dualisme, le moi et la loi sont complètement dissociés : en tant qu'être sensible, j'appartiens au monde sensible où je suis soumis à la causalité naturelle, tandis que ma volonté se manifeste comme libre au moment où je me considère comme une chose en soi[3]. Le moi ne peut se connaître tel qu'il est en soi, mais toujours par le sens interne, « par la façon dont sa conscience est affectée »[4]. En même temps, il y a « quelque chose d'autre » qui sert de fondement de connaissance de soi, c'est-à-dire l'« activité pure », « immédiate » par laquelle le moi doit « se regarder comme faisant partie du

[1] FM, p. 316. AK IV, 447.

[2] FM, p. 326 et p. 329. AK IV, 455 et 457.

[3] FM, p. 329, p. 333. AK IV, 457, 461.

[4] FM, p. 322. AK IV, 451.

monde intelligible ». Le moi se conçoit lui-même à la fois comme « conscience qu'il a de lui-même comme d'un objet affecté par le sens » et comme « conscience qu'il a de lui-même comme intelligence »[1]. Cela veut dire que la disjonction est interne, le moi est scindé en deux natures radicalement distinctes. Mais Kant ne peut l'admettre. Pour lui, ces deux modes de se représenter n'impliquent pas la moindre contradiction. Il n'y a pas de conflit entre le moi et la loi, entre moi comme objet du sens et moi comme intelligence, puisque la liberté, du moi ramène le moi au monde intelligible. Selon Kant, la liberté « fait de moi membre d'un monde intelligible », dont la volonté est « pure et pratique par elle-même », dans la mesure où, par la liberté le moi « se transporte en pensée [...] dans un ordre de choses bien différent de celui que constituent ses désirs dans le champ de la sensibilité »[2]. Ce moi qui se considère comme appartenant au monde intelligible trouve en lui la faculté de se déterminer, c'est-à-dire la raison. Ce moi transporté, qui se figure comme volonté indépendante du désir et de l'inclination, Kant l'appelle « moi véritable (*eigentliche Selbst*) »[3]. Puisque ce moi véritable est la raison, la loi s'adresse au moi « immédiatement ». Mais comment admettre comme moi-même ce « moi véritable », dont la loi est transcendante par rapport au moi phénoménal et sensible ? Ce serait la liberté qui devrait me permettre de m'identifier à ce moi nouménal ; la liberté est donc le mode de se représenter. Lorsque le moi se représente par le biais de la sensibilité, il se conçoit comme objet du sens. Mais par la liberté, le moi se représente en fonction de son moi véritable. Je suis le moi véritable, en ce sens que je suis à la fois celui qui me détermine (*je* me détermine en tant que moi véritable) et celui qui est déterminé par le moi véritable (je *me* détermine moi-même comme moi véritable).

La démarche de Kant paraît consister à prouver la liberté du moi comme le pouvoir de se donner la loi (l'autonomie), à partir de l'idée de l'identité formelle entre le « je » qui donne la loi et le « me » qui obéit, *tout en insistant sur le dualisme entre le monde suprasensible et le monde sensible, sur la différence radicale entre la loi et le moi.* En effet, cette démarche n'aboutit jamais à ce qu'elle vise. Il faut même admettre qu'elle s'avère contradictoire. Si Kant n'arrive pas à affirmer la synthèse parfaite de la loi et du moi, c'est qu'il souligne l'écart entre la volonté pure et la volonté finie, tout en essayant de prouver leur lien comme proposition synthétique. Au moment où il nous

---

[1] FM, p. 329. AK IV, 457.

[2] FM, p. 325, p. 326. AK IV, 454.

[3] FM, p. 330. AK IV, 457.

fait entrevoir la possibilité de la synthèse du moi et de la loi par la liberté, il souligne le problème de la finitude de la connaissance humaine : « la liberté est une simple Idée, dont la réalité objective ne peut en aucune façon être mise en évidence d'après des lois de la nature, par suite dans aucune expérience possible »[1]. Cela veut dire que je ne peux pas connaître la liberté par laquelle je détermine mon existence. La liberté ne peut être présentée dans l'expérience, il est même impossible d'« expliquer comment la liberté est possible ». « L'impossibilité subjective d'*expliquer* la liberté de la volonté, écrit Kant, est la même que l'impossibilité de découvrir et de faire comprendre que l'homme puisse prendre un *intérêt* à des lois morales »[2]. De cette finitude de la connaissance humaine, il résulte que le moi ne peut pas saisir la loi qui provient de lui-même en tant que « moi véritable », et qu'il y a un écart entre la loi que son « moi véritable » donne et le moi qui lui obéit, entre le « je » qui donne la loi et le « me » qui obéit.

Cependant, derrière ce geste pieux, il faut voir l'audace de Kant et son « recul » devant sa propre découverte. Si Kant n'arrive pas à affirmer l'identité du « je » et du « me », c'est parce que cela est en dehors de son intérêt. En effet, la « déduction » de l'impératif n'a pas visé l'identité formelle de soi-à-soi, mais leur relation synthétique. La vérité de la synthèse pratique consiste dans la liberté par laquelle le moi constitue lui-même l'opposant à sa faculté de désirer. Mais cette vérité met en danger la visée même de l'éthique. Car il arrive au moi de confondre l'opposant qu'il constitue lui-même et l'autre existant qui le subordonne à ses commandements. On peut dire que si Kant ne peut affirmer la vérité de la synthèse pratique, en suspendant la liberté du moi, il a reculé devant cette vérité, devant l'affinité inquiétante de la vérité et de la non-vérité. La liberté qui devrait lier le moi à la loi en vérité est aussi le pouvoir de défigurer cette vérité, c'est cela que nous proposons d'appeler la *défaillance interne de la liberté*. Nous pensons que l'inachèvement de la « déduction » de l'impératif n'est rien d'autre que le recul devant la possibilité interne de la défaillance de la liberté. C'est pour échapper à la possibilité interne d'une défaillance qu'il a souligné la différence entre deux pôles de la synthèse. D'abord, il réduit la possibilité de la défaillance de l'autonomie à des inclinations sensibles. Ensuite, il essaie de prouver l'unité du « je » et du « me » du « je me donne la loi », tout en soulignant la dualité radicale du monde sensible et du monde suprasensible. Kant considère que la liberté me permet de me saisir comme moi véritable dans le monde suprasensible, en

---

[1] FM, p. 331. AK IV, 459.

[2] FM, p. 332. AK IV 459-460.

affirmant que ce moi véritable est pourtant comme une chose en soi, insaisissable pour la connaissance humaine. Le « je » qui donne la loi serait alors considéré comme « quelque chose d'inconnu ». Cela veut dire que le noyau du moi, le « je » qui « me » donne la loi, demeure pour le moi un X inconnaissable. Le moi se heurte à l'énigme qu'il est lui-même, en se donnant la loi. On pourrait maintenant comprendre pourquoi le noyau du moi demeure toujours énigmatique même sur le plan éthique. Sur le plan théorique, l'impossibilité de connaître le « je » résulte du concept opératoire de la chose en soi qui consiste à poser une limite au désir de la raison. Sur le plan éthique, cette notion pose la limite à la recherche de la possibilité de la co-appartenance de la vérité et de la non-vérité. En considérant le « je » qui donne la loi comme chose en soi, Kant pose la limite à sa propre investigation sur la possibilité de la synthèse pratique, à sa propre découverte de l'inquiétante similitude de l'autonomie et de l'hétéronomie dans la liberté du moi.

Ainsi, nous avons saisi ce qui empêche Kant d'affirmer la vérité de la synthèse pratique, et la nécessité de la « critique du sujet ». Ce serait la possibilité de la défaillance interne de la liberté et de l'auto-illusion du moi, qu'il s'agit d'approfondir dans la deuxième *Critique*. Le « je me donne la loi » peut être prouvé comme proposition synthétique, à condition que la liberté soit considérée comme le pouvoir de constituer l'autre-opposant. Mais cet autre-opposant peut se transposer en l'autre au sein même de l'auto-détermination par la loi. À moins que le statut de l'autre ne soit explicité, il y a toujours la possibilité d'une confusion de l'autonomie et de l'hétéronomie, la possibilité d'une *auto-illusion* : en me donnant la loi de l'autre, je crois me donner de moi-même sa loi comme ma propre loi.

Chapitre III – L'approche affective de l'auto-détermination par la loi

3-1 Le pouvoir de (re)commencer

Comme Kant l'annonce dans la *Grundlegung*, il faudrait « entrer dans une critique du sujet, c'est-à-dire de la raison pure pratique ». Pour trouver l'issue à l'impasse de la *Grundlegung* où Kant écarte la possibilité interne de la défaillance de la liberté, la deuxième *Critique* devrait dissiper l'illusion qui s'enracine dans la liberté, celle du moi sur lui-même, en déterminant la différence entre l'autonomie et l'hétéronomie. En admettant la possibilité de la défaillance de la synthèse pratique dans la liberté, ou bien en admettant que la possibilité de la défaillance soit essentiellement inhérente à la synthèse pratique, la deuxième *Critique* devrait examiner la condition de la vérité de la liberté par laquelle le moi et la loi se nouent synthétiquement. De la même façon que la première *Critique* effectue la position des limites au désir de la raison en déterminant la différence entre l'apparaître vrai et l'apparaître illusoire, la deuxième *Critique* devrait déterminer la différence entre la vérité de l'auto-détermination par la loi et sa non-vérité, en dévoilant l'usage illégitime de la raison pratique qui risque de niveler la différence entre le moi et l'autre. Mais la deuxième *Critique* semble esquiver la question de la synthèse pratique. Comme on le sait, la deuxième *Critique* déclare que la loi ne se déduit pas. Kant affirme que la loi est réellement donnée : « la loi morale nous est donnée en quelque sorte comme un fait de la raison pure dont nous avons conscience *a priori*, et qui est apodictiquement certain »[1]. Cependant, le fait qu'il y ait la loi est dit impossible à déduire. « Comment cette conscience des lois morales, écrit Kant, ou, ce qui revient au même, la conscience de la liberté est-elle possible ? C'est ce qu'on ne peut expliquer »[2]. Si la loi est le fait impossible à expliquer, c'est qu'« on ne peut la déduire de données antérieures de la raison ». La loi est un fait absolument premier. La liberté en tant qu'auto-détermination par la loi n'est possible que si la loi s'expose à moi dans ma conscience « comme originairement législatrice ». C'est ma conscience de la loi qui permet d'effectuer l'auto-détermination par la loi[3].

---

[1] CRpr, p. 665. AK V, 47.

[2] CRpr, p. 663. AK V, 46.

[3] « C'est la *loi morale* dont nous prenons immédiatement conscience [...], qui s'offre à nous *d'abord* et nous mène droit au concept de liberté ». CRpr, p. 642. AK V, 29-30.

Cette affirmation de la deuxième *Critique* nous étonne. La *Grundlegung* a analysé la condition transcendantale de l'auto-détermination par la loi, dont la démarche s'est heurtée finalement à la possibilité interne de la défaillance. La deuxième *Critique* court-circuite l'analyse de la possibilité de la synthèse pratique, en affirmant brusquement que la loi que je me donne est le *fait de la raison*. Tout se passe comme si la vérité de la conscience d'être obligé pouvait être éclairée simplement par la détermination de la provenance rationnelle de la loi. On peut en douter. Il nous semble que l'affirmation de la loi comme *fait* est le comble de l'occultation de la possibilité de la défaillance de la synthèse pratique. En considérant la donation de la loi d'emblée comme une proposition synthétique, pourtant sans éclairer la vérité qui noue le moi à la loi, la deuxième *Critique* affirme que j'ai conscience de la loi. Mais on peut se demander si cette conscience de l'obligation réalise l'auto-détermination du moi en vérité. Comme nous l'avons vu, c'est dans la liberté elle-même qu'il y a la possibilité d'une illusion sur soi. Le moi s'illusionne en se considérant comme celui qui donne la loi, alors qu'il se soumet à l'injonction de l'autre. L'illusion se produit au moment même où le moi croit se donner *de lui-même* la loi, tout en se soumettant lui-même à l'injonction de l'autre.

Admettons que la loi dont j'ai conscience immédiatement provienne de la raison. Mais qu'est-ce qui assure que ma conscience d'être obligé est l'attestation du pouvoir législateur qui instaure mon ipséité en vérité ? Comment la loi de la raison se présente-t-elle au moi ? N'y a-t-il pas toujours l'écart entre la loi elle-même et la *connaissance* de ce que je dois faire par la soumission à la loi ? Sur ce point, J. Rogozinski écrit ainsi : « il y a pourtant une certaine différence entre la révélation *de* la Loi comme "conscience immédiate" et sa révélation *à* une conscience, qui laisse place à une certaine distance entre la Loi et la conscience-de-la-loi ». La seule conscience de la loi ne suffit pas à fonder l'auto-détermination en vérité. Il est possible que j'aie une « *fausse conscience de la Loi* ». « Même si la *conscience* qu'il y a la Loi s'impose comme un fait incontestable, même si ce fait est *vrai*, cela n'implique pas que notre *connaissance* de ce que la Loi prescrit le soit »[1]. Si on tient compte de la possibilité de la fausse conscience de la loi, le fait que la loi soit donnée ne suffit pas à fonder la vérité de l'auto-détermination par la loi. Car le moi peut défigurer consciemment ou inconsciemment la loi qui lui est donnée. Pourquoi l'apparaître de la loi à ma conscience n'est-elle pas consécutive à la conscience immédiate de la loi ? *Quelle est la condition de la fausse connaissance de la loi ?*

---

[1] J. Rogozinski, *Le Don de la Loi*, p. 97.

Si le moi se méprend sur la loi qui lui est donnée, c'est parce qu'il y a un écart entre la donation immédiate de la loi au moi et l'interprétation de la loi par le moi. Il est certain que je me sens obligé dans la conscience immédiate de la loi. Mais il n'y a rien qui assure que cette contrainte intérieure exercée par moi-même ne consiste pas dans l'identification à l'autre ; en m'identifiant à l'autre qui me donne la loi, je me donne sa loi de moi-même à moi-même. Autrement dit, *l'autre me donne la loi, comme si je me la donnais*. Comment établir la transcendance de la loi dans l'immanence structurée par l'acte de se donner la loi, sans que la transcendance de la loi se ramène à l'intériorisation de l'injonction de l'autre ? Même si le moi se constitue l'opposant à lui-même, il n'est pas certain que cet opposant permette d'instaurer l'ipséité du moi en vérité. Car l'opposant peut se constituer par l'incorporation de l'autre qui subordonne ma volonté. Il y a donc toujours un écart entre le moi et la loi, qui apparaît tantôt à travers la transcendance immanente de la loi par rapport au moi, tantôt à travers la puissance de l'autre qui capte l'ipséité du moi.

Sur ce point, il est intéressant de voir une interprétation que G. Krüger donne du fait de la raison. Il est vrai que par ce fait, Kant souligne l'immanence de la loi à la conscience du moi. Mais Krüger voit l'écart entre le moi et la loi dans l'immanence même de la loi au moi, en affirmant que le fait de la raison n'est pas le « projet humain » : « la loi morale est non pas un projet humain mais quelque chose comme un *fait* ». « L'"autonomie" de l'homme chez Kant, poursuit Krüger, n'est pas "originaire" ; l'homme n'est que "membre" dans le royaume des fins. Il prend soin de la loi comme s'il l'avait donnée lui-même »[1]. Selon Krüger, le fait que je me donne la loi ne veut pas dire que je m'érige en auteur de la loi (comme chef du royaume des fins). Le fait de la raison signifie plutôt une exigence adressée au moi, et la passivité de celui-ci envers la loi. « La disposition à la moralité n'est pas identique à la disposition pour la condition humaine », et « la morale doit donc se présenter comme quelque chose d'étranger, en fait comme une sorte de révélation à laquelle l'homme doit se livrer dans une obéissance indiscutée »[2]. Conformément à cette interprétation du *factum* comme exigence, Krüger considère que la raison pratique ne peut être hypostasiée en moi-homme. La volonté pure qui est la raison ne peut être celle du moi-homme, mais elle apparaît plutôt comme un « étranger » pour lui. « La raison pure, dans son usage pratique, n'est pas une volonté humaine ; la volonté (au sens propre) est,

---

[1] G. Krüger, *Critique et morale chez Kant*, p. 94 [p. 68].

[2] *Ibid.*, p. 93 [p. 67-8]. En commentant l'interprétation de Krüger, Nancy affirme que « le don de la liberté [...] est le don du *tu dois* ». « Dies irae », *La Faculté de juger*, Éditions de Minuit, 1985, p. 44.

par opposition à la liberté (*Willkür*) humaine qui détermine l'action, le fondement de la détermination de la liberté elle-même et elle exerce, comme un être étranger, une véritable contrainte sur la liberté »[1].

Par cet étranger, il ne s'agirait pas de l'autre existant qui subordonne ma volonté à sa loi, mais de l'étranger *interne*, puisqu'il est la raison pure en moi à partir de laquelle je me détermine moi-même. On comprend maintenant que l'altérité ou l'étrangeté ne signifie plus forcément l'altérité de l'autre existant. L'autre, l'étranger, est d'abord interne à ma conscience de la loi. L'altérité peut être éprouvée comme l'étrangeté de la raison en moi, ou celle du « je » qui *me* donne la loi. Krüger explique ainsi cette étrangeté interne qui structure l'auto-détermination par la loi : « la raison comme raison *pure* pratique, en se constituant pouvoir exécutif de la loi, se contraint elle-même en tant qu'elle est empiriquement conditionnée, c'est-à-dire comme raison pratique *humaine*. Elle se fait le *mandataire* de la loi, elle veut par elle-même la faire respecter ; c'est-à-dire : la raison proclame la loi en son nom propre *comme si elle était l'auteur* de cette loi [...]. L'impératif catégorique se formule donc comme l'exigence que l'homme regarde sa raison, c'est-à-dire sa propre personne, *comme si* il était lui-même l'auteur de la loi morale, *comme si* il se donnait cette loi *par sa propre volonté* »[2]. Dans l'interprétation de Krüger, la raison pure est subtilement opposée à la raison humaine. Certes, l'être raisonnable est originairement législateur, dans la mesure où la loi a sa source dans la raison pure pratique. Mais la loi s'énonce comme prescription qui impose la soumission inconditionnée. C'est en se donnant la loi que le moi éprouve la loi comme provenant de l'étranger. L'étrangeté interne surgit à travers l'impératif que le sujet s'adresse à lui-même. Cela veut dire que l'étrangeté de la raison surgit au moment même où je m'entends parler le « tu dois ».

Il y a « quelque chose d'étranger » dans le noyau du moi qui se donne la loi. En tant que la raison apparaît comme « être étranger », « je » « me » donne la loi à partir de la place de cet étranger. Mais cet étranger m'est intérieur ; il serait alors un étranger *que je suis*. L'étrangeté de la loi est irréductible. Mais je *dois* me donner cette loi en mon nom propre, sans cacher son altérité. Que la loi soit à la fois interne et externe à la raison humaine, c'est cela qui caractérise l'autonomie kantienne. Le fait qu'il y ait la loi signifie la finitude radicale de la raison humaine. Si la loi est pour la raison humaine impossible à s'approprier, d'où vient alors l'altérité de la loi ? Comment nommer l'être étranger dans mon acte de me donner la loi ? Selon Krüger, il s'agit de Dieu.

---

[1] G. Krüger, *Critique et morale chez Kant*, p. 103 [p. 76].

[2] *Ibid.*, p. 129 [p. 101].

C'est de lui que le moi reçoit la loi. Le moi est *mandataire* de sa loi : « l'homme ne se *commande* pas ; s'il doit ainsi se donner lui-même la *loi*, il doit le faire comme juge de ses maximes, juge qui lui-même prononce le jugement "au nom du chef suprême" »[1]. Évidemment, Krüger ne nie pas l'autonomie du moi-sujet. Mais l'autonomie kantienne selon lui consiste dans une sorte du *double bind* inhérent à l'acte d'auto-obligation. D'une part, la loi m'est donnée comme une véritable contrainte imposée par l'« être étranger ». Mais, d'autre part, je dois me donner la loi *comme si j'étais l'auteur de la loi.* Cette *double contrainte* est caractérisée comme le « paradoxe de la morale » : « c'est le paradoxe de la morale (et par suite ce qui exige la critique) que néanmoins cette contrainte doit être exercée par l'*homme* et non pas par un Dieu justicier »[2].

Pour Krüger, il ne s'agit pas, par l'étranger intime, de considérer la possibilité de la défaillance de la liberté. Mais son interprétation nous permet de reconsidérer le statut équivoque de la loi comme fait de la raison, et celui de l'autre qui intervient dans l'auto-détermination par la loi. Par la position de la loi comme fait, Kant souligne la présence immédiate de la loi au moi. Mais selon l'interprétation de Krüger, ce qui est immédiatement donné au moi dans sa conscience de la loi est plutôt la transcendance de la loi par rapport au moi, qui apparaît comme « quelque chose de tout autre ». C'est cette étrangeté au sein même de l'immanence qui génère l'écart entre la loi et le moi comme la transcendance de la loi par rapport au moi.

Même si l'auto-détermination par la loi ne peut avoir lieu comme l'identité du « je » qui donne la loi et du « me » qui obéit, j'ai conscience immédiatement de la loi que je me donne moi-même. Le problème consiste en ceci que la loi dont j'ai la conscience immédiate provient de l'étrangeté interne, dont la transcendance génère l'écart entre la loi et moi, entre le « je » et le « me ». Même si la loi est insaisissable, elle fait partie de l'expérience de ma propre liberté. *L'insaisissable de la loi est donné comme ma conscience immédiate de la loi.* On est tenté de croire que ce qui est donné dans ma conscience de la loi est une sorte de séparation du « je » qui donne la loi et du « me » qui obéit. La loi m'est donnée, mais sa réalité apparaît comme un écart. Soit dans le respect, soit dans la perspective de l'idée de souverain Bien, la loi m'est donnée toujours comme un écart. Bien que je me rapporte à moi-même en me donnant la loi, la donation de la loi à moi n'a pas la forme du contact direct, sensible. Certainement, dans le respect, la loi est sensiblement donnée

---

[1] *Ibid.*, p. 139 [p. 110].

[2] *Ibid.*, p. 103 [p. 76].

(comme un *effet subjectif* de la loi[1]), mais le respect est « le sentiment de l'impuissance de notre faculté à atteindre une idée *qui pour nous-même est une loi* »[2]. La loi est éprouvée comme un écart irréductible entre la loi et le moi, écart qui est senti comme *inadéquation*. La loi est, en ce sens, l'écart même qui est éprouvé immédiatement dans l'affectivité.

Dans cette perspective, il est possible de penser *l'affectivité de l'auto-détermination par la loi*. Le fait de la raison, en tant que conscience immédiate de la loi, se structure, dans l'affectivité du moi, comme écart. Soulignons le caractère *affectif* de la donation de la loi comme *fait de la raison*. La problématique de l'affectivité sur le plan éthique est spécifique, en ceci qu'elle porte sur ce qui n'apparaît pas comme objet connu par le moi. Bien que l'existence de la loi soit impossible à présenter théoriquement, elle me saisit affectivement, lorsque je me sens obligé par elle. Comment caractériser cette prise du moi par la loi ? Il faut rappeler ici que lorsque Kant souligne l'immédiateté de la loi, il utilise la métaphore de la voix[3]. La loi s'impose au moi comme une voix qui est « impossible à couvrir [...], même pour l'homme le plus vulgaire ». Dans cette écoute de la voix, la loi devient « perceptible »[4]. Le fait de la raison est ainsi inscrit dans la problématique de l'« appel » ou de la « conscience (*Gewissen*) ». Le fait que la loi me soit donnée signifie donc l'écoute de la voix de la raison, l'écoute de la voix d'un « être étranger » en moi. Dans la mesure où la voix provient de la raison en moi, l'écoute de la voix se structure par l'*auto-affection*.

Selon Derrida, la relation immédiate de soi-à-soi dans l'écoute de soi n'est rien d'autre que le « mythe de la conscience » : « la voix et la conscience de voix – c'est-à-dire la conscience tout court comme présence à soi – sont le phénomène d'une auto-affection vécue comme suppression de la différance »[5]. Lorsque le moi s'entend parler le « tu dois... », il s'affecte immédiatement dans la présence à soi du présent vivant. Cependant, il est évident que l'écoute

---

[1] FM, p. 260 note. AK IV, 401 note. « Le respect doit être considéré, non comme la cause de la loi, mais comme l'effet de la loi ».

[2] CFJ, p. 1026. AK V, 257.

[3] CRpr, p. 650. AK V, 350.

[4] Sur la prise du moi par la voix de la loi, J. Rogozinski écrit : « cette vocation impérative est le *factum*, la révélation première, précédant toute formulation de l'impératif, toute détermination positive du devoir. Avant de nous représenter ce que la voix nous commande, nous entendons d'abord qu'il y a la voix, nous reconnaissons que c'est la voix de la Loi, que son appel nous est adressé ». *Le Don de la Loi*, p. 92.

[5] J. Derrida, *De la grammatologie*, Éditions de Minuit, 1967, p. 236.

de la voix de la raison ne peut prendre la forme d'une auto-affection pure. Dans la mesure où la raison se constitue comme « être étranger » pour le moi, l'écoute de sa voix ne peut être une pure auto-affection auditive de soi par soi. Le moi peut être affecté par un autre, tout en entendant la voix intérieure. L'hétéro-affection *sans sortir de soi* ou l'auto-affection contaminée par le dehors, c'est ce que Derrida trouve au cœur même du présent vivant dans l'écoute de soi, et il nous propose de penser comment le moi s'affecte de l'autre en analysant le problème du temps. Il écrit ceci : « le thème d'une pure intériorité de la parole ou du "s'entendre parler" est radicalement contredit par le "temps" lui-même »[1]. Le présent se change en passé dès qu'il se produit dans le temps qui ne cesse de s'écouler. En ce sens que le présent où je m'entends parler est toujours passé, la voix que le moi émet ne peut pas être entendue dans la proximité à soi. Ce qu'il entend est déjà l'écho de sa propre voix. L'expérience de s'entendre parler constitue ainsi l'expérience paradoxale de soi : en entendant immédiatement sa propre voix comme appartenant déjà au passé, le moi se sépare de lui-même temporellement. Écouter le soi, c'est écouter l'écho du soi. Tout comme Narcisse ne peut jamais écouter sa voix comme la sienne, le moi n'écoute pas sa propre voix à l'instant même où il l'émet[2]. Laissons pour le moment ouverte la question sur ce qui permet d'identifier la voix que le moi n'a pu reconnaitre comme sa propre voix. Revenons à Kant pour examiner l'affectivité de l'auto-détermination par la loi.

Il est intéressant de voir que la métaphore de la voix est employée par Kant pour désigner à la fois l'immédiateté de la loi au moi et la distance entre le moi et la loi qui s'éprouve comme une contrainte inévitable et involontaire. Dès que je prends une décision libre, écrit Kant, « la conscience (*Gewissen*) parle involontairement et inévitablement »[3]. Il ajoute : « tout homme a une conscience et se trouve observé, menacé et surtout tenu en respect (respect lié à la crainte) par un juge intérieur, et cette puissance qui veille en lui sur les lois n'est pas quelque chose qu'il se *forge* à lui-même (arbitrairement), mais elle est incorporée (*einverleibt*) à son être. [...] Il peut bien s'étourdir ou s'endormir par des plaisirs et des distractions, mais il ne saurait éviter de revenir à lui ou de se réveiller de temps en temps dès lors qu'il en perçoit la voix terrible »[4]. Le statut de la voix de la « conscience » (que Kant appelle le

---

1 J. Derrida, *La Voix et le phénomène*, PUF, 1967, p. 96.

2 Cf. J. Derrida, *Marges de la philosophie*, Les Éditions de Minuit, 1972, p. 341.

3 DV, p. 684. AK VI, 401.

4 DV, p. 726-727. AK VI, 438.

« juge intérieur ») est très équivoque. Kant affirme que l'homme se sent « observé » et « menacé » par la « voix terrible ». D'une part, elle est « à l'intérieur de l'homme », et il « n'a affaire qu'à lui-même » dans l'écoute de la voix de la « conscience ». Mais, d'autre part, Kant affirme qu'« il se voit contraint » de ramener la voix de la conscience « sur l'ordre d'*une autre personne* »[1]. Dans la « connaissance morale de soi »[2], il y a une « double personnalité », l'accusé et le juge dans le « tribunal intérieur ». Puisque le juge et l'accusé ne peuvent être une seule et même personne dans le tribunal intérieur (selon Kant, le juge accusé est une représentation absurde…), c'est toujours un autre qui juge le moi. Qui est cet autre ? Selon Kant, « cet autre peut être une personne réelle ou une personne purement idéale que la raison se donne à elle-même ». Le moi entend-il sa propre voix comme celle d'un autre, ou bien entend-il la voix de l'autre comme la sienne ? Si le moi et l'autre sont indiscernables, l'autonomie kantienne ne serait-elle pas alors une hétéronomie déguisée ?

Ce qui est certain, c'est que nous ne pouvons plus considérer l'institution du moi dans l'auto-détermination par la loi comme auto-révélation dans sa pure spontanéité, en ceci qu'il y a quelque chose d'irréductible au moi dans son acte même de se donner la loi. Paradoxalement, l'autonomie kantienne se réalise au moment même où la transcendance de la loi se produit au sein même de l'immanence structurée par l'acte de se donner la loi. De surcroît, cette transcendance devrait se figurer comme l'altérité de l'autre personne. D'abord, le « je » qui donne la loi m'apparaît comme « quelque chose d'étranger ». Ensuite, la loi que je me donne pourrait se présenter comme étant donnée par l'autre. Et pourtant, cette donation de la loi s'effectue comme l'autonomie du moi, même lorsque cette transcendance se figure comme l'altérité de l'autre. En effet, Kant nous propose de penser la soumission du moi à la loi de l'autre à partir de l'auto-obligation. Même si la loi est considérée, par exemple, comme commandement de Dieu, et si la soumission à la loi est représentée comme responsabilité envers Dieu, ce n'est qu'en « suivant l'analogie » ; la représentation de l'obéissance à la loi de la raison par l'obéissance à Dieu n'est qu'analogique. Même si je me détermine par la loi de l'autre, cette soumission à la loi doit être fondée, en dernière instance, par ma décision libre. Car « je ne puis me reconnaître comme obligé envers d'autres que dans la

---

1 DV, p. 727. AK VI, 438.

2 DV, p. 730. AK VI, 441.

mesure où je m'oblige en même temps moi-même »[1]. Lorsque je confonds l'obligation envers moi-même et l'obligation envers des autres, surgit l'« amphibolie des concepts moraux de la réflexion », c'est-à-dire la confusion entre un « devoir envers soi-même » et le « devoir pour les autres hommes ». Kant affirme explicitement que « le devoir envers d'autres êtres n'est qu'un devoir envers lui-même », en ceci que le moi *s*'oblige lui-même d'agir par et pour l'autre[2].

Cette solution est évidemment insuffisante, puisque l'explication du statut de l'autre intervenant dans l'auto-détermination fait radicalement défaut. Pourquoi la donation de la loi par l'autre réalise-t-elle l'auto-détermination par la loi ? Ou bien, si la voix de la raison s'énonce à partir de la raison elle-même, comment sa propre voix apparaît-elle comme provenant de l'autre, du dehors ? Nous ne pouvons nous attendre à la réponse à ces questions. Car l'autre dont il s'agit dans l'auto-détermination par la loi, Kant le caractérise simplement comme l'Idée, l'objet inconditionné de la raison pure. Certes, il ne postule pas l'existence *objective* de cet autre-Dieu, mais seulement sa nécessité *subjective*. Toutefois, il ne se demande pas pourquoi est possible l'analogie entre l'obéissance à la loi et l'obéissance à Dieu, pourquoi un « étranger » interne se transpose analogiquement en Idée de Dieu.

Notre interprétation semble infidèle au texte de Kant eu égard à la question du fait de la raison. Nous avons souligné l'écart entre la loi et le moi, alors que Kant affirme la présence immédiate de la loi au moi. De surcroît, nous avons remarqué que cette donation de la loi est *affective*, en ceci que la loi m'est donnée par la voix que j'écoute. Mais nous ne pensons pas que notre interprétation trahit la pensée de Kant. En effet, il faudrait admettre l'écart ou la distance entre le moi et la loi, si l'on voulait être fidèle à la conception kantienne de la synthèse pratique. La vérité qui noue le moi à la loi n'est plus considérée comme une adéquation. La loi doit apparaître comme une transcendance par rapport au moi et à son désir, sinon le rapport du moi et de la loi devient analytique. Dans cette perspective, on peut comprendre que le fait de la raison contient deux versants qui sont en apparence contradictoires, c'est-à-dire l'immédiateté de la loi à ma conscience et l'écart entre le moi et la loi. Le pouvoir de se donner la loi et la passivité du moi envers la

---

[1] DV, p. 701. AK VI, 417. Il faut remarquer que ce texte permet deux interprétations différentes : même si je suis obligé par l'autre, cette soumission atteste de ma liberté, dans la mesure où c'est moi qui m'oblige à travers l'autre ; ou bien, en me soumettant à l'autre, je crois m'obliger moi-même par moi-même. Autrement dit, je me trouve dans l'auto-obligation, alors que l'obligation provient de l'autre.

[2] DV, p. 732. AK VI, 442.

transcendance de la loi sont condensés dans le concept de fait de la raison. Il est le fait de la raison, en ce sens que ce fait désigne la source rationnelle de la loi, en assignant le site de la loi à la raison en moi. Mais le « je me donne la loi » doit être compris comme une proposition synthétique, cela interdit d'identifier le « je » qui donne la loi au « me » qui obéit, d'hypostasier la raison en moi. C'est en ce sens que la loi ou la raison pure pratique apparaît comme « quelque chose d'étranger » dans sa fonction de contrainte. La loi, dans sa donation comme *factum*, est « donnée » dans l'écoute de la voix. La voix à la fois interne et externe équivaut à une quasi-intuition de la loi ; dans la voix de la « conscience », la loi s'incorpore à la voix qui résonne en moi.

Mais on peut se demander si cette notion de fait de la raison suffit à fonder la vérité de la synthèse pratique. C'est dans cette voix même qu'il y a la possibilité de la défaillance de la liberté. Par la possibilité de la défaillance de la synthèse pratique, il s'agit de savoir comment je me détermine la loi dont la transcendance peut se figurer en altérité de l'autre, et il faut considérer la possibilité de l'auto-illusion dans l'indiscernabilité entre le moi et l'autre. Par la liberté, je vais au-delà d'une obéissance aveugle à l'autre, ou bien je me charge de l'obligation pour et par l'autre comme d'un « devoir envers moi-même ». Mais cet impératif du « tu dois faire plus » peut être le déguisement de l'obéissance aveugle, comme le montre le cas d'Eichmann. Le dépassement de l'obéissance aveugle à l'autre peut prendre la forme de l'incorporation de la voix de l'autre au point de s'aveugler sur le soi, de se perdre dans l'indiscernabilité entre le moi et l'autre, de perdre l'écart entre le moi et l'autre. Que le « faire plus que l'obéissance » puisse anéantir la liberté du moi, cela veut dire que, même si la synthèse de l'obéissance et de la liberté a lieu, cela peut être illusoire, en ceci que l'autonomie est complètement anéantie, au point que le moi ne peut se tenir à distance de l'autre.

Ainsi, on peut dire que le fait de la raison ne peut pas donner de solution définitive à la question de la vérité de la synthèse pratique. Ce fait est le fondement de l'éthique de la loi. Pourtant, ce fondement n'est pas l'achèvement de l'éthique, mais plutôt le commencement ou le recommencement du moi qui se met à l'épreuve à chaque moment de la décision libre. Le moi n'advient que comme vérité de la synthèse pratique. Il s'efforce de dépasser l'obéissance aveugle pour advenir à la vérité de la synthèse pratique, pour trouver le juste écart entre l'autre et lui-même, face au danger de la perte du soi dans l'aliénation par l'autre. Le fait de la raison n'atteste ni de l'autonomie absolue, ni de la soumission inconditionnée à la loi. Ce fait désigne plutôt l'exigence d'être libre, l'expérience de la liberté où je me mets à l'épreuve de la loi. La loi, dans son mode affectif de donation, est donnée comme la voix énigmatique de l'autre interne. Bien que je n'aie affaire qu'à moi-même dans la « conscience », et qu'il s'agisse de la relation du soi-à-soi dans l'acte d'auto-détermination, la loi qui me permet de déterminer mon existence peut apparaître à travers l'autre. *C'est là où la vérité de la synthèse pratique et sa non-vérité s'entrelacent.* Que la loi apparaisse à travers l'autre que moi, on y voit le réquisit fondamental de la synthèse pratique. Mais l'apparaître de la loi comme l'autre peut anéantir la liberté du moi. En s'efforçant d'aller au-delà de l'obéissance aveugle à la loi de l'autre, le moi s'aveugle lui-même en incorporant la voix de l'autre. C'est de cette indiscernabilité du moi et de l'autre que je dois me dégager pour advenir comme la vérité de la synthèse pratique. Même si je tombe dans l'hétéronomie par la liberté, il faut que je recommence d'effectuer l'auto-détermination par la loi, sinon je ne peux jamais advenir dans la vérité de la synthèse pratique.

3-2 La voix et l'affectivité éthique

En principe, l'auto-détermination par la loi n'arrive jamais à instaurer l'ipséité dans l'identité de soi-à-soi, dans la mesure où je me détermine par le biais de la loi qui m'expose comme celui qui est interpellé par la voix externe. Si on veut penser rigoureusement la donation de la loi comme proposition synthétique, il faut admettre que le « je me donne la loi » contient nécessairement un écart entre le « je » et le « me ». On peut supposer ensuite que cet écart de soi-à-soi peut apparaître dans ma relation à l'autre. Si la loi que je me donne apparaît comme provenant de l'autre, ma relation avec moi-même se change en ma relation avec l'autre. Je me donne la loi, en me traitant comme un autre (le « me » est l'autre) ; ou bien je me soumets à la loi, en croyant me la donner de moi-même (le « je » est l'autre). S'il en est ainsi, l'écart entre la loi et le moi serait considéré comme un milieu où la relation de soi-à-soi apparaît tantôt comme ma relation à moi-même, tantôt comme ma relation à moi comme un autre, ou comme la relation de l'autre à moi-même.

Pour penser cet écart générateur de différentes relations de soi-à-soi, il convient de revenir au premier moment de l'auto-détermination par la loi, c'est-à-dire à l'expérience primordiale de la liberté. Dans l'expérience de la liberté, la loi apparaît comme un appel qui me convoque à la deuxième personne. Nous pouvons maintenant considérer le « tu dois » dans la problématique de la voix de la raison et de l'« appel de la conscience ». Le « tu dois » est considéré comme la voix de la raison, la voix interne au moi qui apparaît néanmoins comme venant de l'extérieur. Ma propre voix peut être la « voix terrible » qui me menace et m'observe, comme si elle provenait d'une autre personne. La voix rend ainsi indiscernable la distinction de l'intérieur et de l'extérieur. Certainement, la voix constitue la proximité à soi où je m'entends. Mais c'est dans cette relation intime à soi que ma propre voix résonne comme une voix étrangère. Nous avons vu que dans l'impératif catégorique, le moi et l'autre qui lui donne la loi à la deuxième personne s'entrelacent inéluctablement. La métaphore de la voix accentue cette indiscernabilité du moi et de l'autre[1]. Pour approfondir la vérité de la synthèse pratique, il est urgent d'analyser l'indiscernabilité entre le moi et l'autre dans l'écoute de la voix. Car c'est en s'entendant parler le « tu dois » que la relation du moi à la loi qu'il se donne se transpose en sa relation à l'autre, en celle de l'autre au moi. En me rapportant à moi-même dans l'écoute de la voix, je suis touché par l'autre. La voix est ainsi comprise comme un milieu affectif où l'autre intervient dans mon rapport à moi-même, et c'est ce mode affectif de la donation de la loi que nous allons analyser comme *affectivité éthique*.

Il est vrai que, comme M. Scheler le remarque, le formalisme kantien nous empêche d'approfondir l'affectivité éthique. Il affirme que chez Kant l'« activité pulsionnelle » n'est considérée que comme la conséquence de l'influence de l'environnement, si bien que la vie éthique est divisée en deux éléments nettement distingués, à savoir le formel ou le rationnel et le sensible ou le pulsionnel. La raison pratique paraît à Scheler une « activité-rationnelle impersonnelle »[2] ; le « *nomos* impersonnel » prive la personne morale de sa dignité. L'auto-détermination par la loi serait alors une dépersonnalisation. Mais nous considérons d'une part que le formalisme kantien trouve sa visée principale dans le mode d'être soi-même (la forme de la loi est la forme donatrice du moi), et d'autre part que cette forme de l'auto-constitution de l'ipséité a une dimension affective. L'auto-détermination par la loi s'effectue affectivement dans l'écoute de la voix.

Comment caractériser l'affectivité éthique, tout en respectant le texte de Kant qui rejette le sensible ? Dans la *Grundlegung*, la provenance de la loi est

---

[1] Nous admettons que la notion de l'autre est complètement indéterminée jusqu'ici. En effet, il est difficile d'envisager par un seul mot de l'autre Dieu en tant qu'Autre transcendant, la raison pure pratique en tant qu'« être étranger », l'autre en tant que juge du tribunal intérieur et l'autre personne en tant que fin en soi. Mais il est vrai que chez Kant, ces figures de l'autre ont une même structure, une même façon de m'apparaître ; ces autres n'apparaissent que dans mon acte de me déterminer, en se représentant comme provenance de la loi par laquelle je me détermine moi-même.

[2] M. Scheler, *Le Formalisme en éthique et l'éthique matériale des valeurs*, Gallimard, 1955, p. 378 [*Der Formalismus in der Ethik un die materiale Wertehik*, Niemeyer, 1916, p. 386].

identifiée au moi, au « je » (le « véritable moi »), par la réjection du désir de bonheur en fonction duquel la loi est représentée comme le commandement de Dieu. Cette réduction du sensible nous permet de considérer la pure forme prescriptive comme le mode de se rapporter à soi-même. Le sujet se détermine par la représentation langagière de la loi. L'auto-détermination par la loi est un acte de langage qui représente le sujet sur le mode d'être du devoir-être. Cet acte s'effectue à travers la voix que le moi écoute : « je » « me » détermine en m'entendant parler le « tu dois ». Le moi s'adresse à lui-même dans l'écoute de soi. Nous proposons de penser la forme de l'auto-détermination comme l'*appel pur*, c'est-à-dire la pure forme de l'appel qui consiste dans l'acte de *s'affecter* soi-même dans l'écoute de soi. Ce n'est plus l'autre qui m'appelle, mais moi-même. La voix que j'écoute est celle de la raison en moi. Il serait ainsi possible d'éclairer la structure du moi qui se rapporte lui-même (sans affection de l'objet de désir) comme l'*auto-affection*. Comme le remarque J.-L. Chrétien[1], il est étrange de considérer l'appel ou la voix comme purement intérieur, non sensible, puisque l'appel présuppose l'organe corporel (l'appel n'a pas lieu sans oreille). Il faut dire que le parler présuppose l'écoute de soi. Kant écrit ceci : « que l'homme non seulement pense, mais aussi peut se dire à lui-même je pense, fait de lui une personne. Le penser est un parler et celui-ci un écouter »[2]. En s'adressant la parole à lui-même le moi se met en position de celui qui écoute. Si je ne peux me parler sans m'entendre, ne serais-je pas divisé en un moi qui parle et en un moi qui écoute ? Comme nous l'avons vu, la voix chez Kant est la voix de la raison que je m'adresse à moi-même, en ceci que la voix est « incorporée » à mon être. Mais cette voix résonne, comme si elle venait du dehors. Pour le moment, laissons de côté le statut paradoxal de la voix ou de l'appel intérieur (pur et charnel, intime et étranger). Contentons-nous ici de caractériser l'affectivité éthique d'abord par la structure d'auto-affection dans l'écoute de soi. En ceci que la liberté du moi affecte lui-même (ce n'est pas l'autre qui m'appelle), l'affect de l'appel peut être pur (du désir de bonheur, d'un autre qui prescrit telle ou telle chose).

Cependant, l'auto-affection éthique a ceci de particulier qu'elle génère un écart de soi-à-soi. L'auto-affection dont il s'agit ici, c'est la forme affective de l'auto-détermination par la loi. Le moi s'affecte lui-même par le biais de la loi dont la transcendance constitue un écart opaque entre le « je » et le « me ». D'ailleurs, cette loi peut apparaître à travers la figure de l'autre existant : je

---

[1] J.-L. Chrétien, *L'Appel et la réponse*, Éd. de Minuit, 1992, chapitre III. Sur son interprétation de l'appel kantien, cf. p. 90-92.

[2] OP, p. 242. AK XXI, 103.

m'affecte par la loi dont la transcendance peut se transposer en altérité de l'autre. Et pourtant, gardons-nous de considérer l'affectivité éthique comme auto-affection purement déficiente, tout se passe comme si la relation intime de soi-à-soi était hantée par la voix qui provient du Dehors ou de l'Autre. La transcendance de la loi qui est reçue comme la voix « tu dois » doit être considérée à partir de l'acte du moi de se constituer l'opposant. Si l'auto-donation par la loi contient l'écart entre le soi et le soi, il est constitué par la liberté du moi en tant qu'acte d'auto-opposition. Ce qui importe, c'est que cette liberté constituante de l'opposition réalise la relation synthétique du « je » et du « me ». Il nous faut penser que c'est l'opposition entre le « je » et le « me » qui soutient la structure d'auto-affection. Cela veut dire que je m'affecte par la liberté en tant que pouvoir de me constituer l'opposant. Il est nécessaire d'élucider l'apparaître de cet opposant au sein même de l'auto-affection pour spécifier l'auto-affection éthique et la transcendance de la loi dans l'immanence où je m'affecte moi-même.

Dans l'expérience de la liberté, la loi apparaît comme l'instance déterminante de mon existence, comme ce qui me pose comme interpellé par la loi. Le trait principal de l'expérience de la liberté est la passivité du moi au moment même de l'auto-détermination. Alors que la loi est exigée pour me déterminer, et que provenant de moi, elle est destinée à moi seul, elle m'apparaît étrangère. Pourquoi la loi destinée à moi est-elle étrangère à moi ? Comment penser cette étrangeté intime de la loi ? Nous pourrions répondre à cette question ainsi : cette étrangeté de la loi consiste dans l'indétermination de ce que la loi me prescrit, dans l'incertitude du savoir sur ce qu'elle me détermine à être ; la loi ne dit rien sur ce que je dois être, ce que je dois faire. Si le moi a conscience d'être obligé, il n'a néanmoins aucune conscience de ce qu'il doit faire. L'impératif kantien n'est pas l'ordre qui prescrit de faire telle ou telle chose. Car la loi dont il s'agit, ce n'est pas la loi pour réaliser le Bien pour mon bien-être, pour la communauté ou pour l'autre. Bien que le moi ne connaisse pas ce que la loi lui prescrit, cette loi concerne profondément son existence. Il s'agit de la loi qui concerne la décision préalable à toutes les actions que le moi produit, la loi en tant que détermination de l'existence du moi. Pour que le moi puisse choisir l'action qui est conforme ou non à la loi, il doit déjà être disposé à se poser la loi. Il y aurait la conscience immédiate de la loi, avant même de décider d'obéir ou de désobéir à la loi. Dans cette conscience de la loi, la voix du « tu dois » ne dirait rien de ce que le moi doit faire. Elle lui fait pressentir ce qu'il a à être de son « je ». Car le « tu dois » annonce son devoir-être, et c'est en se donnant la loi qu'il se détermine sur le mode d'être du devoir-être. Rappelons que selon la deuxième *Critique*, la conscience de la loi implique la « vision » de « mon invisible moi »[1]. La conscience de la loi me présente moi-même sous la forme d'un idéal du moi. L'être du moi apparaît comme l'être à venir dans l'auto-détermination par la loi. En se donnant la loi, le moi se confronte à son moi qui est distinct de lui. En s'entendant parler le « tu dois », il se conçoit comme « tu » à qui il doit advenir. Le moi s'éprouve ainsi dans un écart à soi : la constitution du moi dans l'auto-détermination par la loi se réalise dans l'écart ou la différence entre le soi et son devoir-être. Ou bien, il nous faudrait dire que la loi creuse une altérité dans la conscience de soi, dans la mesure où elle effectue l'auto-détermination par le biais du « tu » dont le moi est distinct à présent. Dans cette perspective, on peut présupposer que la conscience de la loi constitue l'altérité du moi en tant que « tu » que le moi doit devenir, et c'est dans le rapport à cette altérité que le moi se détermine lui-même.

Nous avons considéré que la transcendance de la loi se constitue par la liberté en tant qu'auto-opposition. C'est en se constituant l'autre-opposant à lui-même que le moi se détermine par la loi. À partir de l'hypothèse que nous venons de poser sur l'altérité du moi, nous pouvons reformuler la constitution de l'opposition dans le langage égologique : dans la conscience de la loi, le moi s'oppose au moi auquel il doit advenir, dans la mesure où la loi présente au moi son devoir-être. L'autre-opposant auquel le moi est opposé, c'est le moi auquel il doit advenir. C'est dans l'opposition entre le moi et son devoir-être que le moi s'éprouve en s'entendant parler le « tu dois ».

Dans cette perspective, on peut dire que l'étrangeté de la loi a une connexion étroite avec l'altérité du moi. Si la voix du « tu dois » résonne avec la tonalité de l'étrangeté, c'est parce qu'elle fait pressentir au moi ce qu'il doit devenir, c'est-à-dire ce qu'il n'est pas à présent. Tout en se rapportant à lui-même dans l'écoute de soi, le moi se différencie de lui-même. Tout se passe comme si l'auto-détermination par la loi ne s'effectuait pas sans apporter une division dans l'ipséité. Mais cette scission intérieure est le réquisit fondamental de la synthèse pratique. Même si la loi me paraît étrangère, elle est la loi que je me donne, et « quelque chose d'étranger » dans l'auto-détermination ne se constitue pas sans que je m'entende parler le « tu dois ».

Quelle est la voix qui incite le moi à devenir autre que lui-même ? Comment le moi se relie-t-il à son devoir-être dans l'auto-détermination par la loi ? Ces questions n'ont aucun sens dans la perspective de l'éthique fondée sur l'autonomie. Car le « tu dois » n'est rien d'autre que la loi que je prononce à partir de la raison originairement législatrice. Le « tu dois » est défini par

---

[1] CRpr, p. 802. AK V, 161-162.

Kant simplement comme la « voix intérieure ». De ce fait, il est difficile de penser comment surgit l'écart entre le soi et le soi dans l'auto-détermination par la loi. Certes, Kant affirme que la loi doit exercer une contrainte extérieure, et que la voix de la conscience doit être considérée comme provenant du dehors. Mais il n'explique pas comment et pourquoi le « tu dois » résonne comme une voix étrangère. Dans la mesure où son éthique est fondée sur l'idée d'autonomie, la voix par laquelle le moi est convoqué à son devoir-être doit être considérée comme sa propre voix. Mais une idée simple d'autonomie nous empêche d'approfondir ce qui génère le hiatus entre le soi et le soi dans l'écoute du « tu dois ». Il faut se demander pourquoi ma propre voix m'invite à me dégager de moi-même pour devenir un moi qui je ne suis pas à présent.

3-3 L'auto-affection éthique

A) L'appel selon Heidegger

Pour approfondir l'écart entre le soi et le soi généré par l'auto-affection dans l'écoute de la voix, nous pouvons nous référer à la conception heideggérienne de l'appel dans *Être et Temps*. Bien que Heidegger écarte l'éthique kantienne comme la philosophie moderne du sujet qui est le comble de l'oubli de l'Être, sa conception de l'« être-en-dette » nous permet d'éclairer le surgissement de la voix étrangère qui invite à se dégager de soi-même.

La dette qui implique l'appel de la « conscience (*Gewissen*) » n'a pas de connotation morale. Tout en écartant l'interprétation moraliste de la « conscience », Heidegger met l'accent sur l'être dans l'être-en-dette. La voix de la conscience morale qui est chez Kant à la fois étrangère et intime, sans contenu concret, Heidegger l'interprète d'emblée comme l'appel du rien (*Être et temps*, § 54-§ 60), et il élucide l'affectivité de l'appel comme le problème du mode d'être du *Dasein*. Si la réduction heideggérienne de l'appel au « rien » doit être considérée avec l'analyse de l'affectivité (*Befindlichkeit*), ce n'est pas simplement parce que l'appel de la « conscience » est structuré par la forme d'une auto-affection auditive, mais aussi parce que le rien dont il s'agit dans l'appel est thématisé dans l'analyse de l'angoisse que Heidegger éclaire comme un mode affectif d'être du *Dasein*. Nous allons interpréter l'appel selon Heidegger comme l'appel qui convoque le *Dasein* à s'affronter dans son fondement d'être comme rien. L'appel selon Heidegger peut être considéré comme l'impératif d'advenir à soi, puisque l'appel place le *Dasein* dans une solitude radicale, en l'arrachant à la déchéance du « On ». La confrontation de Kant à Heidegger nous permet de penser l'écart à soi dans l'auto-affection comme le problème du rapport du moi à son devoir-être. Si l'appel qui convoque le *Dasein* à sa possibilité la plus propre est caractérisé par l'acte de *s'appeler* dans la « conscience »[1], le *Dasein* serait structuré par l'auto-affection. Car le soi qui appelle le *Dasein* à être propre est le *Dasein* lui-même. L'auto-affection qui permet d'être authentiquement le Soi-même est soutenue par un mouvement de retour à soi. L'enjeu de la confrontation de Kant à Heidegger serait double : nous allons d'abord interpréter le problème de la voix comme l'affrontement affectif du moi à sa propre existence. Nous examinerons ensuite cette expérience de confrontation de soi à son être dans la problématique de l'auto-affection.

Dans *Être et Temps*, la problématique de l'appel de la « conscience » apparaît au moment même où est requise une « attestation » pour montrer que le *Dasein* a le « pouvoir-être authentique ». Cette analyse a pour visée essentielle d'éclairer le lien entre l'être-pour-la-mort (« la possibilité *la plus propre* du *Dasein* » qui « ouvre au *Dasein* son pouvoir-être *le plus propre* ») et la « résolution ». Si l'appel de la « conscience » atteste la possibilité d'être authentique du *Dasein*, c'est que la « conscience » appelle le *Dasein* à s'arracher à la facticité où il est perdu dans le On. La problématique de l'appel concerne ainsi la question du « qui » du *Dasein*, la question du mode d'être propre au *Dasein*. Dans la quotidienneté, le *Dasein* est perdu dans l'anonymat du On, dont le mode d'être est déterminé par la *Geworfenheit*. Jeté dans le monde, *Dasein* se trouve dans « l'être-l'un-avec-l'autre quotidien » où sa singularité est dissoute dans le *On* : « *chacun est l'autre*, écrit Heidegger, *et nul n'est lui-même.* Le *On* qui répond à la question du *qui* du *Dasein* est la *personne* (*das Niemand*) à laquelle tout *Dasein*, dans son être-les-uns-parmi-les-autres, s'est à chaque fois déjà livré ». Le *Dasein* est jeté là, c'est-à-dire dans le monde où il se trouve comme autre ou comme personne. Cette ouverture de l'être-au-monde caractérise le mode d'être du *Dasein* comme le mode d'être du On, que Heidegger appelle la déchéance (*Verfallen*) (§ 38).

Comment l'appel de la « conscience » permet-il de s'arracher à la déchéance pour se retrouver soi-même ? Quelle est la voix qui convoque le *Dasein* à Soi-même ? À première vue, la façon dont Heidegger caractérise la voix de la « conscience » est entièrement négative. L'appel qui convoque le *Dasein* hors de la déchéance, vers le Soi-même constitue le « moment du choc ». Il affirme que l'appel « n'énonce rien, il ne donne aucune information sur des événements du monde, il n'a rien à raconter » (§ 55). Enfin, l'appel est déterminé comme la « voix étrangère » qui ne vient pas expressément du

---

[1] « Dans la conscience, le *Dasein* s'appelle lui-même ». M. Heidegger, *Être et Temps*, p. 217 [p. 275].

Dasein. « *Cela* appelle, contre notre attente, voire contre notre gré. D'un autre côté, l'appel ne vient incontestablement pas d'un autre qui est au monde avec moi. L'appel vient de moi et pourtant il me *dépasse* »[1].

Il est vrai qu'à ce niveau de l'analyse, la structure de l'auto-affection dans laquelle le *Dasein* s'appelle lui-même demeure complètement indéterminée. On voit mal ce qui distingue Heidegger de Kant sur le problème de la voix. La voix étrangère est considérée par Heidegger comme un appel qui convoque le *Dasein* à lui-même, dont le destinateur et le destinataire sont identiques (« Le *Dasein* est l'appelant et l'ad-voqué *tout à la fois* »). Le statut de l'appelant et de l'appelé dans la structure de l'auto-affection reste indéterminé, à moins de comprendre pourquoi ma propre voix devient étrangère, et comment la voix qui ne dit rien permet de déterminer le mode d'être propre. C'est cela que Heidegger se donne comme tâche. Il va reconstruire le motif de la voix kantienne, en déterminant ontologiquement le sens du rien de l'appel dans ses rapports avec l'affectivité.

Il faut remarquer l'*étrangèreté* de l'appel. Lorsque la voix qui appelle le *Dasein* à revenir à soi-même résonne comme la voix étrangère, il suscite le sentiment de l'*Unheimlichkeit*. Déjà dans l'analyse de l'angoisse, Heidegger remarque que l'isolation du *Dasein* est accompagnée par le sentiment d'être hors de chez soi. L'analyse de l'angoisse qui souligne la connexion du sentiment du « hors de chez soi » avec le mode fondamental d'être du *Dasein* (être-au-monde) est reprise dans l'analyse de l'appel qui aborde la possibilité d'être propre du *Dasein* à partir de la nullité de la voix. Ces deux analyses sont structurées d'abord par la problématique de l'affection, ensuite par la signification du rien pour la constitution du mode d'être du *Dasein*.

Comme toutes les affections, l'angoisse transporte le *Dasein* en son *là* : « *l'affection ouvre* le *Dasein* en son *être-jeté* » (§ 29). Ce qui caractérise l'angoisse comme *Grundbefindlichkeit*, c'est qu'elle « rejette le *Dasein* vers ce pour quoi il s'angoisse, vers son pouvoir-être-au-monde authentique ». Heidegger constate d'abord que l'angoisse n'a pas d'objet dans le monde. Le « devant quoi » de l'angoisse est, dit Heidegger, le « rien et nulle part », mais il signifie le fait même d'être « là », jeté dans le monde. Ce rien angoissant, dit Heidegger, est « l'être-au-monde lui-même » : le *Dasein* se trouve arraché à la familiarité du On, et il se trouve ainsi isolé. Dans l'angoisse, tout ce dont le *Dasein* se préoccupe dans le monde perd sa signification. L'angoisse révèle l'être-au-monde dans son extrême nudité. Si l'ex-position au monde constitue l'isolation du Soi, c'est qu'il se trouve comme jeté à la nullité du monde dénué

[1] *Ibid.*, p. 217 [p. 275].

de toute familiarité. Avec ce retrait de la quotidienneté et l'isolation, il devient possible, selon Heidegger, de « se choisir et de se saisir soi-même ».

C'est cette solitude angoissante, dans laquelle le *Dasein* s'affronte à son être jeté, que Heidegger caractérise par l'« être-en-dette ». L'appel révèle, dit Heidegger, « l'étrang(èr)eté de l'isolement jeté ». L'« être-en-dette » dont il s'agit dans l'analytique existentielle concerne le mode d'être *que je suis*[1]. Écartant l'interprétation commune de la dette, telle que la dette envers l'autre, Heidegger caractérise le fondement du mode d'être-en-dette comme « *être fondement d'une nullité* ». Le rien de l'appel de la conscience n'est rien d'autre que le rien auquel le *Dasein* se confronte dans l'angoisse. L'appel confronte le *Dasein* à la solitude angoissante de l'être-jeté. La voix ne dit rien, mais ce rien de la voix fait comprendre ce qu'il est lui-même, ce sur quoi l'être du *Dasein* se fonde. Alors que le *Dasein* doit se déterminer par le pouvoir-être propre comme fondement, il reçoit ce fondement comme être-jeté : son pouvoir-être n'appartient pas à lui-même. Car il se trouve toujours déjà dans telles ou telles possibilités déterminées. Il peut se projeter vers sa propre possibilité, mais chaque possibilité dépend du fait même qu'il soit jeté dans telles ou telles situations. C'est dire que le *Dasein* est initialement endetté. L'appel rappelle au *Dasein* qu'il ne peut se fonder lui-même (qu'il « ne peut jamais se rendre maître de son fondement (§ 58) »), car il est toujours et déjà jeté là. Il ne peut jamais surmonter cette modalité d'être. Heidegger écrit ainsi : « L'être-fondement signifie, par conséquent fondamentalement, n'être *jamais* en possession de son être le plus propre [...]. Étant-fondement, il *est* lui-même une nullité de lui-même ».

Ce qui distingue l'être-jeté dans la déchéance et l'affrontement à la nullité dans l'angoisse, consiste en ceci que dans la « conscience » le *Dasein* est appelé à assumer comme sien le rien du fondement. L'appel, dit Heidegger, est la « convocation pro-vocante à l'être-en-dette ». Le pouvoir-être propre consiste d'abord à s'appeler lui-même dans l'angoisse. Dans l'angoisse, l'existence se révèle nue, arrachée à toute préoccupation dans le monde, et l'appel convoque le *Dasein* à l'être de l'être-jeté qui se révèle comme nullité du fondement. L'appel de la « conscience » appelle le *Dasein* à revenir sur soi-même, en révélant le fondement de son être propre comme la nullité qu'il est lui-même, si bien que l'appel ouvre au *Dasein* un abîme. Le *Dasein* ne peut jamais saisir son être, mais cette impossibilité de fonder son être constitue le fondement du *Dasein*. La détermination du *Dasein* comme le soi-même consiste donc à se saisir dans la nullité du fondement. Le « se-comprendre en

---

[1] « L'essentiel est ici que cet « en-dette » surgit comme prédicat du "je suis" ». *Ibid.*, p. 221 [p. 281].

son pouvoir-être » n'est rien d'autre que « se projeter vers le pouvoir-devenir-en-dette authentique *le plus propre* ». Cette compréhension du soi comme le « se projeter vers l'être-en-dette », cette orientation du *Dasein* vers le Rien, est la résolution qui ouvre le *Dasein* à son « être-pour-la-mort ».

Remarquons que Heidegger inscrit le problème de la « conscience » dans celui de la vérité. La résolution est censée ramener le *Dasein* à la vérité originaire de son être. « Ce qui est conquis avec la résolution, c'est la vérité la plus originaire, parce qu'authentique, du *Dasein* »[1]. Cette affirmation de la vérité consiste dans l'arrachement du *Dasein* à la facticité. « Le plus souvent, le *Dasein* quotidien recouvre la possibilité la plus propre, absolue et indépassable de son être. Cette tendance factice au recouvrement confirme la thèse qui dit que le *Dasein*, en tant que factice, est dans la "non-vérité" »[2]. Le *Dasein* ne peut affirmer la vérité de son être que s'il se dégage de son être perdu dans la facticité en tant que non-vérité. C'est cette exigence de l'arrachement du soi à la non-vérité qui rend possible la confrontation de Kant à Heidegger. Comme chez Kant pour qui l'impératif de devenir-je au sein même de l'indiscernabilité du moi et de l'autre constitue l'institution de l'ipséité, on peut admettre chez Heidegger un même motif, un même impératif, celui de l'arrachement du *Dasein* à sa facticité où il se confronte dans l'anonymat du On, dans l'indiscernabilité entre le soi et l'autre.

B) La confrontation de Heidegger à Kant sur la problématique de l'auto-affection

Comme le remarque P. Ricœur, l'interprétation heideggérienne de la voix consiste dans la « démoralisation de la conscience »[3]. La dette que l'appel crie ne concerne que le mode d'être propre du *Dasein*. La dette envers autrui tombe dans l'idée vulgaire de dette. Car, « c'est le On-même de l'être-avec préoccupé avec autrui qui est atteint par l'appel »[4]. Par la démoralisation de la « conscience », Heidegger désigne la voix comme « extériorité sans altérité »[5] : l'« étrangèreté » de la voix ne provient pas de l'altérité de l'autre

---

[1] *Ibid.*, p. 232 [p. 297].

[2] *Ibid.*, p. 205 [p. 256-257].

[3] P. Ricœur, *Soi-même comme un autre*, p. 404.

[4] M. Heidegger, *Être et temps*, p. 215 [p. 272].

[5] Comme le remarque P. Ricœur, la démoralisation de la voix correspond chez Heidegger à *la réduction de la transcendance ou de l'altérité de la voix*. « À une hauteur sans transcendance correspond une extériorité

personne. Elle surgit dans le rapport à soi. Sa conception de la voix a ceci de particulier que l'altérité de la voix est considérée comme le problème de la *modification* du Soi. La voix de l'appel concerne la possibilité propre d'être Soi-même du *Dasein* qui se dégage de son mode d'être d'On. Cet appel apparaît étranger, en ceci que le *Dasein* est appelé à *se* confronter, dans l'angoisse, à son être-jeté pur et nu, arraché à toute familiarité. La voix de l'appel est donc étrangère pour le *Dasein* en tant qu'On. Le Soi-même isolé dans l'angoisse est autre que le *Dasein* perdu dans le On. Nous comprenons ainsi comment surgit l'écart à soi dans l'auto-affection dans l'acte de s'appeler. C'est la « modification existentielle du On-même en être-Soi-même » (§ 54) qui produit l'écart entre le soi et le soi dans l'écoute de soi. En s'appelant soi-même, le *Dasein* s'éprouve dans le processus de modification de soi.

Le moment est venu de confronter la structure de l'auto-affection selon Heidegger à celle de Kant. Nous allons d'abord expliciter la structure d'auto-affection comme constitution de l'ipséité du moi par la lecture de *Kant et le problème de la métaphysique.* Ensuite, nous confronterons l'interprétation heideggérienne de l'ipséité kantienne à sa propre pensée de l'ipséité après *Être et Temps* pour approfondir l'écart à soi dans l'auto-affection.

Dans *Kant et le problème de la métaphysique*, Heidegger explique l'essence du « soi pratique » à partir de la notion de la transcendance qui caractérise l'ipséité sur le plan théorique, c'est-à-dire le mouvement du moi qui consiste à s'opposer à... C'est dans l'acte de s'opposer que le moi s'institue lui-même comme soi « extériorisé »[1] en s'orientant par rapport au X ; le moi *se* retrouve lui-même comme opposé, exposé à ce X. Le X par rapport auquel le moi s'oriente apparaît, dans cette objectivation (*Entgegenlassen*), comme *Dawider*, et celui-ci constitue une « contrainte » pour le moi. L'ipséité du moi consiste ainsi à recevoir ce X comme la contrainte dans l'acte d'orientation par rapport au X. Ce X n'apparaît comme *Dawider* que par l'acte d'opposition. L'objectivité de l'ob-jet consiste dans le *Dawider* auquel le moi s'oppose en s'y orientant, et l'ipséité du moi ne s'institue que dans l'auto-opposition à ce X. C'est cette structure de l'ipséité comme transcendance que Heidegger applique à l'ipséité éthique.

D'abord, Heidegger explique le « moi éthique » à partir du respect pour la loi ; « le respect est la "réceptivité" à l'égard de la loi morale [...]. Si le respect

---

sans altérité. Non que la référence à autrui fasse entièrement défaut ; mais l'autre n'est impliqué qu'en référence au On et au plan de la modalité inauthentique de la préoccupation ». P. Ricœur, *Lecture 3*, Points-Essais, 2006, p. 83, p. 84.

[1] KP, p. 207. GA 3, p. 150.

constitue l'essence de la personne et du soi éthique, il doit se manifester [...] comme un mode de la conscience de soi »[1]. Heidegger dégage ainsi le « mode de conscience de soi » de l'affectivité du moi pour la loi morale. Comme dans tous les sentiments, le respect pour la loi implique le « se-sentir » du moi qui sent quelque chose. Étant sensible à..., l'ipséité du moi se manifeste comme celui qui se sent lui-même. Par exemple, le plaisir n'est pas simplement le « plaisir de tendre vers quelque chose », mais la « jouissance » en tant que « s'éprouver lui-même heureux »[2]. Dans le respect pour la loi, le moi s'éprouve lui-même, et la loi n'apparaît que dans ce s'éprouver du moi. En d'autres termes, le moi se laisse lui-même éprouver par la loi. Quel est le sentiment que j'éprouve dans le respect ? Puisque le sentiment que j'éprouve pour la loi est d'abord la contrainte[3] ou le « préjudice porté aux inclinations »[4], je m'éprouve moi-même contraint dans le respect. C'est dans ce sentiment que la loi m'apparaît comme telle. Comme le dit Heidegger, le s'éprouver soi-même contraint définit « la façon dont, en général, la loi est, comme telle, susceptible de nous toucher ». Nous retrouvons ici la structure de la transcendance sur le plan éthique. Dans l'auto-détermination par la loi, le moi s'éprouve opposé à la loi. Nous avons vu que la contrainte sur soi se produit dans l'acte de s'opposer (le *Selbstzwang*). C'est par la liberté en tant qu'auto-opposition que le moi se trouve comme opposé à la loi. Cela veut dire que je m'éprouve opposé par mon pouvoir de m'opposer. Nous pensons ainsi que l'auto-affection dans le respect consiste à s'opposer à la loi.

Ce qu'il y a d'essentiel dans l'analyse heideggérienne du respect, c'est que le respect pour la loi est considéré comme le sentiment que le moi éprouve envers lui-même et envers son pouvoir de donner la loi. « Le respect pour la loi – c'est-à-dire cette manière spécifique de dévoiler la loi comme fondement de la détermination de l'agir – est en soi un dévoilement de moi-même comme soi *agissant*. Ce que respecte le respect, c'est-à-dire la loi morale, la raison se le donne à elle-même en tant qu'elle est libre. Le respect à l'égard de la loi est

---

[1] KP, p. 214. GA 3, p. 156-157.

[2] Cf. KP, § 30. Voir aussi *Les Problèmes fondamentaux de la phénoménologie*, p. 166. GA 24, 187f. « Le sentiment exprime pour Kant, de manière générale et formelle, une modalité spécifique de la manifestation du Moi. L'être sensible *à* quelque chose implique toujours un *se*-sentir, un mode de devenir manifeste à soi-même. La manière dont je me révèle à moi-même dans le sentir est co-déterminée par ce à quoi je suis sensible dans ce sentiment ».

[3] Dans la *Doctrine de la vertu*, le respect est défini comme condition subjective de la « réceptivité au concept du devoir ». DV, p. 682. AK VI, 399.

[4] CRpr, p. 696. AK V, 73.

respect à l'égard de soi-même »[1]. C'est en me donnant la loi dans le respect que je me donne moi-même, et cette auto-donation par la liberté s'effectue comme auto-opposition. Dans la mesure où le respect pour la loi n'est rien d'autre que le « respect à l'égard de soi-même », le X auquel je m'oppose serait donc moi-même ; je m'oriente selon la loi, de façon que je *me* retrouve à la fois comme opposé à la loi et comme m'opposant à moi-même. Cette objectivation du moi s'opère comme auto-opposition du moi selon la loi.

À la différence de la transcendance sur le plan théorique, cet opposant ne peut être tout autre que le moi. Car ce à quoi je m'oppose moi-même est « moi-même comme la raison pure » : « en me soumettant à la loi, je me soumets à moi-même comme raison pure. En me soumettant à moi-même, je m'élève à moi-même comme être libre et source de ma propre détermination. S'élevant à soi-même tout en se soumettant, le moi se révèle dans sa "dignité" »[2]. Dans le respect pour la loi, le moi se constitue lui-même en s'éprouvant à la fois comme opposé à la loi et comme celui qui donne la loi. Je me conçois comme opposé à mon acte de m'opposer. C'est dans cette auto-opposition à la loi que je me conçois moi-même comme sujet agissant. Ce à quoi je m'oppose est constitué par moi-même, par l'acte de *me* soumettre moi-même à la loi. Heidegger identifie ce à quoi je m'éprouve à moi-même. Il s'efforce ainsi de voir dans le respect une structure d'auto-affection sans faille de soi-à-soi. « Dans le respect devant la loi le Moi qui éprouve du respect doit nécessairement se révéler en même temps à soi-même de manière déterminée [...]. Dans le respect pour la loi, je me soumets à moi-même en tant que Soi libre. Tandis que *je me* soumets, je me révèle à moi-même, c'est-à-dire que je suis dans mon ipséité moi-même »[3]. C'est cette « auto-révélation » du moi que l'auto-affection sans faille manifeste dans le respect pour la loi.

L'interprétation heideggérienne de l'auto-affection nous permet d'expliciter la constitution du moi comme un processus de modification du moi : le moi se sent élevé par son pouvoir de se donner la loi. Néanmoins, le texte de Kant nous présente la structure plus complexe de l'auto-affection dans l'auto-détermination par la loi. Selon Kant, la loi que le moi respecte peut être représentée comme celle de l'autre personne : le respect n'est pas ressenti seulement envers soi-même, mais aussi envers l'autre personne. Kant affirme d'abord que « l'objet du respect est simplement la loi »[4]. Mais ce sentiment

---

[1] KP, p. 215. GA 3, p. 158.

[2] KP, p. 216, GA 3, p. 159.

[3] M. Heidegger, *Les Problèmes fondamentaux de la phénoménologie*, p. 169. GA 24, p. 191-192.

[4] FM, p. 260-261 note. AK IV, 401.

pour la loi se manifeste à travers le sentiment que j'éprouve envers la *personne* (« le *respect* ne s'adresse jamais qu'à des personnes ». « Si on examine convenablement le concept du respect pour les personnes [...], on remarquera que ce respect repose toujours sur la conscience d'un devoir qu'un exemple nous montre »[1]). Qui est cette *personne* ? Selon Heidegger, c'est le moi ou le Soi. Pourtant, l'auto-affection du Moi dans le respect contient l'altérité de la loi qui se figure comme l'autre personne. Le respect, écrit Kant, s'adresse à « l'homme que je vois devant moi » ; l'autre personne m'apparaît comme « exemple » qui prouve que « l'on peut obéir la loi, et par conséquent, la *pratiquer* »[2]. En tant qu'*exemple* de la loi, l'autre « rend visible (*anschaulich machen*) » la loi à laquelle je dois me soumettre. La loi peut apparaître à travers l'autre. Cela veut-il dire que l'autre peut incarner la loi, que la loi et l'autre sont identiques dans le respect ? Alors que je dois me contraindre moi-même par la loi, pourquoi l'autre intervient-il dans l'auto-détermination par la loi ? Comment penser la plurivocité de l'objet du respect ? Si le respect pour la loi se transpose en respect pour l'autre, comment penser la structure d'auto-affection dans l'auto-détermination par la loi ? Selon l'interprétation de Heidegger, le moi s'éprouve lui-même, contraint par la loi qu'il se donne en tant que raison pratique. Si la loi par laquelle je m'éprouve apparaît comme l'autre, n'est-ce pas plutôt l'autre, et non pas moi, qui impose la contrainte ? Le respect envers les autres, dit Kant, est une « *maxime* de restriction, par la dignité de l'humanité en une autre personne, de notre estime de nous-mêmes »[3]. L'autre personne se présente ainsi comme une contrainte qui détermine la volonté du moi.

Mais, dans la *Grundlegung*, Kant écrit ceci : « tout respect pour une personne n'est proprement que respect pour la loi [...], dont cette personne nous donne l'exemple »[4]. Le respect est originairement adressé à la loi que je me donne moi-même. L'autre n'est qu'un exemple de la loi, non jamais la loi elle-même, ni un modèle que je dois imiter[5]. Comme J. Rogozinski l'affirme, il faut se garder de confondre la loi avec son exemple : « l'altérité empirique ou ontique d'autrui n'a pas le même statut que l'altérité de la Loi. Loin de nous présenter schématiquement (« intuitivement ») cette altérité radicale, la

---

[1] CRpr, p. 701 et p. 707 note. AK, V, 76 et 81.

[2] CRpr, p. 702 et p. 701. AK V, 77.

[3] DV, p. 742. AK VI, 449.

[4] FM, p. 261 note. AK IV, 401.

[5] « En effet, le respect dû aux hommes qui donnent un exemple aux autres ne peut pas dégénérer en imitation aveugle ». DV, p. 761. AK VI, 464.

personne de l'autre ne nous en donnerait qu'un symbole, une figuration analogique »[1]. Selon lui, la présentation sensible de la loi comme l'autre personne n'est que *symbolique*, ne peut jamais donner le schème de la loi. Même si l'autre intervient dans l'auto-détermination par la loi, même si l'autre personne pose la limite à la liberté du moi, la donation de la loi par l'autre ne s'effectue que sur le mode du *comme si* : je me donne la loi, *comme si* l'autre me la donnait. Comme nous l'avons vu lors de l'analyse de la « Typique », la présentation symbolique nous permet de saisir sensiblement la loi éthique. Dans le respect pour l'autre, il s'agit de présenter symboliquement la structure de l'auto-détermination par l'hétéro-détermination. Le « je me détermine par la loi » est présenté comme donation de la loi par l'autre.

Dans cette perspective, l'auto-affection dans le respect se présente comme une *auto-hétéro-affection*[2]. L'auto-affection dans le respect peut s'opérer à travers la position du moi devant l'autre. Il s'agit toujours de ma relation à la loi en moi. Mais ma relation à la loi en moi est représentée, dans le respect pour l'autre, comme ma relation à l'autre. La loi que je respecte est en moi, même si la loi est présentée comme provenant de l'autre. C'est par le biais de l'autre que je respecte la loi, mon pouvoir de donner la loi. En respectant la loi de l'autre, je ne fais que m'affecter par mon pouvoir de donner la loi. Cette idée d'auto-hétéro-affection nous permet de s'approcher vers la fonction équivoque de l'altérité dans l'auto-détermination par la loi. Pourquoi la loi que je me donne doit-elle m'apparaître au-dehors ? Comment puis-je affirmer que l'obéissance à loi de l'autre trouve son fondement dans mon rapport intérieur à la loi en moi ?

La loi ne m'est pas immédiatement donnée, mais elle m'est donnée dans un écart intérieur entre elle et moi. Cet écart se transpose en relation du moi à l'autre, lorsque le moi respecte l'autre. Il est arrivé à Kant de présenter symboliquement la loi par la parole du buisson ardent : « La majesté de la loi (semblable à celle du Sinaï) inspire la vénération [...] qui éveille précisément le respect de l'inférieur vis-à-vis de son maître, et puisque dans ce cas, ce dernier est en nous-mêmes, c'est le sentiment du sublime de notre destination personnelle qui est éveillé »[3]. La loi m'apparaît comme provenant de l'autre, et cependant *cet autre est en moi*. Tout se passe comme si « je » qui me donne la loi faisait retour à moi-même en passant par l'autre.

---

1 J. Rogozinski, *Le Don de la Loi*, p. 176-177.

2 Sur cette notion, cf. J. Rogozinski, *Le Don de la Loi*, p. 197 et p. 209.

3 RL, p. 34. AK VI, 24.

En éprouvant la loi à travers l'autre, la puissance en moi de donner la loi est éprouvée comme la puissance extérieure. Pour comprendre cette transposition de l'extérieur et de l'intérieur, on peut se référer à l'« Analytique du sublime » de la troisième *Critique*. Que la puissance intérieure et la puissance extérieure se transposent l'une en l'autre, Kant appelle cela la « subreption », c'est-à-dire la « manière de penser propre à introduire le sublime dans la représentation de la nature ». Si je découvre la sublimité dans la puissance extérieure, c'est par l'ex-position de la sublimité intérieure, puis par la « substitution d'un respect pour l'objet au respect pour l'idée de l'humanité présente dans les sujets que nous sommes »[1]. Si le respect pour la personnalité en moi se transpose en respect pour l'autre, c'est que le moi transfère la sublimité de la puissance intérieure au-dehors du moi. C'est par ce transfert que la puissance intérieure se manifeste sensiblement. Tout se passe comme si je ne pouvais pas éprouver la loi suprasensible en moi sans l'ex-poser au-dehors. C'est après avoir vu la manifestation extérieure de la loi que le moi pressent la loi en lui-même.

Certainement, dans l'« Analytique du sublime », Kant ne se pose pas la question de la relation du moi à l'autre dans l'auto-détermination par la loi. Dans l'« Analytique du sublime », ce qui est respecté par la transposition du respect pour l'Idée en moi est la chose (*Sache*) extérieure, non pas la personnalité (*Persönlichkeit*) d'autrui. Cependant, il nous est permis d'approfondir l'équivoque de la transposition du respect pour moi en respect pour l'autre à partir de la structure affective de « subreption » où la sublimité en moi que je respecte se transpose en sublimité au-dehors de moi qui suscite en moi le respect.

D'une part, dans le respect, je m'affecte, m'éprouve moi-même. Car c'est ma personnalité, mon pouvoir de donner la loi qui suscitent en moi le respect. D'autre part, cette auto-affection se change en hétéro-affection, lorsque le respect pour la loi est éprouvé dans la rencontre avec l'autre. Il en va de même pour l'appel de la « conscience ». Selon Kant, « cette disposition originaire a ceci de particulier que, bien que l'homme n'y ait affaire qu'à lui-même, il se voit pourtant contraint par sa raison à la mener comme sur l'ordre d'*une autre personne* »[2]. J'entends la voix de la loi comme si elle était celle de l'autre. Il faut admettre que cette auto-hétéro-affection dans l'écoute de soi est équivoque. D'un côté, cette conception exprime le réquisit fondamental de la synthèse pratique. Si le « tu dois » apparaît à travers autrui, elle constitue

---

[1] CFJ, p. 1026. AK V, 257.

[2] DV, p. 727. AK VI, 438.

l'autre-opposant, et c'est par cette constitution de l'opposant que le moi et la loi se lient synthétiquement. D'un autre côté, la notion de l'auto-hétéro-affection nous confronte à la question redoutable de la proximité de la vérité de la synthèse pratique et de sa non-vérité. Le problème de la non-vérité de la synthèse pratique consiste en ceci que la donation de la loi prend la forme de l'hétéronomie. Que ma relation à la loi se transpose en ma relation à l'autre, que la vérité de la synthèse pratique et sa non-vérité puissent coexister dans cette transposition, c'est justement cela que Heidegger ne voulait pas envisager, lorsqu'il a dissout l'altérité de la loi dans l'auto-affection éthique. « Dans le respect, écrit Heidegger, je *suis* moi-même »[1]. Mais qu'est-ce qui m'assure que c'est bien moi qui *fais être* ce que je dois être en me disant : « tu dois » ? Lorsque le « tu dois » que je m'entends parler n'est qu'une incorporation de la voix de l'Autre, comment puis-je affirmer que le « je » qui me détermine est bien moi ? Sur ce point, F. Dastur écrit ceci : « ce qui finalement permet de distinguer l'interprétation kantienne de la conscience de celle de Heidegger, c'est bien en effet le statut d'interpellation à la seconde personne du "tu dois", de l'impératif, qui n'est pas marqué *comme tel* chez Heidegger »[2]. L'auto-détermination par la loi peut se réaliser dans la relation du moi à l'autre qui m'appelle à la seconde personne. Il est impossible de voir l'identité pure de soi-à-soi dans l'auto-affection éthique, telle qu'elle se révèle dans l'acte de s'appeler soi-même dans la « conscience », ou dans l'acte de se contraindre dans le respect. Pourquoi Heidegger refuse-t-il de voir que l'altérité du « tu dois » constitue le moment essentiel de l'auto-affection ? Pourquoi réduit-il l'altérité de la loi à la problématique de l'*être* du moi ?

Par la réduction de la présence équivoque de l'autre dans le respect, Heidegger voit dans l'auto-affection kantienne l'identité pure de soi-à-soi[3].

---

[1] M. Heidegger, *Les Problèmes fondamentaux de la phénoménologie*, p. 171. GA 24, p. 194.

[2] F. Dastur, *La Phénoménologie en questions*, Vrin, 2004, p. 142.

[3] À la différence de Heidegger, Henry considère que le respect ne peut pas structurer la subjectivité par l'auto-affection. Pour lui, le respect kantien est un sentiment vidé de son affectivité, en ceci que Kant dissocie nettement ce qui affecte de la sensibilité. Selon Henry, le primat de la raison pure pratique en tant qu'instance déterminante rationnelle empêche Kant d'approfondir l'affectivité du respect (Cf. *L'Essence de la manifestation*, p. 653). Nous nous contentons ici de faire une petite remarque sur l'interprétation henrienne du respect. Il nous faudrait remarquer que Henry n'explicite pas l'apparaître équivoque de la loi dans le respect ; la loi que je respecte peut apparaître à travers l'autre personne. Tout comme chez Heidegger, la relation à l'autre est réduite chez Henry. Comme Henry le soutient, nous pensons que chez Kant, il n'y a pas de pure auto-affection de soi par soi lorsque le moi éprouve du respect. Mais ce n'est pas simplement parce que le caractère rationnel de l'affectant (la loi ou la raison pure pratique) dissocie l'affectant et

Lorsqu'il s'agit de l'interprétation de Kant, il tente de structurer l'être du moi par sa relation intime de soi-à-soi. Cependant, sa propre pensée de l'Être rejette cette structure de l'ipséité en insistant sur l'écart irréductible ente le soi et l'Être. Au lieu d'approfondir l'être du moi sur la base de l'auto-affection, il analyse l'ipséité exclusivement dans son rapport ekstatique à l'Être. Voyons brièvement la démarche de Heidegger sur le problème de l'auto-affection.

Décidant de considérer le *cogito* à partir de l'être du « je suis », non pas du « je pense », l'ontologie se focalise sur le mode d'*être* du *Dasein*. Le problème de l'ipséité est abordé comme la question de l'Être. Dans *Être et Temps*, la question de l'Être est analysée comme mode d'être de l'étant que je suis. Comme nous l'avons vu, ce mode d'être est analysé dans la problématique de l'acte de s'appeler du *Dasein*. Bien que Heidegger considère l'être du *Dasein* dans la nullité du fondement qu'il ne peut jamais s'approprier, le rapport du *Dasein* à l'être est structuré par l'auto-affection. Mais après *Être et Temps*, la conception de l'auto-affection serait rejetée : la provenance de l'appel n'est plus considérée comme le Soi-même du *Dasein*, mais comme l'Être. Il ne s'agit plus de la relation du *Dasein* à son être, mais de la « relation de l'Être à l'homme ». Le rapport du *Dasein* à l'Être est déterminé simplement par l'écoute de la voix de l'Être. « La pensée [...], écrit Heidegger dans *Lettre sur l'humanisme*, se laisse revendiquer par l'Être pour dire la vérité de l'Être. La pensée accomplit cet abandon (*Lassen*) »[1]. L'homme écoute passivement l'appel de l'Être et sa voix silencieuse impose la soumission sans réserve. L'Être lui-même qui « donne à l'étant la garantie de l'être », dit Heidegger, est l'« autre pur et simple »[2]. L'appel est en dernière instance la voix de l'Autre anonyme, non pas la voix de l'homme. Sur ce point, M. Haar écrit ceci : « la voix de l'être n'appartient précisément pas chez Heidegger à l'étant (« substance »), qu'il soit présent, absent, ou voilé : c'est dire en particulier qu'elle n'est pas pour lui une source unique cachée quelque part, une origine

---

l'affecté. Rappelons que la subjectivité éthique consiste en la relation synthétique de soi-à-soi. La loi éthique doit être transcendante dans l'immanence que structure l'acte de se donner la loi. La loi doit produire l'écart entre le « je » et le « me ». Si l'écart est nécessaire à l'auto-détermination par la loi, *c'est parce que l'auto-affection peut avoir lieu, même si la loi provient de l'autre personne*. Comme nous l'avons vu dans le cas d'Eichmann, le sujet croit se donner la loi, tout en se soumettant au « tu dois » de l'autre. Cela veut dire que l'autre peut intervenir dans l'auto-affection, dans l'auto-détermination par la loi : le sujet respecte le soi qui se donne la loi (il s'éprouve dans son pouvoir de donner la loi), même si la loi est celle de l'autre.

[1] M. Heidegger, « Lettre sur l'humanisme », trad. R. Munier, *Question III, IV*, p. 68. GA 9, p. 313.

[2] M. Heidegger, « Qu'est-ce que la métaphysique ? », *Question I, II*, p. 76. GA 9, p. 306.

secrète […]. Comme déterminant = X la voix est indéterminable… »[1]. Se tenir dans « l'éclaircie de l'Être » n'est rien d'autre que l'ex-position à la voix = X, et ce mode d'être de l'homme est ce que Heidegger appelle l'existence. Heidegger après *Être et Temps* pense la relation de l'Être et de l'essence (*Wesen*) de l'homme exclusivement à partir de l'Être. La part de l'homme n'est que dans son acte de « se laisser revendiquer » par l'Être, par son « décret (*Schickung*) ». « C'est seulement pour autant que l'homme *ek-sistant* dans la vérité de l'Être appartient à l'Être, que de l'Être lui-même peut venir l'assignation de ces consignes qui doivent devenir pour l'homme normes et lois »[2]. L'altérité de l'Être est insurmontable, dont la loi exige une pure et simple soumission. L'homme ne peut avoir une relation à son être qu'en se soumettant au décret de l'Être qui « a dans sa garde l'homme en son essence *ek-sistante* ». Ainsi, la pensée de l'Être réduit la constitution du moi à l'exposition pure et simple du moi à l'X.

Chez Kant, le X auquel le moi se heurte est la loi qui peut se figurer en l'altérité de l'autre personne. Pourtant, il faut remarquer que ce X n'est pas tout autre : c'est la liberté du moi qui constitue l'autre personne comme limite à sa propre liberté (à titre d'autre-opposant). La loi n'apparaît comme transcendance que par la liberté qui constitue elle-même la limite contre elle-même. Dans le respect pour l'autre, cette limite m'est donnée comme cet « homme que je vois devant moi ». Si l'autre est présenté comme exemple de la loi, c'est que l'altérité de l'autre personne « rend visible (*anschaulich machen*) » la transcendance de la loi. En se manifestant comme un « exemple » de la loi, l'autre sert de quasi-intuition de la loi suprasensible ; cette présentation sensible de la loi devrait remplir un réquisit fondamental de la synthèse pratique, c'est-à-dire l'opposition entre la loi et le moi. Mais dans quelle structure conceptuelle la transcendance de la loi se transpose-t-elle en altérité de l'autre ? Pourquoi la loi que je me donne apparaît-elle à travers l'autre ? Rappelons que la fin en soi « contre laquelle on ne doit jamais agir »[3] se manifeste tantôt comme le moi, tantôt comme l'autre personne. Puisque la « condition suprême restrictive de toutes les fins subjectives » se désigne comme l'humanité en moi et en l'autre, la représentation de la contrainte sur ma liberté s'impose à moi par moi et par l'autre. Si la fin en soi est considérée comme la personnalité de l'autre, l'auto-détermination par la loi s'instaure dans une relation du moi à l'autre. Plus précisément, l'obligation éthique se

---

[1] M. Haar, *La Fracture de l'histoire*, Million, 1994, p. 46.

[2] M. Heidegger, « Lettre sur l'humanisme », *Question III, IV*, p. 123. GA 9, p. 360-361.

[3] FM, p. 305. AK IV, 437.

constitue dans la passivité du moi envers l'autre[1]. L'autre incarne ainsi la loi qui s'impose comme limite à la liberté du moi.

Mais cette interprétation altruiste devrait être mise en question, par le fait que la fin en soi désigne aussi la personnalité en moi. Ma propre personnalité m'apparaît elle aussi comme la limite à ma liberté (c'est ainsi que Kant interdit le suicide). Cela veut dire qu'*il y a une sorte d'altérité au sein même de ma personnalité*. Tout comme la personnalité en autrui apparaît comme la limite à ma liberté, la personnalité en moi apparaît comme la limite à la liberté d'autrui ; je suis l'autre de l'autre. Mais, comme J. Rogozinski le remarque, il faut admettre que ma personnalité se présente comme l'altérité *d'abord pour moi*. « Je suis donc d'emblée une personne au même titre que tout autre et non plus seulement de manière dérivée, en tant qu'autre pour autrui »[2]. Le X en opposition auquel je me détermine moi-même est moi-même comme un autre. C'est cet autre intime qui constitue la relation du moi à la loi comme le rapport synthétique du « je » et du « me ». Le moi trouve l'autre-opposant d'abord en lui-même, avant de le retrouver en dehors de lui. Comme J.-L. Nancy l'affirme, « il s'agit d'une altérité ou d'une autruicité d'*ego* dans son égoïté et avant même tout *alter ego* »[3]. L'altérité externe a une connexion étroite avec l'altérité interne, dans la mesure où la personnalité en moi est la limite « contre laquelle on ne doit jamais agir » au même titre qu'autrui. Si l'altérité du « je » est plus originaire que celle de l'autre, l'autre en tant que limite de ma liberté trouve son origine dans l'altérité de l'ego. En tant qu'exemple de la loi, l'autre apparaît comme celui qui donne la loi, comme « je » qui me donne la loi. Mais son altérité doit être considérée comme provenant de moi. En se confrontant à l'autre comme exemple de la loi, le moi ne fait que retrouver l'« autruicité de l'ego ». On peut ainsi penser qu'il y a un transfert de l'altérité du « je » entre le moi et l'autre. Par le biais de l'altérité du « je », l'autre et le moi s'entrelacent dans l'auto-détermination par la loi.

L'autre incarne de différentes façons la loi à laquelle j'obéis. J'éprouve l'autre comme moi-même ou comme « je », lorsque je m'entends parler le « tu dois » que l'autre énonçait autrefois. L'autre surgit au sein même du « je » qui entend sa propre voix. On peut se demander comment l'autre se constitue en « je » dans l'écoute de soi, d'où vient le « je » comme autre. Si j'éprouve

---

[1] « La réalité d'autrui s'atteste dans une réflexion sur la *limite* [...], en effet, je ne puis limiter mon désir en m'obligeant, sans poser le droit d'autrui à exister de quelque manière ». P. Ricœur, *À l'école de la phénoménologie*, Vrin, 1986, p. 274.

[2] J. Rogozinski, *Le Don de la Loi*, p. 177.

[3] J.-L. Nancy, *L'Impératif catégorique*, p. 134.

l'autre comme « je », n'est-ce pas que l'altérité de l'autre provient de celle du moi ? Comment l'altérité du « je » s'articule-t-elle à celle de l'autre personne dans l'auto-détermination par la loi ? Ces questions sur l'altérité interne constituante de l'ipséité, Heidegger ne nous permet pas de les approfondir. Lorsqu'il s'agit de la voix de l'Être, il n'a envisagé ni un lien entre l'ipséité et l'autre-X, ni ce qui constitue l'écart entre les deux, en caractérisant l'écart irréductible entre le soi et le X comme la passivité radicale de l'homme. Selon notre interprétation, la passivité du moi selon Kant se trouve dans la liberté en tant que pouvoir de constituer la transcendance de la loi. Plus précisément, la finitude consiste en ce que ce pouvoir constituant de l'ipséité produit l'*illusion pratique* qui rend indiscernables le soi et l'autre[1]. Même si l'autre apparaît comme une loi qui s'impose comme limite au moi ou comme ce qui détermine ce que le moi doit être, cette apparition de l'autre doit être constituée à partir de l'acte du moi de se donner la loi. Par exemple, l'autre en tant que fin en soi n'apparaît comme tel que par ma représentation langagière de la loi. C'est en s'adressant à lui-même la troisième formule de l'impératif que l'autre m'apparaît comme la loi.

Bien que la transcendance de la loi apparaisse à travers l'autre personne, la provenance de la loi ne devrait pas être considérée comme l'altérité d'autrui. La transcendance de la loi ne doit apparaître comme l'altérité d'autrui que si je présente symboliquement le pouvoir de me contraindre comme le pouvoir de l'autre qui m'assujettit. Si la loi apparaît comme l'autre transcendant, c'est parce que le moi le représente, *à partir de son noyau X d'étrangeté interne*, comme opposant à son désir, à sa liberté. Pour éclairer la relation du moi à son altérité interne dans l'auto-détermination par la loi, il conviendrait de confronter Kant à Husserl. Le problème de l'altérité est considéré par ces deux philosophes dans une liaison étroite avec l'ipséité du moi. Chez Kant, l'autre en tant qu'exemple de la loi a une connexion étroite avec l'altérité du moi et le pouvoir du moi de se constituer l'autre-opposant. Tout comme Kant, Husserl serre de près l'altérité d'autrui, en le considérant comme objet de la constitution par le moi. « *Alter* veut dire *alter ego*, et l'*ego* qui y est impliqué, c'est moi-même »[2] : l'autre dont il s'agit pour Husserl est l'*autre moi* que le moi constitue à partir de la sphère du propre. Selon Husserl, mon ego est un corps de *chair* (*Leib*) que j'éprouve *ici*, de façon originaire, par des perceptions kinesthésiques, tandis que l'autre n'est qu'un corps que je vois *là-*

[1] Selon § 14 de l'*Anthropologie*, la possibilité de l'illusion pratique concerne le mensonge sur soi-même.

[2] E. Husserl, *Méditations cartésiennes*, trad. E. Levinas, Vrin 1992, p. 179 [*Cartesianische Meditationen*, Husserliana I, 1950, Nijhoff, p. 140].

bas, au même titre que le corps étranger. Dans la mesure où l'autre a aussi son ego qui est un corps de chair, il doit s'éprouver lui-même de façon originaire dans sa chair. Comment un corps étranger que je vois là-bas m'apparaît-il comme un autre « je » qui s'éprouve lui-même ? C'est par le « *transfert* (*Übertragung*) *aperceptif à partir de ma propre chair* » [1] que l'autre m'apparaît comme un autre « je » qui a son corps de chair. En transférant à l'autre ma chair où je m'éprouve moi-même, l'autre m'apparaît comme un autre moi qui s'éprouve lui-même.

Ce que nous voulons constater, c'est que chez Husserl, la constitution de l'autre présuppose l'existence du « je » qui s'éprouve lui-même. L'autre selon Husserl est un « second ego » que je constitue « comme se réfléchissant dans mon *ego* propre »[2]. On peut penser que chez Kant aussi, il y a une sorte de constitution d'autrui. Selon notre hypothèse, l'autre en tant que limite à ma liberté provient du moi. Cependant, il est difficile d'assimiler Kant à Husserl, en ceci que chez Kant, ce qui est transposé du moi à l'autre n'est pas ce qui est propre au moi. L'autre en tant que limite se constitue par la transposition de ce qui s'oppose à moi en moi. C'est l'« autruicité » du « je » que le moi retrouve dans le respect pour l'autre. De surcroît, il faut remarquer que le sujet kantien ne peut s'éprouver lui-même préalablement à la transposition. C'est pour se déterminer lui-même que le moi s'ex-pose à lui-même comme à l'autre : le *transfert* s'effectue, chez Kant, au milieu même de l'auto-constitution du moi. Sur ce point, il est intéressant de constater la façon dont Kant emploie le terme de « transfert » dans la critique des paralogismes : « je ne puis avoir la moindre représentation d'un sujet pensant par aucune expérience extérieure, mais seulement par la conscience de moi-même. Aussi de pareils objets ne sont-ils rien d'autre que le transfert (*Übertragung*) de cette mienne conscience à d'autres choses, qui ne peuvent être représentées comme êtres pensants qu'à cette condition »[3]. Comme nous l'avons vu dans notre

[1] *Ibid.*, p. 180 [p. 140].

[2] *Ibid.*, p. 155 [p. 125].

[3] CRP, p. 1050-1051. B 405. Sur ce Dehors en fonction duquel le sujet se détermine, Lacan nous présente un commentaire intéressant. Selon lui, la première *Critique* témoigne de l'« effet désorientant de la physique ». Le sujet se détermine lui-même par la loi universelle qui s'applique aux objets extérieurs. Cela veut dire que le sujet se conçoit lui-même comme un objet extérieur. C'est donc la réalité extérieure qui détermine l'existence du sujet. Lacan définit cette réalité comme « ce qui revient toujours à la même place » – c'est ce qu'il appelle la Chose, *das Ding*. Selon lui, la science moderne a bouleversé les rapports de l'homme à la Chose. « Il nous reste à voir que c'est à la même place que vient s'organiser quelque chose qui en est à la fois l'opposé et l'identique, et qui, au dernier terme, se substitue à cette réalité muette qu'est

interprétation des « Paralogismes de la raison pure », Kant affirme que le moi ne peut éprouver son « je » comme lui-même qu'en *l'ex-posant au dehors ou à l'autre*. Pour me déterminer, je me transfère au dehors de moi. Il en va de même de l'auto-détermination sur le plan éthique. Lorsque le moi se confronte à l'autre en tant que fin en soi, il retrouve au dehors de lui ce qui s'oppose en lui-même. Peut-on dire la même chose de l'autre qui me détermine par sa loi ? L'autre qui me donne la loi provient-il du « je » que je suis ? Cette apparition de l'autre présuppose-t-elle l'altérité en moi et mon pouvoir de donner la loi ?

Il se peut que le moi se confronte à son « je » comme à un autre, en entendant la voix de la « conscience ». *Je* m'entends parler comme un autre, au moment même où le « tu dois » me saisit. Si le « je » apparaît ainsi étranger, n'est-ce pas que le « tu dois » que je m'entends parler provient de l'autre ? Selon Kant, l'autre n'est qu'un symbole de la loi, même s'il apparaît comme le « je » qui « me » donne la loi. La loi provient du pouvoir législateur de la raison en moi, et la voix résonne de l'intérieur. Mais cette idée d'autonomie n'est-elle pas un concept philosophique qui ne convient pas à la réalité ? Comme la psychanalyse nous l'assure, le moi ne peut-il s'instituer en « je »

---

das Ding – à savoir la réalité qui commande, qui ordonne. C'est ce qui pointe dans la philosophie de quelqu'un qui, mieux qu'aucun autre, a entrevu la fonction de *das Ding*, tout en ne l'abordant que par les voies de la philosophie de science ». *Le Séminaire Livre VII*, Éditions du Seuil, 1986, p. 68 (les séminaires seront signalés par la lettre S). Kant (surtout dans la critique du quatrième paralogisme, la réfutation de l'idéalisme) met en suspens la « croyance » à l'« existence des choses hors de nous », selon laquelle il y a une harmonie entre des choses extérieures et la « conscience de ce qui est en moi » (CRP, B XL). L'harmonie du macrocosme avec l'homme est perdue. L'homme ne peut connaître de la réalité que ce qu'il y met lui-même. Certainement, c'est la raison pure qui construit elle-même cette réalité. Mais Kant creuse un trou dans cette réalité par le concept de chose en soi. Ce trou de réalité affecte la connaissance de soi. Kant écrit ceci : « l'expérience interne elle-même, dépend de quelque chose de permanent qui n'est pas en moi, qui ne peut par suite être que dans quelque chose hors de moi, avec quoi je dois me considérer en relation ». L'existence de la Chose extérieure « est nécessairement comprise dans la *détermination* de ma propre existence et ne constitue avec elle qu'une seule existence, qui n'aurait jamais lieu intérieurement, si elle n'était pas en même temps extérieure (en partie) » (CRP, B XLI). Jusqu'à un certain niveau, le commentaire de Lacan semble fidèle à la tradition de l'interprétation de Kant. Mais il la dépasse, en approfondissant les rapports de l'homme avec la Chose sur le plan éthique. « Il est en fin de compte concevable que ce soit comme trame signifiante pure, comme maxime universelle, comme la chose la plus dépouillée de relations à l'individu, que doivent se présenter les termes de *das Ding*. C'est là que nous devons, avec Kant, voir le point de mire, de visée, de convergence, selon lequel se présentera une action que nous qualifierons de morale, et dont nous verrons combien paradoxalement, elle se présente elle-même comme étant la règle d'un certain *Gute* ». S, VII, p. 68, voir aussi p. 92-93.

en incorporant le « tu dois » que l'autre lui énonçait ? Si le « tu dois » que le moi s'entend parler provient de la voix de l'autre, l'écoute de soi détruit l'idée d'autonomie. Et pourtant, nous pensons que l'autonomie est une idée qui peut être effective dans le processus de l'auto-détermination. Si le moi se constitue *pour la première fois* en « je », en s'identifiant à un autre « je » qui lui énonçait le « tu dois », il lui faut recommencer à se constituer en se dégageant de ce qu'il est, de son « je » qu'il croit être lui-même. Le moi doit se constituer pour ainsi dire un « second ego » qui est autre que le « je » qu'il est lui-même.

TROISIÈME PARTIE

LA TEMPORALITÉ DE LA RE-NAISSANCE DU MOI

Introduction de la troisième partie – La temporalité éthique et l'illusion sur soi

L'éthique kantienne permet plusieurs interprétations de la subjectivité. La subjectivité éthique est interprétée tantôt comme auto-affection pure, tantôt comme la relation du moi à son altérité, tantôt comme la relation du moi à l'autre personne. Dans le chapitre précédent, nous avons essayé de montrer comment l'altérité intime du moi fonctionne dans l'auto-détermination par la loi, en analysant l'expérience d'écoute de soi et le respect pour la loi. L'autre qui intervient dans l'auto-détermination par la loi est dérivé du moi. Si l'autre m'apparaît comme « je » qui me donne la loi, c'est parce que son pouvoir de donner la loi est transféré à partir du moi. Il y a « autruicité d'*ego* », un X en moi que je retrouve à l'autre. L'autre qui me donne la loi est en moi. Telle est une des thèses frappantes de l'éthique kantienne, qui nous laisse des questions à aborder pour penser comment le moi s'éprouve lui-même dans sa relation à l'autre. Même si l'autre me subordonne à sa loi, sa loi ou son « je » proviennent de moi. L'autonomie ne peut plus être considérée comme une affirmation de la spontanéité du sujet agissant. Elle est plutôt une question posée pour penser la relation juste avec l'autre.

Selon notre interprétation, la subjectivité éthique se réalise dans la synthèse pratique que nous formulons par le « je me donne la loi ». Le « je » et le « me » se nouent dans le s'entendre parler le « tu dois ». Lorsque le moi s'entend parler le « tu dois », sa propre voix présente le moi « sur le mode d'être du devoir-être ». Comme Sartre l'a clairement formulé en analysant le devoir de sincérité, l'impératif que le moi s'adresse à lui-même présente le moi lui-même comme ce qui lui est distinct[1] : si je me dis le « tu dois », c'est que « je » ne suis pas encore ce que le « tu dois » désigne. En s'éprouvant lui-même « sur le mode du "n'être pas ce que je suis" », le moi se confronte à lui-même comme à un autre. C'est à partir de cette altérité du moi que la relation de soi-à-soi se constitue dans l'auto-détermination par la loi. En s'affectant comme un autre dans l'écoute de soi, un écart opaque surgit dans le moi. Le « tu dois » que j'énonce à moi-même me fait être comme ce que je ne suis pas encore. L'auto-affection en tant que s'entendre parler le « tu dois » se constitue ainsi dans la division intérieure du moi. En s'entendant parler, le moi se noue à lui-même dans un écart à soi. En énonçant le « tu dois », le moi se détermine par le moi qui est distinct de lui-même qui énonce. Mais l'écart à

---

[1] J.-P. Sartre, *L'Être et le néant*, Gallimard, collection Tel, 1976, p. 97, p. 100-101.

soi ne brise pas le rapport de soi-à-soi dans l'auto-affection éthique. Au contraire, il constitue l'ipséité du moi comme une auto-affection. Car le moi s'efforce de devenir cet autre que le « tu dois » désigne comme lui-même, de s'identifier au « tu » en s'entendant parler. C'est ainsi que l'auto-affection éthique n'exclut pas l'altérité qui creuse l'écart à soi, mais c'est plutôt elle qui soutient l'ipséité du moi dans l'auto-affection.

Nous avons ainsi essayé de dégager l'altérité du moi comme le problème essentiel de l'autonomie kantienne. L'autonomie ne consiste pas simplement dans l'acte du « je » qui « me » donne la loi. Elle consiste d'abord à s'opposer au « tu dois », à se concevoir comme un « toi ». L'altérité surgit au moment même où le moi se trouve lui-même confronté à lui-même comme ce qu'il doit être. C'est en ce sens que l'altérité par laquelle le moi se détermine appartient au moi. Pour devenir ce qui est désigné comme son devoir-être par le « tu dois », il se dégage de ce qu'il est lui-même. Nous repérons ici le problème de la temporalité inhérente à l'auto-détermination par la loi. Il y a un *Avant* et un *Après* dans l'auto-détermination par la loi. Avant que le moi devienne autre que ce qu'il est, il est ce dont il doit se dégager. Après être devenu autre que ce qu'il est, surgit l'Avant où le moi n'était pas ce qu'il avait à être. En s'entendant parler le « tu dois », le moi se transforme en ce qu'il n'était pas. On est tenté de caractériser l'auto-détermination par la loi comme une *nouvelle naissance* ou *seconde naissance*. En effet, dans la *Religion*, Kant s'interroge sur la possibilité de la conversion par le terme de « re-naissance (*Wiedergeburt*) »[1]. Même si le mal s'enracine dans la liberté humaine, le moi doit se dégager du mal pour « devenir un homme nouveau ». Nous pouvons ainsi trouver dans l'*Essai sur le mal radical* la possibilité d'approfondir le problème de l'altérité du moi, qui est le moteur même de l'auto-affection éthique. En s'entendant parler le « tu dois », le moi se confronte à un autre comme à lui-même pour se dégager de ce qu'il est lui-même. Dans cette perspective, nous essayons d'interpréter l'altérité du moi pour approfondir le problème de la temporalité dans l'auto-détermination par la loi.

Le problème du mal concerne la question de savoir quel est le principe positif par lequel le moi transgresse la loi, au sein même de l'acte de se donner la loi. Dans l'*Essai sur le mal radical*, Kant repère le fondement du mal dans la liberté. Si la liberté, par laquelle le moi obéit à la loi, transgresse la loi, la différence entre le mal et le bien s'estompe à l'instant même de l'auto-détermination par la loi. En croyant se soumettre à la loi, le moi peut la transgresser. Le mal et le bien co-appartiennent dans la liberté en tant qu'auto-

---

[1] RL, p. 64. AK VI, 47.

détermination par la loi. L'enracinement du mal dans la liberté constitue l'insondabilité de la liberté humaine. Chez Kant, le problème du mal est à approfondir comme celui de l'illusion de la liberté humaine qui consiste à perdre la différence entre le mal et le bien. Si le moi peut faire le mal en obéissant à la loi, l'auto-détermination par la loi serait une illusion. Comment et pourquoi le moi peut-il s'illusionner au point de transgresser la loi par une bonne intention de respecter la loi ? Comment le moi peut-il faire le mal tout en croyant obéir à la loi ?

On peut dire que le mal est un mode de non-vérité, de l'illusion qui s'enracine dans la liberté. Le mal est dit radical, en ceci qu'il s'enracine dans la liberté par laquelle le moi se détermine par la loi. Pour analyser le problème de l'*illusion pratique*, nous nous proposons d'analyser plusieurs modes de se constituer dans le s'entendre parler le « tu dois ». En s'entendant parler le « tu dois », le moi tente de devenir ce qu'il a à être ou ce qu'il n'est pas encore lui-même. La voix résonne de différentes façons, et le moi l'interprète diversement. La voix de soi est entendue comme provenant tantôt du « je » que le moi désire devenir, tantôt de l'Autre qui lui a imposé sa loi en tant que « je ». La voix résonne dans l'écart entre le moi et le « je » qui est égologiquement et temporellement différent du moi. L'écoute de soi constitue ainsi un milieu où l'autre intervient dans la proximité à soi. Ce qu'il faut examiner, c'est la fonction de l'altérité du « je » dans l'auto-détermination par la loi. En s'entendant parler le « tu dois », le moi se confronte au « je » qui lui énonce le « tu dois ». Comment le moi se constitue-t-il lui-même dans l'écoute de la voix du « je », qui l'arrache à ce qu'il est pour le faire advenir à ce qu'il n'est pas encore ? Nous essayerons d'analyser l'expérience de l'altérité du « je » dans l'écoute de soi, en examinant l'interprétation du « tu dois » kantien selon la psychanalyse. La confrontation de l'éthique kantienne à l'éthique selon la psychanalyse nous permettra d'éclairer plusieurs façons dont l'autre intervient dans le s'entendre parler le « tu dois ».

Chapitre I – Le mal dans la liberté

1-1 La pensée du mal avant l'*Essai sur le mal radical*

Que le mal soit le problème de la liberté, c'est la thèse principale de la pensée de l'histoire. Selon l'*Idée d'une histoire universelle au point de vue cosmopolitique*, l'histoire met en jeu la « liberté du vouloir » qui *apparaît* sur la scène de l'histoire[1]. Sur la scène de l'histoire, écrit Kant, « on ne trouve dans l'ensemble, en dernière analyse, qu'un tissu de folie, de vanité infantile, souvent même de méchanceté et de soif de destructions puériles »[2]. En dépit du désordre manifeste de la liberté humaine, la pensée de l'histoire s'efforce de voir le développement régulier de la liberté humaine vers la constitution de l'ordre politique en mobilisant le jugement téléologique. Celui-ci se propose de trouver le « fil conducteur » pour découvrir le passage de l'Idée de la liberté politique à l'ordre de l'expérience, c'est-à-dire la réalisation de la Constitution civile parfaite. C'est le « dessein de la nature » qui permet de tracer le chemin vers la réalisation de la liberté humaine dans l'ordre politique. Or, ce qui nous intéresse ici, c'est la relation de la liberté et du mal que Kant problématise par la notion de l'« insociable sociabilité ». Lorsque Kant considère l'histoire comme l'« effet incohérent d'une liberté sans règle », il trouve un lien entre la liberté et le mal (*Übel*) que l'homme subit. Mais l'*Idée* ne considère pas que les maux résultent de la liberté de l'individu. Dans l'*Idée*, le lien entre la liberté et les maux est abordé, sans tenir compte du « dessein personnel raisonnable » du moi, dans le problème de la « nature humaine ». Certes, l'insociable sociabilité est considérée comme la source du conflit entre les hommes, « d'où jaillissent tant de maux ». Mais cette « disposition (*Anlage*) » est ce que la Nature met dans l'homme pour développer l'histoire. Selon l'*Idée*, les maux dont la source est la nature humaine sont le moteur du développement de l'histoire. Ils sont donc nécessaires pour la réalisation de la liberté politique. Le progrès de l'histoire est inséparable du mal. Alors que la pensée de l'histoire cherche l'espoir face au désordre de la liberté, elle admet

[1] « Quel que soit le concept que, du point de vue métaphysique, on puisse se faire de la *liberté du vouloir*, il reste que les *manifestations phénoménales* (*Erscheinungen*) de ce vouloir, les actions humaines, sont déterminées selon des lois universelles de la nature, exactement au même titre que tout autre événement naturel ». *Idée d'une histoire universelle au point de vue cosmopolitique* (1784), trad. L. Ferry, *Œuvres philosophiques II*, Gallimard, 2004, p. 187. AK VIII, 17.

[2] *Idée*, p. 188. AK VIII, 18.

l'existence du mal comme le moteur du développement de l'histoire. La notion de l'insociable sociabilité nous empêche ainsi de considérer le mal comme un acte singulier de la liberté du moi, la singularité des maux que le moi éprouve par sa propre liberté, dans la mesure où cette notion dissout l'imputabilité de l'acte libre du moi.

Deux ans avant la deuxième *Critique*, dans les *Conjectures sur le commencement de l'histoire humaine*, Kant revient sur le problème du mal. « L'histoire de la *liberté* commence par le Mal, car elle est l'œuvre de l'homme [...]. L'individu est donc fondé à se tenir pour responsable de tous les maux qu'il subit comme du mal qu'il fait »[1]. Kant affirme que les maux que le moi subit ne doivent pas être imputés à la Providence-Nature, mais au moi lui-même, à son *mal moral*, et que les maux résultent de sa propre faute. « L'homme [...] ne doit pas accuser la Providence face aux maux qui l'oppressent [...]. Il doit assumer leur acte comme ayant été accompli de plein droit par lui-même, et ainsi faire retomber entièrement sur lui-même la responsabilité de tous les maux qui résultent du mauvais usage de sa raison »[2]. Quel usage de la liberté peut-il être jugé mauvais ? Si le Bien consiste à se déterminer par la loi, l'ipséité libre s'instaure dans le Bien comme « je » qui me donne la loi. Qu'en est-il de l'ipséité dans le mal ? Par quel usage de la raison se structure l'ipséité du « je » dans le mal ? À ces questions, Kant ne répond pas dans les *Conjectures*, puisqu'il s'agit toujours, dans les écrits sur l'histoire, de considérer la liberté du point de vue de l'espèce.

On pourrait s'attendre à trouver les réponses à la question dans la deuxième *Critique*. L'éthique kantienne devrait nous permettre de penser la possibilité d'être-je dans l'acte de se donner la loi. Tandis que la pensée de l'histoire problématise les maux à partir de l'analyse de la nature humaine, l'éthique envisage le moi libre à partir de son acte de se constituer par la donation de la loi. « S'il devait y avoir, écrit Kant dans la deuxième *Critique*, quelque chose qui soit bon ou mauvais absolument [...], ce serait seulement la manière d'agir, la maxime de la volonté, et, par conséquent, la personne même qui agit, en tant que bon ou méchant homme, qui pourrait être appelée ainsi, mais nullement une chose »[3]. Le mal moral devrait se situer dans la personnalité du moi que structure l'auto-détermination par la loi. Dès maintenant, nous allons

---

[1] *Conjectures sur le commencement de l'histoire humaine* (1786), trad. L. Ferry et H. Wismann, *Œuvres philosophiques II*, Gallimard, 2004, p. 511. AK VIII, 115-116.

[2] *Conjectures*, p. 519-520. AK VIII, 123.

[3] CRpr, p. 681. AK V, 60.

voir comment Kant envisage le mal dans la problématique de l'auto-détermination par la loi.

Dans « Du concept d'un objet de la raison pure pratique » de la deuxième *Critique*, il précise le problème du mal : « Les seuls objets d'une raison pratique sont donc le bien et le mal. Car, par le premier, on entend un objet nécessaire de la faculté de désirer, par le second un objet nécessaire de la faculté d'aversion, cela conformément, pour tous les deux, à un principe de la raison »[1]. Le mal est considéré comme une objection qui s'oppose à la faculté de désirer. Il est remarquable que Kant définisse le mal par l'affectivité du moi. En quel sens l'objet qui affecte la faculté de désirer intervient-il dans l'auto-détermination par la loi ? Ce qui est évident, c'est que le désagréable et l'agréable ne peuvent être le principe déterminant de la volonté. La suite du texte cité remarque que le Bien doit être distingué de l'agréable, le Mal du désagréable. Que l'objet qui affecte la sensibilité ne puisse déterminer la volonté, c'est une thèse principale de l'éthique kantienne. Si le sentiment du plaisir ou du déplaisir se rapportait à l'auto-détermination par la loi, ce serait l'objet extérieur, affectant la sensibilité du moi, qui donnerait la loi à la faculté de désirer, et par là le moi tomberait dans l'hétéronomie pure et simple. On peut alors se demander en quel sens le Bien ou le Mal sont des objets « *nécessaires* » à la faculté de désirer. Comment l'objet de la faculté de désirer intervient-il dans l'auto-détermination par la loi ? Quelle est cette affectivité pour le Mal et le Bien, qui ne se réduit pas au sentiment pathologique de l'agréable et du désagréable ? « Par un concept de la raison pratique, écrit Kant, j'entends la représentation d'un objet comme un effet possible par la liberté. Être un objet de la connaissance pratique, comme tel, ne signifie donc autre chose que le rapport de la volonté à l'action par laquelle cet objet ou son contraire serait réalisé, et juger si quelque chose est ou n'est pas un objet de la raison *pure* pratique, c'est tout simplement discerner la possibilité ou l'impossibilité de *vouloir* l'action par laquelle certain objet serait réalisé »[2]. Le Bien et le Mal ne sont objets de la faculté de désirer qu'en tant qu'ils sont produits par la liberté. *Cela veut dire que ce que le moi désire* (*ou repousse*) *est ce qu'il a produit lui-même par sa liberté*. Ils ne peuvent pas être cause de l'action ou principe déterminant de la volonté. Ils ne sont objets que dans la mesure où ils n'affectent pas la liberté qui est la seule cause de la faculté de désirer.

---

[1] CRpr, p. 678. AK V, 58.

[2] CRpr, p. 677. AK V, 57.

Le Bien ou le Mal sont considérés comme un *objet* que je désire réaliser par la liberté. Surtout dans la *Grundlegung*, le Bien est défini par la modalité d'être du moi qui se détermine par la loi. Mais dans la deuxième *Critique*, le Bien est considéré comme un objet de faculté de désirer. Le Bien est-il ce que je veux être ou ce que je veux avoir ? La faculté de désirer est-elle définie comme le Bien ou le Mal par ce que je désire être, ou bien par ce que je désire avoir ? Si le Bien est un objet que je désire réaliser par l'auto-détermination par la loi, le Bien que je désire est-il alors moi-même comme « je » qui se détermine par la loi ? À cette équivoque de la relation du sujet-objet de la faculté de désirer, s'ajoute celle de la signification même du désir par rapport au Bien et au Mal. L'éthique kantienne dissocie la capacité du moi de sentir le plaisir ou le déplaisir de la faculté de désirer. Que l'objet qui affecte la faculté de désirer ne puisse déterminer la volonté, c'est une thèse principale de l'éthique kantienne. Pourtant, selon les textes que nous venons de citer, le Bien et le Mal sont affirmés comme ce que je désire ou repousse. Tout se passe comme s'il était possible de considérer le désir pour le Mal ou pour le Bien sans se rapporter à la capacité de sentir le plaisir ou le déplaisir, une fois qu'ils sont considérés comme objets réalisés par la liberté. On peut se demander comment il est possible de désirer quelque chose comme mauvais ou bien, sans être affecté par l'objet de désir. Est-ce qu'il y a le désir *au-delà* du « *principe du bonheur* » ? Par exemple, comme l'« homme déréglé », selon Aristote, peut poursuivre les plaisirs excessifs « sans concupiscence » et « par choix délibéré »[1], le moi peut choisir librement, sans être influencé par la sensibilité, la maxime qui ne peut s'ériger en loi. Tout en sachant que la poursuite de l'excès du plaisir doit être évitée, le moi peut décider de le faire sans être affecté par l'inclination sensible. Le moi peut donner la priorité sur le mobile de la sensibilité, indépendamment de l'affection de l'objet du désir. Comment éclairer cette affectivité pure pour le mal ? Quelle est l'affectivité pure qui désire transgresser la loi ?

Nous ne pouvons pas nous attendre à trouver une réponse à ces questions. La démarche du chapitre « Du concept d'un objet de la raison pure pratique » se développe en réduisant l'affectivité du moi. D'abord, Kant affirme que le Bien ou le Mal ne doivent pas se rapporter « à l'état de la sensibilité de la personne »[2], mais à la personne même que l'auto-détermination par la loi structure, considérée dans la pureté de sa volonté. Il réduit le problème de l'affectivité pour le Bien et pour le Mal en considérant que l'affectivité n'est

[1] Aristote, *Éthique à Nicomaque*, 1148a.

[2] CRpr, p. 681. AK V, 60.

qu'une propriété subjective ; le Bien et le Mal qui sont considérés comme l'objet du désir ne suscitent que le sentiment subjectif, pathologique du plaisir ou du déplaisir. « La volonté, dont la maxime est affectée par ce sentiment, n'est pas une volonté pure qui ne vise que ce en quoi la raison pure peut être pratique par elle-même »[1]. L'analyse de Kant se centre ainsi sur la pureté de la volonté qui ne dépend pas de la sensibilité et de l'objet qui l'affecte ; la volonté qui désire le Bien et le Mal n'est pas la volonté pure.

Ensuite, Kant affirme que c'est la loi qui détermine le Bien et le Mal. « La loi détermine *immédiatement* la volonté ; l'action qui lui est conforme est *bonne en soi* »[2]. Le Bien ou le Mal, qui sont considérés comme objets de la faculté de désirer, ne précèdent pas l'auto-détermination par la loi. Mais c'est la loi qui les précède, qui détermine ce qu'est le Bien et le Mal. « Les concepts du Bien et du Mal, écrit Kant, comme conséquence de la détermination *a priori* de la volonté, supposent aussi un principe pur pratique, par conséquent, une causalité de la raison pure ». Le Bien et le Mal sont les « modes d'une seule catégorie, de la catégorie de la causalité, en tant que le principe déterminant de cette causalité réside dans la représentation rationnelle d'une loi de celle-ci, que, comme loi de la liberté, la raison se donne à elle-même, se révélant par là comme pratique *a priori* »[3]. Le Bien est donc une conséquence de l'auto-détermination par la loi, qui se représenterait par la pureté de la volonté, tandis que le Mal serait représenté par l'impureté, comme la volonté pathologiquement affectée, comme la volonté qui est définie simplement comme hétéronome. Le « paradoxe de la méthode dans une raison pratique » écarte ainsi le problème de l'affectivité du mal, celui de la liberté pour le mal. Selon Kant, la volonté ne peut jamais désirer faire le mal par sa propre décision libre. Car la volonté, affranchie de l'affection de l'objet du désir, se détermine elle-même par la loi, et la volonté qui se détermine par la loi ne pourrait jamais faire le mal.

Il arrive à Kant de parler de l'aversion envers soi-même dans la transgression de la loi : « il n'existe pas d'homme si scélérat qu'il ne ressente en lui, tandis qu'il la [la loi] transgresse, une résistance et une aversion envers lui-même, par là il lui faut exercer une contrainte sur lui-même »[4]. On peut dire que celui qui adopte comme maxime la transgression de la loi peut ressentir une aversion envers lui-même, s'il ne transgresse pas la loi. Comme

---

[1] CRpr, p. 684. AK V, 62.

[2] CRpr, p. 683. AK V, 62.

[3] CRpr, p. 686 et p. 687. AK V, 65.

[4] DV, p. 657. AK VI, 380.

le montre le cas d'Eichmann, on peut faire le mal en se soumettant à la voix de la loi : le commandement de faire le mal peut être entendu comme la voix « tu dois ». Je peux faire le mal, tout en me soumettant à la loi. S'il en est ainsi, il faudrait considérer le mal comme acte de se donner la loi. Je me donne la loi pour la transgresser, et c'est cette auto-détermination paradoxale par la loi qu'il nous faudrait approfondir comme le problème du mal.

Mais Kant ne problématise pas la transgression de la loi comme un des modes de l'auto-détermination par la loi. Car il affirme que la loi précède le Bien ou le Mal, *en insistant sur le fait que la loi détermine immédiatement la volonté en tant que volonté absolument bonne*. Ce qui est occulté par le « paradoxe de la méthode dans une raison pratique », c'est l'affectivité éthique en tant qu'auto-affection sur le mode de désirer. Le moi peut faire le mal *en se donnant la loi*, et la conséquence de cette auto-détermination peut être désirée. Si le moi désire ou repousse ce qu'il produit lui-même comme conséquence de l'auto-détermination par la loi, il faut admettre que la relation du moi et de ce qu'il désire ou repousse est structurée par l'auto-affection. Car la liberté produit le Bien et le Mal comme objets qui attirent et repoussent la faculté de désirer ; c'est la liberté du moi (l'auto-détermination par la loi) qui exerce sur le moi l'*attraction* ou la *répulsion*. Le Bien et le Mal consisteraient alors dans la relation du désir du moi à sa propre activité. Ils pourraient être ainsi considérés comme le problème de l'auto-affection sur le mode de désirer.

1-2 La théorie de l'opposition réelle dans l'*Essai sur le mal radical*

Il nous faut admettre que le « paradoxe de la méthode » nous empêche de penser 1) l'enracinement du mal dans la liberté et 2) le fondement positif du mal qui consisterait dans le mauvais usage de la liberté.

1) Dans la deuxième *Critique*, le Bien et le Mal sont clairement séparés. Si le Bien est la volonté pure qui se détermine par la loi, le Mal serait situé au niveau de la sensibilité qui affecte du dehors la pureté de la volonté, et par là même, il est impossible de considérer le mal dans la relation avec la liberté par laquelle le moi se détermine par la loi.

2) Le Mal n'est considéré que négativement comme ce qui n'est pas le Bien. L'élucidation du fondement du mal fait radicalement défaut. « La loi détermine immédiatement la volonté, écrit Kant ; l'action qui lui est conforme est bonne en soi ». Le « Bien en soi » serait déterminable par la loi, mais le *Mal en soi* n'est jamais positivement déterminable dans la deuxième *Critique*. Le Mal est la volonté qui n'est pas soumise à la loi. Mais Kant ne se demande

pas pourquoi le moi ne se détermine pas par la loi, pourquoi le moi choisit le mobile de la sensibilité comme maxime. Certainement, on peut tenir les inclinations pour la cause du Mal, puisqu'elles amènent la volonté à l'hétéronomie qui s'oppose à l'auto-détermination par la loi. Mais, il faut admettre que la volonté qui s'abandonne aux inclinations est déjà mauvaise. Il s'agit de savoir pourquoi le moi est détourné de la loi.

Dans la deuxième *Critique*, Kant n'éclaire pas le lien entre la liberté et le mal. Il essaie plutôt de rompre ce lien. Établir le Bien comme la volonté qui ne peut être mauvaise consiste à assigner le mal à la sensibilité. Le mal est la volonté qui se détermine en adoptant comme maxime le mobile issu de la sensibilité, c'est-à-dire la volonté hétéronome. L'hétéronomie est le mal en ceci qu'elle empêche de réaliser le Bien comme auto-détermination par la loi, dans la mesure où ce qui « me » donne la loi est autre que moi. Le mal ne serait donc que ce qui atteint la liberté du dehors. D'un côté, l'autonomie constitue le Bien comme modalité de la volonté pure. De l'autre, le mal est placé dans la sensibilité du moi. La volonté hétéronome est jugée mauvaise, en ceci que c'est l'autre ou l'extérieur qui donne la loi par le biais de la constitution particulière du moi.

Néanmoins, rien n'est moins évident. Comme nous l'avons vu, l'autonomie et l'hétéronomie ne peuvent être nettement distinguées dans l'auto-détermination par la loi. La liberté, en tant qu'auto-constitution de l'opposant au moi, peut apparaître sous la forme d'hétéronomie. D'une part, même si l'opposant au moi que la liberté constitue peut apparaître comme l'autre, la vérité de la synthèse se réalise. Car c'est le moi lui-même qui se présente symboliquement la loi comme provenant de l'autre. D'autre part, il est possible que le « je » qui me donne la loi et l'autre deviennent indiscernables. En s'efforçant de se dégager de l'obéissance à l'autre, le moi incorpore le « tu dois » que l'autre lui énonçait. En s'entendant parler le « tu dois », le moi croit se déterminer par sa liberté. Cela signifie que la liberté peut se situer dans la ligne de partage entre l'autonomie et l'hétéronomie, entre la vérité et sa non-vérité. La vérité de la synthèse pratique peut apparaître sous la forme d'hétéronomie, et sa non-vérité peut apparaître sous la forme d'autonomie. C'est cela que nous pouvons constater dans le cas d'Eichmann. Dans la deuxième *Critique*, en établissant l'auto-détermination par la loi (la liberté) sur la pureté de la volonté, Kant ne veut pas envisager le problème de l'auto-hétéronomie. Il nous faut néanmoins admettre que si c'est la liberté qui réalise la synthèse du moi et de la loi sous la forme d'hétéronomie, le mal est imputé à la liberté elle-même.

Que la défaillance de la liberté soit intérieure à la liberté elle-même, c'est la thèse principale de l'*Essai sur le mal radical*. À la différence de la deuxième *Critique*, l'*Essai* recherche le fondement positif du mal, en analysant la connexion étroite du mal avec la liberté. La recherche du fondement du mal s'effectue par la réhabilitation de la théorie de l'opposition réelle que Kant a exposée dans l'*Essai pour introduire le concept de grandeur négative*. Dans l'*Essai* de 1792, cette théorie a pour fonction essentielle d'établir la différence radicale entre le bien et le mal, tout en considérant que le mal a sa racine dans la liberté. L'*Essai* de 1792 commence l'analyse du mal moral par la question suivante : « l'homme est-il (par nature) ou moralement bon ou moralement mauvais » ? S'agissant de décider face à cette alternative, Kant récuse radicalement la solution moyenne, soit la neutralisation des opposés que des « indifférentistes » affirment (l'homme n'est ni bon ni mauvais), soit le syncrétisme (l'homme est en partie bon et en partie mauvais). C'est cette indifférence entre le bien et le mal que Kant critique par la théorie de l'opposition réelle. Selon elle, il faut dire que l'homme est bon ou bien mauvais, sans neutraliser l'opposition entre le bien et le mal. Kant s'explique ainsi sur la « méthode de résolution rigoriste » :

> « Si le bien = A, son opposé contradictoire est le non-bien. Ce dernier en conséquence est soit le simple manque d'un fondement du bien = 0, soit le fondement positif de l'opposition au bien = – A. Dans ce dernier cas, le non-bien peut aussi s'appeler le mal positif [...]. Si la loi morale en nous n'était pas un mobile de l'arbitre (*Triebfeder der Willkür*), le bien moral (accord de l'arbitre avec la loi), serait = A, le non-bien = 0, celui-ci étant la simple conséquence de la carence d'un mobile moral : A × 0. Mais comme le mobile en nous est = A, il s'ensuit que le manque d'accord de la volonté avec celui-ci (= 0), n'est possible qu'à titre de conséquence d'une détermination de l'arbitre opposé *realiter*, c'est-à-dire d'une répugnance de ce dernier = – A, et qu'ici, la possibilité ne dépend que d'un arbitre mauvais. Ainsi entre la mauvaise intention (*Gesinnung*) et la bonne (principe interne des maximes), d'après quoi il faut juger de la moralité des actions, il n'y a pas de moyen terme »[1].

Si on considérait que la « nature humaine » se trouve dans un état d'indifférence (= 0), ce serait, pour Kant, l'effet d'une opposition à la loi (– A) qui annulerait l'orientation du moi vers la loi (A), et jamais le manque du

[1] RL, p. 33-34 note. AK VI, 22.

fondement du Bien. Le non-bien (= 0) doit être considéré comme le mal en ceci que le rien est la conséquence de la *privation* du mobile issu de la loi par le mobile qui s'oppose à la loi. Le moi qui ne se détermine pas par la loi est déjà mauvais, puisqu'il y a, dans son intention, quelque chose qui s'oppose à la loi. Remarquons que, par cette théorie de l'opposition réelle, Kant inaugure une nouvelle pensée du mal, par la rupture d'avec la tradition onto-théologique où le mal est privé de son fondement d'être. Selon Leibniz, le mal n'est qu'une « privation de l'être »[1]. Conformément à la tradition de l'onto-théologie, Leibniz fait du mal un néant ou le manque du bien, pour justifier la bonté de Dieu, sa « divine sagesse »[2]. À la différence de Leibniz qui affirme que le mal ne peut être compris que comme un simple manque du Bien, Kant s'efforce de trouver le fondement positif du mal, dont la radicalité consiste dans son principe s'opposant au Bien. Le mal est posé comme le problème de la liberté du moi ; s'il n'y a pas le Bien, c'est parce qu'il y a en moi un principe qui s'oppose à la loi. Kant affirme fortement que le moi ne peut pas être indifférent à la loi. Concernant l'action morale, le moi est toujours et déjà sous l'horizon de la loi. « Son intention relativement à la loi morale n'est jamais indifférente (jamais ni l'un, ni l'autre, c'est-à-dire ni bonne, ni mauvaise) »[3].

Si Kant considérait que cette opposition à la loi résulte de l'inclination, l'opposition à la loi ne serait que l'opposition du moi désirant à la pure volonté. Il faudrait alors dire que Kant n'aurait pas avancé dans sa réflexion sur le mal depuis la deuxième *Critique*. Mais il faut remarquer qu'il analyse le mal, dans l'*Essai*, en fonction du « libre arbitre (*Willkür*) ». Cela signifie que le mal est imputé à la liberté, à l'intention du moi. L'intention, dit Kant, est le « fondement subjectif premier de l'adhésion aux maximes », qui « ne peut être qu'unique et s'applique de manière générale à tout l'usage de la liberté »[4]. Si j'adopte le mobile de la sensibilité comme maxime, c'est par la liberté de

---

[1] G. W. Leibniz, *Essais de théodicée* (1710), I. 29.

[2] Il écrit ceci : « par rapport à Dieu rien n'est douteux, rien ne saurait être opposé à la *règle du meilleur*, qui ne souffre aucune exception ni dispense » (*Essais de théodicée*, I. 25). La théodicée rationalisant le mal, justifie son existence pour le réduire à rien. La rationalisation du mal réduit le mal au non-être. La réalité du mal et la liberté humaine sont ainsi privées de leur principe positif. Certainement, Leibniz admet que le libre arbitre est la cause du « mal de couple ». À la différence du « mal métaphysique » qui est l'imperfection dans les choses, le « mal moral » n'a pas de valeur de « moyen pour de plus grands biens » (*Cause de Dieu*, 36). Mais le « mal moral » est considéré en dernière instance comme « permis » par Dieu qui crée le monde sur le « principe de meilleur » (*Essais de théodicée*, III. 335).

[3] RL, p. 35. AK VI, 24.

[4] RL, p. 36. AK VI, 25.

l'arbitre que je décide de m'opposer à la loi. Ce terme de « *Willkür* » désigne la part du moi toute singulière dans la relation à la loi, toute distincte du moi qui s'exprime dans la volonté pure (*Wille*). Le libre arbitre s'exprime dans une décision pour obéir à la loi *et* pour désobéir à la loi. Cela veut dire que la notion de libre arbitre nous permet de saisir l'ipséité du moi qui s'oppose à la loi universelle que lui impose la volonté pure = la raison pratique.

Avant d'entrer dans l'analyse de la notion de la *Willkür*, il conviendrait de faire quelques remarques sur la théorie de l'opposition réelle. Selon cette théorie, il n'y a rien qui ne soit mauvais, ni bon concernant l'action morale. L'intention morale qui « s'applique d'une manière générale à tout l'usage de la liberté », s'engage dans le Bien *ou bien* dans le Mal. Mais il faut remarquer que cette théorie, qui nous interdit le syncrétisme et la neutralisation, *nous conduit à penser la co-appartenance du Bien et du Mal dans l'auto-détermination par la loi.* Rappelons qu'il n'y a d'opposition réelle que lorsque deux déterminations en conflit co-appartiennent dans un même sujet. La thèse fondamentale de l'*Essai* de 1763 consiste à prouver que le rien comme conséquence de l'opposition entre deux prédicats opposés sur un même sujet n'est pas absolument rien. Tandis que le conflit de deux propositions sur un même sujet n'est rien pour la logique formelle, Kant montre que ce rien peut être réel dans la mesure où les deux prédicats maintiennent leurs forces à l'intérieur du même sujet. S'il n'y a rien dans l'opposition entre deux propositions, c'est que chacune est supprimée par l'autre, et que toutes les deux sont positives comme forces qui s'opposent l'une à l'autre dans un sujet.

> « Les concepts de l'opposition réelle peuvent aussi être appliqués avec profit à la philosophie pratique. Le *vice* (*demeritum*) n'est pas simplement une négation, mais une vertu négative (*meritum negativum*). Car le vice ne peut exister que dans la mesure où il y a dans un être une loi intérieure (soit simplement la conscience morale, ou encore la connaissance d'une loi positive) qui se trouve transgressée. Cette loi intérieure est un principe positif d'une action bonne, et la conséquence peut en être simplement zéro, puisque celle qui découlerait seulement de la conscience de la loi serait supprimée. Il y a donc ici une privation, une opposition réelle, et non pas un simple manque »[1].

On peut constater que Kant a déjà montré en 1763 que le mal n'existe que sous l'horizon de la loi. Sans la loi, il n'y a pas de mal en tant que transgression

---

[1] *Grandeur négative*, p. 278. AK II, 182-183.

de la loi. En découvrant une forme du mal autre que le simple manque du bien, il a déjà amorcé l'analyse de l'étrange proximité entre le Bien et le Mal. « Il existe, écrit Kant, des maux par manque (*mala defectus*) *et des maux par privation* (*mala privationis*). Les premiers sont des négations et ce qui leur est opposé n'est pas un principe, les seconds supposent des principes positifs pour supprimer le bien qui constitue réellement un autre principe, et ces maux sont un *bien négatif.* Ce dernier constitue un mal beaucoup plus grand que le premier »[1]. À considérer l'opposition réelle sur le plan éthique, le conflit surgit dans des propositions qui portent sur la moralité du moi (le « je » est bon par nature, ou bien mauvais). Il faut admettre que le prédicat bon et le prédicat mauvais peuvent être à la fois attribués au même sujet, sans que le résultat du conflit du bon principe et du mauvais principe tombe dans le rien, dans l'« *adiaphora* » (l'état moral qui n'est ni bon, ni mauvais). Contre le sens commun qui considère que l'homme est à la fois bon et mauvais, ou ni l'un ni l'autre, Kant n'admet pas le moyen terme. Si le Bien consiste dans la volonté conforme à la loi, le mal positif consisterait dans la volonté qui s'oppose à la loi. Le « paradoxe de la méthode dans une critique de la raison pure » nous enseigne que le mal n'est possible que si la volonté est déterminée par la loi. Si l'homme est mauvais, c'est qu'il veut s'opposer à la loi, et qu'« il est conscient de la loi morale et il a cependant admis dans ses maximes une occasionnelle déviance par rapport à elle »[2]. Le mal présuppose donc la conscience de la loi. Le moi est bon lorsqu'il se détermine par la loi. Le mal n'est pas le simple manque du bon principe dans le moi. S'il ne se détermine pas par la loi, c'est parce qu'il s'oppose à la loi *sous la forme de transgression.* Contre le sens commun, Kant considère que le manque du bien est la conséquence de la suppression du bon principe par le mauvais. Mais, s'il en est ainsi, il faudrait admettre que le mal constitue dans le moi un principe positif, au même titre que la loi morale. C'est seulement dans la mesure où le mal constitue un principe positif dans le moi, que le mal et la loi s'affrontent dans une opposition réelle. Cela veut dire que le principe positif de « transgresser la loi » co-appartient au moi avec la loi, avec l'acte de se déterminer par la loi.

Lorsque la force positive du mal se constitue dans l'opposition réelle, le mal devrait être saisi à l'intérieur même du moi, sinon il n'y a pas d'opposition réelle entre le mal et le bien. La force de se déterminer par la loi et la force opposée de la transgresser co-appartiennent au moi. Il est donc nécessaire de

---

[1] *Grandeur négative*, p. 277. AK II, 182.

[2] RL, p. 45. AK V, 32.

considérer que ce mal positif appartient au moi avec le bien. Si le mal est la transgression de la loi, je dois avoir conscience de la loi (le bien) pour la transgresser. Le moi qui a conscience de la loi peut transgresser la loi. C'est le moi sous l'horizon de la loi, sa liberté de se déterminer par la loi, qui désobéit à la loi. Que la liberté qui détermine le moi par la loi puisse la lui faire transgresser, ce serait un paradoxe redoutable, puisque la liberté comme pouvoir de se déterminer par la loi devient le pouvoir de la transgresser. Alors que la liberté comme auto-détermination par la loi devrait instaurer le moi dans le Bien, c'est par cette liberté que le moi transgresse la loi. Cela ne veut-il pas dire qu'il y a une sorte de nouvelle in-différence entre le Mal et le Bien ?

Cette interrogation devient problématique, lorsque Kant appelle le mal le « bien négatif ». Certainement, la différence entre le Bien et le Mal est établie de manière rigide par la théorie de l'opposition réelle. Mais il faut bien souligner le fait que le mal n'existe que lorsque le moi se trouve sous la loi. C'est sous l'horizon de la loi que le moi commet le mal. Si je suis mauvais, c'est parce que j'ai conscience de la loi. Sans la loi, il n'y a aucune transgression. C'est en ce sens que nous pensons que le mal co-appartient à la loi, jusqu'à ce que le mal devienne le « bien négatif ». D'une part, selon la théorie de l'opposition réelle, l'intention du moi ne peut être que bonne ou bien mauvaise. D'autre part, c'est de cette même théorie que résulte la « cohabitation du bon et du mauvais principe ». Comment penser cela ? La théorie qui nous permet de saisir la positivité du mal dans la fondation de la différence rigide entre le Bien et le Mal rend-elle indiscernable leur différence ? Est-ce à dire que l'intention, qui ne peut être que bonne ou mauvaise, est insondable pour le moi lui-même ? Cette insondabilité de la liberté et l'instabilité de la différence entre le Bien et le Mal n'est-elle pas déjà ce qui constitue le contenu positif du mal ? Quel est le fondement du mal qui est différent du bien ? Pour répondre à ces questions, il nous faudrait approfondir la structure de la liberté dans laquelle le mal et le moi sont mis en relation étroite dans l'acte même de se donner la loi.

Chapitre II – Le problème de la temporalité éthique

2-1 Le mécanisme de négation dans la liberté

Par l'analyse de la théorie de l'opposition réelle, nous avons envisagé l'enracinement du mal dans la liberté comme le problème de la cohabitation du mal et de la loi dans la liberté du moi. Cette théorie montre paradoxalement la possibilité de l'in-différence du bien et du mal. La liberté qui se détermine par la loi peut transgresser la loi. C'est cela que nous pensons comme la défaillance de la liberté dans l'enracinement du mal dans la liberté. Dès maintenant, nous allons examiner un autre aspect de la défaillance de la liberté en interprétant la conception kantienne de l'origine du mal.

La liberté, c'est le pouvoir qui détermine l'existence du moi. Selon le langage de la première *Critique*, la liberté est une causalité par laquelle je trouve la cause de mon action en moi-même[1]. Il s'agit de la « liberté transcendantale » : « j'entends par liberté, dans le sens cosmologique, le pouvoir de commencer *de soi-même* un état dont la causalité n'est pas soumise à son tour, suivant la loi de la nature, à une autre cause qui la détermine quant au temps ». Dans son « caractère empirique »[2], l'action que j'accomplis est considérée comme se produisant dans l'ordre du temps, de sorte que la loi naturelle la détermine dans l'enchaînement causal. Mon action est nécessairement liée au passé, et la cause de l'action est recherchée dans une régression indéfinie. « Comme le temps passé n'est plus en mon pouvoir, toute action que j'accomplis d'après des causes déterminantes *qui ne sont pas en mon pouvoir* doit être nécessaire, c'est-à-dire que je ne suis jamais libre dans le point du temps (*Zeitpunkte*) où j'agis »[3]. Même si je suis « indépendant de toute cause étrangère (par exemple, de Dieu) », je suis soumis à « ce qui n'est pas en mon pouvoir » : le temps passé s'attache aux pas du moi comme s'il était l'autre plus puissant que Dieu.

C'est par rapport au passé que la liberté a un sens spécifique qui articule deux problématiques de la relation du moi au temps. 1) Si la liberté est le « pouvoir de commencer de soi-même », c'est parce que la liberté met entre

---

[1] CRP, p. 1168. B 561.

[2] Par le « caractère », il ne s'agit pas d'entendre une propriété psychologique du moi, mais le mode de se déterminer par la causalité. « Toute cause efficiente doit avoir un *caractère*, c'est-à-dire une loi de sa causalité sans laquelle elle ne serait nullement une cause » CRP, p. 1172. B 567.

[3] CRpr, p. 723. AK V, 94.

parenthèses le passé. 2) Ou bien la liberté consiste à considérer le passé, même s'il n'est pas en mon pouvoir, comme produit par moi-même. Expliquons ces deux caractéristiques de la liberté dans ses rapports avec l'ordre temporel.

1) La « cause intelligible » ne peut être déterminée par la loi naturelle, étant en dehors de la série temporelle[1]. Le mode d'être du moi libre consiste, dit Kant, dans le « caractère intelligible ». Dans le « caractère intelligible », l'action est produite indépendamment du temps : l'action est produite *de soi-même.* La causalité intelligible me permet de me déterminer en dehors de l'ordre temporel. Nous devons remarquer que l'affirmation du moi agissant n'est possible que par cette négation extraordinaire du temps. La liberté consiste à retrancher un événement qui pèse sur le moi comme s'il n'était pas arrivé, à écarter de la conscience le temps écoulé au moment même de choisir une action. Pour affirmer la liberté, il faut « regarder la série des conditions écoulées comme n'étant pas arrivée, et cette action, au contraire, comme entièrement inconditionnée par rapport à l'état antérieur, comme si, par là, l'auteur commençait entièrement de lui-même une série de conséquences »[2]. La liberté de l'arbitre consiste dans l'indépendance par rapport à l'ordre temporel. Le libre arbitre a ceci de particulier que le moi suspend le temps écoulé qui détermine son action. Telle est la première caractéristique de la liberté dans ses rapports avec le temps.

2) La liberté comme causalité intelligible concerne la détermination de l'existence du moi sous l'horizon de la loi. La loi morale, en tant que causalité intelligible, concerne la modalité d'être du moi indépendant par rapport à l'ordre temporel. Cela veut dire que la loi détermine le moi de façon qu'il se dégage de l'ordre temporel. Comment le moi se détermine-t-il indépendamment du temps ? En quel sens la loi me détermine-t-elle au-dehors du temps ? Il nous faut remarquer que l'auto-détermination par la loi n'est pas la détermination atemporelle de soi. Par la liberté, le moi ne se retire pas simplement du passé. Car *la liberté est le fondement de l'imputabilité de l'action accomplie dans le passé.* En ce sens, il est impossible d'assimiler le mécanisme de négation du temps dans la liberté à celui que la psychanalyse problématise en analysant la *forclusion.* Celle-ci consiste à prendre un événement comme n'étant pas arrivé dans l'histoire du moi[3], tandis que la liberté est appelée à assumer le passé.

---

[1] Dans la deuxième *Critique*, Kant la qualifie comme une « causalité qui se détermine entièrement par elle-même ». CRpr, p. 666. AK V, 36.

[2] CRP, p. 1183-1184. B 583.

[3] Cf. J. Lacan, *Écrits*, Éditions du Seuil, 1966, p. 388.

Suivant la loi de la nature, l'action que j'ai accomplie dans le passé conditionne l'action que je vais accomplir. Le passé pèse sur la décision que je prends dans le présent. Du point de vue de la liberté, il faut que je me libère du passé qui « n'est pas en mon pouvoir ». Cependant, l'action accomplie dans le passé se réfère au moi par la causalité intelligible, dans la mesure où l'action dans le temps a son fondement dans la cause intelligible en moi. Kant illustre cette temporalité de la liberté par un exemple d'action mauvaise. Au moment même où le moi commet le mal, cette action a été conditionnée par le passé, et par là, il n'est pas responsable de son action. Mais la liberté suspend la relation causale du présent et du passé. La loi de la causalité libre exige d'être indépendant du temps, et de considérer que, « malgré toutes les conditions empiriques de l'action, la raison était parfaitement libre »[1]. Par la liberté comme fondement de l'imputabilité, « la faute tombe entièrement sur lui » à l'instant même où il a accompli une action. Même si je suis conditionné par le passé de sorte que mon action mauvaise soit inévitablement consécutive de l'état antérieur, la « voix intérieure » me saisit en disant que je n'aurais pas dû agir ainsi, que j'aurais pu faire autrement. La voix exige que, « bien que quelque chose n'ait pas eu lieu, cela *aurait dû* cependant avoir lieu »[2].

Le moi n'était pas libre, lorsqu'il a décidé de faire une action qui serait jugée mauvaise. Mais la voix exige, après coup, que la décision libre aurait existé, que le moi aurait dû agir selon la loi. La voix exige au moi ce qui n'est jamais arrivé, tout se passe comme si le temps était réversible. La liberté dénie le temps écoulé qui conditionne l'action mauvaise, l'irréversibilité du temps. Il y a ainsi un mécanisme spécifique de négation dans la liberté. 1) L'exigence d'être libre dénie d'abord que le moi n'a pas été libre. Si le moi a fait le mal, c'est que le moi n'a pas obéi à la loi éthique. Si le moi avait été libre au sens éthique, il aurait dû se déterminer par la loi (négation du fait de ne pas avoir été libre). 2) En exigeant au moi d'être libre dans le passé, le mal qu'il a fait est considéré comme ce qui n'aurait pas dû arriver. Par l'exigence d'être libre, ce qui est déjà arrivé est considéré comme ce qui n'aurait pas dû arriver (la négation de ce qui est arrivé). C'est exactement ce qui n'est pas arrivé que la voix considère comme ce qui aurait dû arriver, en disant : « tu aurais dû agir autrement ». 3) En considérant que le moi était libre, on peut lui imputer l'action mauvaise. L'exigence d'être libre admet donc que le moi était libre à l'instant même de décider sur l'action. Cela revient à admettre que le mal est commis par la décision libre : le moi avait l'intention d'agir contre la loi.

---

[1] CRP, p. 1184. B 584.

[2] CRP, p. 1169. B 562.

On peut ainsi dire que l'exigence d'être libre contient deux attitudes opposées sur le passé. Tout en considérant le passé comme ce qui n'aurait pas dû arriver, elle admet qu'il est advenu par la liberté. Bien que le moi n'ait pas été libre pour effectuer l'auto-détermination par la loi, le moi a fait le mal par la décision libre. Au passé où il n'a pas effectué l'auto-détermination par la loi, la voix de la conscience confronte le moi en disant : « tu aurais dû agir autrement » comme s'il y avait un « je » qui pouvait agir librement.

On peut reprocher à la conception kantienne de la voix qu'elle est impuissante. Car elle ne permet pas au moi de décider de se déterminer par la loi au moment de la décision éthique. Elle ne fait que blâmer le moi, sans lui permettre d'agir selon la loi. Il faut néanmoins admettre une fonction positive de cette voix. Même si la voix est entendue après coup, elle n'en prescrit pas moins au moi d'être libre, de se déterminer par la loi. Elle peut marquer l'« Avant » où le moi fait le mal, pour faire recommencer à prendre une décision libre qui tend à se dégager du mal, pour « devenir un homme nouveau ». Si la voix de la conscience est impuissante, c'est parce que l'écoute de la voix n'est pas suivie de la décision nouvelle. Elle peut être entendue par moi comme une voix qui force à recommencer à agir pour se déterminer par la loi. Le moi peut agir pour se déterminer par la loi, tout se passe comme s'il n'était plus mauvais. En reconnaissant que *j'étais* mauvais, je me dégage de ce que je suis, pour devenir ce que je ne suis pas encore.

2-2 L'insondabilité du passé transcendantal

La temporalité éthique contient deux exigences apparemment contradictoires : l'indépendance par rapport au passé et la responsabilité envers le passé. La liberté me permet d'agir indépendamment du passé, tout en exigeant que je me conçoive comme responsable de l'action accomplie dans le passé. Même si l'action que j'ai accomplie n'est plus en mon pouvoir, je dois agir dans le présent en fonction de ce passé. Nous proposons d'appeler ce passé le *passé transcendantal* pour le distinguer du passé qui détermine l'action suivant la loi naturelle. L'un et l'autre sont un passé qui dépasse le pouvoir du moi. Du point de vue de la loi naturelle, l'impuissance du moi par rapport au passé est définie simplement par le fait que le passé conditionne inévitablement l'action du moi selon l'ordre temporel. Sur le plan éthique, cette impuissance se charge d'une signification spécifique. Le passé transcendantal est la condition de l'auto-détermination du moi, en ce sens que le moi est celui à qui la liberté impute l'action mauvaise accomplie dans le passé : si je me donne la loi, c'est parce que l'action mauvaise est imputée à moi. Le moi, dans le caractère intelligible, se considère lui-même comme celui à qui est imputée l'action accomplie dans le passé. Certes, dans la mesure où la liberté suspend le rapport du présent au passé, « il n'y a ni *avant*, ni *après* » dans la liberté[1]. Mais *la liberté génère le temps*, en ceci qu'elle est fondement de l'imputabilité, et *me* met en relation au passé transcendantal. *Le présent surgit comme responsabilité pour le passé.*

Il faut ainsi admettre pour deux raisons que la liberté a une dimension temporelle. Premièrement, la liberté est l'*origine* de l'action, en ce sens que la liberté est le fondement de l'action accomplie dans le temps. Deuxièmement, la liberté me détermine en fonction du passé transcendantal qui n'est pas en mon pouvoir ; dans la manifestation de la liberté, ma décision dans le présent renvoie au passé, de telle façon que le présent surgisse comme une sorte de réponse au passé. Ici se pose la question de savoir en quel sens je peux me déterminer en fonction d'un passé qui n'est pas en mon pouvoir. Le passé où j'ai commis le mal est irrévocable. Comment le moi peut-il décider d'agir pour la loi ? Alors que la loi de la liberté est censée me permettre de me déterminer par moi-même, elle exige que je le fasse en fonction d'un passé qui me transcende. Comment penser la relation du moi à son passé transcendantal au cœur même de l'auto-détermination par la loi ? On comprend bien que la liberté est le fondement de l'imputabilité : l'action mauvaise que j'ai commise doit être imputée à ma liberté. Mais on voit mal en quel sens je me détermine en fonction d'un passé qui n'est pas en mon pouvoir.

La temporalité éthique est ainsi caractérisée par l'énigme du passé insondable en fonction duquel la liberté me détermine. Nous venons de voir que le problème de l'imputabilité est problématisé comme relation du moi et du passé. Le passé que la liberté met en relation avec moi constitue le moment où j'ai accompli l'action mauvaise. Concernant la question de savoir pourquoi ce passé est insondable, on peut mieux le comprendre, si on rappelle que l'*Essai sur le mal radical* affirme que la liberté (de la *Willkür*) comme fondement positif du mal est insondable : le caractère insondable du passé transcendantal concerne la liberté de la *Willkür* dans son enracinement du mal. Si le passé est insondable, c'est que ce passé est le moment où la liberté de la *Willkür* s'est engagée dans le mal.

---

[1] « La raison est donc la condition permanente de tous les actes volontaires dans lesquels l'homme se manifeste (*erscheint*). Chacun de ses actes est déterminé dans le caractère empirique de l'homme avant même d'arriver. Mais eu égard au caractère intelligible, dont le premier n'est que le schème sensible, il n'y a ni *avant*, ni *après* ». CRP, p. 1182. B 581.

Le mal ne résulte que de la liberté, cette thèse fondamentale de l'*Essai* s'exprime ainsi : « le fondement du mal ne peut se trouver en aucun objet *déterminant* l'arbitre par une *inclination*, ni dans aucun penchant naturel, mais seulement dans une règle que l'arbitre se donne à lui-même pour l'usage de sa liberté, c'est-à-dire dans une maxime »[1]. Si le fondement du mal était cherché dans l'inclination, par conséquent, dans le monde sensible, on devrait le chercher dans la série indéfinie des conditions de l'action, et, par suite, le mal n'est jamais imputé au sujet agissant. Le mal doit être cherché dans l'intention (*Gesinnung*), c'est-à-dire, dans le « principe premier (insondable pour nous) d'adhésion à de bonnes maximes ou d'adhésion à de mauvaises maximes (contraires à la loi) ». Il est remarquable que Kant qualifie l'intention d'insondable. Cette intention ne peut être connue, au sens où elle n'est pas objet de connaissance empirique. Si la « racine du mal dans la maxime suprême du libre arbitre dans son rapport à la loi » ne peut être intuitionnée par l'expérience, c'est parce que le mal résulte de l'acte *intelligible*. Certainement, la cause de l'action mauvaise peut être cherchée dans l'ordre temporel, mais cette recherche tombe dans la régression infinie de la série des conditions. Il serait ainsi impossible d'imputer l'action à un sujet et de saisir le fondement du mal. Peut-on trouver le fondement du mal, si le mal est situé dans la liberté, est considéré comme un acte intelligible ? Dans la mesure où le mal renvoie à la liberté, le fondement de l'action mauvaise est placé en dehors du temps. L'intelligibilité de l'action mauvaise est comprise comme intemporalité de la liberté, ce qui rend inintelligible l'origine du mal. Certes, nous pouvons affirmer que l'intention qui adopte comme maxime la transgression de la loi se rapporte à la liberté. Mais « nous ne pouvons dériver cette intention ou plutôt son fondement suprême du premier acte temporel de l'arbitre »[2]. Si l'intention est insondable, c'est parce qu'elle s'applique « à tout usage de la liberté ». Lorsque Kant affirme que le mal résulte du caractère intelligible ou de l'« acte intelligible, connaissable seulement par la raison sans aucune condition du temps »[3], on y retrouve la théorie du caractère intelligible de la première *Critique*.

Selon la première *Critique*, le caractère empirique est un « schème » du caractère intelligible. L'action, dans l'ordre temporel, a son fondement dans le caractère intelligible, c'est-à-dire la liberté, et celle-ci s'exerce indépendamment de la condition temporelle. Selon cette logique, un moi

---

[1] RL, p. 31. AK VI, 21.

[2] RL, p. 36. AK VI, 25.

[3] RL, p. 44. AK VI, 31.

empirique a pour fondement d'apparition son caractère intelligible, cependant, le caractère intelligible demeure quelque chose d'inconnu qui ne peut être pensable que si le caractère empirique est tenu pour son « *signe sensible* »[1]. Considérons le problème du mal selon cette théorie. D'abord, on peut dire que l'action mauvaise a son fondement en dehors du temps, et que l'insondabilité du mal a sa racine dans l'intemporalité de la liberté. Que le mal soit enraciné dans la liberté en tant que caractère intelligible du moi, cela veut dire tout d'abord que le mal qui se manifeste empiriquement dans le temps est fondé dans le caractère intelligible, qu'il demeure quelque chose d'inconnaissable, et ensuite que tout en s'occultant dans son origine énigmatique, le mal se laisse déchiffrer par son signe sensible. Même si nous pouvons penser que le mal s'enracine dans la liberté, nous n'en pouvons pas moins connaître l'acte même de cette liberté. Que le mal soit là, c'est un fait indéniable. Mais ce « là » du mal est renvoyé au passé qui n'est pas en mon pouvoir. De cette modalité d'être du mal, P. Ricœur écrit ainsi : « nous faisons, chaque fois, le mal ; mais le mal est toujours déjà là ? C'est cette antériorité insondable du mal qui, chez Kant, ne trouve d'autre expression que la non-temporalité »[2].

Cette *antériorité* du mal, Kant l'explique en critiquant le concept du péché originel. Kant affirme que l'origine du mal devrait être *rationnelle*, non pas *temporelle*. L'origine temporelle du mal, c'est ce que le récit biblique désigne comme l'événement de la faute d'Adam. « *En Adam tous ont péché* », cela veut dire que le mal que j'ai accompli est rapporté à cet événement originel. Dans la notion de faute héréditaire, le mal est rapporté à l'état antérieur qui est considéré comme cause. Mais Kant affirme que le mal doit être rapporté à « l'usage de la liberté qui doit être recherché uniquement dans les représentations de la raison »[3], non pas à une cause dans le temps. Puisque l'action mauvaise concerne la liberté, il est contradictoire de chercher le fondement du mal dans le temps ; il faut considérer que le mal se constitue originairement dans la liberté par laquelle l'arbitre exécute l'action. L'origine rationnelle du mal se constitue donc dans l'usage *originaire* de la liberté, non pas dans l'événement *originel* : « Toute mauvaise action, quand on en recherche l'origine rationnelle, doit être regardée comme si l'homme y était parvenu immédiatement à partir de l'état d'innocence. Car, quelle qu'ait été sa conduite précédente et quelles que puissent être les causes naturelles qui agissent sur lui – qu'elles se trouvent en lui ou hors de lui – il reste que son

---

[1] CRP, p. 1177. B 574.

[2] P. Ricœur, *Lecture 3*, p. 24.

[3] RL, p. 55. AK VI, 40.

action est cependant libre, nullement déterminée par une de ces causes, en sorte qu'elle peut et doit toujours être jugée comme un usage *originaire* de son arbitre »[1].

Par définition, la liberté est révélée par la loi[2]. C'est par la loi que je me détermine moi-même, et l'auto-détermination par la loi constitue le Bien. La liberté s'oriente ainsi *originairement* vers le Bien. Le mal est alors une sorte de franchissement de l'état originaire. Comme Ricœur le note[3], il est remarquable que Kant, qui critique la notion de péché héréditaire, trouve un accord entre sa conception de l'origine rationnelle et la représentation biblique de l'origine du mal. Selon Kant, « chez le premier homme, [...] la transgression s'appelle une *chute*, tandis que chez nous, on la représente comme résultant de la malignité déjà innée de notre nature »[4]. Mais, dans les deux cas, le mal devrait être considéré comme le « franchissement vers le mal des limites de l'état d'innocence ». Le mal est dit *inné*, mais son antériorité n'efface pas la disposition *originaire* au bien. D'une part, le mal est considéré dans l'usage *originaire* de la liberté, et c'est pourquoi il est dit *inné.* D'autre part, Kant affirme que le Bien en tant que liberté qui se détermine par la loi est *originaire.* Il considérait alors que le Mal et le Bien sont tous les deux originaires par rapport à la liberté. Comment penser cela ? On peut donner une réponse en considérant que, même si le mal s'enracine dans la liberté de façon originaire, le mal n'existe pas sans loi : le mal comme transgression de la loi présuppose que le moi est déjà conscient de la loi. Cette conscience de la loi est le *fait* indubitable, et dans l'*Essai*, Kant appelle ce *fait* la « disposition originaire au bien » en moi. Nous reviendrons sur la relation du penchant inné au mal (*Hang*) et de la disposition (*Anlage*) originaire au bien. Pour le moment, nous faisons quelques remarques sur l'antériorité du mal dans l'usage originaire de la liberté.

Bien que l'origine du mal soit située intemporellement dans l'usage de la liberté, le mal a sa temporalité. L'antériorité du mal se constitue *par rapport à l'usage de la liberté (que je fais dans le présent).* Dans la mesure où le mal

---

1 RL, p. 56. AK VI, 41.

2 Dans une note de RL, Kant écrit ceci : « que le concept de la liberté de l'arbitre ne précède pas en nous la conscience de la loi morale, mais qu'on y conclue en raison de la déterminabilité de notre arbitre par cette loi comme commandement absolu, c'est ce dont on peut vite se convaincre en se posant la question de savoir si l'on est certainement et immédiatement conscient d'un pouvoir permettant de vaincre par une ferme résolution tout motif de transgression, si grand soit-il ». RL, p. 66 note. AK VI, 49.

3 P. Ricœur, *Lecture 3*, p. 27.

4 RL, p. 58. K VI, 42.

se rapporte à la liberté qui conditionne, comme cause intelligible, toutes les actions dans le temps, le mal précède l'action que j'accomplis dans le présent. Le mal se trouve dans la décision libre que je prends pour l'adhésion à une maxime, et cette décision constituera le passé transcendantal auquel l'usage de la liberté dans le présent est renvoyé. D'une part, l'action mauvaise trouve son origine dans la liberté, en ce sens que son apparaître dans le temps a son fondement dans la liberté. Mais, d'autre part, le mal précède la décision libre que je prends dans le présent. Lorsque Kant qualifie d'insondable la liberté comme premier fondement de l'adhésion à la maxime, il semble que le mal précède l'action au même titre que la liberté (car l'action mauvaise résulte de la liberté). Kant semble qualifier le penchant au mal d'*inné*, de la même façon que la liberté précède les actions accomplies dans le temps. Mais il faut dire que le mal ne précède pas l'action au même titre que la liberté. *Il faut dire que ce que le mal précède est la liberté, plus précisément la décision libre que je prends dans le présent.* Car l'intelligibilité (l'in-temporalité) de la liberté se constitue dans le choix de la maxime (en ce sens que l'action dans le temps, qu'elle soit jugée bonne ou mauvaise, a son fondement dans le libre arbitre), tandis que le mal précède la décision libre de la maxime (le mal est toujours là lorsque je prends la décision éthique). C'est par rapport à cette décision libre que le mal constitue l'antériorité. Au moment même où j'effectue le choix libre de la maxime, cette décision libre renvoie au passé où j'ai commis le mal. Le mal pèse sur la liberté. Cela ne veut pas dire que l'action accomplie par la liberté soit forcément mauvaise. Mais cela veut dire que le mal constitue le « passé transcendantal » de la liberté. Lorsque je me détermine par la loi, je me confronte au fait indéniable qu'il y ait le mal ; au moment même où le libre arbitre effectue le choix de la maxime, le mal est déjà là, pesant sur la liberté. En d'autres termes, *si je me donne la loi, c'est parce qu'il y a le mal.* Il faut donc dire que la liberté de se déterminer par la loi est effectuée en fonction du passé où j'ai commis le mal. Le mal constitue pour ainsi dire la condition ou la nécessité de la donation de la loi. C'est dans cette perspective que nous pensons que le mal précède la liberté. Le mal est plus ancien que le Bien et la liberté[1]. Mais le mal ne précède pas la liberté temporellement ; le mal précède la liberté comme la condition de la donation de la loi, ou comme la nécessité de l'auto-détermination par la loi.

On pourrait objecter à cette interprétation que le mal est considéré par Kant comme surgissant soudainement dans l'état d'innocence. Mais peut-on

---

[1] Nous savons bien que Kant n'a jamais explicitement posé cette idée d'antériorité du mal *par rapport au Bien* et à la liberté. Mais nous verrons qu'elle est nécessaire pour penser la possibilité de la conversion.

affirmer que le moi est depuis toujours bon, qu'il n'a jamais commis le mal ? Il est vrai que le mal devrait être situé dans la décision libre qui s'effectue à chaque instant où le moi choisit la maxime qui est conforme à la loi ou bien celle qui s'oppose à la loi. *Le moi ne serait alors ni bon ni mauvais avant de prendre le choix libre, avant l'auto-détermination par la loi* ; le bien et le mal n'existent pas sans être rapportés à la loi. Selon la deuxième *Critique*, le bien et le mal sont considérés comme conséquences de l'auto-détermination par la loi. C'est par la loi que le mal et le bien sont déterminés dans la différence radicale entre le moi qui se détermine par la loi et le moi qui ne se détermine pas par la loi. Mais il est aussi vrai que sans le mal il n'y a pas la loi qui s'impose comme impératif catégorique. Après l'*Essai sur le mal radical*, on ne peut plus considérer que le fait de ne pas obéir à la loi résulte de la sensibilité. Ce qui s'oppose à la loi n'est plus le moi pathologiquement affecté, mais le moi libre moralement mauvais. De même, la possibilité de la synthèse pratique (et sa défaillance) concerne la synthèse de la loi et du moi mauvais. Si le moi ne se détermine pas par la loi, c'est parce qu'il y a une intention qui s'oppose à la loi en moi. Il faut donc admettre que si la loi s'impose comme impératif catégorique, c'est parce qu'il y a le mal. D'ailleurs, si on n'admettait pas l'antériorité du mal par rapport à la liberté, il serait impossible de penser la possibilité d'une « conversion », où la liberté se dégagerait de son enracinement dans le mal.

D'une part, la liberté est dite intemporelle. D'autre part, la notion de conversion présuppose un « avant » et un « après ». Il serait contradictoire de penser le changement dans l'atemporel. Si des commentateurs ont été embarrassés par le problème de la conversion de la liberté qui « n'est ni avant, ni après », c'est parce qu'ils n'ont pas tenu compte de l'antériorité du mal dans l'acte même de l'auto-détermination par la loi. La liberté n'est pas temporelle, mais l'auto-détermination du moi par la loi génère le temps[1]. Au moment où je prends une décision libre, le passé (où j'ai fait le mal) s'impose comme la nécessité de l'auto-détermination par la loi. Je prends la décision en fonction du passé pour accomplir l'action dans le futur où j'adviens dans la vérité de la synthèse pratique (comme *je* qui *me* donne la loi). C'est ainsi que le passé et le futur se constituent dans le présent de la décision libre, dans mon acte de me donner la loi. La nécessité de l'auto-détermination par la loi constitue le « passé transcendantal » de la liberté. Si je me donne la loi, c'est parce qu'il y

---

[1] Comme l'affirme V. Delbos, l'intemporalité du caractère intelligible ne peut signifier la non-temporalité de la décision libre. La décision libre, qui engendre l'action comme l'acte libre, est effectuée dans ses rapports avec les phénomènes antécédents. Voir *La Philosophie pratique de Kant*, PUF. 1969, p. 366-370.

a le mal. Plus précisément, j'entends la voix du « tu dois », puisque j'ai commis le mal. Par la liberté comme fondement de l'imputabilité, je *me* conçois comme « toi » à qui la voix dit : « tu n'aurais pas dû agir ainsi », « tu aurais dû faire autrement ». Ensuite, par la liberté comme l'auto-nomie, *je* me donne la loi à moi-même qui ai commis le mal ; « je » surgis comme celui qui donne la loi à ce moi qui a commis le mal. L'auto-nomie signifie désormais le moi qui *se* donne la loi à lui-même qui ne s'est pas déterminé par la loi. Dans cette perspective où le mal est considéré comme la nécessité de l'auto-détermination de la loi, l'auto-détermination par la loi et la conversion constituent un seul et même acte.

Que le mal constitue le passé de la liberté, cette thèse repose sur deux arguments différents, dont l'un est positif, l'autre négatif. D'une part, cette thèse nous permet de penser la possibilité de la conversion. Tout en admettant que le mal s'enracine dans la liberté par laquelle je me détermine par la loi, on peut considérer que la conversion est possible, en ceci que le mal constitue la nécessité de l'auto-détermination par la loi. D'autre part, il est indéniable que la conception de l'antériorité du mal par rapport à la liberté a une signification négative. La liberté est définie, dans la première *Critique*, par le « pouvoir de commencer de soi-même ». La liberté commence d'elle-même, et le moi libre est commençant. Si l'on comprend cela avec la notion de l'antériorité du mal, la notion de la liberté change de sens ; la liberté est le pouvoir du commencement, mais par la reprise de ce qui la précède, c'est-à-dire le mal. Le mal, qui ne peut, par définition, surgir que par la liberté, est déjà là, à l'instant même de la libre décision de la maxime. Ricœur interprète cette antériorité du mal (le mal qui est déjà là) par le symbole de la « captivité ». Le moi libre n'existe que sous l'horizon de la loi. Mais ce moi est capté par le mal qui est déjà là. Selon Ricœur, le « mal précède ma prise de la conscience », et il est « une sorte d'involontaire au sein même du volontaire, non plus en face de lui, mais en lui »[1]. Ricœur poursuit ainsi : « l'inscrutable [de l'origine du mal], selon nous, consiste précisément en ceci que le mal qui toujours commence *par* la liberté soit toujours déjà là *pour* la liberté [...]. C'est pourquoi Kant fait expressément de cette énigme du mal pour la philosophie la transposition de la figure mythique du serpent ; le serpent, je pense, représente le "toujours déjà là" du mal »[2]. En effet, Kant dit qu'« il ne se trouve pas pour nous de fondement compréhensible, à partir duquel nous pourrions saisir comment le mal moral aurait pu tout d'abord venir en nous »,

---

[1] P. Ricœur, *Le Conflit des interprétations*, Éditions du Seuil, 1974, p. 302-303.

[2] *Ibid.*, p. 304.

et que le mal « demeure pour nous insondable »[1]. On peut comprendre que le mal soit imputé à la liberté. Mais il est impossible, selon Kant, de savoir d'où le mal provient. En d'autres termes, le moi se conçoit comme celui à qui est imputée l'action mauvaise, sans savoir ce qu'est le mal accompli par lui-même, sans savoir pourquoi sa liberté est atteinte par le mal.

Telle est la structure de l'enracinement du mal dans la liberté. Son enracinement dans l'acte de l'auto-détermination par la loi est caractérisé par l'inintelligibilité de la provenance du mal dans la liberté. Le mal est imputé à la liberté du moi, mais celui-ci ne sait pas d'où vient le mal. Le mal constitue le passé transcendantal en tant que nécessité de l'auto-détermination par la loi. Mais le moi ne sait pas comment ce passé se constitue, pourquoi sa liberté est atteinte par le mal. Tout se passe comme si ce passé transcendantal n'avait jamais été le présent pour le moi. Si le mal est dit radical, c'est parce qu'il s'enracine, de façon insondable, à l'intérieur même de l'acte du moi de se déterminer par la loi. Le moi se donne la loi sans savoir pourquoi il a commis le mal. Ce passé du mal est insondable pour le moi, mais c'est en fonction de ce passé qu'il se donne la loi.

---

[1] RL, p. 59. AK IV, 43.

Chapitre III – La perversion et la conversion

3-1 La liberté de l'arbitre

Nous avons examiné l'enracinement du mal dans la liberté par l'analyse de deux problématiques, à savoir la co-appartenance du bien et du mal dans l'auto-détermination par la loi et l'antériorité du mal par rapport à la liberté. Par l'analyse de la théorie de l'opposition réelle, nous avons constaté qu'en tant qu'il constitue un pôle de l'opposition réelle, le mal s'enracine intérieurement dans la liberté en tant qu'acte de se donner la loi. Par l'analyse de l'antériorité du mal, nous avons vu qu'il s'enracine dans la liberté énigmatiquement, en ceci, qu'il semble précéder la liberté comme pouvoir du commencement. L'in-différence entre le bien et le mal, le caractère insondable du mal qui précède la liberté, tels sont deux problèmes que nous venons de dégager. Dès maintenant, nous allons examiner ce qui constitue le mal comme l'acte de liberté, la positivité du mal considérée dans l'usage de la liberté en vue de l'auto-détermination du moi ; *il s'agit donc du mal considéré au moment même où je prends la décision par la liberté.* Quel est le mode spécifique de se donner la loi dans le mal ? Quelle est la condition transcendantale du mal ? Telles sont les questions auxquelles nous essayons de répondre. Même si le mal co-appartient à la liberté par laquelle je réalise le bien, il n'en est pas moins nécessaire de déterminer la différence entre le bien et le mal. De même, même si on ne peut pas savoir d'où le mal advient à la liberté, il y a néanmoins une modalité de la liberté qui doit être jugée mauvaise. Il faudrait déterminer la condition de la volonté mauvaise pour déterminer la différence entre le bien et le mal dans l'acte même de la liberté, et pour penser la possibilité de la « conversion ». La « conversion » ne peut être pensable sans déterminer le mal comme l'« avant » qui s'exprime dans le « moi » qui ne s'est pas déterminé par la loi en vérité, et le bien comme l'« après », comme la conséquence de l'auto-détermination par la loi qui s'exprime dans le « je » qui donne la loi au « moi » qui ne s'est pas déterminé par la loi.

Puisque le mal est opposé à la loi *de façon réelle et intérieure*, de façon que la possibilité de la transgression de la loi se trouve dans la liberté par laquelle je me détermine par la loi, le mal concerne, comme le bien, un mode d'être du moi, un mode de se donner la loi. Si le mal s'enracine dans la liberté, il devrait s'enraciner dans l'acte de déterminer l'existence du moi par la loi. *Le mal est un mode de constitution du moi par la donation de la loi.* Cela est évident parce que le mal ne peut être pensable que sous l'horizon de la loi.

Que le moi se constitue dans le mal, cela veut dire ceci : « il est conscient de la loi morale et il a cependant admis dans ses maximes une déviance occasionnelle par rapport à elle »[1]. Si le moi est originairement soumis à la loi dans la liberté, il peut néanmoins la transgresser par la liberté[2]. En se trouvant sous l'horizon de la loi, le moi la transgresse. Le moi se donne la loi pour la transgresser, tel est le mode de se donner la loi dans le mal. Nous allons élucider cette possibilité de la transgression de la loi dans la liberté, en analysant le concept de libre arbitre.

Par l'analyse de la théorie de l'opposition réelle, nous avons constaté que le bien et le mal coexistent dans la liberté du moi. Cela veut dire que la liberté par laquelle je me détermine par la loi me fait transgresser la loi. Il est paradoxal de penser que la liberté qui est la volonté soumise à la loi s'oppose à la loi. C'est ce paradoxe de la liberté que Kant s'efforce d'élucider par la notion du libre arbitre (*freie Willkür*), c'est-à-dire le pouvoir de décider pour la loi ou contre la loi. Le libre arbitre doit être distingué de la liberté comme volonté originairement législatrice. Dans la *Doctrine de la vertu*, Kant écrit : « de la volonté procèdent les lois, de l'arbitre, les maximes »[3]. La liberté de la *Willkür* concerne la détermination de la maxime de l'action, elle constitue le principe *subjectif* de la détermination de la volonté. « Le *Wille*, écrit Kant, est la faculté de désirer, considérée non pas tant (comme *Willkür*) par rapport à l'action que plutôt par rapport au principe qui détermine la *Willkür* à l'action et il [le *Wille*] n'a pas à proprement parler, pour lui-même, de principe de détermination, mais dans la mesure où la *Willkür* peut déterminer l'action, il est la raison pratique elle-même »[4]. La liberté de la *Willkür* est certainement distinguée de la liberté du *Wille*. Mais la liberté consiste dans l'articulation de ces deux formes. Rappelons que le mal n'est pas pensable sans loi, et que le mal est considéré par Kant comme l'opposition à la loi, comme la transgression de la loi sous l'horizon de la loi. Cela veut dire que la *Willkür* qui s'oppose à la loi présuppose la liberté en tant que volonté originairement soumise à la loi (*Wille*).

La liberté a donc deux formes, dont l'une consiste à se donner la loi de façon originaire, ou à se constituer sous l'horizon de la loi, et l'autre à choisir la maxime de l'action qui soit conforme à la loi, ou bien s'oppose à la loi. Si

---

[1] RL, p. 45. AK VI, 32.

[2] Sur la différence entre la sujétion originaire à la loi et l'obéissance ou la désobéissance à la loi, cf. J. Rogozinski, *Le Don de la Loi*, p. 284.

[3] DV, p. 473. AK VI, 226.

[4] DV, p. 457. AK VI, 213.

le mal est imputé à la liberté, c'est la liberté de la *Willkür* comme le fondement du choix de la maxime qui est responsable de la décision pour le mal. La maxime est le « principe subjectif » par lequel j'agis sous l'horizon de la loi, à la différence de la loi comme « principe objectif »[1]. Au niveau du *Wille*, le moi n'a aucun choix, puisqu'il est originairement soumis à la loi en tant qu'être raisonnable en général. Mais au niveau de la *Willkür*, le « moi » a un sens singulier, en ceci que son libre arbitre peut choisir la maxime de l'action, tout en étant sous l'horizon de la loi. On peut dire que le libre arbitre est la part singulière du moi qui ne peut se réduire au concept d'« être raisonnable ». C'est dans cette liberté que l'auto-détermination par la loi constitue l'existence singulière du moi.

S'agissant de la liberté pour le mal, la liberté qui articule ces deux formes de la liberté doit être analysée en dernière instance à partir du choix de la maxime, c'est-à-dire, du libre arbitre en tant qu'acte absolument premier, au-delà duquel on ne doit pas remonter. « La liberté de la *Willkür* est d'une structure bien particulière, puisqu'elle ne peut être déterminée à une action par aucun mobile, *à moins que l'homme l'ait admis dans sa maxime* »[2]. Cela veut dire que le choix de la maxime doit être indépendant de l'ordre sensible et temporel. Mais la « spontanéité » de la *Willkür* ne peut être absolue. Même si la maxime n'est pas nécessairement influencée par le mobile de la sensibilité, elle n'est pas complètement déterminée par la loi, puisqu'elle concerne le choix de la maxime pour la loi ou contre la loi. *La liberté de la Willkür consiste dans le choix entre le mobile de la sensibilité et le mobile issu de la loi, c'est-à-dire le respect.* Si elle choisit le respect pour la loi, le moi réalise l'auto-détermination sous l'idée du *Wille*. Il faut remarquer que le choix de la maxime a le caractère de la résistance. Lorsque la loi se donne comme impératif catégorique, elle est donnée au moi-homme comme contrainte, et elle lui est donnée comme résistance à la sensibilité. D'une part, en adoptant dans la maxime le respect comme mobile, le moi subordonne l'influence de la sensibilité à la loi : il résiste à la résistance de la sensibilité à la loi. D'autre part, la *Willkür* peut choisir le mobile de la sensibilité au moment même où la loi s'impose comme *fait de la raison*. Cela veut dire qu'elle peut aussi résister à la résistance de la loi. « Quand la loi morale parle, alors il n'y a en effet plus objectivement de choix libre concernant ce qu'on doit faire »[3]. Il est néanmoins possible que le moi lui résiste. Cette résistance à la loi est le mal.

---

[1] FM, p. 284, note. AK IV, 420.

[2] RL, p. 34-35. AK VI, 23-24.

[3] CFJ, p. 966. AK V, 210.

La structure rationnelle de la bonne volonté (*Wille*) ne nous permet pas de penser le lien entre la liberté et le mal. Le *Wille* est le Bien lui-même, dans la mesure où le *Wille* est la modalité de la volonté qui se soumet originairement à la loi. Autrement dit, dans le *Wille*, la synthèse pratique de la loi et du moi est présupposée comme déjà acquise ; le *Wille* s'exprime immédiatement comme la synthèse pratique de la loi et du moi. Il est donc impossible de voir dans cette structure rationnelle l'opposition entre la loi et le moi, l'enracinement du mal dans la liberté, puisque le mal est opposé, de façon extérieure, au *Wille*. Rappelons que, dans les *Critiques*, le mal est considéré comme le désir empirique ; le mal est placé à l'extérieur de la volonté libre. Expulser le mal en dehors du moi est un geste analogue à celui de la *Grundlegung* où Kant s'efforce de s'écarter de la possibilité interne de la défaillance de la synthèse pratique. Dans l'*Essai sur le mal radical*, il reprend ce problème en élaborant le concept de liberté dans l'articulation du *Wille* et de la *Willkür*. Le mal est une sorte de conflit intérieur entre la volonté originairement législatrice et le libre choix de la maxime. Le moi peut choisir la maxime qui s'oppose à la loi, tout en se soumettant à la loi. Ce qui s'oppose à la loi, c'est le moi libre qui choisit comme maxime la transgression de la loi. Le mal consiste ainsi dans la résistance à la loi sous l'horizon de la loi. Comment le moi peut-il résister à la loi, tout en étant sous l'horizon de la loi ?

On peut s'étonner de la réponse apportée par Kant. Car il définit l'existence du mal dans le moi par le « penchant (*Hang*) » dans l'« homme », comme si le mal se situait dans la « nature humaine ». Il écrit ceci : « par "penchant" (*propensio*), je caractérise le fondement subjectif de la possibilité d'une inclination (désir habituel, *concupiscentia*) »[1]. Certes, Kant précise que le penchant au mal « ne surgit que de la liberté »[2] et qu'il est « contracté (*zugezogen*) »[3] par la liberté. Il prend soin d'affirmer que le terme *penchant* est employé pour montrer que le fondement de la maxime précède toute l'action que j'accomplis dans l'ordre sensible[4]. Si Kant qualifie le penchant au mal d'« inné », c'est parce qu'il se trouve dans l'usage de la liberté par lequel le moi réalise l'action conformément à la maxime choisie. Le mal n'est

---

[1] RL, p. 40. AK VI, 28.

[2] RL, p. 43. AK VI, 31.

[3] « Nous pourrons appeler ce penchant un penchant naturel au mal, et, puisqu'il faut que l'homme soit toujours coupable par lui-même, nous qualifierons ceci comme un *mal radical* inné dans la nature humaine (mais que nous avons cependant contracté nous-mêmes) ». RL, p. 46. AK VI, 32.

[4] « Sous le concept d'un penchant, on entend un fondement subjectif de la détermination de l'arbitre qui est *antérieur à toute action* ». RL, p. 44. AK VI, 31.

considéré comme inné que dans la mesure où on le représente « comme existant dans l'homme dès la naissance »[1], tout comme la liberté précède l'action dans le temps[2]. Mais on peut se demander si cette détermination n'atténue pas la radicalité de la thèse principale de l'*Essai* selon laquelle le mal est imputé à la liberté, non pas à la constitution naturelle du moi. De surcroît, alors qu'il s'agit de la condition transcendantale du mal, Kant affirme « qu'un tel penchant pervers doit être enraciné en l'homme, c'est ce dont nous pouvons nous dispenser d'apporter une preuve formelle, en raison des nombreux exemples criants que l'expérience nous présente dans les *actions* des hommes »[3]. Même si l'existence du « penchant au mal » est exposée dans l'expérience, cela n'éclaire pas le fondement de l'opposition du moi à la loi, puisque le mal concerne le fondement premier de l'adhésion aux maximes. Chercher le fondement du mal dans l'intention « insondable », éclairer cette insondabilité pour établir la condition transcendantale du mal, n'est-ce pas une tâche que Kant se donne dans l'*Essai* ? Le but de l'*Essai* n'est-il pas de rechercher le fondement positif du mal qui apparaît dans l'ordre temporel, en considérant le mal comme s'enracinant dans le « caractère intelligible », de problématiser le mal dans sa relation avec la liberté en tant que pouvoir de se déterminer par la loi ? Il est contradictoire de vouloir définir, par le terme « penchant », le fondement positif du mal qui se distingue des inclinations naturelles. Il faut dire que la recherche du fondement du mal se trouve déchirée entre l'anthropologie et l'élucidation transcendantale. Sur ce point, J. Rogozinski écrit ceci : « on n'a pas affaire à un simple problème de méthode mais au conflit de deux positions incompatibles, l'une qui déduit directement le mal radical du *factum* de la loi comme son Opposé-réel, en lui assignant ainsi un site transcendantal ; l'autre qui le réduit à une détermination empirique de la nature humaine »[4].

On peut dire la même chose pour la « disposition (*Anlage*) originelle au bien dans la nature humaine » (c'est le titre de la première section de la *Religion*). Parmi trois dispositions au bien, c'est la troisième, la « disposition

---

[1] RL, p. 32. AK VI, 22.

[2] « Afin de n'être pas choqué par l'expression de *nature*, qui (comme c'est l'usage) signifie le contraire des actions découlant de la *liberté*, et devrait se trouver en contradiction directe avec les prédicats *bon* moralement et *mauvais*, il convient de remarquer qu'on entend ici par l'expression *nature de l'homme* uniquement le fondement subjectif de l'usage de sa liberté en général (et sous des lois morales objectives) et qui précède toute action tombant sous le sens ». RL, p. 31. AK VI, 20-21.

[3] RL, p. 46. AK VI, 32-33.

[4] J. Rogozinski, *Le Don de la Loi*, p. 276.

à la personnalité en tant qu'être raisonnable » qui concerne le bien en tant que modalité d'être du moi sous la loi. Kant caractérise cette disposition par l'« aptitude à ressentir le respect pour la loi morale comme mobile suffisant en soi pour l'arbitre ». Ici, il nous montre clairement l'auto-détermination par la loi dans son mode affectif. Mais, alors que la modalité d'être dans le bien est élucidée *a priori* par les *Critiques* comme mode de se donner la loi, le bien est considéré, dans l'*Essai*, comme disposition dans la nature humaine ; selon l'*Essai*, le bien « suppose l'existence en notre nature d'une disposition, sur laquelle absolument rien de mauvais ne peut être greffé »[1]. Cette inconsistance de la conception du mal et du bien serait accentuée lorsque Kant s'efforce de déterminer le fondement du mal. Nous verrons que cette naturalisation du mal a une conséquence importante dans la conception de la conversion.

3-2 La dénégation du mal radical

Suivons la démarche de l'*Essai*. Au début de la deuxième section, Kant affirme ceci : « il n'est toutefois ici question que du penchant au mal proprement dit, c'est-à-dire au mal moral, et comme celui-ci n'est possible que comme détermination du libre arbitre, et puisque c'est uniquement par ses maximes que le libre arbitre peut être jugé bon ou mauvais, ce penchant doit consister dans le fondement subjectif de la possibilité d'une déviance des maximes par rapport à la loi morale »[2]. Bien que la notion de penchant « naturel » pèse sur l'analyse du mal « moral », Kant affirme explicitement que le mal moral se situe dans la liberté de l'arbitre qui détermine la maxime. Il énumère trois « degrés » du penchant au mal[3] qui concerne le fondement du choix de la maxime : la « fragilité de la nature humaine », son « impureté » et sa « méchanceté ».

Kant explique qu'au premier degré du penchant au mal, le moi adopte la loi comme la maxime de son arbitre, mais la loi ne peut être un mobile plus puissant que l'inclination. Dans ce cas, le moi est impuissant à se déterminer effectivement selon la loi, bien que la loi s'impose à lui comme un « mobile

---

1 RL, p. 39. AK VI, 27. Sur la différence du penchant et de la disposition, Kant écrit ceci : « Le penchant se distingue donc en ceci de la disposition, que pouvant certes être inné, il ne *doit* pas néanmoins être représenté comme tel mais, en revanche, il faut le concevoir (quand il est bon) comme *acquis* ou (s'il est mauvais) comme *contracté* par l'homme ». RL, p. 40-41. AK VI, 28-29.

2 RL, p. 41. AK VI, 29.

3 RL, p. 45. AK VI, 32.

invincible », et par là l'auto-détermination demeure comme une idée. Le moi essaie de se déterminer par la loi, mais il cède à l'inclination, et par là, il tombe dans l'hétéronomie.

Le deuxième degré est le « penchant à mêler des motifs immoraux aux motifs moraux (même si cela se produisait dans une bonne intention et sous la maxime du bien) ». Dans ce cas, la maxime « n'est pas purement morale – c'est-à-dire que [...] elle n'a pas en elle-même donné son adhésion à la loi *seule* comme mobile *suffisant*, mais que la plupart du temps (et peut-être chaque fois), il lui faut encore d'autres mobiles extérieurs afin de déterminer l'arbitre à ce qu'exige le devoir »[1]. Cela veut dire que le moi a besoin du mobile issu de la sensibilité pour choisir la loi comme maxime. Nous pouvons dire que, dans ce cas, il y a certainement synthèse pratique entre le moi et la loi, mais elle est formelle, jamais effective, puisqu'elle n'est pas réalisée au niveau de l'intention. D'une part, le moi réalise son ipséité dans l'auto-détermination par la loi. Mais d'autre part, la synthèse du moi et de la loi ne se constitue pas dans l'opposition du moi et de la loi. « Si d'autres motifs que la seule loi, écrit Kant, sont nécessaires pour déterminer l'arbitre à des actions légales (par exemple, l'ambition, l'amour de soi en général et même un instinct généreux comme la pitié), le fait que ces motifs s'accordent avec la loi est purement contingent, car ils pourraient tout aussi bien conduire à sa transgression »[2]. La maxime est conforme à la loi dans le sens de la légalité, mais le mobile qui lie le moi à la loi n'est pas le respect pour la loi.

Le troisième penchant, la « méchanceté », écrit Kant, est « le penchant de l'arbitre à faire passer les mobiles issus de la loi après d'autres (qui ne sont point moraux) »[3]. On pourrait croire que ce troisième degré ressemble au deuxième degré, en ceci que dans les deux cas, le mobile issu de la sensibilité l'emporte sur le mobile issu de la loi. Mais la différence entre les deux serait déterminée en ceci que dans le deuxième degré, je vise la conformité à la loi, bien que la synthèse pratique ne consiste que dans la légalité. Dans le troisième degré, il s'agit de l'intention du moi qui tente d'inverser l'ordre éthique par rapport aux mobiles d'un libre arbitre. Le penchant au mal dans le troisième degré consiste à subordonner *délibérément* au mobile issu de la sensibilité le mobile issu de la loi, si bien que la synthèse du moi et de la loi est détruite. Le mal dans le troisième degré fait éclater la synthèse pratique entre le moi et la loi par la liberté. La liberté, par laquelle la synthèse pratique

---

[1] RL, p. 42. AK VI, 30.

[2] RL, p. 43. AK VI, 30-31.

[3] RL, p. 42. AK VI, 30.

se réalise, la détruit par l'intention du moi. C'est cette contradiction de la liberté que Kant appelle la « perversité (*Verkehrheit*) du cœur humain ».

Lorsque le mal est considéré comme l'inversion du primat entre la loi et le désir, il semble que Kant garde la dichotomie entre le mal et la loi comme celle entre le désir et la volonté. Mais il faut y regarder de plus près. Au troisième degré, la défaillance de la synthèse pratique est visée par la liberté. Ce ne sont plus les inclinations, mais la liberté destinée à réaliser la synthèse, qui la détruit, en subordonnant le respect pour la loi au mobile issu de la sensibilité. Si l'opposition entre la loi et le moi est considérée comme provenant des inclinations, il faut dire que Kant garde la dichotomie. Mais c'est à la liberté que le « renversement de l'ordre éthique »[1] est imputé. Comme il l'affirme, le mal n'existe que comme « détermination du libre arbitre », et « c'est uniquement par ses maximes que le libre arbitre est jugé bon ou mauvais »[2]. Il faut alors dire que le mal comme destruction de la synthèse pratique se produit dans le choix de la maxime : la maxime de détruire la synthèse pratique est le « fondement subjectif » du mal. Le mal moral signifie donc le choix de la « mauvaise maxime », c'est-à-dire l'intention délibérée du renversement de l'ordre éthique.

Si la loi ne détermine pas le libre arbitre, il faut admettre un « mobile qui lui est opposé ». Ce mobile qui lie le moi à la loi est le mobile de la transgression à la loi. « Toute action contraire au devoir s'appelle, écrit Kant, la transgression (*peccatum*). La transgression résolue, quand elle est devenue un principe, constitue à proprement parler ce qu'on nomme vice (*vitium*) »[3]. Ainsi, nous avons abouti à la démonstration d'une thèse capitale sur le mal radical. Le mal s'enracine dans la liberté du moi, dans son intention délibérée de transgresser la loi. Le mal moral signifie la liberté du moi qui renverse délibérément l'ordre éthique du respect pour la loi et du mobile issu de la sensibilité ; le moi transgresse la loi en adoptant délibérément le mobile de la sensibilité comme maxime, *tout en étant sous l'horizon de la loi.* Ce renversement est radical en ceci qu'il s'effectue par la liberté elle-même qui réalise la synthèse du moi et de la loi. Kant nous montre ainsi que la défaillance de la synthèse pratique se fonde dans le choix de la maxime qui vise à transgresser la loi. Dans la mesure où ce « penchant » à choisir la maxime contraire à la loi s'enracine dans le « fondement subjectif suprême de

---

[1] « En conséquence, l'homme (même le meilleur) est mauvais par cela seul qu'il renverse l'ordre éthique des motifs lorsqu'il y adhère dans ses maximes ». RL, p. 50. AK VI, 36.

[2] RL, p. 41. AK VI, 29.

[3] DV, p. 671. AK VI, 390.

toutes les maximes », c'est-à-dire dans la liberté du libre arbitre, la défaillance de la synthèse pratique doit être imputée à la liberté elle-même. Ainsi, l'ordre du *Wille* et de la *Willkür* est complètement renversé par la *Willkür*. Tout en étant sous l'horizon de la loi, la *Willkür* se révolte contre la loi, comme si elle pouvait se libérer du *fait de la raison*, c'est-à-dire du fait que la loi s'impose à elle impérativement. Cette révolte contre la loi devrait être considérée comme intentionnelle, puisque le moi l'adopte par sa liberté comme maxime. C'est cette liberté rebelle que Kant qualifie de « diabolique »[1].

Ce qui est étonnant, c'est que cette appellation hyperbolique efface ce qu'elle vise. En qualifiant la liberté révoltée de « diabolique », Kant révoque le mal en tant que libre choix de la maxime contraire à la loi. « Le fondement de ce mal ne peut pas, 1° [...] être situé dans la *sensibilité de l'homme* et dans les inclinations naturelles qui en dérivent [...]. Le fondement du mal ne peut pas non plus, 2° être posé dans une *corruption* de la raison morale législatrice ; comme si celle-ci pouvait détruire en elle-même l'autorité de la loi elle-même et nier l'obligation qui en découle ; ce qui est manifestement impossible. Se concevoir comme un être librement agissant et en même temps comme dégagé de la loi qui lui est conforme, reviendrait à se concevoir comme une cause efficiente en dehors de toute loi. [...] Une *raison* pour ainsi dire *maligne* (une volonté absolument mauvaise) qui libère de la loi morale contient trop, car l'opposition à la loi serait érigée en mobile [...] et le sujet serait transformé en un *être diabolique*. Aucun de ces deux cas n'est applicable à l'homme »[2]. On peut se demander pourquoi Kant assigne le fondement de la liberté rebelle à la « corruption » de la raison. Il a affirmé que le mal « concerne la moralité du sujet ». Donc, ce n'est pas la raison législatrice ou *Wille* qui est corrompue, mais la *Willkür* du moi. Si l'ordre éthique est renversé, c'est que le libre arbitre du moi singulier vise la défaillance de la synthèse pratique. Ce n'est donc pas au *Wille* en tant que raison législatrice que la corruption doit être imputée, mais au libre arbitre qui s'oppose à la loi, tout en étant sous l'horizon de la loi. On ne voit pas pourquoi Kant assigne le fondement de la transgression à la loi à la raison. Pense-t-il que le fait que la *Willkür* transgresse la loi signifie immédiatement que la raison qui lui impose la loi est déjà corrompue ? Si le libre arbitre peut s'opposer à la loi, le *Wille* comme raison pratique est-il déjà corrompu ? Mais on peut dire que si le mal était situé au niveau de la raison, le sens de la liberté de l'arbitre, la radicalité de la liberté rebelle, seraient complètement perdus, puisque la loi de la raison elle-même devrait être déjà

---

[1] RL, p. 49. AK VI, 35.

[2] RL, p. 48-49. AK VI, 34-35.

mauvaise, illusoire ; la loi contre laquelle la liberté rebelle se révolte serait déjà mauvaise. Si le mal est imputé à la raison pratique, le mal moral, le mal en tant que décision singulière du moi, est dissout dans une notion hyperbolique d'« être diabolique ».

Il faut admettre qu'en réduisant le fondement du renversement de l'ordre éthique à la « volonté absolument mauvaise », il dénie la possibilité interne de la défaillance de la synthèse pratique. Si la liberté du moi pouvait transgresser délibérément la loi tout en admettant l'autorité de la loi, la synthèse pratique serait complètement détruite. C'est pour écarter cette possibilité que Kant identifie la liberté rebelle à la « volonté absolument mauvaise ». En déniant la possibilité de la liberté rebelle, Kant s'écarte du problème de la possibilité de la défaillance interne de la liberté. Ainsi, le mal est exclu de la liberté. Kant pourrait affirmer que « l'homme (même le plus détestable), quelles que soient les maximes dont il s'agit, ne renonce pas à la loi morale pour ainsi dire à la manière d'un rebelle (en refusant l'obéissance) ». La loi s'impose à lui de manière irrésistible « en vertu de sa disposition morale »[1], si bien qu'il ne peut pas résister à la loi délibérément. Après avoir dénié la possibilité d'une liberté rebelle, Kant affirme ainsi l'existence d'une disposition originaire au bien : tout se passe comme s'il oubliait sa propre découverte de la radicalité du mal.

Analysons la conséquence de la dénégation de la liberté rebelle. La liberté qui adopte la transgression comme maxime, la volonté « diabolique » sont désormais révoquées. Qu'est-ce alors que le mal radical « humain »[2] ? Tout de suite après avoir nié la possibilité d'un « être diabolique », Kant poursuit ainsi : « il [l'homme] dépend aussi, en vertu de sa disposition naturelle également innocente, des mobiles de la sensibilité et il les reçoit [...] aussi dans sa maxime. S'il adhérait à ceux-ci comme *suffisant à eux seuls* dans sa maxime pour la détermination de l'arbitre, sans se tourner vers la loi morale (qu'il a pourtant en soi), alors il serait moralement mauvais »[3]. Tout se passe comme si le mal atteignait le moi par la sensibilité. Ici, le recul de Kant paraît indéniable. Par la théorie de l'opposition réelle, il a affirmé que le mal et le bien coexistent dans la liberté, et que l'opposition à la loi est inhérente à la liberté par laquelle le moi se détermine par la loi. Et pourtant, dans le texte que nous venons de citer, le mal est considéré selon l'opposition entre la loi et le mobile de la sensibilité. L'homme ne peut transgresser délibérément la loi.

---

[1] RL, p. 49. AK, VI 36.

[2] Sur la conception du mal « humain » et la négation du mal diabolique, cf. J. Rogozinski, *Le Don de la Loi*, un chapitre intitulé « Un mal trop humain ».

[3] RL, p. 50. AK, VI, 36.

S'il la transgresse, c'est parce qu'il est détourné de la loi par l'affection de l'objet du désir. S'il y avait une liberté rebelle, le moi choisirait délibérément le mobile de la sensibilité en vue du renversement de l'ordre éthique. Mais cela est impossible au moi-homme. Selon Kant, il ne transgresse la loi que « de mauvais gré ». Si le moi-homme transgresse la loi, il « se trouve toutefois en même temps assez saint pour ne transgresser la loi intérieure que de *mauvais gré* ». Car il se sent contraint à obéir à la loi. En exerçant la contrainte sur lui-même, le moi s'efforce de réaliser l'autonomie comme « pouvoir de se rendre maître des penchants réfractaires à la loi »[1].

Bien que le moi ne puisse résister à la loi dans l'intention délibérée de « détruire en elle-même l'autorité de la loi », la transgression de la loi n'en est pas moins imputée à la liberté comme choix de la maxime. Mais cette liberté n'est pas la liberté rebelle, c'est une liberté qui ne peut pas se révolter contre la loi. « Toute la question est de savoir *duquel des deux mobiles l'homme fait la condition de l'autre.* En conséquence, l'homme (même le meilleur) est mauvais par cela seul qu'il renverse l'ordre éthique des mobiles lorsqu'il y adhère dans ses maximes. Certes, il admet en celles-ci la loi morale à côté de celle de l'amour de soi ; mais comme il devient conscient que l'une ne peut subsister à côté de l'autre, mais doit lui être subordonnée comme à la condition supérieure, il fait des mobiles de l'amour de soi et de ses inclinations la condition de l'obéissance à la loi morale »[2]. Bien que le moi ait conscience de l'autorité de la loi, *il la transgresse en faisant semblant de l'adopter comme maxime.* Ce « renversement » de l'ordre éthique n'est pas de la révolte délibérée, mais un déguisement des mobiles de la sensibilité dans la soumission à la loi. Tel est le mal radical « humain ». Kant peut ainsi affirmer que, dans la mesure où le mal n'atteint pas l'intention du moi-homme (car celui-ci ne peut vouloir le mal pour le mal), le « rétablissement de la disposition originaire au bien » serait possible, non pas comme « l'acquisition d'un mobile pour le bien perdu », mais comme la « restauration » de « la pureté du mobile »[3].

Il faut dire que cette explication est décevante, et même contradictoire avec la visée de l'*Essai*. Car le but de l'*Essai* est d'élucider le fondement du mal, qui ne peut être réduit à des inclinations. De surcroît, on peut dire que Kant a oublié la visée même de son éthique. L'éthique consiste à dégager la « faculté supérieure de désirer », à donner la loi au désir, et non à révoquer le désir en

---

[1] DV, p. 662. AK VI, 383.

[2] RL, p. 50. AK VI, 36.

[3] RL, p. 63. AK VI, 46.

l'assimilant à des inclinations pathologiques. Dans cette visée, il ne s'agit plus d'écarter le moi désirant, mais de dégager l'affectivité de l'auto-détermination par la loi comme la possibilité de la synthèse du désir et de la loi. Mais, lorsque Kant considère la conversion comme « restauration de la pureté du mobile », en assignant le fondement du mal (le renversement de l'ordre éthique) à la sensibilité, le projet de l'éthique est voué à l'échec. Car l'ancienne dichotomie du mal et du bien, basée sur la différence entre la pureté et l'impureté, est maintenue. Cette insuffisance de l'élucidation du mal comme défaillance de la synthèse pratique rend opaque le sens radical de la conversion. La conversion consiste, selon notre interprétation, dans la décision du moi qui se constitue par l'effectivité de l'auto-détermination. La conversion concerne la liberté même de se donner la loi, le pouvoir de se donner, dont l'effectivité se constitue dans l'instant où le présent (où je prends la décision éthique) se tourne vers le passé (où j'ai commis le mal) pour s'orienter dans le futur (pour advenir dans la vérité de la synthèse pratique) ; je me donne la loi à moi-même qui ai commis le mal, pour me dégager du mal. Rappelons que le mal constitue l'origine énigmatique de la liberté. Le mal précède la liberté en tant que pouvoir du commencement, et la liberté est définie par là comme commencement par la reprise de l'énigme du mal qui la précède. *L'arrachement au mal radical serait alors le recommencement de la liberté.* Le mal constitue le passé transcendantal du moi auquel l'auto-détermination par la loi doit se rapporter. Dans la mesure où le mal qui brise la synthèse pratique est imputé à la liberté, la conversion doit s'effectuer à l'intérieur même de la liberté, en se rapportant au mal comme la nécessité de l'auto-détermination par la loi. Si le mal constitue la condition transcendantale de la constitution du moi libre, c'est d'abord parce que le mal est imputé à la liberté du moi, ensuite que la loi doit être donnée par le moi à lui-même qui a commis le mal. Certes, le mal s'enracine dans la liberté de façon insondable. Mais c'est aussi par la liberté que le moi peut se dégager du mal en admettant que le moi était pris dans le mal par sa liberté. Nous avons dit que l'ipséité libre est établie par l'acte du moi de donner la loi. Cette affirmation du moi comme ipséité structurée par la donation de la loi constitue la possibilité de la conversion comme l'acte du moi qui *se* donne lui-même par la loi. La conversion est ainsi comprise comme le problème de la modalité d'être du moi qui se détermine par l'acte de se donner la loi.

Lorsque l'*Essai* problématise la conversion, il semble que Kant ne tienne pas compte de la modalité d'être du moi dans la liberté. Selon l'*Essai*, la conversion est le « rétablissement de la disposition originaire au bien »[1]. Dans la mesure où le penchant au mal est réduit à la sensibilité, le mal n'atteint pas la liberté en tant que *Wille*. Kant affirme que le « germe du bien demeuré en toute sa pureté n'a pu ni être anéanti, ni perverti », et que la conversion serait possible comme rapprochement vers la sainteté dans un progrès infini ; le moi-homme doit réaliser sa « sainteté » « dans un progrès à l'infini » à partir de la « disposition originaire au bien ». Le problème de la synthèse du moi et de la loi est ainsi dissous dans l'écart entre le moi et l'idéal de la sainteté qu'il doit réaliser.

Les livres II à IV de la *Religion* s'efforcent de chercher la possibilité de la « restauration » de la disposition au bien sous les thèmes de la religion, comme le montrent les titres des différentes parties de la *Religion* : « Lutte du bon principe avec le mauvais pour la domination de l'homme », « Représentation philosophique du triomphe du bon principe par l'établissement d'un Royaume de Dieu sur la terre », « Du vrai et du faux culte sous la souveraineté du bon principe ou de la religion et du sacerdoce ». Dans le livre I déjà, Kant avoue que le mal ne peut être « extirpé par les forces humaines »[2]. Dans la « Remarque générale » du livre II, il affirme que la possibilité de la conversion « dépasse » le pouvoir du moi, en appelle à la religion. Dans les livres qui succèdent au livre I, Kant met en scène la possibilité de la conversion par la représentation religieuse (par exemple, le Christ est considéré comme la représentation du bon principe). Nous ne voulons pas détailler une « herméneutique philosophique de l'espérance » dans la réflexion philosophique sur la religion[3]. Nous nous contentons ici de faire quelques remarques sur la manière dont Kant cherche à représenter la possibilité de la conversion comme un idéal à réaliser.

On peut d'abord constater que Kant ne problématise pas la possibilité de la conversion comme le problème de la liberté du moi, comme celui de l'acte du moi qui se donne la loi. Elle est envisagée dans la dimension institutionnelle. Kant insiste sur l'impuissance du moi à accomplir le retour au bien. « Comme le Bien éthique suprême ne peut être réalisé par l'effort d'une personne singulière en vue de sa propre perfection, mais exige une union des individus en un tout pour la même fin, donc un système d'hommes à l'intention bonne – en lequel seul et de par son unité, ce Bien peut être

---

[1] RL, p. 62. AK VI, 46.

[2] RL, p. 51. AK VI, 37.

[3] P. Ricœur, *Lecture 3*, p. 22.

uniquement réalisé »[1]. La conversion est représentée comme le passage de l'« état de nature éthique » à un « *peuple de Dieu* soumis à *des lois morales* ». Cette « herméneutique » renvoie la possibilité de la conversion à la grâce, à un secours insondable de Dieu. Le concept de grâce est certainement difficile à concilier avec la raison, en ceci que « ce qui doit être imputé comme opération éthique bonne ne doit pas voir le jour par une influence étrangère, mais seulement par l'usage meilleur possible de nos forces propres ». Néanmoins, Kant affirme que « l'impossibilité de la grâce ne se laisse nullement prouver ». Le progrès de la moralité du moi est affirmé comme l'« effort sérieux pour améliorer sa nature morale le plus possible, et se rendre ainsi apte à la perfection qui, par sa conformité, rend agréable à Dieu »[2].

Ainsi, Kant semble s'écarter de l'énigme de l'enracinement du mal dans la liberté. En considérant que le renversement de l'ordre éthique est imputé au moi libre, il a clairement montré que la défaillance de la synthèse pratique est interne à la liberté. Mais il s'écarte aussitôt de sa propre découverte. En réduisant le moi qui se révolte contre la loi à l'« être diabolique », il dénie la possibilité de la défaillance de la liberté. En vérité, il n'est pas nécessaire d'être diabolique pour transgresser la loi. Car c'est la liberté qui conduit le moi à adopter l'opposition à la loi comme la maxime, et c'est au moi lui-même qu'il faut imputer cette transgression.

3-3 La perversion et la conversion

Faudrait-il affirmer que Kant a échoué dans sa recherche du fondement du mal comme défaillance de la liberté sans arriver à éclairer la conversion comme modalité de se constituer dans la donation de la loi ? Voyons de plus près ce qu'il en est. Par la négation de l'être diabolique, il a nié la possibilité du moi libre qui adopte comme maxime la révolte contre la loi ; le moi ne peut s'opposer à la loi délibérément, puisque c'est la loi qui révèle sa liberté. Lorsque le moi est conscient de la loi, il n'a aucune intention de nier l'autorité de la loi. *Mais c'est en admettant l'autorité de la loi qu'il la transgresse*. Kant affirme explicitement ceci : « il [l'homme] est conscient de la loi morale et il a cependant admis dans ses maximes une occasionnelle déviance par rapport à elle »[3]. Tout en gardant le respect pour la loi, le moi transgresse la loi sans

---

[1] RL, p. 118. AK, 97-98.

[2] RL, p. 230-231. AK VI, 192.

[3] RL, p. 45. AK V, 32.

aucune intention de détruire l'ordre éthique. Que la loi ne soit pas détruite dans l'intention du moi mauvais (même si le mal s'enracine dans la liberté comme le penchant naturel), cela ne veut pas dire simplement que la disposition originaire au bien n'a pas perdu la « pureté » de la volonté ; *mais aussi que la loi et le mal coexistent dans la liberté, en ceci que le mal présuppose la loi à laquelle il est opposé*. Pour faire le mal, la liberté humaine a besoin de la loi qu'elle transgresse. Dans la mesure où le mal est défini chez Kant par son opposition à la loi, le mal n'est pas pensable sans la loi. Sur ce point, il faut admettre que le mode de coexistence de la loi et du mal dans le mal « humain » est plus remarquable que dans le mal « diabolique ». Dans le mal « diabolique », l'opposition du moi et de la loi est trop apparente, en ceci que la liberté surgit comme maxime qui s'oppose à la loi. Dans le mal humain, le moi ne peut transgresser la loi par la décision délibérée de détruire l'autorité de la loi. Il la transgresse au moment même où il la respecte. La volonté qui respecte la loi tout en la transgressant, Kant la qualifie de *perversion* : « la malignité de la nature humaine n'est pas tant *méchanceté*, si l'on prend ce mot en son sens strict, c'est-à-dire comme une intention [...] d'admettre le mal *en tant que mal* comme mobile dans ses maximes (car ceci est diabolique), qu'elle n'est bien plutôt *perversion* du cœur, qui ne doit être appelé un *mauvais* cœur qu'en raison de la conséquence. Celui-ci est compatible avec une volonté bonne en général »[1]. Si l'intention de transgresser la loi coexiste avec la « volonté bonne », c'est-à-dire la volonté qui se détermine par la loi, ne nous faudrait-il pas dire que le mal s'enracine profondément dans la décision libre de se soumettre à la loi ? Si la soumission à la loi et sa transgression surgissent simultanément dans la volonté, le mal n'est-il pas un mode de donation de la loi ?

On peut caractériser le mal humain par la duplicité du cœur humain. Dans le mal humain, la défaillance de la liberté est dissimulée sous l'apparence de la vérité de la synthèse pratique. En d'autres termes, la liberté devient le pouvoir de dissimuler la défaillance de la synthèse pratique, le pouvoir de présenter la non-vérité de la synthèse pratique comme sa vérité. Kant affirme que le moi peut transgresser la loi en vue de l'« observance intentionnelle de la loi »[2]. Même au moment où « la maxime est sans doute bonne », le moi transgresse la loi. Tout se passe comme s'il se déterminait par la loi pour la transgresser. Ou bien, il n'a conscience de la loi que dans sa transgression. On peut se demander comment garder le respect pour la loi à l'instant même de

---

[1] RL, p. 51. AK VI, 37.

[2] RL, p. 42. AK VI, 30.

sa transgression. Comment l'éthique kantienne nous permet-elle d'approfondir la structure de la volonté dans laquelle la transgression de la loi est compatible avec la soumission à la loi ?

Il arrive à Kant de définir le mal comme une « certaine *malice* du cœur humain (*dolus malus*) consistant à se tromper sur ses propres intentions, bonnes ou mauvaises »[1]. Le mal consiste alors à s'illusionner sur son intention : le moi transgresse la loi, de sorte que la transgression de la loi soit, pour lui-même, dissimulée. Pour approfondir la dissimulation de l'intention, on peut dégager de l'éthique kantienne deux problématiques, à savoir 1) l'indifférence entre la moralité et la légalité, et 2) le mensonge intérieur.

1) Kant distingue nettement la légalité et la moralité. La moralité ne consiste pas dans la conformité de l'action à la loi, mais dans une intention d'agir pour la loi. Le moi peut adopter la loi comme maxime de l'action, dont le mobile qui le lie à la loi n'est pas le respect pour la loi. Dans ce cas, la synthèse pratique n'a pas lieu au niveau de l'intention, mais seulement au niveau du jugement sur la conformité de l'action à la forme universelle de la loi. Et pourtant, Kant affirme qu'il est difficile d'établir la différence entre la légalité et la moralité, dans la mesure où l'intention morale est invisible. On ne voit pas si la bonne intention se soumet à la loi : « entre un homme de bonnes mœurs (*bene moratus*) et un homme moralement bon (*moraliter bonus*), il n'y a (ou du moins, il ne doit y avoir), en ce qui concerne l'accord de l'action avec la loi, aucune différence »[2]. Même si l'action est conforme à la loi, l'intention peut ne pas obéir à la loi. L'intention mauvaise peut faire l'action conforme à la loi. C'est sous l'apparence de la conformité à la loi que l'intention de la transgresser se dissimule.

2) Par la dissimulation de l'intention, Kant considère le « mensonge intérieur » : il ne s'agit pas de dissimuler son intention aux yeux des autres, mais à ses propres yeux. Kant qualifie le *mensonge intérieur* ou la *tromperie sur soi-même* d'*apparence en morale* et écrit ceci : « l'apparence du bien en nous-même doit être effacée sans ménagement »[3]. La critique que Kant adresse au mensonge intérieur est sévère en ceci qu'elle détruit la conscience qu'a le moi lors de la décision éthique. Si le moi peut s'illusionner sur sa propre intention, il ne sait plus si son action, dont la maxime est conforme à la loi, surgit vraiment d'une bonne intention. Comme Kant le remarque, le propre du mal « humain » consiste en ceci que l'opposition à la loi, ou le

---

[1] RL, p. 51. AK VI, 37.

[2] RL, p. 43. AK VI, 30.

[3] *Anthropologie*, p. 971, AK VII, 153.

renversement de l'ordre éthique, peut résulter d'une bonne intention. Il peut arriver que « la maxime, dont la bonté doit nous donner la mesure de toute la valeur morale de la personne, est cependant opposée à la loi et l'homme, n'ayant accompli que de pures bonnes actions, est néanmoins mauvais »[1]. Le moi n'a aucune conscience de la transgression de la loi. Car il la transgresse par l'intention d'obéir à la loi. Si la transgression de la loi est effectuée en vue d'obéir à la loi, la vérité qui détermine la différence entre le bien et le mal est irrémédiablement perdue.

Comment le moi peut-il écarter la conscience de la transgression de la loi, au point de croire obéir à la loi ? Osons poser l'hypothèse suivante : si le bien et le mal deviennent indiscernables, ce n'est pas parce que la volonté mauvaise se dissimule sous l'apparence du bien ; c'est que la volonté bonne peut transgresser la loi. Au lieu de dire que le mal se dissimule dans le bien, il nous faudrait dire que l'intention d'agir pour la loi dissimule aux yeux du moi le mal qu'il a commis ou son intention de transgresser la loi. Cela veut dire que l'intention de s'opposer à la loi se situe dans la maxime même de se soumettre la loi. Dans le mal diabolique, le moi a conscience de l'opposition à la loi en vue de détruire l'ordre éthique, sans aucune intention de se soumettre à la loi. Dans le mal humain, il ne peut pas avoir conscience de la transgression de la loi, dans la mesure où il désire se soumettre à la loi. Sur la question de savoir comment et pourquoi la volonté d'obéir à la loi la transgresse, quel est le mal que la volonté bonne accomplit dans l'auto-détermination par la loi, nous reviendrons lorsque nous examinerons l'interprétation lacanienne de l'éthique kantienne. Pour le moment, nous essayons d'interpréter comment l'éthique kantienne décrit la possibilité de la conversion du moi dans la perversion de la conscience éthique.

Il est remarquable que Kant caractérise le mensonge intérieur par l'« intention de se tromper délibérément soi-même »[2]. Gardons-nous de considérer le mensonge intérieur comme la simple méconnaissance sur son intention, ni comme l'indiscernabilité pour le moi entre la bonne intention et la mauvaise intention. Il ne s'agit pas d'une simple dissimulation de l'intention de transgresser la loi sous l'apparence de la soumission à la loi. Il se trompe lui-même qui dissimule. Si le moi se trompe lui-même en se cachant la vérité, ce qu'il ne sait pas n'est pas simplement ce qu'il veut cacher. Il ne sait même pas ce qu'il est lui-même. Par exemple, s'il se trompe sur son intention morale, il ne sait pas s'il est moralement bon ou mauvais. Dans le

---

[1] RL, p. 43. AK VI, 31.

[2] DV, p. 717. AK VI, 430.

cas où le moi se trompe délibérément sur son intention mauvaise, son moi peut lui apparaître comme moralement bon. Le mensonge intérieur affecte gravement l'auto-constitution. En dissimulant son intention, le moi peut décider d'être moralement bon en écartant le savoir de son intention mauvaise. Cela veut dire que le moi peut décider d'être ce qu'il n'est pas, tout en croyant que cet être est lui-même. On pourrait tenter ici d'interpréter le mensonge intérieur par la « mauvaise foi ». Lorsque je désire se tromper sur la vérité que je suis, écrit Sartre, « je dois savoir en tant que trompeur la vérité qui m'est masquée en tant que je suis trompé ». Sartre considère l'essentiel de la mauvaise foi à partir de l'in-différence entre le trompeur et le trompé[1]. Tout en sachant qu'il n'est pas moralement bon, il peut n'avoir aucune conscience de cette vérité : il croit devenir un autre que lui, en s'écartant du savoir de ce qu'il est. Dans la mauvaise foi, le moi tente d'être ce qu'il n'est pas, tout en croyant qu'il l'est. Sartre montre ainsi que la tromperie sur soi concerne le problème du mode d'être de soi : elle consiste à « constituer la réalité humaine comme un être qui est ce qu'il n'est pas et qui n'est pas ce qu'il est ».

Cette constitution illusoire de soi, Sartre l'explique en interprétant la maxime d'être sincère à soi. Il écrit : « elle nous propose une adéquation absolue de l'être avec lui-même comme prototype d'être. En ce sens, il faut nous faire être ce que nous sommes. Mais que sommes-nous donc si nous avons l'obligation constante de nous faire être ce que nous sommes, si nous sommes sur le mode d'être du devoir-être ce que nous sommes ? »[2]. Sartre remarque fortement la différence entre l'être et le devoir-être. Selon lui, le « je » considéré par le devoir-être n'est pas le moi que je suis. Ce « je » que j'ai à être est le « je » que je ne suis point. « Ce n'est pas que je ne veuille pas l'être ni qu'il soit un autre. Mais plutôt, il n'y a pas de commune mesure entre son être et le mien. Il est une "représentation" pour les autres et pour moi-même, cela signifie que je ne puis l'être qu'en représentation. Mais précisément, si je me le représente, je ne le suis point, j'en suis séparé »[3]. Dans cette perspective, le devoir-être que le « tu dois » désigne est considéré comme l'être que je ne suis pas. C'est cette coexistence de ce que je suis et de ce que je ne suis pas dans la constitution du moi que nous pouvons approfondir comme le problème du mal. En s'efforçant d'être moi-même, d'être moralement bon, je me dis « tu dois être ainsi… ». En m'entendant parler ce « tu dois », je me fais advenir comme ce que je dois être. Si la mauvaise foi

---

[1] J.-P. Sartre, *L'Être et le Néant*, p. 83.

[2] *Ibid.*, p. 93-94.

[3] *Ibid.*, p. 94.

atteint le cœur même du moi qui s'entend parler, la tentative même d'être soi-même en vérité est vouée à l'échec.

Une hypothèse que nous pouvons tirer de la confrontation de Kant à Sartre est celle-ci : la volonté bonne de faire advenir soi-même en vérité peut être celle de défigurer la vérité de ce qu'il est. En s'entendant parler le « tu dois », le moi fait advenir ce qu'il doit être. Mais cette tentative peut être l'auto-illusion, en ceci qu'elle écarte le moi de la conscience de ce qu'il est. Si la mauvaise foi atteint le cœur du « je » libre, l'acte même du « je » qui *se* donne la loi devient illusoire. En se donnant la loi, le moi se constitue comme « je » qui « me » donne la loi. Mais ce « je » ne peut être moi que je suis. En tant que j'essaie de me donner la loi pour me déterminer, je ne suis pas encore le « je » que j'ai à être. Il y a un écart opaque entre le moi et ce qu'il doit devenir. Si je dois être moral, c'est que je ne le suis pas. Si c'était ce « je » non moral qui me donnait la loi, l'auto-détermination par la loi tomberait alors sous le non-sens. C'est exactement ce non-sens qui est le « mal humain ».

Dans cette perspective, on peut se demander si le mal « diabolique » est plus dangereux que le mal « humain ». Le mal « humain » exprime bien l'illusion pratique où la vérité de la synthèse pratique et sa non-vérité coexistent dans la liberté. Si le renversement de l'ordre éthique est provoqué par une bonne intention, c'est-à-dire par le moi qui vise à se déterminer par la loi, il faut admettre que le moi perd définitivement la différence entre la vérité de la synthèse pratique et sa non-vérité. Car c'est le moi qui vise la vérité, réalise l'auto-détermination par la loi dans la non-vérité. Si la non-vérité apparaît comme sa vérité, comment la conversion est-elle possible ? Si le mal comme renversement de l'ordre éthique peut surgir d'une bonne intention, le « retour au bien » n'est-il pas un non-sens ?

Il nous faut dire que cette in-différence entre le mal et le bien n'est rien d'autre que le contenu positif du mal, sinon le sens même de la conversion ne pourrait pas se maintenir. D'ailleurs, il n'est pas nécessaire d'établir le fondement du mal comme distinct du bien. Car l'in-différence du bien et du mal est le propre du mal humain. La liberté à laquelle le renversement de l'ordre éthique est imputé n'est pas l'intention délibérée de transgresser la loi, mais une intention qui dissimule ce qu'elle est elle-même. Le mal est ainsi compris comme liberté pervertie qui consiste à s'illusionner sur soi-même.

Le mal dont le moi doit se dégager est ainsi redéfini comme l'in-différence du bien et du mal, ou comme celle de la vérité et de la non-vérité de la synthèse pratique. Dans cette perspective, la conversion comme « retour » au bien doit être interprétée autrement que comme progrès à l'infini. Le mal consiste dans l'in-différence entre la vérité et la non-vérité. Mais cette non-vérité ne se constitue pas sans la vérité de la synthèse pratique. Si la synthèse pratique apparaît comme *sa* non-vérité, c'est parce que le moi s'efforce de se déterminer par la loi. C'est ainsi que nous pouvons interpréter la disposition « originaire » au bien qui ne peut être détruite par le « penchant » au mal : le mal n'existe pas sans la loi. Même si la liberté dissimule la synthèse pratique, il y a forcément un moi qui se trouve sous l'horizon de la vérité. Même si ce moi ne peut se constituer dans la vérité de la synthèse pratique, il est tout de même le sujet libre, puisque c'est par sa liberté qu'il est pris dans l'illusion pratique, et que sa liberté impute cette auto-illusion à lui-même. « Je » « me » conçoit comme celui à qui le mal est imputé. Cette connaissance de soi est la condition du Bien en tant qu'auto-détermination par la loi. Si je me donne la loi, c'est parce que je suis pris dans le mal, dans l'illusion sur soi. C'est pour se dégager de ce que je suis que je me donne la loi. Ainsi, on trouve la possibilité de la conversion dans l'acte de se donner la loi.

La possibilité de la conversion se fonde dans la double fonction de la liberté en tant qu'auto-détermination par la loi. D'abord, la liberté, en tant que fondement de l'imputabilité, pose le moi comme responsable de son acte mauvais qu'il a accompli dans le passé : *je me* conçois comme celui qui a commis le mal, *comme étant pris dans l'illusion pratique*. La relation de ce moi à l'accusatif avec le moi au nominatif ne signifie pas simplement l'accusation du moi par le « je », comme si deux personnalités différentes se juxtaposaient dans une seule et même personne. Ce moi à l'accusatif devrait s'intégrer au « je » qui *se* donne la loi. Le « je » se reconnaît lui-même comme responsable du mal, et c'est en se connaissant lui-même comme destinataire de la loi qu'il se la donne de lui-même. Ainsi, l'auto-détermination par la loi fonde la possibilité de la conversion comme constitution éthique de l'ipséité. L'auto-détermination par la loi comme acte du *je* qui se donne la loi, telle est la deuxième fonction de la liberté par laquelle la conversion devient possible. Par ce deuxième aspect de la liberté, la conversion constitue l'ipséité comme « je » qui donne la loi au « moi » qui était pris dans l'illusion pratique.

Ici se pose la question de savoir comment la liberté arrive à se dégager de l'illusion forgée par elle-même. Le penchant au mal *se greffe* sur la disposition au Bien, et de même, la liberté visant l'auto-détermination par la loi se confond avec la liberté de renverser l'ordre éthique. Nous proposons de considérer cette in-différence entre le bien et le mal, entre la vérité et la non-vérité, comme une expérience originaire de la liberté, d'où le moi doit recommencer, en chaque moment de sa décision libre, à affirmer son ipséité pour se dégager de l'illusion qui le hante, de l'auto-illusion.

Chapitre IV – La voix et la re-naissance du moi

4-1 L'écoute du « tu dois »

Si la conversion est possible, l'auto-détermination par la loi devra surgir comme le dégagement du moi hors de l'indiscernabilité entre le bien et le mal pour faire advenir le *je* qui *me* donne la loi. L'impératif catégorique n'est rien d'autre que cette invocation du moi : en s'entendant parler le « tu dois », le moi s'appelle lui-même à arriver à lui-même en vérité. La conversion surgirait ainsi dans l'écoute de soi. C'est dans l'acte de s'entendre parler le « tu dois » que la conversion s'effectue comme auto-constitution du moi, et celle-ci se structure par la temporalité singulière : l'auto-affection en tant qu'activité de la voix génère l'Avant et l'Après, à savoir l'Avant où le moi était pris dans l'illusion sur soi et l'Après où il se dégage de l'in-différence entre ce qu'il est et ce qu'il n'est pas. Lorsque cette temporalité jaillit dans l'écoute de soi, l'auto-constitution s'effectue comme conversion : le moi se met à revivre lui-même en se dégageant de ce qu'il est. En essayant de se constituer comme ce qu'il doit être, le moi devient ce qu'il n'était pas. Au lieu de qualifier cette constitution temporelle du moi de conversion, appelons-la la nouvelle naissance ou la re-naissance. Kant nous a proposé d'appeler la conversion « re-naissance (*Wiedergeburt*) » qui consiste à « devenir un homme nouveau »[1]. L'auto-constitution éthique s'effectuerait comme re-naissance, si l'Avant ou l'Après se génèrent dans le s'entendre parler le « tu dois ».

On peut ainsi caractériser l'auto-constitution comme re-naissance par l'auto-affection en tant qu'activité de la voix et la temporalisation du moi. Nous nous demandons pourtant si cette conception de l'écoute de la voix suffit pour déterminer l'auto-constitution du moi en vérité. Selon notre interprétation, c'est en admettant le mal comme ce qu'il accomplissait que le moi s'appelle à re-naître à lui-même. Cependant, nous avons caractérisé le mal comme auto-illusion : il arrive au moi de se considérer assez bon pour obéir à la loi, tout en faisant le mal. Si le moi ne peut avoir conscience de l'illusion qui le hante, du mal qu'il fait, pourquoi et comment désire-t-il re-naître pour devenir un homme nouveau ? Admettons qu'il peut avoir conscience du mal pour espérer la re-naissance. Pour se dégager de lui-même de l'illusion, il aurait dû se constituer déjà comme « je » qui dit le « tu dois ». Mais, s'il est celui qui se dit le « tu dois », c'est parce qu'il a conscience de ce

[1] RL, p. 64. AK VI, 47.

qu'il est (mauvais, pris dans l'illusion sur soi). Comment peut-il devenir le « je » qui dit le « tu dois » tout en étant mauvais, tout en étant pris dans l'illusion sur soi ? Il est possible que « je » qui « me » donne la loi à moi qui me suis trompé puisse me tromper sur moi-même. Si le « je » qui *me* prescrit de devenir « je » est trompeur pour le *me*, comment puis-je me donner la loi en vérité ? S'il y a la possibilité de l'illusion au moment de l'écoute de la voix du « tu dois », comment vérifier la vérité de ce que la voix prescrit ? N'est-ce pas toujours pour me délivrer à la vérité que je me trouve dans la non-vérité, dans l'auto-illusion ?

La possibilité du « je » qui trompe, c'est cela qui nous conduit à approfondir sous l'éclairage de l'éthique de la psychanalyse la fonction de la voix dans l'auto-constitution du moi en tant que re-naissance. Pour Freud, le « je » qui *me* donne la loi peut être trompeur pour deux raisons. Premièrement, le moi dans la conscience morale est pris par des figures de l'autre. Le surmoi en tant qu'instance critique par rapport au moi, dit Freud, est l'héritier direct du complexe d'Œdipe. Freud voit derrière la loi que le moi se donne l'autre qui énonce le « tu dois ». Selon lui, la conscience morale surgit lorsque le moi incorpore la voix de l'autre en considérant celui-ci comme idéal qu'il *désire devenir*. En m'identifiant à l'autre qui me donne la loi, j'énonce à moi-même le « tu dois ». Le « je » qui me dit le « tu dois » s'instaure en moi, en entendant la voix de l'autre à l'intérieur de moi. Tout se passe comme si je m'identifiais à l'autre « je », à chaque instant où je m'entends parler le « tu dois ». Après la disparition du complexe d'Œdipe, l'autre qui me donne la loi n'est pas l'autre existant au-dehors de moi, mais l'autre *en moi*. Le surmoi constitue une « partie détachée » du moi, qui est activée tout en demeurant inconsciente, en tant qu'instance critique. Deuxièmement, Freud nous montre que le « je » en tant qu'autre qui me donne la loi, que ce soit conscient ou inconscient, peut être défiguré par le moi. Dans le complexe positif d'Œdipe, le garçon forge une figure haineuse du père. Le père réel en tant qu'agent de castration se déforme en figure atroce du père imaginaire, et celui-ci peut devenir le surmoi. En s'entendant parler le « tu dois », le moi peut se révolter contre cette voix. Le moi pourrait résister au « tu dois » qu'il trouve mauvais, en se disant de nouveau le « tu dois ». Mais rien n'assure la vérité de la résistance au « tu dois ». Le « je » qui énonce le « tu dois » peut se manifester comme une illusion dont la vérité ne peut être vérifiée. Ainsi, la psychanalyse nous montre deux possibilités qui défigurent l'écoute de la voix : l'incorporation de la voix de l'autre et la résistance erronée.

Freud découvre dans l'être enjoint du sujet éthique une suite de processus pulsionnels de l'identification à l'autre. Il considère que l'identification à l'autre par la formation de l'idéal s'effectue par le biais de la voix. « Ce qui avait incité le sujet à former l'idéal du moi dont la garde est remise à la conscience morale, écrit Freud, c'était justement l'influence critique des parents telle qu'elle se transmet par leur voix »[1]. Le « tu dois » qui convoque le moi à son devoir-être provient de l'Autre. Lorsque le « tu dois » résonne à l'intérieur, le moi obéit à l'Autre tout en s'entendant parler. L'hétéronomie n'est pas incompatible avec l'auto-détermination par la loi. Car c'est en tant que l'autre est intériorisé en moi que celui-ci opère l'auto-obligation.

Lorsque Freud réduit l'impératif catégorique au commandement du surmoi[2], qu'est-ce qu'il apporte à l'interprétation de l'éthique kantienne ? On peut dire que Freud nous permet de voir comment l'auto-constitution du moi dans le s'entendre parler le « tu dois » est mise en échec, en analysant le problème du rapport à l'autre dans la constitution temporelle de l'auto-détermination par la loi. Selon notre interprétation, l'auto-constitution éthique est temporellement structurée par le s'entendre parler le « tu dois ». En convoquant le moi à ce qui n'est pas encore arrivé, le moi s'appelle à devenir autre que ce qu'il est à présent. En se constituant comme un « homme nouveau », il peut croire ne plus être comme ce qu'il était. L'auto-constitution éthique effectue la re-naissance du moi, en générant l'Avant et l'Après. C'est ce schème temporel de la re-naissance que Freud met en hors-jeu, en considérant que le « tu dois » provient de l'autre. Selon la psychanalyse, le « je » qui convoque le moi à son devoir-être est originairement Autre. L'Autre précède le moi pour lui faire entendre son « tu dois ». Par l'écoute de la voix du « tu dois », il ne s'agit pas de la relation temporelle de soi-à-soi, mais de la relation à l'autre qui détermine le devoir-être du moi. Voyons brièvement comment Freud approfondit la défaillance du moi dans le s'entendre parler le « tu dois ».

La conscience morale fonctionne principalement comme refoulement du désir. Celui-ci a pour sa condition la formation de l'idéal du moi. Selon « Pour introduire le narcissisme », le moi refoule le désir qui ne convient pas aux exigences de l'idéal. Le moi trouve dans le désir de l'autre ce qui lui permet de s'identifier : « [l'enfant] accomplira les rêves de désir que les parents n'ont pas mis à exécution, il sera un grand homme, un héros, à la place du père ; elle

---

[1] S. Freud, « Pour introduire le narcissisme » (1914), *La vie sexuelle*, PUF, 1969, p. 100 [GW X, Imago, 1946, Fischer 1967, p. 163].

[2] Cf. S. Freud, « Le moi et le ça » (1923), *Essais de psychanalyse*, p. 247 [GW XIII, p. 263], ainsi que « Le problème économique du masochisme » (1924), *Névrose, psychose et perversion*, trad. sous la responsabilité de J. Laplanche, PUF, 1973, p. 295 [GW XIII, p. 380].

épousera un prince, dédommagement tardif pour la mère »[1]. Le moi tente de s'identifier à l'objet que l'autre désire. Le désir de l'autre incite ainsi la formation de l'idéal que le moi doit être, et Freud repère dans la relation du moi au désir de l'autre l'origine de la conscience morale. C'est du point de vue de l'autre qu'est censé désirer le moi, que celui-ci se voit lui-même, s'observe lui-même pour déterminer ce qu'il faut faire.

Ce qui est remarquable, c'est que Freud considère que la conscience morale explique le délire d'observation. Freud écrit ceci : « la reconnaissance de cette instance nous permet de comprendre [...] le délire d'observation [...]. Les malades se plaignent alors de ce qu'on connaisse toutes leurs pensées, qu'on observe et surveille leurs actions ; ils sont avertis du fonctionnement souverain de cette instance par des voix qui leur parlent, de façon caractéristique, à la troisième personne ("Maintenant, elle pense encore à cela" ; "Maintenant, il s'en va") »[2]. Tout se passe comme si l'autre que le moi introduit en lui comme idéal se détachait de lui-même, exerçait la fonction critique par rapport au moi indépendamment de celui-ci. Dans la mesure où la voix que le sujet entend est la voix hallucinatoire, la parole entendue n'est qu'un monologue qu'il joue avec lui-même. Mais elle prend la forme d'un dialogue, en apparaissant comme étant imposée du dehors. Pourquoi la voix lui parle-t-elle à la troisième personne, non pas à la première ou à la deuxième ? Il faut remarquer que la troisième personne est la personne dont on parle[3]. Lorsque je parle de moi-même à la troisième personne, je parle comme si l'autre personne parlait de moi. Tout se passe comme si le « je » qui parle de moi était l'autre. Sans pouvoir assumer en « je » le discours qui parle de soi, le sujet le considère comme provenant de l'autre.

La conscience morale fonctionne ainsi comme parole imposée, provenant de l'extérieur : elle affecte la façon dont le moi s'entend parler. Car la voix qui assaillit le moi se manifeste dans le s'entendre parler. Selon Freud, la conscience morale se manifeste comme le langage qui fonctionne extérieurement par rapport au moi.

Dans « Le moi et le ça », Freud situe la source de la conscience morale dans le ça, à savoir l'inconscient. « Le surmoi reste toujours en contact étroit avec le ça et peut représenter celui-ci auprès du moi. Il prolonge profondément dans le ça et est, de ce fait, beaucoup plus éloigné de la conscience que le

---

[1] S. Freud, « Pour introduire le narcissisme », p. 96.

[2] *Ibid.*, p. 99-100.

[3] Telle est la définition du *Dictionnaire de l'Académie française* de 1798 (cité par V. Descombes, *Le parler de soi*, Gallimard, 2014, p. 73).

moi » [1]. La conscience morale fonctionne dans l'appareil psychique, indépendamment du moi. Le surmoi subordonne le moi à son « tu dois », sans lui donner la possibilité de vérifier. Freud radicalise le décentrement du moi en soulignant la connexion du surmoi avec la pulsion de destruction, que Freud a thématisée dans le texte intitulé *Au-delà du principe de plaisir*. La découverte freudienne de l'au-delà du principe de plaisir consiste en ceci que le processus psychique est régi par une autre instance plus puissante et fondamentale que le principe de plaisir, à savoir la pulsion de mort. C'est dans cet « au-delà » que Freud est confronté à la fonction paradoxale de la conscience morale. D'une part, le surmoi en tant qu'instance morale a pour fonction essentielle de restreindre la pulsion de destruction. Mais d'autre part, Freud considère le surmoi comme une expression de la pulsion de destruction. Alors que c'est justement la pulsion de destruction que le moi doit refouler sous le contrôle du surmoi, le surmoi, à son tour, en refoulant la pulsion, renforce l'agressivité du sujet. Car la fonction critique du surmoi par rapport au moi prolonge ses racines dans le ça, dans la pulsion agressive. L'agressivité augmente d'autant plus que le sujet essaie de la refouler. Telle est la fonction paradoxale du surmoi. Sur ce point, Freud explique ceci : « en se plaçant du point de vue de la restriction des pulsions, de la moralité, on peut dire : le ça est tout à fait amoral, le moi s'efforce d'être moral, le surmoi peut devenir hypermoral et, en même temps, aussi cruel que le ça. C'est un fait remarquable que moins l'homme devient agressif par rapport à l'extérieur, plus il devient sévère, c'est-à-dire agressif dans son moi idéal. D'après la logique courante, c'est le contraire qui devrait se produire : elle voit dans l'exigence du moi idéal une raison justifiant plutôt le renoncement à l'agression ; le fait reste cependant tel que nous l'avons énoncé : plus un homme maîtrise son agression, plus son idéal devient agressif contre son Moi »[2]. Freud pense que toute l'agressivité que l'on s'empêche de satisfaire est reprise par le surmoi, et est retournée contre le moi. Si le sujet poursuit son désir, le surmoi le punit, et par là le sujet se sent coupable. Mais il se sent aussi coupable, même s'il se soumet au surmoi, en renonçant aux pulsions. Car le renoncement même prouve que le surmoi fonctionne comme instance critique par rapport au moi. Pour Freud, le renoncement aux pulsions et l'agression du surmoi sont la même chose. Freud insiste ainsi sur le visage atroce de la conscience éthique, en soulignant la connexion du surmoi avec la pulsion destructrice. En présentant le surmoi comme une machine punitive déréglée, Freud nous fait comprendre que dans

---

[1] S. Freud, « Le moi et le ça », p. 263 [GW XIII, p. 278].

[2] *Ibid.*, p. 269-270 [GW XIII, p. 284].

la fonction de l'instance morale, il y a quelque chose qui s'oppose à la moralité rationnellement acceptable.

Depuis « Kant avec Sade » de Lacan, on pense que Kant a frayé la voie en direction de Freud, en ceci que Kant a fondé l'éthique de la loi au-delà du principe de plaisir (le principe de bonheur selon Kant)[1]. L'éthique kantienne est hostile à toute sorte de désirs pathologiques, surtout au désir de bonheur. Selon Kant, la moralité ne dépend pas du principe subjectif du désir pathologique. Pour lui, le bien-être ne peut donner à la faculté de désirer la loi universelle. Il s'agit de fonder l'éthique, *au-delà du* principe de bonheur, sur l'impératif catégorique. Ce projet kantien rencontre la théorie freudienne du surmoi. Dans la perspective freudienne, la loi morale que le moi s'impose, c'est la loi de l'autre paternel qui est intériorisée dans le moi. Freud écrit ceci : « le surmoi, la conscience morale à l'œuvre en lui peut alors se montrer dure, cruelle, inexorable à l'égard du moi qu'il a sous sa garde. L'impératif catégorique de Kant est ainsi l'héritier direct du complexe d'Œdipe »[2]. Il faut ici apporter une précision pour mettre en relief la conception freudienne de la loi. La loi dont il s'agit pour la psychanalyse, c'est la loi du père qui est principalement celle de l'interdit de l'inceste. La loi est l'interdit de la jouissance qui opère la séparation de l'enfant avec la mère. Freud nous fait voir la crise de la conscience morale comme l'effet du dérèglement de la fonction du père. Dans le complexe d'Œdipe, l'enfant se soumet au désir de l'autre maternel pour être l'objet qui calme, sature son « besoin de phallus ». Il s'empare de la place du père par l'identification, mais cette identification n'est qu'une subordination au désir de l'autre. La loi doit intervenir dans la relation du moi et de la mère pour séparer le désir de la mère de celui du moi. Ce qui nous importe, c'est que cette loi peut apparaître comme son opposé. L'interdit de la jouissance peut apparaître pour l'enfant comme volonté de jouissance du père. Par exemple, dans le complexe d'Œdipe, l'enfant imagine que le père tire de la jouissance du fait de la lui interdire. Comme le père de la horde primitive, l'Autre paternel peut prendre la figure féroce et obscène qui cause la haine auprès du fils. Pour celui-ci, la loi et la jouissance sont identiques dans la volonté de l'Autre.

Il y a donc la duplicité de l'Autre qui me donne la loi, tantôt la normalisation du désir du sujet qui permet le détachement des objets incestueux, l'affranchissement de la jouissance, tantôt l'expression de la

---

[1] Il arrive à Kant d'employer le mot « principe de plaisir (*Wohllustsprinzip*) ». *Anthropologie*, p. 1051. AK VII, 235.

[2] S. Freud, « Le problème économique du masochisme », p. 295 [GW XIII, p. 380].

volonté obscène de la jouissance qui suscite la haine. N'est-il pas possible que l'Autre révèle son visage grimaçant tout en s'imposant comme la loi morale à respecter ? Selon *Totem et tabou*, le meurtre du père est censé transfigurer le père féroce en symbole de la loi. La loi que le sujet se donne pour refouler le désir était l'expression de la volonté de jouissance de l'Autre. Comment l'enfant transfigure-t-il l'Autre haineux en idéal du moi ? Quel est le noyau rationnel de la loi de l'Autre haïssable ? Nous ne pouvons pas ici poursuivre le discours analytique du père que Freud construit dans *Totem et tabou* et *l'Homme Moïse*. Nous voulons constater simplement que l'équivoque de l'Autre affecte l'apparition de la loi. Si la loi a une connexion étroite avec la volonté de jouissance, la loi et sa transgression ne se distinguent pas. La loi apparaît alors comme son opposé, et c'est cette conception de l'apparition de la loi qui nous incite à confronter Kant à Freud. Nous avons vu qu'il y a de l'équivoque dans la tentative de re-naissance par le s'entendre parler le « tu dois » : en s'entendant parler le « tu dois », le moi peut s'illusionner sur son intention, sur ce qu'il est. Freud montre que la voix de la loi peut apparaître, dans la relation à l'Autre, comme ce qui s'oppose à elle-même, comme la volonté de la jouissance, c'est-à-dire la transgression de la loi.

Une observation clinique de Freud nous fait voir comment le moi éprouve la loi dans sa manifestation paradoxale. Dans le rêve d'Anna O., le père apparaît comme un objet à la fois attirant et repoussant. Lorsqu'elle est auprès du père mourant, elle voit ses doigts se transformer « en petits serpents à tête de mort »[1]. Ce qu'il faut souligner, c'est qu'Anna a le bras paralysé. J. Rogozinski nous donne une interprétation intéressante de l'hallucination d'Anna : « dès le début de scène, le bras de la jeune fille est immobile, comme si sa main devait éviter de s'avancer vers le corps de son père. Ce qui ne peut avoir lieu sur le plan du toucher resurgit soudain dans la *vision*, sous la forme du Serpent tentateur où se condensent à la fois la main qui touche et l'organe touché, le bras d'Anna et l'objet de son désir. » La transformation du bras paralysé en serpent signifie la « figuration hallucinée d'une jouissance interdite »[2]. La loi qui refoule le désir incestueux manifeste paradoxalement ce désir même comme refoulé sur le corps d'Anna. La loi est étroitement liée à son opposé direct, au désir refoulé, inconscient. C'est ce que nous voulons dégager comme la logique paradoxale de la conscience morale : la loi se transpose en son opposé dans l'auto-détermination par la loi. Dans le cas

---

[1] J. Breuer, S. Freud, *Études sur l'hystérie* (1895), trad. A. Berman, PUF, 1956, p. 28 [*Studien über Hysterie Franz Deuticke*, 1895, p. 30].

[2] J. Rogozinski, *Le Moi et la chair*, p. 90.

d'Anna, l'interdit du désir manifeste paradoxalement ce qu'il interdit sur son corps. Selon *Totem et tabou*, la conscience morale se manifeste dans « la perception interne du rejet (*Verwerfung*) de certains désirs que nous éprouvons »[1]. Lorsque le moi a conscience de la loi, cette conscience atteste que le moi a le désir que la loi interdit : la loi présente le désir au moi sous la forme de négation. On peut ici interpréter la conception freudienne de la loi à partir des mécanismes de négation, par exemple, le déni (*Verneinung*). Celui-ci consiste à repousser hors de la conscience la pensée ou le désir refoulés qui font retour à la conscience, tout en révélant qu'ils appartiennent au moi. Voici l'exemple que Freud nous donne : « Vous demandez qui peut être cette personne dans le rêve. Ma mère, ce *n*'est *pas* elle »[2]. La conscience de la loi nie l'objet incestueux, tout en la manifestant. La conscience de la loi effectue ainsi la négation spécifique qui consiste à faire apparaître ce qu'elle veut écarter. Selon Kant, le respect pour la loi « est lié à la crainte ou, au moins, à l'appréhension de la transgresser »[3]. La conscience de la loi est donc intimement liée à celle de sa transgression. La loi nie ce qu'elle interdit, tout en le révélant par la négation. Cela ne veut-il pas dire que la conscience de la loi nous donne l'idée de la transgression ? Est-ce le principe même de la volonté bonne qui donne l'idée du mal ?

Ce qui est remarquable dans l'analyse sur le déni, c'est que celui qui dénie sait ce qu'il dénie. « Un contenu de représentation ou de pensée refoulée peut donc se frayer la voie jusqu'à la conscience à la condition de se faire *nier*. La négation est une manière de prendre connaissance du refoulé, de fait déjà une suppression du refoulement, mais certes pas une acceptation du refoulé »[4]. Celui qui dénie garde le savoir de ce qu'il tente d'écarter de la conscience. Est-ce cette structure de négation que nous pouvons repérer dans notre analyse sur le mal ? Le mal radical consiste à perdre la différence entre ce qu'il est et ce qu'il n'est pas. Si le moi peut croire se soumettre à la loi, tout en la transgressant, c'est que le moi récuse le savoir de ce qu'il est sur son intention. Or, il faut dire que le moi ne peut avoir conscience de ce qu'il est, s'il s'illusionne sur ce qu'il est. Le mal ne consiste pas simplement à dénier quelque chose, mais aussi à dénier lui-même qui dénie. La négation qui est à

---

[1] S. Freud, *Totem et tabou*, Payot 1986, p. 82 [GW IX, p. 85]. Comme le remarque J.-Cl. Maleval, Freud emploie ici le terme *Verwerfung* comme synonyme de refoulement. Cf. J.-Cl. Maleval, *La Forclusion du nom-du-père*, Éditions Seuil, 2000, p. 38.

[2] S. Freud, « La négation », *Résultats, idées, problèmes II*, PUF, 1985, p. 135 [GW XIV, p. 11].

[3] CRpr, p. 707, AK V, 81-82.

[4] S. Freud, « La négation », p. 136 [GW XIV, p. 12].

l'œuvre dans le mal radical, ce n'est pas alors la négation qui laisse la possibilité de revenir sur ce qu'elle nie. Par le mal radical, ne s'agit-il pas plutôt de la négation totale, irrémédiable de ce qu'il est : la volonté qui fait le mal, sans aucune conscience de ce qu'il est ? Le mal radical ne désigne-t-il pas la volonté régie par la négation comparable à la forclusion dans son sens lacanien ? Nous ne voulons pas ici trancher si le mal radical est régi par le déni, et non pas par la forclusion ou le démenti (*Verneinung*). Nous nous contentons ici de montrer la possibilité d'interpréter la constitution éthique du moi par le mécanisme de négation. En s'entendant parler le « tu dois », le moi nie ce qu'il est ou ce qu'il était pour devenir autre que ce qu'il est. Tout en étant lui-même, il peut devenir autre que ce qu'il est. C'est cette constitution illusoire de soi régie par le mécanisme de négation que nous considérons comme le mal radical. Nous reviendrons sur le problème de la négation dans l'auto-constitution du moi, lorsque nous examinerons l'interprétation lacanienne de l'éthique kantienne.

Nous avons essayé d'éclairer comment Freud nous permet d'approfondir la crise de l'auto-constitution dans l'écoute de la voix. Selon Freud, le « tu dois » que je m'entends parler me confronte à l'Autre de façon spécifique. Ce n'est pas à l'autre extérieur que j'obéis dans l'écoute de la voix, mais à l'autre « je » en moi. L'autre qui énonçait le « tu dois » resurgit au moment même où je m'entends parler le « tu dois ». Dans l'écoute de soi, l'Autre et le « je » s'entrelacent en dérangeant l'ordre temporel. Lorsque le moi se trouve dans la soumission à l'Autre en s'entendant parler le « tu dois », le passé où l'Autre m'imposait sa loi surgit dans le présent vivant de l'auto-affection : le moi se détermine par le « je » qui m'a donné la loi, en s'entendant parler le « tu dois ». C'est dans l'écoute de soi que le moi obéit à l'Autre, comme s'il devenait l'Autre qui lui énonce le « tu dois ». Le présent vivant où je m'écoute se défaillit de façon immanente par la voix de l'Autre qui provient du passé. La crise du moi dans la conscience éthique peut être ainsi considérée du point de vue temporel. L'écoute de la voix constitue le moi dans l'indiscernabilité entre le moi et l'Autre, en ceci que le passé où l'Autre énonce le « tu dois » intervient dans l'intimité de s'entendre parler.

Freud réduit l'épreuve de la voix au surgissement, au sein même de s'entendre parler, de l'Autre dont la voix s'est déjà passée. Il faut admettre que l'interprétation freudienne de la voix abolit la dimension du futur de l'auto-constitution, en réduisant l'altérité de la voix à celle de l'autre qui surgit dans le présent comme étant déjà passé. Le « tu dois » peut être l'invocation qui appelle le moi à ce qu'il n'est pas encore arrivé. En entendant la voix, le moi se rapporte à lui-même comme à un autre qu'il doit devenir. Tandis que, selon Freud, l'écoute de la voix n'engendre le sujet que dans l'indiscernabilité entre le moi et l'autre, l'éthique kantienne nous permet de penser comment aller au-delà de cette indiscernabilité, dans la mesure où elle se fonde sur l'idée de l'autonomie. Dans la perspective de notre interprétation, l'éthique kantienne nous incite à penser l'être du moi dans le rapport que le moi a avec ce qu'il a à être, avec le « je » qui énonce le « tu dois ».

Si la psychanalyse apporte un nouvel éclairage sur le problème de la conscience morale, elle devrait nous permettre de trouver une issue à l'indiscernabilité entre le moi et l'autre. On sait bien qu'il y a l'*impératif freudien* qui affirme la venue du « je », l'arrachement à l'indiscernabilité entre le « je » et l'autre. « *Wo es war, soll Ich werden* »[1]; « je » dois faire advenir moi-même là où j'étais pris dans l'indiscernabilité par l'identification à l'autre sous la poussée du ça. En déjouant l'impératif surmoïque, je dois me trouver au-delà de l'Autre qui me subordonne au passé où « je » obéis au « tu dois » de l'Autre.

4-2 Je, tu, il

À la différence de son maître allemand, Lacan présente autrement l'éthique selon la psychanalyse. D'abord, Lacan apprécie l'éthique kantienne, tout en admettant qu'elle vise l'au-delà du principe de plaisir. Selon lui, l'éthique kantienne « reste – dans notre réflexion, sinon dans notre expérience – le point où les choses ont été menées »[2]. Dans le séminaire intitulé *L'Éthique de la psychanalyse*, Lacan montre que Kant remarque le tournant dans l'éthique traditionnelle depuis Aristote[3]. Selon celui-ci, l'agir moral est déterminé par la nature de l'homme, qui conduit celui-ci à l'accomplissement de l'équilibre harmonieux de sa nature. On se sent bien dans le Bien, ou bien celui qui fait le Bien se sent bien. L'agir moral se confond ainsi avec la recherche du bonheur. L'éthique kantienne s'oriente vers l'au-delà de l'éthique qui fonde le Bien dans le bonheur. Avec Kant, « l'éthique, dit Lacan, se détache expressément de toute référence à un objet quel qu'il soit de l'affection,

---

[1] « Là où était le ça, je dois advenir ». S. Freud, *Nouvelles conférences d'introduction à la psychanalyse*, p. 110 [GW XV, p. 86].

[2] J. Lacan, *Séminaires VII, L'Éthique de la psychanalyse*, Éditions du Seuil, 1986, p. 90 (les séminaires seront signalés par la lettre S).

[3] Cf. E. Koerner, « Lectures analytiques de la tradition éthique (Aristote et Kant) », *L'Éthique du désir* (p. 53-89), De Boeck, 1999.

pathologische objekt ». *Das Wohl* ne peut désigner que l'objet conditionné de la faculté de désirer. L'objet que vise l'impératif catégorique s'exprime dans l'inconditionnalité de la prescription, dans la voix de « tu dois ». Ce « tu dois » « ne s'occupe pas de ce qui se peut ou ce qui ne se peut pas », car il s'impose inconditionnellement sans demander si le sujet se sent bien ou mal, si ce que la loi commande est possible ou pas. Le sujet se trouve contraint de s'imposer à la loi. Le franchissement de l'éthique du bonheur dans le *Selbstzwang*, c'est ce qui caractérise l'expérience éthique des Temps modernes. « Le témoignage de l'obligation, en tant qu'elle nous impose la nécessité d'une raison pratique, est un *Tu dois* inconditionnel. Ce champ prend précisément sa portée du vide où le laisse, à l'appliquer en toute rigueur, la définition kantienne » (S VII, 364). Le « tu dois » qui résonne dans le vide « qui est le vide de l'Autre »[1], tel est l'objet de l'éthique selon la psychanalyse. Lacan ne pense pas que l'écoute du « tu dois » subordonne le moi forcément dans l'indiscernabilité entre le moi et l'autre. Il affirme explicitement qu'il y a la « Loi », qui ne peut être réduite à l'impératif du surmoi. « L'intériorisation de la loi, dit Lacan, nous ne cessons de le dire, n'a rien à faire avec la Loi [...]. Il est possible que le surmoi serve d'appui à la conscience morale, mais chacun sait bien qu'il n'a rien à faire avec elle en ce qui concerne ses exigences les plus obligatoires » (S VII, 358.). « L'expérience morale dont il s'agit dans l'analyse est aussi celle qui se résume dans l'impératif original que propose ce qu'on pourrait appeler à l'occasion l'ascèse freudienne – ce *Wo Es war, Soll Ich werden* » (S VII, 15-16). Cet *Ich*, dit Lacan, est le « *je* qui s'interroge sur ce qu'il veut ». Ce *je* « n'est pas seulement interrogé, quand il avance dans son expérience, cette question il se la pose, il se la pose précisément à l'endroit des impératifs souvent étranges, paradoxaux, cruels, qui lui sont proposés par son expérience morbide ». Le « je » dont il s'agit, ce serait celui qui peut mettre en question ce qu'il désire au moment même où le surmoi lui impose l'impératif déréglé. C'est donc le « je » qui peut déjouer l'identification à l'autre pour s'arracher à l'indiscernabilité entre le moi et l'autre. En effet, Lacan s'interroge sur la possibilité de l'éthique au-delà du surmoi, ainsi : « Son vrai devoir, si je puis m'exprimer ainsi, n'est-il pas d'aller contre cet impératif ? ». Comment aller au-delà du surmoi ? Quelle est la Loi qui déjoue l'identification à l'autre féroce et atroce pour faire advenir le « je » en vérité ? Si Lacan apprécie l'éthique kantienne, l'investigation lacanienne sur la « Loi » au-delà du surmoi nous permet-elle de mieux comprendre la voix qui fait advenir le « je » là où j'étais pris dans l'indiscernabilité entre ce qu'il est et ce qu'il n'est pas ?

---

[1] S X, *L'Angoisse*, Éditions du Seuil, 2004, p. 318.

Telle est la question que nous allons aborder par l'interprétation de l'éthique de la psychanalyse selon Lacan. Avant d'entrer directement dans l'interprétation lacanienne de l'éthique kantienne, nous allons voir brièvement la notion de la loi chez Lacan.

Lacan donne un sens nouveau à la loi au-delà du principe de plaisir. Pour Freud, la pulsion de mort fonctionne dans la conscience morale, comme l'agressivité retournée contre soi que le moi s'abstient de diriger contre l'autre. Pour Lacan, la pulsion de mort peut être conceptualisée dans une perspective créationniste[1]. Il articule la pulsion de mort et la « création à partir de rien », en considérant la pulsion de mort qui « met en cause tout ce qui existe » comme « volonté de recommencement ». « La notion de la pulsion de mort, écrit-il, est une sublimation créationniste, liée à cet élément structurel qui fait que, dès lors que nous avons affaire à quoi que ce soit dans le monde qui se présente sous la forme de la chaîne signifiante, il y a quelque part, mais assurément hors du monde de la nature, l'au-delà de cette chaîne, l'*ex nihilo* sur lequel elle se fonde et s'articule comme telle » (S VII, 251). La mort ne concerne pas la disparition de l'existant dans le monde, mais le rapport du sujet au langage. Comme l'aphorisme « le mot, c'est le meurtre de la chose » l'indique, la mort est liée au langage par lequel l'être du sujet est constitué dans la relation à l'Autre. L'« au-delà » du principe de plaisir est interprété comme la « marge au-delà de la vie que le langage assure à l'être du fait qu'il parle »[2]. On admet ici l'influence de Hegel et de Heidegger sur Lacan ; le sujet est assujetti au « maître absolu », en tant qu'il est « pris et torturé par le langage »[3]. Lacan assigne au-delà du principe de plaisir l'origine du sujet, le moment où le sujet est saisi par le signifiant. Le sujet est appelé à recommencer sa vie, en se constituant dans l'ordre symbolique. C'est dans la relation du sujet au signifiant que l'existence du sujet se constitue comme une question. En d'autres termes, le sujet voit son existence comme une « question que pose le rapport de l'homme au signifiant comme tel » (S III, 202), et c'est le signifiant au-dehors de la chaîne signifiante qui donne la clef de la question du resurgissement du sujet. Qu'est-ce qui fonde le sujet dans le système

---

1 « Au commencement était le Verbe, ce qui veut dire, le signifiant. Sans le signifiant au commencement, il est impossible d'articuler la pulsion comme historique. Et ceci suffit à introduire la dimension de l'*ex nihilo* dans la structure du champ analytique ». S VII, p. 252.

2 J. Lacan, *Écrits*, Éditions du Seuil, 1966, p. 803 (signalés désormais par la lettre E).

3 S III, *Les Psychoses*, Éditions du Seuil, 1981, p. 276. Sur l'influence de Heidegger sur la conception lacanienne du rapport du sujet et du langage, cf. F. Balmès, *Ce que Lacan dit de l'être*, PUF, 1999, p. 99-123.

signifiant ? C'est l'Autre avec lequel le sujet se constitue dans la structure de la parole. « *L'Autre*, écrit Lacan, *est le lieu où se constitue le "je" qui parle avec celui qui entend* » (S III, 309). Le « je » se constitue dans l'Autre en tant que lieu de la parole. Au-delà du principe de plaisir, il y a le « je » qui supporte l'être du sujet parlant. La loi que le sujet se donne, par laquelle il se châtie, est alors la loi du discours, la loi qui détermine le sujet dans le système signifiant. En se soumettant à la loi du langage, le moi entre dans l'ordre symbolique dans lequel il se représente en parlant avec l'Autre. La loi au sens kantien est ainsi mise en parallèle avec la loi comme langage.

L'Autre peut prendre la figure de celui qui énonce la loi à la première personne. Dans le rapport du « je » à l'Autre, dit Lacan, « il faut qu'il y ait quelque chose qui ne trompe pas » (S III, 76). Lorsque Lacan appelle cet Autre le « Dieu non trompeur », « Dieu qui ne dévoile en aucun cas son visage » (S III, 324), il apparaît que la question de l'Autre est corrélée à celle de la question de Dieu-Père, qui lui seul peut dire authentiquement « je suis » : « le "Je" qui dit *je suis celui qui suis*, ce *je*, absolument seul, est celui qui soutient radicalement le *tu* dans son appel. » Si Lacan corrèle la question de l'Autre à celle du Dieu du buisson ardent, c'est pour souligner l'instabilité du moi par rapport à l'Autre en tant que lieu de parole où se constitue le « je » du moi en parlant avec l'Autre. En disant à un Autre « tu es mon père », le moi tente de tirer de lui ce qui lui permet de répondre à la question « qui suis-je ? ». Si l'Autre lui dit « je suis ton père », le moi reçoit dans cette parole la réponse sur son « je » : « Je suis ton fils ». La vérité du « je » du moi dépend ainsi de la réponse de l'Autre à la question que le moi lui pose. Mais la parole de l'Autre qui livre la vérité du « je » est énigmatique. Même si l'Autre énonce au moi le « tu es » ou le « tu dois », sa parole « a une nature fuyante, qui ne soutient jamais totalement le *tu* » (S III, 323). En m'appelant par le nom propre ou à la deuxième personne, l'Autre me représente dans son discours. Mais dans l'Autre, il n'y a rien qui garantit la vérité du signifiant représentant ce que je suis, sauf la bonne foi de l'Autre qui est toujours problématique. Le moi ne sait pas ce qu'il est devenu dans le discours de l'Autre[1].

Comme F. Balmès le remarque[2], c'est pour expliquer comment le moi entre dans la loi de l'ordre symbolique que Lacan interprète le problème du Dieu-père dans le mythe du meurtre du père. Par le mythe du meurtre, Freud ne dit pas que la loi tire son origine dans la figure mythique du père. L'intérêt de

---

[1] En effet, Moïse se pose la question « qui suis-je ? », juste après avoir reçu les commandements de Dieu. « Qui suis-je pour aller vers Pharaon et faire sortir d'Égypte les fils d'Israël ? » (*Exode* 3 :11).

[2] F. Balmès, *Le nom, la loi et la voix*, Érès, 1998, p. 52-55.

Freud se porte sur le changement de l'attitude du fils envers le père, ou bien sur les différentes figures du père. Si le « tu dois » du père apparaît comme la loi à respecter, c'est parce que le fils le tue et fait revenir le père mort comme idéal, comme source de la loi. C'est ainsi que Lacan explique que le « mythe de l'origine de la Loi » est la « mythologie du fils » : « Le mythe du meurtre du père est bien le mythe d'un temps pour qui Dieu est mort. Mais si Dieu est mort pour nous, c'est qu'il l'est depuis toujours, et c'est bien là ce que nous dit Freud. Il n'a jamais été le père que dans la mythologie du fils, c'est-à-dire celle du commandement qui ordonne de l'aimer, lui le père, et dans le drame de la passion qui nous montre qu'il y a une résurrection au-delà de la mort. C'est-à-dire que l'homme qui a incarné la mort de Dieu est toujours là »[1]. Dieu, qui est la source de la loi, est mort depuis toujours, « puisque Dieu est sorti du fait que le Père est mort ». En tant qu'il est mort, il s'érige en source de la loi. Si cet Autre-Dieu apparaît comme ce qui est en défaut, c'est parce que le moi l'a tué, et c'est dans la dette résultant du meurtre que l'Autre revit sa vie comme la source de la loi.

Il faut ici remarquer que contrairement à Freud, Lacan explique le père à partir de Dieu. Freud interprète Dieu à partir du complexe d'Œdipe, Lacan renverse les choses : ce n'est pas le père qui explique Dieu, c'est Dieu qui explique le père par sa fonction dans le système signifiant. « Le seul qui pourrait répondre absolument à la position du père en tant qu'il est le père symbolique, c'est celui qui pourrait dire comme le Dieu du monothéisme – Je suis celui qui suis »[2]. Selon Lacan, le mythe du meurtre du père est ce qui répond à la question « où est le père ? », à la question du père comme le signifiant privilégié. Si le discours psychanalytique du père met l'accent sur cet événement du meurtre, c'est pour penser le passage du père réel ou imaginaire au père symbolique qui effectue la castration symbolique. En articulant l'Autre symbolique au père mort, Lacan montre qu'il n'est nulle part, mis en défaut radicalement pour le sujet. C'est l'absence, le manque de l'Autre que Lacan souligne en corrélant l'Autre au Dieu du monothéisme. L'Autre en tant que « je » qui supporte le moi dans sa parole ne se montre pas au moi qui écoute sa voix. Il se révèle par son nom, le nom imprononçable (*ehyer acher ehyer*), en se soustrayant au moi qui lui parle.

Selon Kant, la conscience de soi commence au moment même où le petit homme commence à parler à la première personne. Kant considère que l'enfant acquiert l'usage du « je », lorsqu'il cesse de s'exprimer à la troisième

---

[1] S VII, p. 209, cf. aussi, p. 151.

[2] S IV, *La Relation d'objet*, Éditions du Seuil, 1994, p. 210.

personne. « Remarque étonnante : l'enfant, déjà parvenu à une certaine facilité de langage, ne se met qu'à un moment tardif [...] à se servir du *je*, alors qu'il a si longtemps parlé de lui-même à la troisième personne (Charles veut manger, marcher, etc.) ; et une lumière semble en quelque sorte s'être faite en lui, lorsqu'il commence à se servir du *je* »[1]. Selon Benveniste, la troisième personne est la « non-personne » qui désigne celui qui est « absent » dans la structure du dialogue constitué par le « je » et le « tu ». La première personne et la deuxième dans le discours désignent les personnes particulières qui soutiennent le discours effectivement en tant que le locuteur et l'interlocuteur, tandis que la troisième personne peut se combiner « avec n'importe quelle référence d'objet », « peut être une infinité de sujets – ou aucun »[2]. Elle désigne la personne dont le « je » parle, mais la personne qui ne participe pas au dialogue en tant que « je » ou « tu ». Par exemple, les parents parlent de l'enfant, qui n'intervient pas dans leur discours. Il est désigné à la troisième personne (soit par « il », « elle » ou son nom propre). Avant d'advenir au « je », l'enfant était né dans le discours de l'Autre. Même avant sa naissance, il était déjà né dans le rêve des parents[3].

Si l'enfant commence à parler de lui-même en s'exprimant à la troisième personne, il parle de lui comme si l'autre parlait de lui. Comment la lumière se fait-elle pour réveiller le moi à la première personne ? C'est par la voix de l'Autre qui convoque le moi à la deuxième personne. « La maîtrise du *tu* et du *je*, écrit Lacan, n'est pas tout de suite acquise à l'enfant, mais l'acquisition se résume en fin de compte, pour l'enfant, à pouvoir dire *je* quand vous lui avez dit *tu*, à comprendre que quand on lui dit *tu vas faire cela*, il doit dire dans son registre *je vais faire cela* » (S III, 309). En s'adressant à la deuxième personne (« tu es » ou « tu dois »), l'Autre désigne au moi ce qu'il est ou ce qu'il doit être. Lorsque le moi se reconnaît lui-même dans le discours de l'Autre, il obéit au « tu » : il trouve ce qui soutient son être, en se laissant représenter par le signifiant dans le discours de l'Autre. Le moi arriverait finalement à parler à la première personne, lorsqu'il se serait identifié au « je » qui lui dit le « tu ». La subjectivation du « je » se déroule ainsi comme passage de la troisième personne à la première personne par le biais de la deuxième personne[4].

---

[1] *Anthropologie*, p. 946, AK VII, 27.

[2] E. Benveniste, *Problèmes de linguistique générale*, t. 1, collection *Tel*, Gallimard, 2012, p. 256, p. 231.

[3] G. Pommier, *Qu'est-ce que le « réel » ?*, Éditions Érès 2014, p. 12.

[4] Selon G. Pommier, « le "je" ne se dégage pas du "il" sans le "tu" qu'il appelle et qui l'appelle ». Cf. G. Pommier, *Le nom propre*, PUF, 2013, p. 253.

On peut bien mettre en parallèle ce processus de subjectivation et la formation du surmoi précoce. L'enfant écoute des mots dont le sens n'est pas encore déterminé. En obéissant au « tu dois », il se confronte au « tu » qui est censé représenter son être, sans rien comprendre de ce qu'il veut dire. Il arrivera à se dire lui-même « tu dois » sans présence de l'autre qui l'observe. C'est alors l'enfant lui-même qui énonce le « tu dois » pour déterminer lui-même ce qu'il doit être. Tout se passe comme s'il devenait le « je » qui lui énonçait le « tu dois ».

Lacan nous montre ainsi que le surmoi concerne la constitution du « je » dans la relation langagière à l'Autre, en l'articulant à la loi du langage. Le surmoi se situe dans le système signifiant dont la loi est conceptualisée comme la loi de langage. Le père, par exemple, en s'occupant de la place de l'Autre, fait entrer le sujet dans le système signifiant, dont la voix fait advenir le sujet qui parle. « Le signifiant se produisant au lieu de l'Autre non encore repéré fait surgir le sujet de l'être qui n'a pas encore la parole, mais c'est au prix de le figer » (E. 840). Avant que l'Autre subordonne le moi au « tu dois », le moi ne peut parler en « je ». Après que le moi commence à parler à la première personne, il est intérieurement assujetti à la parole de l'Autre. Selon Lacan, il est possible que son « tu dois » soit une « parole privée de tout sens », voix simplement contraignante. Le « tu dois » peut apparaître au moi comme l'impératif insensé qui finit par s'identifier à la « figure féroce », à « ce qu'il y a seulement de plus ravageant, de plus fascinant, dans les expériences prématurées, primitives du sujet »[1]. Il nous faudrait alors dire que le « tu » écrase le « je » qui ose parler librement. Pour que le moi puisse naître au « je », il devrait incorporer le « tu » de l'Autre, en lui donnant le sens qui permet de revivre. Mais la naissance du « je » en moi pourrait être toujours menacée par la voix du « tu ». Il est toujours possible que le moi parle à la première personne, en s'identifiant au « je » qui parle de lui, ou lui impose le « tu dois ». L'Autre se constitue comme « je » qui me précède, à chaque instant où je m'entends parler le « tu dois ». Tout comme chez Freud, le « tu » selon Lacan ne fait qu'engendrer le « je » dans l'indiscernabilité entre le moi et l'Autre.

Voyons de plus près ce qu'il en est. Lacan distingue nettement le surmoi et la loi. Il doit y avoir l'autre façon dont le moi s'entend parler le « tu dois ». Pour penser la possibilité de l'autre mode de s'entendre parler, Lacan nous présente deux arguments, à savoir 1) l'incomplétude de l'Autre, et 2) la distinction entre l'assimilation et l'incorporation de la voix. Voyons

[1] S I, *Les Écrits techniques de Freud*, Éditions du Seuil, 1975, p. 119.

brièvement ces deux arguments pour voir comment Lacan nous permet de penser le « je » au-delà du surmoi.

1) Si l'être du moi est figé par un signifiant dans l'Autre, il ne le soutient pas totalement. Même si le moi arrive à trouver dans l'Autre la réponse à la question sur ce qu'il est, il « ne trouve rien dans l'Autre [...] qui lui permette de se situer et de se nommer au niveau du discours de l'Autre »[1]. Car le moi se confronte au vide dans l'Autre, à l'absence de ce qui garantit la vérité du signifiant qui le représente. Il est possible que le désir de l'Autre qui dit le « tu » soit l'énigme pour le moi. D'ailleurs, l'Autre peut le tromper. Il faut donc que le moi puisse, affirme Lacan, « interpréter tout ce que l'Autre articule de son intention plus profonde, de sa bonne ou de sa mauvaise foi » (S VI, 445). Le moi est appelé à résister à la voix du « tu », lorsqu'il la juge mauvaise. Cette possibilité de la résistance surgirait dans un intervalle entre l'écoute de la voix et la réponse que le moi lui donne. Lorsque le moi entend le « tu », il s'interroge sur le désir de l'Autre (« Il a dit ça, mais qu'est-ce qu'il veut ? »[2]) et sur son être (« Que suis-je pour être ce que tu viens de dire ? » (S III, 315)). Ou bien, il peut rejeter le « tu », en disant « ce n'est pas moi ». Ainsi, l'écoute de « tu » ne nécessite-t-elle pas forcément l'obéissance. Elle constitue plutôt l'épreuve de l'incertitude de son être. En s'interrogeant sur le désir de l'Autre, il pose son être comme une question, et cela permet d'écarter le « tu » qui exige la soumission inconditionnée.

2) Ce qui est remarquable, c'est que Lacan semble admettre cette possibilité de résistance au moment même de l'écoute de la voix du surmoi. Même si la grosse voix transit le moi en son intérieur, il peut garder la distance par rapport à elle. Lacan affirme que la voix « ne s'assimile pas, mais elle s'incorpore »[3]. Le « tu dois » que le moi entend parler demeure comme « corps étranger ». Lacan explique la fonction du « tu » du surmoi ainsi : « Le *tu* qui en nous dit *tu*, ce *tu* qui se fait toujours plus ou moins discrètement entendre, ce *tu* qui parle tout seul », « Ce *tu* [...] il voit tout, entend tout, note tout » (S III, 312-313). Tout en s'entendant parler le « tu dois », le moi éprouve le sentiment d'étrangeté envers sa propre voix. Cela veut dire que le moi s'entend parler comme un autre. Ainsi, l'acte même de s'entendre parler met en faillite l'auto-affection du moi : en s'entendant parler le « tu », le moi est envahi par l'Autre, et sa parole est éprouvée comme provenant de l'Autre. Si le moi éprouve sa parole comme imposée par l'Autre, le « tu » qu'il

---

[1] S VI, *Le Désir et son interprétation*, Éditions de la Martinière, 2013, p. 446-447.

[2] S XI, *Les Quatre concepts fondamentaux de la psychanalyse*, Éditions du Seuil, 1973, p. 194.

[3] S X, *L'Angoisse*, Éditions du Seuil, 2004, p. 320.

s'entend parler s'éprouve comme étranger, tout se passe comme si sa propre voix intérieure faisait sortir le moi de chez soi : « Cet étranger [...] est le véritable possesseur de la maison, et dit volontiers au moi – *C'est à vous d'en sortir*. Quand le sentiment d'étrangeté porte quelque part, ça n'est jamais du côté du surmoi – c'est toujours le moi qui ne se retrouve plus, c'est le moi qui entre dans l'état *tu*, c'est le moi qui se croit à l'état de double, c'est-à-dire expulsé de la maison » (S III, 313).

Cette expulsion de soi semble attester de la défaillance du sujet parlant. Et pourtant, ne peut-on pas considérer que le sentiment du « hors de chez soi » fait partie d'une tentative de se séparer de l'Autre qui écrase le moi à son intérieur ? Si le moi ne pouvait pas se sentir comme étranger en s'entendant parler, il s'identifierait complètement au « je » que lui impose le « tu dois ». Il est alors possible que le moi croie jouir de l'autonomie en entendant intérieurement la voix, bien qu'il ne fasse que se soumettre à l'Autre. Paradoxalement, celui qui se sent expulsé de soi porte la possibilité de la résistance. Il y a le moment où l'aliénation et la résistance peuvent coïncider dans l'écoute de la voix. La clinique montre qu'il est possible de résister au commandement de l'autre au moment même de l'extrême aliénation dans l'hallucination verbale. Ceux qui souffrent de l'hallucination de commandement peuvent désobéir au « tu dois », lorsqu'ils le jugent mauvais[1].

Il serait ainsi possible de penser le « je » qui s'interroge sur lui-même dans l'acte même de s'entendre parler le « tu dois » de l'Autre. Si le moi peut s'interroger sur ce qu'il est, en suspendant le signifiant que l'Autre lui impose, il peut aussi résister à la voix du « tu dois » qui résonne à l'intérieur de lui-même. La résistance à la voix pourrait surgir tout en s'entendant parler le « tu dois ». Tout en étant transi par la voix de l'Autre au sein même de l'intimité de soi dans le s'entendre parler, le moi peut désobéir à la voix. C'est dans cette possibilité de la résistance intérieure qu'on peut trouver la possibilité du « je » qui s'interroge sur lui-même et sur le désir de l'Autre.

Le sentiment d'être hors de chez soi au sein même de l'écoute de soi peut être un mode de se sentir du moi qui s'interroge sur lui-même à l'endroit des impératifs insensés. En se confrontant à soi comme à un étranger, le moi se constitue comme une question, en se dégageant du désir et du discours de l'Autre. C'est cette manière de s'entendre parler que nous voulons opposer au

[1] Cf. S. Byrne, M. Birchwood, P. E. Trower, A. Meaden, *A casebook of cognitive behaviour therapy for command hallucinations*, p. 14-15, Routledge, 2005. Les auteurs observent que les patients arrivent à ne pas obéir à la voix tout en l'entendant. Cela veut dire que l'écoute de la voix n'est pas immédiatement l'obéissance à l'Autre.

mode surmoïque de s'entendre parler. Selon Lacan, « [l'éthique] commence au moment même où […] [le sujet] est amené à découvrir la liaison profonde par quoi ce qui se présente pour lui comme loi est étroitement lié à la structure du désir » (S VII, 92). La subjectivité éthique serait alors le « je » qui peut s'interroger sur le désir de l'Autre à l'encontre du « je » qui me donne la loi. C'est pour examiner la possibilité d'un tel « je » que Lacan lit « Kant avec Sade ».

4-3 La perversion de la conscience éthique et la re-naissance du moi

A) La critique lacanienne de la voix kantienne

En affirmant que *La philosophie dans le boudoir* donne la vérité de la *Critique de la raison pratique*, Lacan interprète la volonté soumise à la loi à partir de la volonté perverse qui jouit de la transgression de la loi. Quelle est la vérité de l'éthique kantienne éclairée par le fantasme du libertin ? Nous avons vu par l'interprétation du mal radical que la perversion de la conscience éthique consiste à perdre la différence entre la soumission à la loi et sa transgression. Comment Lacan éclaire-t-il l'indiscernabilité entre la soumission à la loi et sa transgression pour approfondir le problème de l'auto-constitution du moi ? En examinant l'interprétation lacanienne de l'éthique kantienne, nous essayons d'approfondir le mode d'éprouver le « je » dans la perversion de la conscience éthique. D'abord, nous présentons les problématiques qui permettent à Lacan de confronter Kant à Sade.

Selon Lacan, *La philosophie dans le boudoir* mobilise le critère de l'éthique kantienne « pour justifier les positions de ce que l'on peut appeler une sorte d'antimorale » (S VII, 95). Il s'agit de l'universalisation de la maxime. En considérant que la volonté perverse est régie par l'idée de l'universalité, Lacan met en parallèle Sade et Kant. Kant fonde la détermination de la volonté sur l'examen de l'universalisation de la maxime : « Pour savoir ce que j'ai à faire afin que ma volonté soit moralement bonne […] il suffit que je demande : Peux-tu vouloir aussi que ta maxime devienne une loi universelle ? Si tu ne le peux pas, la maxime est à rejeter »[1]. Lacan formule le principe sadien de la volonté en le faisant correspondre à l'impératif kantien : « J'ai le droit de jouir de ton corps, peut me dire quiconque, et ce droit, je l'exercerai, sans qu'aucune limite m'arrête dans le caprice des exactions que j'aie le goût d'y assouvir » (E, 768-769). Cette

[1] FM, p. 263, AK VI, 403.

formule est élaborée à partir du pamphlet intitulé « Français, encore un effort si vous voulez être républicains » où la calomnie, le vol, les délits et le meurtre sont prônés. En énonçant le droit à la jouissance comme droit universel, Sade nous propose les « nouvelles mœurs ». Il n'est qu'un fantasme du pervers de considérer sa poursuite du plaisir comme étant justifiée par une loi universelle, et il n'y a aucune moralité dans sa volonté. Il est pourtant possible que même le pervers entende le « tu dois », et érige celui-ci en loi universelle.

Ce qui nous intéresse, c'est la façon dont Lacan montre comment le sujet du désir se constitue dans l'acte de s'entendre parler. Notons que dans la formulation de la maxime sadienne, il y a deux « je », le premier « je » qui énonce le droit de jouir de « ton » corps, le deuxième « je » qui exerce ce droit. Le premier « je » surgit comme « quiconque » qui « peut *me* dire... », comme n'importe qui se sert de *ton* corps comme instrument de jouissance. Le deuxième « je » exerce ce droit. Ce droit à la jouissance est adopté par le deuxième « je » comme maxime que « quiconque » peut adopter comme principe déterminant de l'action. « Quiconque » peut exercer cette règle à n'importe quel « je », et « je » peux sacrifier n'importe qui pour poursuivre la jouissance. Si tous les « je » adoptent cette règle comme maxime, « quiconque » a le droit de jouir de « ton » corps. Ainsi, « quiconque » occupe la place du premier « je » (et celle du deuxième), puisque celui qui jouit de « ton » corps et celui qui offre son corps comme objet de jouissance sont interchangeables. Si la société sanctionnait cette maxime de la jouissance comme règle universelle, la république sadienne serait réalisée.

Le sujet sadien énonce la loi en disant je. Il faut néanmoins remarquer que dans la formulation lacanienne de la maxime sadienne, le « droit de jouir de ton corps » que le deuxième « je » exerce est présupposé comme étant énoncé d'abord par le premier « je » : c'est d'abord un Autre qui exerce ce droit. Le « ton » corps dont le premier « je » jouit serait alors le corps du deuxième « je »[1]. Celui qui dit *je* est d'abord l'Autre. Ici, on voit bien la subjectivation du « je », l'auto-détermination par la loi, sous le mode d'identification. Lacan voit dans cette relation du « je » et de l'Autre la structure du surmoi comme incorporation. L'impératif de la jouissance à laquelle je me soumets provient de l'Autre qui jouit. La maxime sadienne, écrit Lacan, se prononce « de la bouche de l'Autre » (E, 770). C'est après que le sujet est interpellé par l'autre, après qu'il a reçu sa loi, qu'il énonce la maxime de l'Autre à sa bouche, pour se concevoir comme « je » qui exerce le « droit de jouir de ton corps ». Même

[1] « Le sadique occupe lui-même la place de l'objet, mais sans le savoir, au bénéfice d'un autre, pour la jouissance duquel il exerce son action de pervers sadique ». S XI, p. 169.

si l'impératif de la jouissance constitue ici le sujet par l'identification à l'Autre, il y a inégalité entre le « je » qui énonce le droit à la jouissance et le « je » qui l'exerce. La réciprocité n'est pas dans la relation du sujet et de l'Autre, mais dans la relation de chaque sujet qui adopte l'impératif de la jouissance comme maxime universelle de l'action. Dès que j'adopte cette maxime de l'Autre comme règle de l'action, mon « je » se dissout d'abord par l'identification à l'Autre, ensuite par l'épreuve de l'universalité de la loi par laquelle la subjectivité se constitue dans l'interchangeabilité de chaque sujet qui énonce l'impératif de la jouissance à la première personne. Chaque sujet serait tout ensemble un otage de la loi de l'Autre qu'il admet comme la règle universelle.

Il serait apparemment absurde de mettre en parallèle la maxime sadienne et l'impératif catégorique. On pourrait objecter que l'éthique kantienne est hostile au désir pathologique. Mais nous savons depuis le dérèglement *(akolasia)* selon Aristote qu'il y a le désir non pathologique qui poursuit délibérément la jouissance. Lacan considère que la volonté de jouissance n'est pas tant déréglée, mais qu'elle est régie par la loi : « Ce qui apparaît du dehors comme satisfaction sans frein est [...] mis en exercice d'une loi en tant qu'elle freine, suspend, arrête le sujet sur le chemin de la jouissance » (S X 176). Le sujet sadien n'est pas le sujet au sens où il est auteur de la loi, mais il n'est qu'un agent de la loi. Tout comme sujet kantien, il est assujetti à la loi qui détermine la faculté de désirer.

Celui qui poursuit la jouissance cruelle par le sacrifice de l'autre peut croire vivre « selon la définition que donne Kant du devoir ». Si l'acte de sacrifier l'autre pour la jouissance apparaît comme un devoir, c'est parce que la jouissance est érigée en loi. La jouissance est le mal. Mais c'est ce que la loi commande de poursuivre. La loi qui commande sa transgression. Ainsi, le pervers se confronte-t-il à la manifestation paradoxale de la loi. Lacan écrit ceci : « Le désir, donc, c'est la loi. [...] Même dans la perversion, où le désir se donne pour ce qui fait la loi, c'est-à-dire pour une subversion de la loi, il est en fait, bel et bien, le support d'une loi » (S X 176). La volonté perverse ne peut avoir conscience du mal, puisqu'elle obéit à la loi. C'est en obéissance à la loi que le mal se dénie lui-même.

La manifestation paradoxale de la loi qui commande de faire le mal et la dénégation du mal (le mal qui se nie lui-même), ce sont ces deux problématiques que nous voulons dégager pour approfondir la perversion de la conscience éthique, en confrontant l'éthique selon la psychanalyse à l'éthique kantienne. Avant de discuter sur la perversion dans l'auto-constitution, nous examinerons la façon dont Lacan interprète Kant.

Comme le dit M. David-Ménard, parmi les problématiques telles que l'apathie, la douleur ou *das Ding*, l'idée de l'universalité est un seul critère légitime qui permet à Lacan d'assimiler les « nouvelles mœurs » sadiennes à l'éthique kantienne[1]. Kant et Sade mettent l'accent sur l'universalité comme moment nécessaire de la soumission à la loi. Chez Sade, l'universalité consiste en ceci que tout homme peut réduire tout autre à un moyen pour satisfaire son désir. La loi vaut pour tout homme et tout homme impose la loi à tous. Par l'appel de « Français, encore un effort si vous voulez être républicains », il s'agit de fonder un régime où tout individu peut forcer tout autre à jouir, et d'inscrire l'égalité du droit à la jouissance dans la législation universelle. Dans ce fantasme sadien, « tout citoyen, écrit M. David-Ménard, en vaut un autre, car tout homme est un despote quand il jouit, et l'égalité consiste à laisser se développer pour tout jouisseur le despotisme de la jouissance, cela suppose cette interchangeabilité absolue des citoyens-jouisseurs »[2]. Or, nous avons montré dans la deuxième partie de notre recherche que l'universalité ne peut être le principe déterminant de la moralité. Cela est clair en ceci que Kant distingue la légalité de la moralité. La conformité de la maxime à la forme universelle de la loi ne peut donner la moralité à la volonté, et de plus, Kant affirme ceci : « Dans l'éthique, cette loi est pensée comme la loi de *ta* propre volonté et non comme celle de la volonté en général qui pourrait aussi être la volonté des autres »[3]. La moralité consiste à se convoquer soi-même en s'appelant « tu », pour déterminer ce que ce « tu » désire. Kant écrit explicitement qu'il s'agit du « je » qui s'interroge sur ce qu'il veut, en s'appelant à la deuxième personne (« Pour savoir ce que j'ai à faire [...] il suffit que je demande : Peux-tu vouloir aussi que ta maxime devienne une loi universelle ? »).

La loi ne peut se manifester que dans cette interrogation sur le « tu ». Il faudrait donc admettre que l'argument de l'universalité de la loi, qui permet à Lacan de mettre en parallèle Kant et Sade, semble faible. La loi selon Kant vise l'ipséité singulière du moi qui écoute la voix, et elle apparaît dans le « tu dois » que le moi s'entend parler en examinant ce que le « je » veut, ce qu'il doit faire. Elle ne peut être présupposée comme étant déjà donnée. Dans le fantasme sadien, le sujet poursuit la jouissance comme si son droit à la jouissance était déjà énoncé par l'Autre. La formulation lacanienne de la maxime sadienne nous fait voir qu'il y a déjà le « je » qui affirme sa volonté

---

1 Cf. Monique David-Ménard, *Les constructions de l'universel*, PUF, 1997, p. 27-28.

2 *Ibid.*, p. 52.

3 DV, p. 669. AK VI, 389.

de jouissance avant que le sujet exerce le droit à la jouissance, tandis que chez Kant, il ne doit y avoir rien qui précède la volonté qui se détermine. Car l'éthique kantienne se fonde sur la liberté en tant que pouvoir de commencer de soi. La loi ne peut être considérée comme provenant de l'autre, même si elle peut être symboliquement présentée ainsi.

La conception de la voix du moi libre qui s'interroge sur le « je » semble résister à l'interprétation lacanienne. Néanmoins, Lacan est loin d'être indifférent à la conception kantienne de la voix. Selon Lacan, la façon dont Kant parle de la voix (surtout lorsqu'il s'agit de la voix de la conscience) ne permet pas d'affirmer l'ego qui s'interroge sur le « je » en se disant le « tu », et par cela même, il critique l'éthique kantienne. Rappelons la définition que Kant donne à la voix de la conscience. Selon Kant, si le moi « se voit contraint » de ramener la voix de la conscience « sur l'ordre d'*une autre personne* », elle doit être considérée comme provenant de l'intérieur du moi. De cette étrangeté de la voix intérieure, Kant écrit ainsi : « Cette puissance [de la voix] qui veille en lui sur les lois n'est pas quelque chose qu'il se *forge* à lui-même (arbitrairement), mais elle est incorporée à son être »[1]. Kant est très proche de la psychanalyse qui définit le surmoi par l'incorporation de la voix de l'Autre. Gardons-nous de croire que c'est par cette idée d'incorporation de la voix que Lacan critique l'éthique kantienne. Chacun a son surmoi, et ce qu'il importe est de se demander comment écouter son « tu dois ». La loi par laquelle je me détermine, je l'éprouve dans l'amour ou la haine que je ressens envers l'Autre. Comme le dit Kafka, chacun de nous entre dans la loi par sa porte singulière et par son gardien singulier. Cela veut dire que la loi serait donnée sur différents modes, à travers différentes personnes que chacun de nous rencontre dans l'expérience singulière de sa vie. Ce que la psychanalyse nous montre par son analyse du surmoi, c'est que « le désir de l'Autre fait la loi » (S X, 126). Par exemple, le « tu dois » que les parents énoncent à leur enfant peut être une manifestation de leur désir pour l'enfant. En entendant le « tu dois », l'enfant se confronte au désir de l'Autre, ou plutôt à l'énigme de son désir. Selon Ph. Lacadée, l'ipséité du moi surgit à travers des questions qu'il se pose sur l'Autre. « Le désir de l'Autre apparaît au sujet dans ce qui du discours de l'Autre fait énigme […] : “Pourquoi me dis-tu ça ? Que me veut-tu en disant ça ?”. […] Ce que cherche l'enfant au travers des questions qu'il adresse à l'Autre, c'est qu'on prenne en compte son être d'objet, son être de jouissance, ce qu'il ne peut nommer et qui lui est profondément énigmatique.

---

[1] DV, p. 726-727. AK VI, 438.

Il met de cette façon à l'épreuve ce qu'il a été dans le désir de l'Autre »[1]. Le moi est né d'abord comme un objet du désir de l'Autre. Au lieu de se contenter d'être objet du désir, il doit s'en dégager en cessant de désirer aveuglément le désir de l'Autre.

L'être du moi était constitué par l'identification à l'objet du désir. Mais il se désidentifie de l'objet du désir de l'Autre, en s'interrogeant sur ce qu'il était dans le désir de l'Autre. Il se confronte ainsi à lui-même comme à un étranger, en s'arrachant à lui-même qu'il était. Dans l'épreuve de la voix de l'Autre qui me dit le « tu es » ou le « tu dois », le moi se confronte au désir de l'Autre comme à la question posée sur sa propre existence. Même au moment où il s'entend parler le « tu dois », il peut s'interroger sur le désir de l'Autre, se constituer lui-même comme une question. Tel est le statut du « je » qui s'interroge sur lui-même, et c'est par cette interrogation que l'éthique commence. Selon Lacan, elle commence lorsque le moi trouve le « tu dois » comme étroitement lié au désir de l'Autre. En s'écartant de ce qu'il était (en tant qu'objet du désir de l'Autre), il se confronte à lui-même comme à ce qu'il n'était pas. Tout se passe comme s'il devenait l'autre que ce qu'il était. La subjectivité éthique surgit dans cette confrontation à soi comme un étranger qui consiste à se dégager du désir de l'Autre et de son discours.

Ce qui rend difficile le commencement de l'éthique, c'est que le désir de l'Autre est inconscient : « L'Autre, dit Lacan, est là comme inconscience constituée comme telle. L'Autre intéresse mon désir dans la mesure de ce qui lui manque et qu'il ne sait pas » (S X, 33). Comment le moi peut-il savoir ce qu'il était, s'il était constitué dans l'inconscient de l'Autre ? D'ailleurs, il peut arriver que l'Autre soit déjà mort. Par le mythe du meurtre du père, Freud nous montre que l'auto-obligation surgit lorsque le sujet est confronté à la mort d'un être cher[2]. Comment savoir ce que l'Autre voulait de moi ? N'est-ce pas en entendant le « tu dois » que le moi entend la voix de l'Autre ? Le « tu dois » que le moi s'entend parler, c'est la voix de l'Autre incorporée. Il y a eu donc le désir de l'Autre au fond de la voix que le moi entend. Ce serait alors dans l'écoute de soi que le désir de l'Autre fait signe au moi. Lacan écrit ceci : « La voix n'est pas seulement l'objet causal, mais l'instrument où se manifeste le désir de l'Autre »[3]. C'est par l'écoute de la voix que le désir du moi se met

---

[1] Ph. Lacadée, *Le malentendu de l'enfant*, Michère, 2010, p. 32.

[2] Selon J. Rogozinski, Kant prétendait éclairer le statut de l'obligation éthique en donnant l'exemple d'un legs, de ce « *dépôt dont le propriétaire est mort sans avoir laissé d'écrit à son sujet* ». *Cryptes de Derrida*, Ligne, 2014, p. 19, note.

[3] Lacan, *Le Séminaire, Livre XIII, L'Objet de la psychanalyse*, Leçon du 1er juin 1966, inédit.

dans la relation causale de l'Autre. Si le moi est subordonné par le « tu dois », c'est parce qu'il se l'entend parler. Le moi est appelé par sa propre voix à obéir à l'Autre. Le passé où l'Autre énonçait le « tu dois » surgit comme la fissure dans l'auto-affection en tant que s'entendre parler. Et ce serait dans ce hiatus de soi-à-soi que ce que l'Autre désire du moi pourrait effleurer le moi.

Lacan considère que la conception kantienne de la voix consiste à dénier le fait que le commandement de l'impératif moral requiert de l'Autre (E, 770). Selon Lacan, le « tu dois » chez Kant se manifeste « d'une voix dans la conscience », et le sujet « n'a plus en face de lui aucun objet » (E, 767), tandis que chez Sade, la voix fonctionne comme l'objet qui instaure la subjectivité dans le rapport au désir de l'Autre. Ce que Lacan nous montre dans sa formule de la maxime sadienne, c'est que le « je » précède le sujet en tant qu'agent de la loi, que c'est par le biais de la voix que le désir du sujet est subordonné à celui de l'Autre. En affirmant en « je » son désir, il obéit au « je » de l'Autre qui énonce le « tu dois ». Si le sujet sacrifie l'autre pour la jouissance, sa volonté de jouissance est régie par le « je » qui le précède. En énonçant le « je » devant l'objet de son désir, le « je » se divise dans le sujet de l'énonciation et celui de l'énoncé, et la formulation de la maxime sadienne exprime cette division du « je ». Dans la mesure où la voix du « je » représente l'Autre qui commande et le sujet qui exécute sa loi, elle est un objet qui est « étrangement séparé du sujet ». Selon Lacan, Kant escamote cette bipolarité du sujet par l'idée de l'autonomie, qui n'est rien d'autre que le « mythe de la loi morale » (S X, 177). Dans la mesure où son éthique est fondée sur la liberté du sujet, Kant n'a jamais voulu dire que la loi provient de l'Autre, du tout Autre. Par cela même, l'éthique kantienne ne peut permettre de penser le « je » qui s'interroge sur lui-même. En déniant que le « tu dois » est profondément lié au désir de l'Autre, le sujet kantien s'interdit de s'interroger sur ce qu'il est. Tant qu'il ne peut démêler le désir de l'Autre et le sien, il serait prisonnier de la voix de l'Autre. Il écoute le « tu dois » de l'Autre comme sa propre voix libre. C'est ainsi que Lacan considère la voix kantienne comme la « voix même folle » qui « impose l'idée du sujet ». Puisque le sujet chez Kant s'approprie la place où un autre était le « je », la subjectivité se constitue inévitablement dans l'indiscernabilité entre le moi et l'autre.

B) La liberté « délirante » et l'auto-constitution temporelle

Cette interprétation nous semble superficielle, en ceci qu'elle demeure dans l'interprétation orthodoxe de l'autonomie kantienne. Dans le texte de

Kant, il n'y a rien qui légitime cette interprétation. Nous savons que la conception kantienne de la synthèse pratique ne permet pas au « me » de s'identifier au « je ». Qu'entre le « je » qui donne la loi et le « me » qui obéit, un écart opaque soit maintenu, tel est le réquisit de la synthèse pratique. Le « je » qui énonce le « tu » apparaît étranger. Pour penser cette altérité du « je », nous avons conceptualisé la temporalité dans l'auto-détermination par la loi à partir de l'interprétation du mal radical. Le « je » se génère comme un autre dans l'acte de s'entendre parler le « tu dois » : le moi (qui a été pris dans le mal) se dégage de lui-même pour devenir autre que ce qu'il est, en se régénérant lui-même au « je » qui énonce le « tu dois ». Le moi s'oppose au « je » qu'il a sur le mode de devoir être. Le « je » n'est pas ce qu'il est, mais ce qu'il n'est pas encore. Ce « je » que je ne suis pas, je dois le devenir, en m'entendant parler le « tu dois ». L'auto-détermination par la loi constitue ainsi le moi à la dimension du futur. L'altérité du « je » se constitue dans le processus de l'auto-altération temporelle. Nous savons bien que cette conception de l'auto-constitution temporelle, que nous avons appelée « re-naissance », tombe dans la critique adressée par la psychanalyse à Kant. Le « je » que j'ai à être serait l'idéal que le moi trouve dans l'Autre. De même, la voix que le « je » énonce n'est rien d'autre que la parole incorporée de l'Autre. L'idée du moi libre qui s'entend parler le « tu dois » consiste à faire abstraction du problème du rapport à l'Autre. Pour la psychanalyse qui analyse l'effet du désir de l'Autre à l'intérieur du moi, l'affirmation de la liberté du moi est *délirante*[1]. S'il y a liberté, c'est du côté de l'Autre qui énonce le « tu dois » (E, 711). Selon la psychanalyse, la liberté kantienne n'est rien d'autre que la négation délirante de l'altérité de l'Autre qui rend possible la constitution du « je » en moi.

Nous admettons volontiers cette interprétation, mais en ajoutant que le mécanisme de négation dans la liberté est plus extravagant qu'on ne le croit. Kant n'est pas inconscient de la fonction de négation dans la liberté. Dans la première *Critique*, Kant a fondé son éthique sur le mécanisme de négation plus radicale que celle du rapport à l'Autre. La liberté éthique est fondée sur la liberté transcendantale, c'est-à-dire le « pouvoir de commencer de soi-même ». Elle suspend la causalité qui détermine la volonté dans l'ordre temporel. Tout ce qui se manifeste se constitue dans le temps, est soumis, pour

[1] « La psychanalyse ne se met jamais sur le plan du discours de la liberté, même si celui-ci est toujours présent, constant à l'intérieur de chacun, avec ses contradictions et ses discordances, personnel tout en étant commun, et toujours, imperceptiblement ou non, délirant. La psychanalyse vise ailleurs l'effet du discours à l'intérieur du sujet » S III, p. 152.

la condition de la manifestation, à la loi de la causalité. Le moi dans sa décision de l'action est conditionné par le passé suivant la causalité naturelle. Même si mon existence est « indépendante de toute cause étrangère (par exemple, de Dieu) », la décision que j'ai prise est déterminée par le temps passé « qui n'est pas en mon pouvoir »[1]. C'est justement cette temporalité que la liberté suspend. La liberté consiste à considérer « comme n'étant pas arrivé » le passé qui me détermine dans le temps. La liberté est donc le concept qui permet de penser le commencement dans le temps où le moi est déjà conditionné par ce qui le précède. On peut trouver ainsi dans la liberté l'espoir de revivre l'ipséité du moi. Même si l'Autre me précède en tant que « je » qui me donne la loi, même si la voix que j'entends me subordonne au passé où l'Autre me représente dans son discours, la liberté m'appelle à agir de moi-même. Dans la première *Critique*, Kant écrit ainsi de la liberté : en se donnant l'idée de liberté, « [la raison] va jusqu'à proclamer nécessaires des actions, qui, pourtant, *ne sont pas arrivées* et qui peut-être n'arriveront pas »[2]. La liberté exige que ce que je ne pouvais pas faire soit possible, comme s'il y avait un « je » qui aurait pu le faire. Le moi libre se constitue sur le mode du « déjà ». C'est cette affirmation extravagante du moi agissant que le concept de liberté nous propose de penser.

La liberté perpètre un coup de force contre le temps du monde qui régit les phénomènes selon la loi de la causalité, pour ouvrir la temporalité singulière du moi agissant. Si le moi peut agir librement dans le temps où il est conditionné par le passé, c'est parce qu'il s'est déjà libéré de la temporalité causale. Sinon il est impossible de décider de commencer de soi-même. L'agir libre présuppose la préexistence de ce « je » libre par rapport au moi qui se trouve pris dans l'enchaînement causal de la temporalité. À chaque moment de la décision libre, le moi éprouve le « je » qui s'est dégagé du temps qui le subordonne au passé. C'est grâce à la « perception indéterminée » du « je » que le moi peut agir librement, même si tout ce qu'il va faire, pense, désire semble être déterminé par le passé.

La liberté d'agir trouve son fondement dans la façon dont le moi éprouve le « je » qui le précède, et c'est dans le rapport du moi au « je » que se noue la temporalité de la liberté comme auto-constitution du moi. Le moi, qui est né pour la première fois dans le discours de l'Autre, doit re-naître à soi en décidant d'agir de soi-même. En renaissant à soi-même, le moi doit se dégager du passé où l'Autre lui énonçait le « tu dois » à sa place. Pour que cette re-

1 CRpr, 723. AK V 94-95.

2 CRP, p. 1179, B. 573.

naissance soit possible, je dois être déjà libre à l'instant de la décision libre. En ce sens que ce « je » était déjà libre même avant de se dégager de l'Autre, le « je » précède moi-même qui s'efforce de se dégager du passé. En s'éprouvant comme ce « je » qui le précède, la nouvelle naissance du moi serait possible[1].

Nous reviendrons sur le problème de la temporalité de la liberté, lorsque nous analyserons la fonction de la voix dans l'auto-constitution du moi. Pour le moment, nous proposons de penser la possibilité de la perversion dans la constitution temporelle du moi. Il y a une équivoque dans la fonction de négation du processus temporel de l'auto-constitution. L'auto-constitution temporelle en tant que re-naissance se fonde sur la liberté en tant que pouvoir de commencement. Mais la liberté peut compromettre l'espoir de la re-naissance par sa force de la négation ; il est possible que la nouvelle naissance soit illusoire, si la liberté fonctionne comme démenti de ce que le moi a fait, de ce qu'il est. Essayons d'examiner la fonction de négation dans la liberté, pour s'approcher du problème de la perversion de la conscience éthique, autrement que la psychanalyse ne le problématise.

Admettre le mal qui a été fait en se déterminant par la loi, telle est la condition de l'auto-constitution en tant que re-naissance. Elle se structure par l'acte spécifique de l'auto-affection en tant que s'entendre parler le « tu dois ». En se disant « tu n'aurais pas dû agir ainsi », « tu aurais dû faire autrement », le moi prend conscience de ce qu'il était, décide de devenir un « homme nouveau ». Il est remarquable que la conscience du mal et l'espoir de la re-naissance soient vécus ensemble comme modalité temporelle de la constitution du moi. Le mal est ce que j'étais, et la re-naissance consiste à advenir à ce que je ne suis pas encore : en se dégageant de ce que je suis, ce que je suis se transforme en autre que ce que je suis. Comment surgit la voix qui fait advenir le moi à son devoir-être ? Du point de vue de l'éthique selon la psychanalyse, l'auto-constitution temporelle est décrite à partir du passé. Le « tu dois » que le moi s'entend parler provient de l'Autre. C'est au moment même où le moi s'entend parler le « tu dois » que le « je » surgit dans le passé où l'Autre énonce sa loi. Le « je » est éprouvé comme ce qui précède le moi, et celui-ci se met dans une position passive envers l'Autre par l'acte même de s'entendre parler. Si l'écoute de la voix fait advenir dans le passé le « je » en

[1] Pour penser l'auto-constitution du moi comme sa re-naissance, cf. J. Rogozinski, *Le Moi et la chair*, p. 125-141 et p. 313-338. Voir aussi son analyse sur la *Wiedergeburt* kantienne. *Le Don de la loi*, p. 289-329.

tant que tout Autre, c'est que le moi est attaché au désir de l'Autre en s'entendant parler son « tu dois ».

C'est cette structure temporelle de la voix que Lacan repère en analysant la perversion éthique. Nous avons vu que le sujet sadien entend l'écho du « je » en énonçant le droit à la jouissance. Selon Lacan, le pervers se soumet à la loi, tout en poursuivant la jouissance. Le sujet sadien est assez respectueux de la loi pour faire le mal. Il peut écarter la conscience du mal qu'il fait, dans la mesure où il obéit à son devoir. On peut ainsi dire que le sujet sadien ne peut avoir conscience du mal, en ceci qu'il érige en loi la maxime qui transgresse la loi. Si la voix de la loi commande de transgresser la loi, le critère pour le jugement moral s'efface. La moralité tombe dans le pur non-sens. Selon Rogozinski, « c'est la Loi elle-même, la voix étrangement déformée du devoir, qui lui commanderait le mal. Tel est l'*Abgrund* de l'éthique »[1]. Kant ne pourrait jamais descendre dans l'abîme de l'éthique, puisqu'il n'a écouté la voix que dans le présent, alors même que la voix du « je » est surgie dans le passé. Sans essayer d'écouter l'écho de la voix de l'Autre tout en s'entendant parler, il est impossible de discerner la voix folle du « tu dois » qui s'impose comme loi. L'impuissance de Kant à entendre la voix de l'Autre affecte son éthique qui fonde l'auto-constitution sur l'espoir de re-naissance. Sans prendre conscience du « je » qui énonçait le « tu dois », le moi croit devenir lui-même, en s'identifiant au « je » de l'Autre ; ou bien, il peut arriver que, pour devenir un homme nouveau, il obéisse à la loi qui commande de faire le mal, sans avoir conscience du mal. Telle est la perversion de la conscience morale que Lacan dégage en confrontant Kant à Sade.

Et pourtant, il nous est possible de penser autrement le problème de la perversion de la conscience éthique. L'interprétation lacanienne n'est pas la seule approche pour penser le problème de la perversion éthique. Selon notre interprétation, le sujet sadien écarte la conscience du mal en érigeant la jouissance (de l'Autre) en loi. En croyant poursuivre la jouissance, il se laisse capter par l'Autre qui commande. Il transgresse la loi, en se soumettant au « tu dois » de l'Autre. Le mal se renie lui-même, s'aveugle sur lui-même dans l'apparition pervertie de la loi. La dénégation du mal est consécutive à la défiguration de la loi. En assujettissant sa volonté à celle de la jouissance de l'Autre, il fait apparaître le « tu dois » qui transgresse la loi. Or, ce n'est pas le cas chez Kant. On peut dégager un autre mode de négation du mal à partir de notre interprétation du mal radical : le mal radical consiste à démentir le mal sans défigurer la loi. Rappelons que Kant n'a pas voulu approfondir la

---

[1] J. Rogozinski, *Le Don de la loi*, p. 284.

volonté diabolique qui subordonne au mobile issu de la sensibilité le mobile issu de la loi. Il ne s'agit pas pour lui de la volonté qui prend la jouissance pour le « tu dois », mais de la volonté *bonne et libre* qui transgresse la loi. Dans le mal radical, la transgression de la loi coexiste avec la volonté bonne qui énonce librement le « tu dois ». La volonté libre qui transgresse la loi en s'y soumettant. Pour approfondir cette duplicité de la liberté pervertie, nous avons interprété le mensonge intérieur en s'appuyant sur la mauvaise foi. La mauvaise foi consiste à devenir autre que ce que je suis, en s'efforçant d'être moi-même sur le mode du devoir-être. Cette constitution de soi en fonction de ce qu'il n'est pas risque d'être pervertie dans la tentative de la conversion. Le moi se constitue comme ce qu'il n'est pas, en se disant le « tu dois » pour se dégager du mal qu'il est. Par définition, celui qui se dit le « tu dois » constitue le sujet éthique. En se disant le « tu dois », il nie ce qu'il est pour devenir ce qu'il n'est pas. C'est cette négation de soi dans l'acte de s'entendre parler le « tu dois » qui peut fonctionner tantôt comme l'auto-constitution en tant que re-naissance, tantôt comme le démenti de ce qu'il est. Il est possible de démentir ce qu'il est en s'efforçant de se dégager du mal. En croyant se dégager de ce qu'il est, le moi écarte la conscience du mal qu'il est lui-même. Dans la mesure où il s'efforce de devenir autre que ce qu'il est, le moi est moralement bon. Il est néanmoins possible que le moi puisse s'illusionner sur ce qu'il est, lorsqu'il se dégage du mal en disant le « tu dois ». Il peut croire qu'il n'est plus mauvais, dès qu'il reconnaît ce qu'il est, et désire s'en dégager. En considérant qu'il n'est pas ce qu'il était, il peut démentir ce qu'il est. Tout en étant lui-même qui est mauvais, il peut croire ne plus l'être.

Ce démenti de soi se fonde sur la liberté en tant que pouvoir de commencement. Contrairement au sujet sadien qui est assujetti à la voix de l'Autre, le sujet kantien est un « je » libre qui s'entend parler le « tu dois ». En se disant le « tu dois », il se considère lui-même comme ce qu'il n'est plus (mauvais), comme si la volonté de devenir moralement bon lui permettait de considérer comme « n'étant pas arrivé » ce qu'il a fait dans le passé. La décision de « devenir un homme nouveau » fait croire qu'il peut s'en finir avec lui-même[1]. L'écoute de la voix de soi implique paradoxalement l'oubli de soi, le démenti de soi.

Le mal se renie lui-même sous l'apparence de la volonté bonne qui désire se dégager du mal. Ou bien, il nous faut dire que la volonté bonne dément it ce

---

[1] C'est Sartre qui nous propose de mettre en question l'idée de re-naissance à partir du problème du démenti de soi. Cf. *L'Être et le Néant*, p. 99. Cf. aussi H. Rey-Flaud, *Je ne comprends pas de quoi vous me parlez*, Aubier, 2014, p. 301-326.

qu'elle est elle-même. C'est ce démenti que Kant vise en le nommant le mensonge intérieur. « Seule l'apparence du bien en *nous-mêmes* doit être effacée sans ménagements […] ; car l'apparence exerce sa tromperie là où l'on fait miroiter à ses propres yeux, à l'aide d'images dénuées de tout contenu moral, l'effacement de la faute ou, par la récusation de celle-là, la conviction de n'être en rien coupable »[1]. En énonçant le « tu dois », le moi se dégage du mal qu'il est lui-même. Le « tu dois » désigne l'être du moi sur le mode de ce qu'il n'est pas. L'énoncé « tu dois » écarte ainsi le moi de ce qu'il est. Tout se passe comme si le seul énoncé du « tu dois » permettait de transfigurer le moi mauvais qu'il est lui-même en ce qu'il n'est plus. Pour se dégager du mal, le moi énonce le « tu dois » en reconnaissant sa faute. Mais cet énoncé peut être un coup de force qui dénie la conscience de ce qu'il est. Re-naître pour devenir l'homme nouveau, en s'illusionnant sur ce qu'il est, tel est le mensonge intérieur que Kant dénonce comme l'« apparence du bien » à extirper.

Comment s'arracher au mal, si la tentative de s'en dégager tombe dans l'« apparence du bien », si on peut être mauvais sans le savoir, en espérant la re-naissance ? S'il en est ainsi, le désir même de se dégager du mal, la volonté bonne doivent être jugés mauvais. Si la re-naissance fait retomber le moi dans le mal, faut-il admettre que l'idée de re-naissance ne peut soutenir l'auto-constitution dans l'auto-détermination par la loi ? La re-naissance devrait effectuer la temporalisation du moi en le constituant sur la dimension de futur : en s'entendant parler le « tu dois », le moi se confronte au « je » qui énonce la loi pour se dégager de ce qu'il est. La voix qui convoque le moi à son être à venir doit provenir du « je » qui s'est dégagé du mal. Mais si ce « je » demeure ce qu'il est en croyant devenir ce qu'il n'est pas, le « tu dois » qu'il énonce prive la dimension de futur de l'auto-constitution dans l'écoute de soi.

Kant nous présente ainsi le paradoxe de la conscience éthique autrement que Lacan. Distinguons deux formes du mal, deux types de négation du mal. 1) Le mal qui se renie en s'érigeant à la hauteur de la loi (Sade) ; 2) la volonté bonne qui veut se dégager du mal (Kant). Dans les deux cas, la subjectivité est déterminée par l'auto-illusion, en ceci que le moi n'a pas de conscience de ce qu'il est. En revanche, les deux cas se distinguent au niveau du mécanisme de négation. 1) Si le moi pervers transgresse la loi, c'est que l'Autre lui énonce le « tu dois ». La conscience du mal est écartée, en se soumettant à la jouissance de l'Autre. Il s'agit de l'attitude passive envers le désir de l'Autre. 2) Le mal est occulté par l'acte même de s'en dégager. En essayant de devenir ce qu'il a à être, le moi tombe dans le mal dont il s'efforce de se dégager. En

[1] *Anthropologie*, p. 971. AK VII, 153.

principe, la re-naissance consiste à devenir autre que ce qu'on est. C'est cette auto-constitution temporelle qui fait croire qu'on peut se dégager du mal. En vérité, tout en étant le même, le moi s'efforce en vain de se différencier de lui-même. L'espoir de re-naissance est-il une pure chimère ? Ou bien, est-il possible de distinguer le démenti de soi et la tentative de la re-naissance ?

En prenant ce qu'il est pour ce qu'il n'est plus ou ce qu'il était, le moi démentit ce qu'il est. Le démenti consiste à récuser ce qu'il est par la formation du passé qui défigure le présent. En transformant ce qu'il est en ce qu'il était ou ce qu'il n'est plus, le démenti écarte de la conscience de soi ce qu'il est lui-même. Le mal radical implique ainsi la défiguration temporelle de soi. On serait tenté ici de confronter le mécanisme de négation de l'auto-constitution à la conception freudienne du démenti (*Verleugnung*)[1]. Selon Freud, le démenti porte sur une réalité extérieure (l'absence de pénis de la mère). Ce qui est remarquable, c'est qu'il ne supprime pas totalement le savoir de ce qu'il écarte de la conscience. Dans le démenti, le moi, tout en percevant une réalité insupportable, l'écarte de la conscience. Comment peut-on nier la réalité tout en l'acceptant ? C'est par la défiguration de la réalité. Le moi a conscience d'une réalité défigurée, et c'est ainsi qu'il arrive à démentir sa prise de conscience. Le moi peut prendre en même temps deux attitudes en conflit ; accepter la réalité et écarter du moi la réalité. Tel mécanisme de négation affecte la compréhension de soi. Selon Freud, le démenti produit la déchirure dans le moi ou le clivage du moi. Tout comme Freud caractérise le démenti par le clivage du moi, ne peut-on pas interpréter la subjectivité dans le mensonge intérieur par la division intérieure en moi ? Car le moi paraît se soumettre à la loi tout en la transgressant. Dans le mensonge intérieur, le sujet kantien admet le mal qu'il est lui-même, tout en l'écartant de sa conscience. Y a-t-il deux attitudes en conflit dans une même volonté ? S'agissant du mal radical, nous pensons que le clivage dans le moi est vécu comme une suite de processus temporel de l'auto-constitution du moi. Lorsque le démenti atteint l'acte de re-naissance du moi, il déplace dans le passé ce qu'il est actuellement lui-même pour s'en dégager. Cela veut dire que le démenti contribue plutôt à la constitution du moi, sans apporter la division du moi, ni la déchirure dans le moi « qui ne guérira jamais plus »[2]. C'est plutôt pour guérir du mal qu'il est, que le moi se débarrasse de ce qu'il est en le déplaçant dans le passé : le

---

[1] Cf. S. Freud, « Le fétichisme », *La Vie sexuelle*, PUF, 1973 et « Un trouble de mémoire sur l'Acropole. Lettre à Romain Rolland », *Résultats, idées, problèmes*, t. II, PUF, 1985.

[2] S. Freud, « Le clivage du moi dans le processus de défense », *Résultats, idées, problèmes*, t. II, p. 284 [GW XVII, p. 60].

mal est ce que j'étais, et je ne le suis plus. Ce qu'il nous faut mettre en question, c'est le mode de constitution temporelle du moi, surtout la fonction du passé. Pour se distinguer du démenti de soi, la re-naissance devrait opérer l'auto-constitution sans projeter dans le passé ce que je suis.

En réinterprétant la conversion comme la re-naissance, nous voulons interpréter le mal comme modalité temporelle d'être. En re-naissant en autre que ce que je suis, le mal se transforme à la fois en ce que j'étais et en ce que je ne suis plus. La dimension de futur de la voix du « tu dois » détermine doublement le moi en fonction de ce qu'il n'est pas : le moi qu'il n'est pas encore et le moi qu'il n'est plus. Dans l'auto-détermination par la loi, je me confronte moi-même comme au « je » à venir, en me dégageant de moi-même comme ce que je ne suis plus. Dans l'auto-constitution en tant que re-naissance, le mal se sépare du moi temporellement au sein même du s'entendre parler. Mais ce que je ne suis plus doit être reconnu comme appartenant à moi, sinon une part de mon histoire est considérée comme n'étant pas arrivée. En devenant ce qu'il n'est pas encore, ce qu'il n'est plus doit appartenir au moi comme ce qu'il était. Le mal se constitue ainsi à la fois comme ce que je ne suis plus et comme ce que j'étais.

Comment le moi constitue-t-il le passé où il était comme différent du présent ? Selon notre interprétation, l'auto-constitution devrait s'opérer comme re-naissance dans le s'entendre parler le « tu dois ». La voix a une fonction temporelle dans l'auto-constitution. En énonçant le « tu dois », le moi se constitue à la fois comme ce qu'il était et ce qu'il n'est pas encore. « Je » qui dit le « tu dois » doit être distingué de moi qui l'écoute. Le moi mauvais doit être ce qu'il n'est plus pour celui qui énonce le « tu dois ». Mais ce « je » qui me dit « tu dois » doit reconnaître comme lui-même ce qu'il était. La reconnaissance de ce qu'il était ou non fonde la distinction entre la re-naissance de soi et le démenti de soi. Le passé transcendantal où j'étais mauvais est la condition pour se donner la loi. Si je me donne la loi, c'est parce que je suis mauvais. Celui qui se dégage de ce qu'il est y reste, sinon la re-naissance devient le démenti de soi. Dans la transcendance vers ce qu'il a à être, le moi doit rester comme ce qu'il était. Telle est la première caractéristique de la temporalité de la re-naissance.

Cependant, celui qui reste mauvais ne peut donner la loi. Il est absurde de se soumettre au « tu dois » que le moi mauvais énonce. Celui qui énonce le « tu dois » doit être celui qui s'est déjà dégagé du mal. Avant de se dégager du mal, le moi aurait dû se constituer déjà comme « je » moralement bon qui énonce le « tu dois » au moi qui est mauvais. En un sens, le « je » à venir doit être déjà arrivé avant la re-naissance. Telle est la deuxième caractéristique de la temporalité de la re-naissance. C'est en entendant la voix « tu dois » que le moi se dégage de ce qu'il est. Pour que la re-naissance soit possible, le « je » qui énonce le « tu dois » doit précéder sa propre re-naissance. Cela veut dire que le « je » moralement bon qui énonce le « tu dois » et le moi mauvais qui obéit à cette voix coexistent dans l'auto-constitution temporelle en tant que re-naissance. Même si le moi est assujetti à la voix folle qui commande de faire le mal, même s'il perd la conscience de ce qu'il est en obéissant au « tu dois » de l'Autre, il y a le « je » qui énonce le « tu dois » pour se dégager de ce qu'il est. Ce « je » est toujours déjà là, même avant que le moi ne se constitue comme sujet éthique. Ou bien, le « je » à venir surgit comme étant déjà là, au moment même où le moi s'entend parler le « tu dois ».

Qui est ce « je » qui précède l'auto-détermination par la loi, qui est déjà arrivé à moi ? Pour penser ce « je », l'éthique kantienne ne peut avoir recours à l'Autre, dans la mesure où l'idée d'autonomie effectue la réduction de l'altérité de l'autre existant. Selon la psychanalyse, c'est l'Autre en tant que « je » qui précède le moi. Le moi acquiert le « je » en incorporant le « tu dois » énoncé par l'Autre. Sans l'Autre, il n'y a pas de sujet qui s'entend parler le « tu dois ». Mais l'éthique kantienne affirme que le moi commence de soi-même, indépendamment de la cause extérieure. Le « je » kantien est traversé, dans l'expérience de la liberté, par le pouvoir du commencement, et il s'appelle lui-même à se mettre à l'épreuve de la décision nouvelle qui considère ce qui le précède comme « n'étant pas arrivé ». L'espoir de re-naissance est soutenu par cette décision extravagante.

Comment le pouvoir du commencement rend-il possible, dans l'écoute de la voix, l'auto-constitution du moi comme sa re-naissance ? Entre l'écoute du « tu dois » et la réponse que le moi lui donne, un écart est requis pour que la soumission au désir de l'Autre ne soit pas immédiatement consécutive à l'écoute du « tu dois ». Au moment même où le moi entend le « tu dois » de l'Autre, un instant de silence devrait surgir, le silence qui permet au moi de s'interroger sur son désir, sur ce qu'il désire devenir. C'est dans cet entre-temps que le moi tente d'expérimenter le pouvoir du commencement. Aussitôt après que le moi s'entend parler le « tu dois », il se confronte au « je » en s'interrogeant sur ce qu'il est (« que suis-je pour être ce que tu viens de dire ? » ou « que deviens-je en disant non à ce que tu viens de dire ? »). Le « je » apparaît, dans l'interrogation sur lui-même, comme ce qui n'est pas encore venu, comme ce qu'il doit devenir. Ce qui est remarquable, c'est que le moi éprouve comme lui-même ce « je » à venir, alors qu'il ne l'est pas encore. S'il s'interroge sur lui, c'est parce qu'il est devenu un étranger qu'il n'était pas. Ce serait dans cette étrangeté de soi que le moi est appelé à se déterminer, en s'éprouvant lui-même comme ce qu'il doit devenir. La liberté effectue ainsi le pouvoir du commencement dans le processus temporel d'auto-constitution : le moi s'éprouve lui-même à la fois comme ce qu'il n'était pas et comme ce qu'il serait.

Nous avons considéré que la liberté peut compromettre l'espoir de la re-naissance dans le démenti de soi. On objectera que notre interprétation dépasse le commentaire de texte de Kant. En effet, Kant n'a jamais pensé que le principe de l'espoir, le principe de la volonté bonne faisait tomber le moi dans le mensonge intérieur. Il est impossible de penser dans la perspective de l'éthique kantienne que la voix ou l'idée de re-naissance suscite au moi de faire le mal. Si on croit (à tort) faire le bien en se soumettant au « tu dois », ce n'est qu'une illusion causée par le mensonge intérieur qui est pour Kant le contenu positif du mal. Même si le mensonge intérieur affecte la moralité, il est toujours possible pour lui de « figurer le genre humain non comme mauvais, mais comme un genre d'êtres raisonnables tout à l'effort de se hisser du mal vers le bien en un progrès continu »[1]. Dans la mesure où la moralité est fondée sur l'idée de progrès, Kant n'a jamais postulé la préexistence du « je » qui s'est déjà dégagé du mal avant la nouvelle naissance de soi. On nous dirait que c'est plutôt la psychanalyse qui nous propose de penser la défaillance du moi dans la tentative de vivre la vie de nouveau[2] et la préexistence du sujet avant le moi. Nous pensons cependant que l'éthique kantienne nous invite à penser la préexistence du « je » autrement que la psychanalyse.

L'ipséité du « je » chez Kant est énigmatiquement inconnaissable pour le moi. Que « je » m'apparaisse comme un objet transcendantal = X, telle est la thèse fondamentale de la critique de la psychologie rationnelle. Dans la perspective kantienne, le « je » est une énigme qui constitue une épreuve *que je suis*. Ce « je » n'est pas quelque chose d'autre que moi, ni quelque chose de dépersonnalisé, mais quelque chose d'énigmatique que je suis. En me confrontant au « je » qui m'apparaît étranger, je l'éprouve comme moi-même. C'est cette épreuve du « je », cette compréhension de moi comme énigme que je suis, qui caractérise initialement la pensée kantienne sur l'ipséité, et donne l'élan à la poursuite du questionnement sur le « je » sur le plan éthique. Selon

---

[1] *Anthropologie*, p. 1144, AK VII, 332.

[2] Dans son commentaire du livre du Président Schreber, Freud affirme que « ce que nous prenons pour une production morbide, la formation du délire, est en réalité une tentative de guérison, une reconstruction ». S. Freud, « Remarques psychanalytiques sur l'autobiographie d'un cas de paranoïa », *Cinq analyses*, PUF, 1954, p. 315. [GW VIII, p. 308]

notre interprétation, l'éthique kantienne nous permet d'approfondir l'épreuve du « je » comme la façon dont le moi se constitue temporellement dans l'écoute de soi. Nous avons essayé d'éclairer l'auto-constitution dans l'écoute de soi en examinant la possibilité de la re-naissance. L'auto-constitution en tant que re-naissance se fonde sur la liberté du moi en tant que pouvoir de commencer de soi-même. « Je » qui me dis le « tu dois » m'éprouve comme pouvoir commençant. À l'instant même où le moi décide d'agir par lui-même, il met en suspens le passé qui conditionne son action selon la causalité, en se constituant dans la perspective de ce qui n'est pas encore arrivé. Le pouvoir du commencement effectue l'auto-constitution comme re-naissance en générant l'Avant et l'Après. En se constituant en « homme nouveau », je transforme ce que je suis en ce que j'étais, en ce que je ne suis pas encore. Dans cette constitution temporelle de soi, le moi s'éprouve comme étant temporellement autre que lui-même. L'auto-constitution temporelle du moi en tant que re-naissance trouve son fondement dans cette épreuve de soi dans le s'entendre parler le « tu dois ». En s'entendant parler le « tu dois », le moi tente de se dégager de ce qu'il est, de lui-même qui est pris dans l'illusion sur soi, dans le désir de l'Autre, pour devenir ce qu'il n'est pas encore lui-même. S'il est possible de se dégager de ce qu'il est, de cette identification à l'Autre qui me représente dans son discours, c'est parce qu'il y a *déjà* un « je » qui commence de soi. Le « je » qui n'est pas encore arrivé surgit comme étant déjà advenu. Cette existence du « je » constitue une énigme du temps dans l'auto-constitution du moi. Car ce « je » est éprouvé à la fois comme moi que je ne suis pas encore et comme moi que j'étais. Nous pourrions peut-être comprendre maintenant pourquoi le « je » en tant qu'objet transcendantal est inintelligible pour le sujet qui tente de se connaître. L'inintelligibilité du « je » pour le moi concerne son mode temporel d'apparition. En se confrontant au « je » comme à lui-même, le moi s'éprouve comme ce qu'il n'est pas encore et comme ce qu'il était. Le moi est ainsi déchiré entre « pas encore » et « déjà ». Il nous faut expliciter pourquoi le moi doit être temporellement distancié de lui-même dans l'écoute de soi, comment il s'éprouve lui-même dans l'écart temporel à soi.

4-4 L'imbrication du « déjà » et du « pas encore »

Dans l'instant de l'écoute de la voix, se condensent de différents moments de l'auto-constitution. Au moment de l'écoute du « tu dois », le moi est d'abord prisonnier de l'Autre qui dit en « je » le « tu ». En s'entendant parler le « tu dois », le moi s'identifie à l'Autre jusqu'à entendre la voix de l'Autre comme la sienne. Mais cette aliénation du « je » à l'Autre peut se nouer à la résistance à l'Autre. La résistance ne peut avoir lieu que chez celui qui est forcé à se mettre dans la passivité à l'Autre. Si le moi écoute la voix qui l'incite à s'arracher à ce qu'il est, c'est parce que la résistance s'amorce déjà au moment où il s'assujettit à l'Autre. La résistance à l'Autre peut arriver de différentes façons dans l'écoute de la voix. Cela peut se manifester par la voix « non » que le moi s'entend parler aussitôt après l'écoute du « tu dois ». Il est bien possible que la résistance ne soit pas simplement l'acte d'exprimer sa propre voix *après l'écoute de la voix de l'Autre* : le moi peut résister au « tu dois » *dans l'instant même de l'écoute de la voix.* La clinique observe que certains psychotiques peuvent résister à la voix folle qui commande de se suicider ou de blesser les autres. Tout en entendant la voix, ils arrivent à mettre en question leur croyance en la puissance irrésistible de la voix, et à tenter de changer leur attitude passive envers l'Autre[1]. Le moment de la résistance et celui de l'aliénation ne peuvent coexister que si le moi est déjà disposé à expérimenter son pouvoir du commencement. En nous appuyant sur la théorie de l'opposition réelle, nous pouvons bien dire que l'aliénation et la résistance coexistent dans le sujet qui expérimente le pouvoir du commencement : cela veut dire que le moi est *déjà* assez libre pour désirer se libérer de ce qu'il est au moment même où il s'aliène à l'Autre qui lui dit le « tu », et que le « je » que le moi a à être n'est *pas encore* venu au moi en vérité dans la mesure où le moi s'assujettit à l'Autre. Pourquoi le « je » qui n'est pas encore arrivé est-il éprouvé comme ce qui est déjà arrivé au moment même où il s'efforce de se dégager de ce qu'il est ? C'est parce que le « tu dois » qui appelle à se dégager du « je » auquel le moi s'était identifié est énoncé par lui-même. L'auto-affection en tant qu'écoute de soi fait pressentir ce qui n'est pas arrivé comme s'il l'était déjà. Tout se passe comme si le « je » qui n'est pas encore surgissait comme ce que je suis déjà moi-même. Le « pas encore » se transfigure ainsi en « déjà » dans l'auto-affection de l'écoute de soi.

L'illusion sur soi surgit dans l'instant où il s'efforce de s'arracher à ce qu'il est lui-même. Le « je » qui commande de s'arracher de soi peut être trompeur, si le « tu dois » que le moi s'entend parler est la voix de l'Autre qu'il incorpore. Comment le moi peut-il savoir si la voix du « je » lui permet de se retrouver lui-même ? En quel sens le « je » à venir est-il éprouvé comme étant déjà existant comme moi-même, autrement que l'Autre parlant en « je » au

[1] Cf. S. Byrne, M. Birchwood, P. E. Trower, A. Meaden, *A casebook of cognitive behaviour therapy for command hallucinations*, p. 21-24.

moment même où je m'entends parler le « tu dois » ? Comment le « pas encore » surgit-il comme « déjà » sans ruiner la dimension de l'avenir de l'auto-constitution du moi ? Ce n'est pas le devancement ou l'anticipation qui fait éprouver le « pas encore » comme le « déjà ». Autrement que le moi se représente ce qu'il désire devenir dans le présent où il ne l'est pas encore, le « je » se constitue comme appartenant déjà au moi. Il y a un autre mode d'éprouver le « je » dans l'imbrication du « pas encore » et du « déjà », qui permet de résister au retournement du « pas encore » au « déjà ». Dans l'auto-détermination par la loi, le moi ne s'éprouve pas lui-même dans l'intimité immédiate de soi-à-soi. Le réquisit fondamental de la synthèse pratique consiste à mettre un écart entre le « je » et le « me ». En m'appelant moi-même à me constituer en vérité, « je » m'oppose à moi-même comme un autre. Ce qui génère l'opposition ou l'écart dans l'immanence où je me rapporte à moi-même, c'est le temps qui traverse l'écoute de soi. L'opposition constituant de l'ipséité du moi, ce n'est pas l'écart entre le présent où le moi écoute la voix et le futur où il devient ce qu'il a à être, mais l'écart entre le passé que le moi n'a jamais vécu et le futur qui n'est pas encore. Dans l'écoute de soi, la voix force le moi à se dégager de ce qu'il est pour devenir ce qu'il n'est pas encore. Dans la mesure où il s'entend parler, le moi entend sa propre voix. Mais la voix résonne comme un écho de la voix de l'étranger qui le ramène à ce qu'il n'est pas. Dans l'instant même de l'écoute de soi, la voix du « je » résonne comme un écho de ce qu'il n'est plus. La voix du « je » s'entend sur le mode du « déjà ». Si je ne suis pas déjà dégagé de moi, je ne peux jamais commencer de moi-même. En éprouvant ce « je » sur le mode du « déjà », je m'entends parler le « tu dois ». Mais le moi a aussi conscience de soi qui est pris par l'Autre. Si le moi se dit le « tu dois », c'est parce qu'il est prisonnier de l'Autre. Le « je » libre n'est plus. Le « je » que j'éprouve comme étant déjà moi-même surgit comme étant déjà passé. Même si le moi éprouve comme étant déjà lui-même le « je » à venir au moment où il s'entend parler le « tu dois », il est actuellement pris dans la passivité à l'Autre ou dans l'illusion sur soi. De même que la voix libre est étrangère au moi qui se trouve dans la passivité à l'Autre, le « je » qui dit le « tu » au moi, le « je » que le moi était lui-même devient ce qu'il n'est plus. Ce « je » que j'étais, le « je » que je ne suis plus, c'est ce que le moi tente de revivre pour se dégager de ce qu'il est. Si le « je » que le moi doit devenir était ce qu'il était, la nouvelle naissance du moi en « je » serait un retour à soi. En ce sens que la nouvelle naissance effectue le retour à soi, l'auto-constitution temporelle dans l'écoute de soi est la re-naissance de soi.

Le moi se confronte au « je » de multiples façons. Lorsqu'il se conduit de façon imprévue, il peut être surpris par lui-même par ce qu'il pouvait faire. Il a alors conscience de soi comme celle de l'étranger. En s'interrogeant sur ce qu'il était, le moi est exposé à lui-même comme une énigme. C'est cette épreuve du « je » qui permet au moi d'expérimenter sa liberté. S'il tente de s'arracher à ce qu'il est pour devenir autre que ce qu'il est, c'est parce qu'il ose *revivre* comme lui-même le « je » qui s'est déjà passé, le « je » qu'il vivait sans le savoir.

Comment cette altérité du « je » fonctionne-t-elle dans l'auto-constitution temporelle ? Comment le moi entend-il la voix du « je », de façon qu'il reconnaisse comme ce qu'il était ce qu'il ne savait pas ? Il faut remarquer que l'écoute de la voix contient une durée spécifique dans l'auto-constitution du moi. La voix qui révèle au moi ce qu'il ne savait pas ne provient pas de l'Autre. Mais c'est la voix du moi qui fait éprouver son « je » comme autre que ce qu'il est : la voix qui arrache le moi de lui-même pour faire retrouver lui-même comme autre provient de lui-même. La voix retentit à partir de ce que le moi n'est plus vers ce qu'il n'est pas encore. L'écho de ma voix me ramène à moi-même que je ne connaissais pas. Quelle est la voix du « je », dont l'écoute confronte le moi à ce qui lui paraît étranger comme à lui-même ? Pourquoi le moi peut-il s'identifier au « je » qui désigne comme le moi lui-même ce qu'il n'est pas ? Comment sa propre voix devient-elle étrangère tout en appartenant au moi ? Par exemple, dans le murmure de celui qui tente en vain de s'expliquer : « je ne sais pas si je suis moi » ou « je ne suis pas moi-même », le « je » apparaît comme un autre dans la voix du moi lui-même. Sans savoir ce qu'il est lui-même, le moi se désigne par le « je », et ce « je » ne lui donne aucun repère de l'identification. La dissociation du « je » devient plus grave dans l'observation que le psychotique se fait sur lui-même. « Je ne sais pas où j'en suis moi-même ; il pense le cerveau, tout seul, vroua vroua vroua, il parle tout seul »[1]. Le « je » demeure non incorporé lorsque le moi n'arrive pas à assumer en « je » sa propre parole. La clinique nous montre ainsi que ce que le moi désigne en « je » peut apparaître comme quelque chose d'étranger. Lorsque le « je » qui parle se dissocie du moi au sein même de s'entendre parler, l'écoute de soi menace l'auto-constitution temporelle. Le « je » que le moi retrouve comme lui-même devient étranger sans lui permettre de devenir ce qu'il a à être.

Et pourtant, il faut dire que l'étrangeté du « je » en elle-même n'est pas forcément le signe de l'échec de l'auto-constitution du moi. Même si la voix

---

[1] S. Follin, *Vivre en délirant*, Les Empêcheurs de penser en rond, 1998, p 279.

intempestive épingle le moi sur le « je » sans lui permettre de se dégager de ce qu'il est, même si le moi se trouve lui-même comme ce qu'il n'est pas, comme autre que ce qu'il est, il y a forcément celui qui éprouve le « je »[1]. Ce « je » est éprouvé de façon que le moi se constitue lui-même en se mettant à l'épreuve de sa propre voix. Dans l'histoire de la philosophie depuis Socrate à Levinas en passant par Heidegger, l'écoute de la voix étrangère est considérée comme le moment essentiel de l'expérience de soi. Ce qu'il importe, ce n'est pas de déconcentrer l'autonomie du moi par le simple fait que le moi écoute la voix étrangère à l'intérieur de soi. Il faut approfondir la façon d'éprouver l'altérité intérieure à la faveur de l'acte de se constituer soi-même, au lieu d'identifier l'altérité du « je » que le moi éprouve à celle de l'Autre qui transit le moi en son intérieur. Admettons qu'il y a l'altérité autre que celle de l'Autre. Comme le dit J.-L. Nancy et J. Rogozinski, il y a l'« autruicité d'*ego* » qui est plus originaire que celle de l'Autre[2]. Selon la psychanalyse, le moi est assujetti au « je » de l'Autre dès le commencement. L'Autre incarne l'ipséité du moi qui s'entend parler. Mais on peut se demander si le moi peut éprouver l'altérité du « je » au moment même où il s'assujettit à l'Autre. Si le moi parle en « je » en incorporant la voix de l'Autre, il ne devra pas arriver à prendre conscience de l'altérité du « je ». Autant que l'Autre constitue le « je » du moi, son altérité est effacée, dans la mesure où l'Autre fait partie du moi. Le « je » ne peut s'avérer étranger qu'après que je me suis désidentifié de l'Autre. En me dégageant de l'identification au « je » de l'Autre, je me confronte à moi-même comme à un autre que je n'étais pas. Il faut dire que l'apparition de l'altérité de l'Autre présuppose l'altérité en moi. C'est en se confrontant à lui-même comme à un autre que le moi s'arrache à l'Autre auquel il s'était identifié. Si l'Autre est éprouvé comme un autre, c'est parce que le moi reconnaît son propre « je » comme autre que le « je » auquel il s'était identifié. Le « je » devient autre que moi lorsque je m'interroge sur moi-même et sur le désir de l'Autre en me confrontant à moi-même comme à l'énigme (« Que suis-je pour être ce que tu viens de dire ? »). Si le « je » auquel le moi se confronte comme à lui-même se constitue comme autre que ce qu'il était, c'est parce qu'il s'est déjà dégagé du « je » auquel il s'était identifié.

---

[1] Comme le dit Rogozinski, même si le moi déclare que « je ne suis plus moi-même », que « je me sens devenir un autre », « c'est encore un *je* qui supporte tous ces énoncés qui sont censés l'annuler ». Cf. *Le Moi et la chair*, p. 12 et *Guérir la Vie*, Les Éditions du Cerf, 2011, p. 15.

[2] Cf. J.-L. Nancy, *L'Impératif catégorique*, p. 134 et J. Rogozinski, *Le Don de la Loi*, p. 177.

Le moi se confronte doublement à l'altérité du « je » lorsqu'il s'entend parler le « tu dois » : en entendant la voix de l'Autre, il s'éprouve lui-même comme autre que ce qu'il est. Si je *m'oppose* au « tu dois » que je m'entends parler, c'est parce que « je » me trouve étranger au « je » qui me parle et au signifiant que ce « je » désigne comme moi. L'altérité ou l'étrangeté du « je » fonctionne ainsi pour résister à l'emprise de l'Autre. D'une part, le moi s'est *déjà* dégagé de l'illusion sur le soi : il est venu à soi, en se désidentifiant du « je » de l'Autre. D'autre part, il n'est *pas encore* lui-même, dans la mesure où il se confronte à lui-même comme à l'étranger. Le moi naissant ou re-naissant ne sait pas encore que devient l'altérité du « je ». Nous retrouvons ainsi le site initial du moi dans l'expérience de la liberté où il s'oppose au « je » comme à l'étranger. En suspendant le passé où il s'est identifié au « je » de l'Autre, le moi se confronte à lui-même comme à l'énigme. En se dégageant de ce qu'il est pour devenir ce qu'il n'est pas encore, le moi s'éprouve lui-même comme ce qui s'est déjà passé et comme ce qui n'est pas encore arrivé. Si la liberté conduit le moi ainsi à se constituer de façon intempestive, la connaissance de soi est basculée. Mais il faut regarder la constitution libre, comme un processus dynamique, comme un mouvement qui constitue une sphère temporelle du moi. Dans un instant de l'écoute de soi, se replient ou se déplient de différents moments de l'auto-constitution du moi. La tentative de la re-naissance se réalise dans les imbrications du passé et de l'avenir. Si le moi éprouve le « je » comme ce qu'il n'est pas encore, c'est parce qu'il tente de se dégager de ce qu'il est pour re-naître à soi-même. La confrontation de soi comme étranger qui paraît une pure défaillance de soi peut faire partie d'une tentative de re-naissance du moi. La nouvelle naissance du moi n'est rien d'autre que la re-naissance du moi, dans la mesure où le « je » à venir surgit par le retour au « je » qui s'est déjà passé. Au moment où le moi se dégage de ce qu'il est en résistant à l'Autre, ce qu'il était ou ce qu'il n'est plus s'impose comme le moi-lui-même. Car si le moi ose désirer se dégager de cet Autre auquel il s'est identifié, c'est parce qu'il est déjà libéré. C'est ce « je » qui existait déjà avant la re-naissance du moi que le moi tente de revivre pour devenir ce qu'il n'est pas encore. Dans l'expérience de la liberté, l'avenir surgit comme un écho du passé, et le passé qui n'a jamais été vécu comme tel est effectivement revécu pour la première fois comme la réalité même du « je » que je suis. Ou bien, l'avenir surgit comme ce qui s'est déjà passé sans être vécu par le moi.

Conclusion

La synthèse pratique en tant que temporalisation dans l'écoute de soi

L'ipséité du moi, qui pense soi-même, constitue l'épreuve de la pensée. Que je m'éprouve dans ma pensée sur moi-même, c'est cette épreuve de soi que nous avons essayé d'élucider avec Kant. En interprétant le problème de l'ipséité à partir des « Paralogismes de la raison pure », nous avons essayé de montrer comment l'étrangeté du « je » se forme comme problème fondamental dans la philosophie critique de Kant. Lorsque le « je » du « je pense » tente de se connaître, son « je » lui apparaît comme étranger. Ce n'est pas la déficience de la faculté de connaître qui empêche au moi la pleine connaissance de soi. C'est par son pouvoir de l'auto-détermination que le moi se constitue comme un étranger. Il y a donc un mode spécifique d'auto-détermination qui consiste à mettre en épreuve l'ipséité à constituer. Pour approfondir ce mode spécifique d'auto-détermination, nous avons examiné, dans la deuxième partie, comment l'étrangeté de soi se génère au sein même de l'auto-détermination par la loi. La loi par laquelle je me détermine se manifeste par la voix qui s'adresse à moi à la deuxième personne. L'autonomie kantienne consiste dans l'acte du « je » de s'entendre parler le « tu dois ». Dans la mesure où j'entends ma propre voix, l'écoute de la voix se structure par le monologue. Mais la voix que j'émets est entendue sous la forme d'un dialogue, comme si la voix provenait de l'autre. Le « tu dois » que « je » m'entends parler n'est pas entendu immédiatement comme ma propre voix. Au moment même où la voix est émise, son écho résonne comme la voix de l'Autre. Tout en s'entendant parler, le « je » qui parle et le « me » qui écoute se séparent par la genèse de l'étrangeté de la voix. En confrontant Kant à Heidegger au sujet de la voix, nous avons interprété l'étrangeté de la voix comme constituant de la relation du moi à son devoir-être. Si le « je » apparaît étranger dans l'écoute de soi, c'est parce que sa voix annonce ce qu'il a à être. L'altérité que j'écoute dans l'écho de ma propre voix, ce n'est pas celle de l'autre existant qui m'a énoncé le « tu dois », mais celle du « je » que je serai.

Dans la troisième partie, nous avons essayé d'approfondir la façon dont le moi s'affronte au « je » dans l'écart à soi en analysant l'auto-constitution en tant que renaissance du moi. L'enjeu de notre interprétation du mal radical consiste à structurer l'auto-constitution du moi comme re-naissance à partir de l'activité de la voix. Dans la mesure où le mal est selon Kant représenté « comme existant dans l'homme dès la naissance »[1], il n'est pas exagéré d'appeler la tentative de s'en dégager la re-naissance. Si nous avons analysé l'expérience de l'écoute pour approfondir la possibilité de la re-naissance, ce

---

[1] RL, p. 32. AK VI, 21.

n'est pas simplement pour respecter la tradition biblique[1]. La renaissance du moi, la tentative de revivre sa vie peuvent arriver dans notre existence ordinaire, lorsque nous sommes pris par un « sentiment de nouveauté » ou celui de « ce qui peut secourir ou sauver, soi-même ou le monde »[2]. Chez Kant, cette impression de soi renaissant serait analysée comme l'expérience éthique de soi, et cette expérience se constitue dans l'acte du moi de s'entendre parler le « tu dois ». Le « tu dois » qui appelle à « devenir un homme nouveau », dont l'écoute marque l'« Avant » et l'« Après » dans l'existence, surgit par l'acte du moi de se dégager du mal, de ce qu'il est dans le présent.

Pour conclure notre recherche, nous allons préciser nos résultats, en essayant de justifier nos problématiques, telles que l'auto-détermination éthique, l'auto-affection éthique et la temporalité de l'auto-constitution en tant que re-naissance.

Cette recherche débute par l'hypothèse selon laquelle Kant a approfondi sur le plan éthique le problème de l'auto-constitution. Que le « je » même soit l'énigme pour le moi lui-même, et que la loi rende possible l'auto-détermination du « je », ces deux thèses nous ont conduit à aborder le problème de l'auto-détermination sur le plan éthique, au lieu d'aller directement de la première *Critique* à l'*Opus postumum.* En d'autres termes, nous avons essayé d'approfondir l'idée d'auto-détermination (telle qu'on la considère habituellement comme élément nouveau par rapport aux *Critiques*) dans la critique de la faculté de désirer. Nous considérons que l'idée d'auto-détermination est à l'œuvre dans la deuxième *Critique* et la *Grundlegung.* Selon l'*Opus postumum*, Kant semble admettre deux modes différents d'auto-détermination : « Je suis pour moi-même un principe d'auto-détermination synthétique, non seulement selon une loi de la *réceptivité de la nature*, mais aussi selon un principe de la *spontanéité* de la liberté »[3]. Mais il faut dire que c'est la seule auto-détermination éthique qui fonde l'existence du « je », si on reste fidèle aux textes mêmes de la première *Critique*. Dans les « Paralogismes de la raison pure », Kant affirme que l'existence énigmatique du « je » peut être déterminable sur le plan éthique. Elle est déterminable par l'acte de me donner la loi, comme le « je qui *me* donne la loi ».

Dans la deuxième partie, nous avons essayé d'éclairer le problème inhérent à l'auto-constitution de l'ipséité, à partir de l'analyse de l'auto-affection. C'est Heidegger qui nous a permis d'approfondir l'auto-constitution *éthique* comme

---

[1] Cf. Jean 5, 24-25, Actes, 9, 3-9.

[2] Frédéric Worms, *Revivre*, Flammarion, 2012.

[3] OP, p. 182. AK XXII, 131. Cf. aussi p. 188. AK XXII, 53-43.

auto-affection. Cependant, notre analyse se sépare de Heidegger sur deux points. D'abord, sur le sens éthique de l'auto-affection ; ensuite, sur le problème du temps.

1) Le respect est l'affect de la loi, en ce sens qu'il est la *Triebfeder* de l'auto-détermination par la loi. Dans cette donation affective de la loi, l'auto-détermination par la loi se montre comme le milieu affectif où je me rapporte à moi-même. En se donnant la loi, le moi s'affecte lui-même. L'acte de me donner la loi constitue la façon dont je me rapporte à moi-même. À la différence de Heidegger, nous avons considéré que l'auto-affection éthique contient une faille entre soi et soi. Si la relation du « je » et du « me » ne peut former une pure auto-affection, c'est d'abord parce que je m'affecte par la loi dont la transcendance produit l'écart ou l'opposition entre le « je » et le « me ». Ensuite, la transcendance de la loi peut se transposer en altérité de l'autre personne, lorsque le respect s'adresse à l'autre personne que je vois devant moi. D'une part, je m'affecte par mon pouvoir de donner la loi, lorsque je respecte la loi que je me donne à moi-même. D'autre part, si la loi que je me donne apparaît dans le face-à-face avec l'autre personne, je m'affecte par la loi qui apparaît à travers l'autre, ou bien je m'affecte par cet autre qui se représente comme symbole de la loi. L'auto-affection peut avoir lieu par l'intermédiaire de l'autre. Que l'auto-affection puisse prendre la forme d'une hétéro-affection, c'est ce que nous avons essayé d'élucider pour dégager la structure de l'affectivité éthique. Pourquoi la loi que je me donne apparaît-elle comme provenant de l'autre ? La clef de cette question doit être cherchée dans la liberté en tant qu'auto-constitution de l'opposant. Par la liberté, je m'oriente sur le je-X qui m'impose la loi en m'adressant l'injonction « tu dois » ; je me constitue comme opposé au « je » qui m'interpelle à la deuxième personne. Cette confrontation au je-X, à l'altérité du « je », se transpose en relation du moi à l'autre. Si la loi par laquelle je me détermine moi-même se présente comme celle de l'autre, c'est parce que l'altérité de l'autre dans son intervention dans mon acte d'auto-opposition a une connexion étroite avec l'altérité du « je ». Lorsque je respecte l'autre comme symbole de la loi, l'altérité interne du « je » est transférée à l'autre. L'autre m'apparaît ainsi comme un symbole du « je » qui me donne la loi.

L'autre en tant que « je » m'apparaît par le transfert du « je » entre le moi et l'autre. On peut se demander pourquoi le moi aliène son « je » à l'autre. Devrions-nous plutôt admettre que le « je » est originairement autre que moi ? Le « je » ne s'institue-t-il en moi que par une suite d'identifications à l'autre ? Comme la psychanalyse l'affirme, le moi ne s'entend-il pas parler le « tu dois » sans incorporer la voix du « je » qui représentait le moi dans son discours ? Ou bien, devons-nous penser que le « je » appartient originairement au moi ? Si le « je » en tant qu'Autre qui me donne la loi ne m'apparaît pas sans que le moi ne lui transfère le « je », l'identification à l'autre « je » présuppose alors l'existence originaire du « je » en moi. En réalité, il n'est pas nécessaire de trancher sur cette alternative. Il faut simplement reconnaître au « je » la part irréductible à l'identification à l'Autre, c'est-à-dire la liberté, tout en admettant la préexistence de l'Autre qui subordonne le moi à son « je ». La liberté consiste à commencer de soi en fonction du passé qui n'est pas en son pouvoir. Kant écrit ceci : « Il serait entièrement exact de dire de lui [le sujet agissant] qu'il commence de lui-même ses effets dans le monde sensible, sans que l'action commence en lui-même »[1]. Le moi n'éprouve la liberté que lorsqu'il se confronte au passé qui prédétermine sa décision. Même si l'Autre apparaît comme « je » qui donne la loi dans le s'entendre parler le « tu dois », même si le moi s'identifie au « je » qui lui a donné la loi, il est appelé à commencer de soi pour s'arracher à ce « je » qu'il était. En se dégageant de cet Autre auquel il s'est identifié, le moi se confronte au « je » qui lui paraît étranger. C'est en se confrontant à lui-même dans cette étrangeté du « je » que le moi se constitue comme ce qu'il est lui-même.

Il y a un « je » libre en moi, même si l'Autre assujettit le moi à son « je ». Dans cette perspective, nous avançons l'hypothèse de la préexistence du « je » *en moi* avant la re-naissance du moi. Même si l'Autre s'empare du « je », même s'il parle à la place du « je », le « je » doit être déjà advenu à moi-même. Le « je » qui pourrait s'instituer après la désidentification à l'Autre doit être advenu au moi qui est pris par le désir de l'Autre. Nous pensons que c'est dans le s'entendre parler le « tu dois » que le moi éprouve ce « je » à venir comme étant déjà arrivé. Pour approfondir cette modalité d'être du « je » dans l'auto-constitution du moi, nous avons abordé le problème du temps à partir de la façon dont le moi s'entend parler le « tu dois ».

2) Pour Heidegger, l'auto-affection ne constitue l'ipséité que dans la mesure où celle-ci est identifiée au temps : « l'unité comme temps pur doit donc constituer l'horizon que le Je comme aperception transcendantale ekstatique se tient d'emblée ouvert devant soi [...]. Cet horizon d'unité doit présenter le caractère de la résistance, en l'occurrence d'une résistance qui vient en retour vers le sujet, vers le Soi à partir de lui-même et qui le lie dans ses actions »[2]. Heidegger attribue au temps lui-même cette « résistance qui jaillit du Soi et advient en même temps au Soi ». L'auto-affection ne constitue

---

[1] CRP, p. 1174. B 569.

[2] PK, p. 340. GA 25, p. 390.

l'ipséité que si le temps se manifeste comme auto-position de la résistance qui s'exerce sur le sujet. « Le temps où excèdent les actions fondamentales de la synthèse du sujet est en même temps ce qui affecte *a priori* ce sujet. Ce qui signifie que le sujet comme tel s'oppose *a priori* une résistance – le temps lui-même. » En ce sens, Heidegger décrit l'auto-affection comme la « manière dont le sujet est lui-même *abordé* (*angegangen*) par son activité pure »[1]. Cet « abord de soi (*Selbstangang*) » – nous pouvons bien le penser comme une épreuve de soi – provient exclusivement du « caractère de la résistance » du temps. En se laissant aborder dans le temps, le sujet se temporalise lui-même. Heidegger détermine cette temporalisation du Soi comme pouvoir ekstatique du Soi. Si le Soi, qui se donne dans le temps, rencontre la « résistance originaire » du temps, c'est parce que par ce pouvoir ekstatique, il se saisit dans la dimension du futur, c'est-à-dire dans le devancement de sa propre mort. La constitution temporelle de soi s'opère alors sur le mode de ce qu'il a à être, de ce qu'il n'est pas encore. C'est en devançant sa mort en tant que possibilité extrême que le caractère du Soi « est réapproprié dans l'identification authentique comme possession de soi ». Heidegger écrit ceci : « C'est en tant qu'*existant* que le Soi doit pouvoir s'identifier : *il doit nécessairement pouvoir, dans l'unité de la décision pour une possibilité et de l'obligation envers le passé au sein de tout instant (Augenblick) concret, se comprendre comme le même « été-à-venir »* (*zukünftig-gewesene*) » [2]. La résistance du temps s'éprouve dans la constitution temporelle en tant mode d'être authentique du *Dasein*, et c'est dans l'écoute de l'appel de la conscience que Heidegger trouve l'attestation de la possibilité d'être authentique du *Dasein* : la voix étrangère qui convoque le *Dasein* à être soi-même provient du *Dasein* lui-même. Heidegger nous propose ainsi de penser la temporalisation de soi à partir de l'auto-affection en tant qu'écoute de soi.

Pour Heidegger, Kant ne comprend l'identification du Soi qu'à partir du présent, et par là, le « je » kantien ne peut s'identifier lui-même authentiquement à partir de sa finitude. Contre cette interprétation, nous avons essayé de dégager la *temporalité éthique* par l'analyse des façons dont le moi se rapporte à lui-même en s'entendant parler le « tu dois ». L'acte de s'entendre parler le « tu dois » constitue l'expérience temporelle du moi. Si on veut l'exprimer dans le langage heideggérien, la donation de la loi engendre la « résistance originaire » du « je » qui énonce le « tu dois » au « me », et le moi est abordé par le « je ». Pour éclairer la temporalité qui traverse la façon

---

[1] PK, p. 342. GA 25, p. 392.

[2] PK, p. 344. GA 25, p. 395.

dont le moi écoute la voix du « je » qui « me » dit « tu dois », nous avons essayé de dégager le problème du temps dans la conception kantienne de la conversion. L'auto-détermination en tant que conversion génère un « Avant » et un « Après ». Au moment où je prends une décision libre en me disant « tu dois », le passé (où j'ai fait le mal) s'impose comme la nécessité de l'auto-détermination par la loi. Je prends la décision en fonction du passé pour accomplir l'action dans le futur où j'adviens dans la vérité de la synthèse pratique. C'est ainsi que le passé et le futur se constituent à partir du présent où le moi s'entend parler le « tu dois ». Par la liberté comme fondement de l'imputabilité, « je » *me* conçois comme celui à qui l'action mauvaise est imputée. Ensuite, par la liberté comme auto-nomie, « je » *me* dis « tu dois » à moi-même qui ai commis le mal.

Dans l'instant où le moi énonce le « tu dois », le passé est rétroactivement constitué comme le passé transcendantal de la liberté, et le futur surgit comme dégagement de ce qu'il est. Le temps ne court pas. Mais il répète, circule en se constituant chaque instant où le moi s'entend parler le « tu dois » : « le temps n'a aucune durée. Son *être* (maintenant, futur, en même temps, avant, après) est un instant (*Augenblick*) »[1]. En ce sens que le passé et le futur

[1] OP, p. 122, AK XXII, 5. Sur cette notion de l'instant chez Kant, voir G. Bensussan, *Le Temps messianique* et J. Rogozinski, *Le Don de la Loi*. Ces deux philosophes dégagent une pensée singulière sur l'instant, l'*Augenblick*, en interprétant un passage de *La fin de toutes choses*. Dans ce texte, Kant désigne par la fin du temps l'éternité, la vie après la mort. Il considère que le « passage du temps à l'éternité » comme l'entrée des « êtres temporels » dans l'ordre moral où ils durent en tant qu'êtres supra-sensibles. Il est contradictoire de penser que l'instant qui marque le commencement du monde intelligible est consécutif à celui qui marque la fin du monde sensible, puisqu'ils sont rangés dans la même série temporelle qui serait abolie par la fin du temps. Mais Kant présente une nouvelle idée du temps pour penser la temporalité éthique. Selon Bensussan, Kant ouvre une pensée nouvelle de l'instant par l'articulation de la « durée nouménale » et de l'« *Augenblick* ». Le premier est la « temporalité propre à l'infinie progression vers la perfection morale » (*Le Temps messianique*, p. 39). Le deuxième est l'instant qui est distingué du *Zeitpunkt*. Le *Zeitpunkt* désigne chaque moment qui constitue une même série temporelle, c'est-à-dire le temps des phénomènes. Par exemple, Kant écrit ceci : « Je ne suis jamais libre dans le point du temps [*Zeitpunkte*] où j'agis » (CRpr, p. 723. AK V, 94). Bien que la décision libre soit atemporelle (il n'y a « ni avant ni après » dans le caractère intelligible), il est possible de penser la temporalité de la liberté. L'*Augenblick* désigne le temps de la liberté qui s'ouvre sur le commencement de l'éternité. Il constitue la fin de toutes les choses dans le temps, et en même temps le « commencement de l'éternité ». Rogozinski nous invite à penser cet instant comme le moment où le moi se dégage de l'enracinement dans le mal radical. L'*Augenblick* est le commencement du temps éthique par la mise en suspens de la temporalité phénoménale. Cela signifie que l'éternité fait irruption dans chaque moment du temps. Bensussan qualifie de messianique cette irruption-suspension.

surgissent dans l'*instant* de l'écoute de soi, la constitution du sujet kantien s'effectue dans le présent. Heidegger a raison de dire que Kant pense l'auto-constitution temporelle exclusivement à partir du présent. Mais il est impossible de considérer que « le Je peut s'identifier en tout maintenant comme le même ». La temporalité éthique ne peut constituer une pure identité entre le « je » et le « me » dans l'écoute de soi, dans la mesure où le passé en fonction duquel je me détermine par la loi est insondable. Le passé a des fonctions spécifiques dans l'auto-détermination par la loi. Le passé se constitue, au processus de l'auto-constitution temporelle, comme le mal que le moi était. Le mal concerne un mode d'être temporel du moi. En reconnaissant ce qu'il est comme ce qu'il ne doit pas être, le moi se dégage de ce qu'il est. Dans ce processus de sortie de soi, le mal se constitue comme mode d'être en tant que ce qu'il était : le passé se constitue ainsi comme mode d'être du moi dans l'auto-constitution en tant que re-naissance. Mais il est possible que ce passé ne puisse être reconnu comme tel. Il y a la possibilité de l'illusion dans la tentative même de la re-naissance : le moi dénie ce qu'il est lui-même, en se séparant temporellement de ce qu'il est. Il s'illusionne sur ce qu'il est lui-même, en se soumettant au « tu dois » qui commande de se dégager de ce qu'il est. Si l'auto-illusion s'enracine dans l'expérience de s'entendre parler le « tu dois », l'auto-constitution temporelle ne peut se maintenir en elle-même. L'auto-détermination par la loi doit générer le temps en marquant l'Avant où le moi était pris dans le mal et l'Après où il s'en serait

---

C'est dans cette perspective que Rogozinski situe la temporalité de la décision libre dans le *duratio noumenon*. Selon lui, la possibilité de la conversion trouve son fondement dans la « suspension messianique » : « La Décision éthique ne s'insère pas *dans* le temps, parce qu'elle décide pour le temps » (*Le Don de la Loi*, p. 322), et ce temps n'est pas un des points de temps, mais la *césure* qui marque l'« avant » où la liberté s'est enracinée dans le mal et l'« après » où le moi advient dans la vérité de la synthèse pratique. C'est en ce sens que l'*Augenblick* constitue l'espoir ou la délivrance du moi. En suspendant le temps des phénomènes, la décision pour se dégager du mal radical, la décision pour la loi s'accomplit dans un instant. Mais selon Rogozinski, la question redoutable de la délivrance du moi consiste dans cet instant même où le mal et le bien co-appartiennent (voir *Le Don de la Loi*, p. 321-329). Car la notion de l'*Augenblick* s'applique aussi à la décision libre pour le mal. En effet, Kant écrit ainsi : « L'action est attribuée au caractère intelligible de l'auteur : la faute tombe entièrement sur lui à l'instant (*Augenblick*) où il ment » (CRP, p. 1184). On sait bien que Kant insiste souvent sur le fait que le mal commis par le moi ne peut jamais être effacé. Le mal pèse sur le moi agissant à titre de passé irrévocable. Rogozinski remarque que le problème n'est pas seulement la persistance du passé ; il y a la possibilité du retour du mal, celle de « sa résurgence *actuelle* après la césure, menace d'une rechute dans le tort qui revient sans cesse hanter le sujet-à-la-loi » (*Le Don de la Loi*, p. 327).

dégagé. Mais si la tentative même de se dégager du mal consiste dans le mensonge intérieur, l'Avant marqué par le mal radical surgit dans le présent même de l'auto-détermination par la loi. Alors que le moi croyait s'en être déjà dégagé, il est en réalité pris dans le mal. Le passé demeure dans le présent sans être conçu. En croyant être devenu autre que ce qu'il est, le moi en finit avec ce qu'il est lui-même, en le déplaçant dans le passé. En se dégageant du mal qu'il est lui-même, il considère ce qu'il est comme ce qu'il n'est plus. Cependant, ce passé rejeté n'est jamais passé. Car le mal surgit dans l'instant même de l'auto-détermination par la loi, en ce sens que l'acte de s'en dégager dissimule le mal.

L'auto-détermination par la loi peut ainsi renverser l'ordre temporel par son acte de générer l'Avant et l'Après. Si le mensonge intérieur atteint la conversion, l'Avant où j'étais mauvais ne peut être constitué comme passé. De même, l'Après que la conversion génère ne peut surgir. Car, c'est par la tentative même de se dégager temporellement de ce qu'il est que le moi demeure identique à ce qu'il est lui-même. La conversion dérègle ainsi l'auto-constitution temporelle : il n'y a ni « avant » ni « après » dans l'auto-constitution temporelle.

Comment régénérer le temps dans l'auto-constitution du moi ? Quelle est la temporalité qui structure l'auto-détermination par la loi en vérité ? En appelant la conversion la re-naissance, nous avons décrit comment le moi génère le temps dans l'écoute de la voix. Au moment où le moi écoute le « tu dois », le « je » surgit dans le passé qui détermine préalablement le devoir-être du moi. En s'entendant parler le « tu dois », je me saisis moi-même comme opposé au « je » qui m'apparaît sur le mode de « déjà » : à l'instant où je m'entends parler, ma propre voix résonne du passé. Nous avons examiné deux modes de surgissement du « je » dans le passé en examinant l'interprétation psychanalytique de l'éthique kantienne. Selon la psychanalyse, le « je » appartient originairement à l'Autre, et c'est lui qui énonçait le « tu dois » que le moi incorpore pour se déterminer lui-même. L'Autre en tant que « je » resurgit en moi à chaque instant où le moi s'entend parler le « tu dois ». C'est ainsi que l'Autre lui apparaît comme étant puissant depuis toujours. L'à-venir du « je » que le moi désigne en se disant « tu dois » peut être prédéterminé par le passé à chaque moment de l'écoute de soi. Contre cette conception du passé qui aliène le « je » à l'Autre, nous avons tenté d'esquisser l'autre mode de constitution de soi en fonction de l'altérité du « je », qui pourrait déjouer l'identification au « je » de l'Autre. Selon la définition que Kant donne au concept de liberté, le moi est appelé à (re)commencer, tout en étant soumis au passé qui le prédétermine. La liberté n'a lieu que dans l'expérience où le moi est déterminé dans l'ordre temporel. Cela signifie que le moi est déjà libéré de la relation causale du temps dans l'instant même où il décide de commencer de soi. C'est cette préexistence énigmatique de soi que nous essayons d'interpréter comme ce qui permet de déjouer la prédétermination du moi par l'Autre. Le « je » libre survient comme étant déjà venu au moi qui est soumis au temps passé où il obéissait au « tu dois » de l'Autre, au passé qu'il génère de lui-même en s'entendant parler le « tu dois ».

Chez Kant aussi, le « je » surgit rétroactivement comme étant déjà existant au moment même où le moi se soumet au « tu dois ». Ce « je » qui précède le moi n'est pas l'Autre, mais le moi lui-même qui existe sur le mode du « je serai » : il est ce que le moi retrouve comme lui-même en se dégageant de l'Autre qui le subordonne à son désir et à son discours. Dans la mesure où ce « je » n'existe pas encore au moment même où le moi se subordonne à l'Autre, il est autre que ce qu'il est. Mais cet autre doit être déjà arrivé comme lui-même, avant qu'il se dégage de l'Autre. Car il serait impossible de décider de s'en dégager, si le moi n'était pas déjà libéré de la subordination à l'Autre. La renaissance du moi a ainsi pour condition la venue du « je » avant sa constitution en moi. Le « je » que le moi doit devenir est déjà là comme ce qu'il était lui-même ; ce « je » que je serai devrait surgir comme ce que j'étais, à l'instant même où je m'entends parler le « tu dois ». Ce qui me sauve de moi-même m'est déjà arrivé comme moi-même.

En devenant un homme nouveau, je dois vivre comme moi-même ce que je ne suis pas. Ou bien, « je » dois *revivre* moi-même comme ce que je n'étais pas. Ainsi, l'auto-constitution éthique génère-t-elle le temps comme mode spécifique de revivre soi-même. Le passé se génère, dans le présent, comme l'à-venir ; l'avenir était déjà venu dans le passé. Tout se passe comme si le moi devait faire retour à soi pour devenir autre que ce qu'il est. Si le moi revit ce qu'il n'est pas encore pour devenir un « homme nouveau », le « pas encore » et le « déjà » s'entrelacent dans l'auto-constitution temporelle. Le « pas encore » ne surgit que comme répétition de ce qui s'est déjà passé. Lorsque cette temporalité est vécue dans l'écoute de soi, l'auto-constitution du moi devrait s'effectuer comme acte de re-naissance. Dans le présent où je m'entends parler le « tu dois », j'éprouve comme moi-même le « je » à venir : le moi s'éprouve comme *déjà* re-né à lui-même, en se dégageant de ce qu'il est pour devenir ce qu'il n'est *pas encore*. Dans l'écoute de soi, le moi s'éprouve lui-même comme l'autre tout en étant lui-même[1].

---

[1] Nous arrivons ainsi à une thèse derridienne sur l'auto-constitution temporelle dans l'écoute de soi, en lui donnant un sens positif : « L'auto-affection comme opération de la voix supposait qu'une différence pure

Le « je » est ainsi vécu, dans l'écoute de soi, comme ce que j'étais, comme ce que je ne suis pas encore et comme ce que je suis moi-même. Comme le disait Merleau-Ponty, ma propre voix est « mal dépliée »[1]. Tout se passe comme si le passé et le futur se pliaient, se dépliaient, en s'embrouillant dans l'écoute de soi. Selon l'expression de Heidegger, la voix paraît retentir « depuis le lointain vers le lointain »[2] dans le présent de l'écoute de soi. Ce lointain désigne la modalité d'être du « je » que le moi doit devenir en se disant le « tu dois ». Ce « je » est ce qu'il n'est pas encore. Mais il l'est déjà lui-même lorsqu'il expérimente son pouvoir de commencer. Dans le présent où je m'affecte moi-même en m'entendant parler le « tu dois », la voix est éprouvée comme provenant à la fois du « je » qui n'est pas encore venu et de celui qui est déjà advenu. Ma voix résonne dans le présent comme un écho du « je » qui n'est pas encore venu. Le passé et le futur sont ainsi contractés dans le présent. Dans cette épaisseur temporellement inextricable, l'auto-constitution du moi effectue la *synthèse* du « je » qui n'est pas encore et de celui qui est déjà venu. Le moment est venu pour reprendre le problème de la synthèse pratique : elle concerne la temporalité spécifique qui articule le « je » et le « me » dans le s'entendre parler le « tu dois ». Reformulons le problème de la synthèse pratique à partir de notre analyse sur la temporalité dans l'écoute de soi pour montrer que la temporalisation du moi dans l'écoute de soi est l'opération fondamentale de la synthèse pratique.

La synthèse pratique s'effectue dans le processus de l'auto-constitution temporelle en tant que re-naissance. Elle réalise la temporalisation de la relation entre le « je » et le « me » en passant plusieurs phases.

1) Au moment même où il s'entend parler le « tu dois », le moi s'éprouve comme « toi » dont il doit se dégager. Le moi tente de se dégager de ce qu'il est, en le reconnaissant comme ce qu'il ne doit pas être. En « me » disant le « tu dois », « je » reconnais ce que je suis pour devenir ce que je ne suis pas encore. La synthèse dans cette phrase concerne la façon dont le passé est rétroactivement constitué comme ce qui appartient à l'histoire du moi. Lorsque le moi se dégage de ce qu'il est, ce qu'il est se transforme en ce qu'il était. Ce que je suis est transposé dans le passé, et je me différencie temporellement de ce que je suis. Nous avons vu que cette historisation du moi peut être effectuée par le démenti du moi qui consiste à transposer ce que

vînt diviser la présence à soi. [...] [L'auto-affection] produit le même comme rapport à soi dans la différence d'avec soi, le même comme le non-identique ». J. Derrida, *La Voix et le phénomène*, p. 92.

[1] M. Merleau-Ponty, *Le Visible et l'invisible*, Gallimard, 1964, p. 192.

[2] M. Heidegger, *Être et temps*, p. 214 [p. 271].

le moi est actuellement en ce qu'il était. La re-naissance se distingue du démenti en ceci que le moi re-naissant reconnaît comme lui-même ce qu'il était : en « me » disant le « tu dois », « je » « me » éprouve comme ce que j'étais. Tout en reconnaissant qu'il est ce qu'il était, le moi tente de se dégager de ce qu'il est.

2) Le « je » reconnaît comme lui-même ce qu'il était. Mais le « je » qui dit le « tu dois » et le « me » qui l'écoute doivent être mis en écart. Même si je me reconnais moi-même dans ce que j'étais, « je » qui me dit le « tu dois » doit être opposé à moi-même. Car le moi qui est pris dans le mal, assujetti à l'Autre ne peut être le « je » qui énonce le « tu dois ». Si le « je » est identique à ce dont le moi tente de se dégager, il ne peut y avoir l'auto-constitution temporelle. Le « je » doit être toujours comme ce qui est à venir, et le moi ne peut le devenir en se dégageant de ce qu'il est lui-même. Le « je » et le « me » sont mis en *écart temporel*, tel est le réquisit fondamental de la synthèse pratique. Pour que le futur désigne ce que le moi a à être sur le mode du « pas encore », il ne doit pas être vécu dans le présent. Dans cette deuxième phase de la synthèse entre le « je » et le « me », le « je » est éprouvé comme temporellement autre que le moi. Même si je m'éprouve comme déjà libre, ce « je » libre n'est pas encore arrivé effectivement.

3) Et pourtant, ce « je » à venir surgit dans la proximité à soi, au moment même où le moi tente de se dégager de ce qu'il est. Le moi ne pourrait jamais commencer de soi, s'il ne s'était pas déjà dégagé de ce qu'il est. Il ne s'agit pas de l'identité du « je » à venir et du moi présent. Lorsque le moi tente de se dégager de ce qu'il est, le « je » lui surgit comme ce qui s'est déjà passé. C'est pour devenir ce qu'il était que le moi s'efforce de se dégager de ce qu'il est. En s'efforçant d'advenir au « je » qu'il n'est pas encore, le moi fait retour à lui-même. Lorsque le moi se dégage de ce qu'il est, il pressent le « je » à venir. Ce « je » à venir qu'il sent comme lui-même se passe comme une chimère, lorsqu'il reconnaît ce qu'il est. Car il n'est que ce dont il tente de se dégager. Mais le moi tente de rendre au présent le « je » à venir qui s'est passé, en se dégageant de ce qu'il est. C'est ainsi que la nouvelle naissance est dite la « re-naissance ». Le moi est déjà re-né avant sa re-naissance. Au moment même où le moi écoute le « tu dois », le moi éprouve le « je » à venir dans la proximité à soi. Mais le « je » à venir s'est déjà passé. C'est pour cela que le moi tente d'advenir au « je » en revenant à soi. La re-naissance se réalise ainsi comme la synthèse entre l'avenir et le passé dans l'auto-constitution du moi ; pour devenir ce qu'il n'est pas encore, le moi fait retour à ce qu'il était, à ce qu'il n'est plus.

Dans la synthèse pratique temporelle, l'ipséité éthique se constitue de façon très instable. Car le moi éprouve son « je » qu'il est lui-même, comme ce qui n'est pas encore arrivé et comme ce qui s'est déjà passé. Sans que le « je » qui n'est pas encore arrivé soit déjà arrivé comme le moi lui-même, il est impossible de commencer de soi-même, indépendamment de l'Autre qui le subordonne à son discours, indépendamment du temps qui le détermine par la loi de la causalité. Être libre, c'est se confronter à soi-même comme à l'autre qui n'est pas temporellement ici. C'est ce caractère intempestif de la temporalité du « je » que nous avons essayé de montrer comme trait essentiel de la subjectivité libre : l'ipséité libre consiste à s'éprouver comme un autre intempestif dans l'écoute de soi.

Il est bien possible que le « je » à venir, que le moi retrouve comme lui-même dans l'écoute de soi, soit illusoire. On peut toujours se demander si la voix ramène le moi vraiment au « je » qu'il était, si le moi ne s'illusionne pas en s'entendant parler le « tu dois ». Qu'est-ce qui assure la vérité de la connaissance de soi dans l'écoute de soi ? Dans la *Doctrine de la vertu*, Kant écrit ceci sur la « connaissance morale de soi » : « Seule la descente aux enfers qu'est la connaissance de soi fraie le chemin de l'apothéose »[1]. « Connais-toi toi-même », ce commandement mène le moi dans l'« abîme », dans les « profondeurs du cœur les plus difficiles à sonder »[2]. L'énigme du « je » dans l'auto-détermination par la loi serait considérée comme celle de la divinité intérieure. Tout se passe comme si l'énigme du « je » avait son origine dans une affinité du « je » et de Dieu en moi[3]. Dans l'*Opus postumum*, on trouve le développement de ce problème : « Un être qui a la faculté et le pouvoir de commander sur tout est Dieu [...]. Il y a un Dieu dans l'âme de l'homme »[4]. Kant insiste ainsi sur une thèse peu critique, selon laquelle l'impératif catégorique repose sur l'Idée de Dieu[5]. Mais ce Dieu n'en est pas moins une Idée. « L'impératif catégorique ne présuppose pas, écrit Kant, une substance exerçant le commandement suprême, qui est hors de moi, mais se trouve dans ma raison »[6]. C'est de cette relation équivoque du « je » et de l'autre-Dieu que

---

[1] DV, p. 730. AK VI, 441. Kant cite ce texte de Hamann aussi dans le *Conflit des facultés*, lorsqu'il examine le « problème de devenir un homme nouveau » et celui de la « scission du Bien et du Mal ». *Conflit des facultés* (1798), trad. A. Renaut, p. 862. AK VII, 55.

[2] DV, p. 730. AK VI, 441.

[3] RL, p. 34. AK VI, 24.

[4] OP, p. 173. AK XXII, 120.

[5] « Dieu est le sujet de l'impératif catégorique des devoirs ». OP, p. 209. AK XXI, 22.

[6] OP, p. 190. AK XXII, 56.

provient la différence interne du « je » et du « me » du « je me donne la loi ». Dans l'acte de se déterminer par la loi, « il y a un être en moi, distinct de moi, qui a pouvoir sur moi », et cet être « me dirige intérieurement ». Mais Kant affirme que « moi, l'homme, je suis moi-même cet être, et celui-ci n'est pas, par exemple, une substance hors de moi, et ce qui est le plus étrange »[1]. Tout se passe comme si Dieu, qui dit *je* authentiquement, était la *persona* (masque) que je mets pour me déterminer par la loi. Se donner la loi, dit Kant, est inséparablement lié à un « Autre et sa volonté (dont la raison universellement législatrice n'est que le porte-parole), je veux dire Dieu »[2]. Mais Kant affirme que cet Autre, l'Idée de Dieu, « nous la *forgeons* nous-même »[3].

On serait tenté de mettre en parallèle la conception kantienne du Dieu et le mythe du meurtre du père[4]. Dieu n'existe que s'il est constitué par le moi. Ce qui distingue l'éthique kantienne de la psychanalyse, c'est que le « tu dois » kantien ne consiste pas dans l'incorporation de la voix de l'Autre. Car la liberté met hors-jeu l'Autre qui précède le moi. Il y a le « je » qui s'est déjà libéré au moment même où il se subordonne au « tu dois » de l'Autre. C'est cette affirmation extravagante du moi qui soutient la conception kantienne de la liberté. Si le moi peut commencer de soi-même au moment où il est pris dans l'enchaînement causal avec l'Autre, c'est parce que le moi se sent comme « je » à venir.

Le « je » qui aurait été avant l'Autre qui me disait le « tu dois », je l'éprouve comme moi-même dans l'instant où je tente de me dégager de ce que je suis. Dans l'écoute de soi, j'éprouve doublement l'altérité du « je ». Je m'éprouve dans l'écoute de la voix du « je » qui me subordonne au passé où l'Autre me disait le « tu dois ». C'est tout en éprouvant ce « je » que le « je » plus autre, plus ancien que l'Autre, survient pour me libérer de ce que je suis : le « je » que j'étais, le « je » auquel je reviens en me dégageant de la subordination à l'Autre qui m'impose sa loi. Sans ce « je » déjà libéré, je ne

---

1 OP, p. 211. AK XXI, 25.

2 DV, p. 786. AK VI, 487.

3 DV, p. 734. AK VI, 444.

4 Comme Heine ironise sur le Dieu chez Kant dans *De l'Allemagne*, on pourrait dire que l'éthique kantienne commence par le meurtre de Dieu. « On dit que les esprits de la nuit s'épouvantent quand ils aperçoivent le glaive d'un bourreau. De quelle terreur doivent-ils donc être frappés quand on leur présente la *Critique de la raison pure* de Kant ? Ce livre est le glaive qui tua en Allemagne le Dieu des déistes ». Mais ce Dieu mort fait retour dans la deuxième *Critique* « comme avec une baguette magique ». Kant « ressuscite le Dieu que la raison théorique avait tué ». H. Heine, *De l'Allemagne*, t. I, M. Lévy Frères, 1855, p. 118 et p. 132.

pourrais jamais commencer de moi-même pour me déterminer moi-même. Mais ce « je » ne peut se maintenir que lorsque le moi tente de se dégager de ce qu'il est. Il ne resurgit dans le passé que pour moi qui m'efforce de le revivre. Ainsi, le moi s'éprouve-t-il lui-même dans un écart temporel au « je ». Je m'éprouve moi-même entre le « je » qui s'est déjà passé et le « je » qui n'est pas encore. Le « déjà » et le « pas encore » sont pliés dans l'épreuve de soi qui s'entend parler le « tu dois ». Cette épreuve de soi dans la confrontation au « je » n'est rien d'autre que l'expérience de la liberté. La liberté consiste à *s'éprouver soi-même dans l'altérité du « je »* pour déplier le moi entre le « déjà » et le « pas encore ».

Bibliographie

ALQUIÉ Ferdinand, *La Critique kantienne de la métaphysique*, PUF, 1968.

ALLISON Henry E., *Kant's transcendental Idealism*, Yale University press, 1983.

—, "Spontaneity and Autonomy in Kant's Conception of the Self", *The Modern subject*, State University of the New York Press, 1995.

ALTHUSSER Louis, *Positions*, Éditions sociales, 1976.

ARENDT Hannah, *Eichmann à Jérusalem*, trad. A. Guérin, Gallimard, 1991.

ARISTOTE, *Éthique à Nicomaque*, Vrin, 1994.

BAAS Bernard, *Le Désir pur*, Éditions de Peeters, Louvain, 1992.

BALMÈS François, *Le nom, la loi et la voix*, Érès, 1998.

—, *Ce que Lacan dit de l'être*, PUF, 1999.

BENVENISTE, Émile, *Problèmes de linguistique générale*, collection *Tel*, Gallimard, 2012.

BENOIST Jocelyn, *Kant et les limites de la synthèse*, PUF, 1996.

BENSUSSAN Gérard, *Le Temps messianique*, Vrin, 2001.

BERNET Rudolf, « Loi et éthique chez Kant et Lacan », *Revue philosophique de Louvain*, t. 89, n° 83, Éditions de l'Institut supérieur de philosophie, 1991.

BIRAULT Henri, *Heidegger et l'expérience de la pensée*, Gallimard, 1978.

BYRNE Sarah, BIRCHWOOD Max, TROWER Peter, MEADEN Alan, *A casebook of cognitive behaviour therapy for command hallucinations*, Routledge, 2005.

CARNOIS Bernard, *La Cohérence de la doctrine kantienne de la liberté*, Éditions du Seuil, 1973.

CHAUVIER Stéphane, *Dire "Je"*, Vrin, 2001.

CHRÉTIEN Jean-Louis, *L'Appel et la réponse*, Éditions de Minuit, 1992.

COHEN Hermann, *Kants Begründung der Ethik*, Dümmler, 1877.

DASTUR Françoise, *La Phénoménologie en questions*, Vrin, 2004.

DAVAL Roger, *La Métaphysique de Kant*, PUF, 1951.

D'AVIAU DE TERNAY Henri, *La Liberté kantienne*, Éditions du Cerf, 1992.

DAVID-MÉNARD Monique, *La Folie dans la raison pure*, Vrin, 1990.

—, *Les Constructions de l'universel*, PUF, 1997.

DESCOMBES Vincent, *Le parler de soi*, Gallimard, 2014.

DELBOS Victor, *La Philosophie pratique de Kant*, PUF, 1969.

DIDIER-WEIL Alain, *Les Trois temps de la loi*, Éditions du Seuil, 1995.
DERRIDA Jacques, *La Voix et le phénomène*, PUF, 1967.
—, *De la grammatologie*, Éditions de Minuit, 1967.
—, *L'Écriture et la différence*, Éditions du Seuil, 1967.
—, *Marges de la philosophie*, Éditions de Minuit, 1972.
FAUCHER Jean marc, *L'automatisme mental, Kant avec De Clérambault*, Érès, 2011.
FICHTE Johann Gottlieb, *Œuvres choisies de philosophie première*, trad. A. Philonenko, Vrin, 1964.
FOLLIN Sven, *Vivre en délirant*, Les Empêcheurs de penser en rond, 1998.
FRANK Manfred, *"Unendliche Annäherung" : Die Anfänge der philosophischen Frühromantik*, Suhrkamp, 1997.
FREUD Sigmund, *Cinq Psychanalyses*, trad. M. Bonaparte, R. M. Loewenstein, PUF, 1954.
—, *Essais de psychanalyse*, trad. J. Altounian, A. Bourguignon, A. Cherki, P. Cotet, J. Laplanche, J.-B. Pontalis, A. Rauzy, Payot, 1967.
—, *La vie sexuelle*, trad. J. Laplanche, D. Berger, PUF, 1969.
—, *Névrose, psychose et perversion*, trad. J. Laplanche, PUF, 1973.
—, *Totem et tabou*, trad. S. Jankélévitch, Payot, 1977.
—, *Nouvelles conférences d'introduction à la psychanalyse*, trad. R.-M. Zeitlin, Gallimard, 1984.
—, *Résultats, idées, problèmes*, t. II, PUF, 1985.
Giovannangeli Daniel, « Finitude et altérité dans l'esthétique transcendantale », *Revue philosophique de Louvain*, Éditions de l'Institut supérieur de philosophie, t. 91, n° 89, 1993.
GODDARD Jean-Christophe, « Métaphysique et schizophrénie (sur Kant et Swedenborg) », *Les Carnets du centre de philosophie du droit*, n° 75, Université catholique de Louvain, 1999.
GUILLERMIT Louis, *Leçons sur la Critique de la raison pure*, Vrin, 2008.
GRANEL Gérard, *L'Équivoque ontologique de la pensée kantienne*, Gallimard, 1970.
—, *Écrits logiques et politiques*, Galilée, 1990.
GRONDIN, Jean, "Zur Phänomenologie des moralischen, Gesetzes", *Kant-Studien* (91), 2000.
GUÉROULT Martial, Canon de la raison pure pratique », *Revue internationale de philosophie*, t. 30, 1954.
—, « Les déplacements de la conscience morale kantienne selon Hegel », *Hommage à Jean Hyppolite*, PUF, 1971.
HAAR Michel, *La Fracture de l'histoire*, Million, 1994.

HECKMANN Heinz-Dieter, "Kant und die Ich-Metaphysik", *Kant-Studien* (76), 1985.

HEGEL Georg Wilhelm Friedrich, *Phénoménologie de l'esprit*, trad. J. Hyppolite, Aubier, 1939-1941.

HEIDEGGER Martin, *Être et Temps*, trad. E. Martineau, Authentica, 1985.

—, *Problèmes fondamentaux de la phénoménologie*, trad. J.-F. Courtine, Gallimard, 1985.

—, *Interprétation phénoménologique de la Critique de la raison pure de Kant*, trad. E. Martineau, Gallimard, 1982.

—, *Kant et le problème de la métaphysique*, trad. W. Biemel, A. de Waelhens, Gallimard, 1981.

—, *Débat sur le kantisme et la philosophie : Davos, mars 1929, et autres textes de 1929-1931*, trad. P. Aubenque, J. M. Fataud, Beauchesne, 1972.

—, *L'Essence de la liberté humaine*, trad. E. Martineau, Gallimard, 1977.

—, *Questions I et II*, trad. K. Axelos, J. Beaufret, W. Biemel, L. Braun, H. Corbin, F. Fédier, G. Granel, M. Haar, C. Janicaud, R. Munier, A. Préau, A. de Waelhens, Gallimard, 1968.

—, *Questions III et IV*, trad. J. Beaufret, F. Fédier, J. Hervier, J. Lauxerois, R. Munier, A. Préau, C. Roëls, Gallimard, 1990.

HEIMSOETH Heinz, *Studien zur Philosophie Immanuel Kants, Metaphysische Ursprünge und Ontologische Grundlagen*, Kölner Universitäts Verlag, 1956.

HEINE Heinrich, *De l'Allemagne*, t. I, M. Lévy Frères, 1855.

HENRICH Dieter, "Der Begriff der sittlichen Einsicht und Kants Lehre vom Faktum der Vernunft", *Kant : Zur Deutung seiner Theorie von Erkennen und Handeln*, Kiepenheuer & Witsch, 1973.

HENRY Michel, *L'Essence de la manifestation*, PUF, 2011.

—, *Généalogie de la psychanalyse*, PUF, 1985.

HUSSERL Edmund, *Méditations cartésiennes*, trad. Emmanuel Levinas, Vrin, 1992.

JULIEN Philippe, *L'Étrange jouissance du prochain*, Éditions du Seuil, 1995.

KOJÈVE Alexandre, *Kant*, Gallimard, 1973.

KOERNER Emmanuel, « Lectures analytiques de la tradition éthique (Aristote et Kant) », *L'Éthique du désir*, De Boeck, 1999.

KRÜGER Gerhard, *Critique et morale chez Kant*, trad. B. Beignier, Beauchesne, 1961.

LACADÉE Philippe, *Le Malentendu de l'enfant*, Michère, 2010.

LACAN Jacques, *Écrits*, Éditions du Seuil, 1966.

—, *Séminaires I, Les Écrits techniques de Freud*, Éditions du Seuil, 1975.

—, *Séminaires III, Les Psychoses*, Éditions du Seuil, 1981.
—, *Séminaires IV, La Relation d'objet*, Éditions du Seuil, 1994.
—, *Séminaires VI, Le Désir et son interprétation*, Éditions de la Martinière, 2013.
—, *Séminaires VII, L'Éthique de la psychanalyse*, Éditions du Seuil, 1986.
—, *Séminaires X, L'Angoisse*, Éditions du Seuil, 2004.
—, *Séminaires XI, Les quatre concepts fondamentaux de la psychanalyse*, Éditions du Seuil, 1973.
LACHIÈZE-REY Pierre, *L'Idéalisme kantien*, Vrin, 1950.
LAGACHE Daniel, *Les Hallucinations verbales et travaux cliniques*, PUF, 1977.
LEIBNIZ Gottfried Wilhelm, *Essais de théodicée*, GF-Flammarion, 1969.
LEQUAN Mai, *La Philosophie morale de Kant*, Points-Essais, 2001.
LONGUENESSE Béatrice, « *Cogito* kantien et *cogito* cartésien », *Descartes en Kant*, PUF, 2006.
LYOTARD Jean-François, *Le Différend*, Éditions de Minuit, 1983.
—, *L'Enthousiasme*, Galilée, 1986.
—, *Leçons sur l'Analytique du sublime*, Galilée, 1991.
MALEVAL Jean-Claude, *La Forclusion du nom-du-père*, Éditions du Seuil, 2000.
MARION Jean-Luc, *Étant donné*, PUF, 2005.
MARTY François, *La Naissance de la métaphysique chez Kant*, Beauchesne, 1980.
MERLEAU-PONTY Maurice, *Le Visible et l'invisible*, Gallimard, 1964.
MILLOT Catherine, *Nobodaddy*, Point hors ligne, 1988.
MURAKAMI Yasuhiko, *Levinas phénoménologue*, Million, 2002.
NABERT Jean, *L'Expérience intérieure de la liberté*, PUF, 1994.
—, *Essai sur le mal*, Éditions du Cerf, 1997.
NANCY Jean-Luc, *L'Expérience de la liberté*, Galilée, 1988.
—, *L'Impératif catégorique*, Flammarion, 1983.
—, *"Dies irae"*, *La Faculté de juger*, Éditions de Minuit, 1985.
—, « L'offrande sublime », *Du Sublime*, Belin, 1988.
PATON Herbert James, *The Categorical imperative*, University of Pennsylvania press, 1971.
PHILONENKO Alexis, *La Liberté humaine dans la philosophie de Fichte*, Vrin 1966.
—, *L'Œuvre de Kant*, t. I, Vrin, 1968.
PORGE Erik, *Les Noms du père chez Jacques Lacan*, Éditions Érès, 1989.
—, *Voix de l'écho*, Éditions Érès, 2012.

PRAUSS Gerold, *Kant und das Problem der Dinge an sich*, Bauvier Verlag, 1974.
—, *Kant über Freiheit als Autonomie*, Klostermann, 1983.
POMMIER Gérard, *Le Nom propre*, PUF, 2013.
—, *Qu'est-ce que le « réel » ?*, Éditions Érès, 2014.
PROUST Françoise, *Kant, le ton de l'histoire*, Payot, 1991.
REY-FLAUD Henri, *Je ne comprends pas de quoi vous me parlez*, Aubier, 2014.
REBOUL Olivier, *Kant et le problème du mal*, Presses de l'Université de Montréal, 1971.
RICŒUR Paul, *De l'interprétation*, Éditions du Seuil, 1965.
—, *Le Conflit des interprétations*, Éditions du Seuil, 1969.
—, *À l'école de la phénoménologie*, Vrin, 1986.
—, *Soi-même comme un autre*, Éditions du Seuil, 1990.
—, *Lecture* 3, Points-Essais, 2006.
ROGOZINSKI Jacob, « L'Enfer sur la terre – Hannah Arendt devant Hitler », *Revue des sciences humaines*, n° 213, 1989.
—, « Un crime inexpiable », *Rue Descartes*, A. Michel, 1992.
—, « Chasser le héros de notre âme », *Penser après Heidegger*, L'Harmattan, 1992.
—, *Kanten, esquisses kantiennes*, Kimé, 1996.
—, *Le Don de la Loi*, PUF, 1999.
—, *Cryptes de Derrida*, Éditions Lignes, 2014.
—, *Le Moi et la Chair*, Éditions du Cerf, 2006.
—, *Guérir la Vie*, Éditions du Cerf, 2011.
ROUSSET Bernard, *La Doctrine kantienne de l'objectivité*, Vrin, 1967.
SARTRE Jean-Paul, *L'Être et le Néant*, Gallimard, 1976.
SCHELER Max, *Le Formalisme en éthique et l'éthique matériale des valeurs*, trad. M. de Gandillac, Gallimard, 1955.
SEBBAH François-David, *L'Épreuve de la limite*, PUF, 2001.
WEIL Éric, *Problèmes kantiens*, Vrin, 1998.
WORMS Frédéric, *Revivre*, Flammarion, 2012.

Table des matières

CONCLUSION

Structures éditoriales du groupe L'Harmattan

L'Harmattan Italie
Via degli Artisti, 15
10124 Torino
harmattan.italia@gmail.com

L'Harmattan Hongrie
Kossuth l. u. 14-16.
1053 Budapest
harmattan@harmattan.hu

L'Harmattan Sénégal
10 VDN en face Mermoz
BP 45034 Dakar-Fann
senharmattan@gmail.com

L'Harmattan Cameroun
TSINGA/FECAFOOT
BP 11486 Yaoundé
inkoukam@gmail.com

L'Harmattan Burkina Faso
Achille Somé – tengnule@hotmail.fr

L'Harmattan Guinée
Almamya, rue KA 028 OKB Agency
BP 3470 Conakry
harmattanguinee@yahoo.fr

L'Harmattan RDC
185, avenue Nyangwe
Commune de Lingwala – Kinshasa
matangilamusadila@yahoo.fr

L'Harmattan Congo
67, boulevard Denis-Sassou-N'Guesso
BP 2874 Brazzaville
harmattan.congo@yahoo.fr

L'Harmattan Mali
ACI 2000 - Immeuble Mgr Jean Marie Cisse
Bureau 10
BP 145 Bamako-Mali
mali@harmattan.fr

L'Harmattan Togo
Djidjole – Lomé
Maison Amela
face EPP BATOME
ddamela@aol.com

L'Harmattan Côte d'Ivoire
Résidence Karl – Cité des Arts
Abidjan-Cocody
03 BP 1588 Abidjan
espace_harmattan.ci@hotmail.fr

Nos librairies en France

Librairie internationale
16, rue des Écoles
75005 Paris
librairie.internationale@harmattan.fr
01 40 46 79 11
www.librairieharmattan.com

Librairie des savoirs
21, rue des Écoles
75005 Paris
librairie.sh@harmattan.fr
01 46 34 13 71
www.librairieharmattansh.com

Librairie Le Lucernaire
53, rue Notre-Dame-des-Champs
75006 Paris
librairie@lucernaire.fr
01 42 22 67 13

www.ingramcontent.com/pod-product-compliance
Lightning Source LLC
LaVergne TN
LVHW011947220826
846092LV00001B/108

* 9 7 8 2 3 4 3 2 0 1 9 8 6 *